Juan Montalvo

Capítulos que se le olvidaron a Cervantes

Créditos

Título original: Capítulos que se le olvidaron a Cervantes.

© 2024, Red ediciones S.L.

e-mail: info@linkgua.com

Diseño de cubierta: Red ediciones S.L.

ISBN rústica: 978-84-9953-608-8.
ISBN ebook: 978-84-9816-977-5.

Cualquier forma de reproducción, distribución, comunicación pública o transformación de esta obra solo puede ser realizada con la autorización de sus titulares, salvo excepción prevista por la ley. Diríjase a CEDRO (Centro Español de Derechos Reprográficos, www.cedro.org) si necesita fotocopiar, escanear o hacer copias digitales de algún fragmento de esta obra.

Sumario

Créditos _____ **4**

Juan Montalvo _____ **11**
   I. Datos biográficos _____ 11
   II. El cosmopolita _____ 23
   III. Su primer destierro _____ 32
   IV. Con sus Siete tratados, a Madrid _____ 36
   V. La etapa final _____ 40
   VI. Los capítulos que se le olvidaron a Cervantes _____ 45

El buscapié. Prólogo _____ **51**
   Capítulo I _____ 51
   Capítulo II _____ 56
   Capítulo III _____ 59
   Capítulo IV _____ 63
   Capítulo V _____ 77
   Capítulo VI _____ 82
   Capítulo VII _____ 86
   Capítulo VIII _____ 91
   Capítulo IX _____ 103
   Capítulo X _____ 106
   Capítulo XI _____ 111
   Capítulo XII _____ 119

Capítulos que se le olvidaron a Cervantes _____ **141**
   Capítulo I. De la penitencia que a imitación de Beltenebros principió y no concluyó nuestro buen caballero don Quijote _____ 141
   Capítulo II. Del encuentro que don Quijote de la Mancha tuvo con Urganda la desconocida _____ 145
   Capítulo III. De la manera como don Quijote de la Mancha hizo suya una aventura de otro famoso caballero _____ 148

Capítulo IV. De la grande aventura de los tres penitentes, y otras de menos suposición _____ 152

Capítulo V. Donde se ve si devotos se quedan con los agravios que reciben, y se da cuenta de cómo don Quijote embistió a una legión que él tuvo por de mala ralea 158

Capítulo VI. Donde se da cuenta del ágape que honró con su presencia don Quijote de la Mancha _____ 163

Capítulo VII. Donde continúa el festín del cura, dado con la ocasión que ya sabemos 166

Capítulo VIII. Donde se descubre la ingeniosa manera de que el cura usó para dar un banquete sin que le costase un maravedí y se trata de Sancho Panza y la revuelta en que se vio metido muy a pesar suyo _____ 169

Capítulo IX. Que trata de cosas varias e interesantes por sí mismas, y todavía más por la parte que en ellas tomó don Quijote de la Mancha _____ 173

Capítulo X. Del encuentro que tuvo don Quijote con un poderoso enemigo, y de los trabajos que a esta aventura sucedieron _____ 178

Capítulo XI. De la temerosa aventura de la cautiva encadenada_____ 181

Capítulo XII. De la grande aventura del puente de Mantible que nuestro buen caballero se propuso acometer y concluir en un verbo _____ 187

Capítulo XIII. Que trata de la maravillosa ascensión de don Quijote y del palacio encantado donde imaginó hallar a su señora Dulcinea _____ 193

Capítulo XIV. De la entrevista que el enamorado don Quijote creyó haber tenido con su dama _____ 196

Capítulo XV. De la conversación que caballero y escudero iban sosteniendo mientras caminaban _____ 199

Capítulo XVI. De la casi aventura que casi tuvo don Quijote ocasionada por un viejo de los ramplones de su tiempo_____ 204

Capítulo XVII. Donde se ve si don Quijote era más discreto que un obispo, hasta cuando llegaba el instante de ser loco _____ 207

Capítulo XVIII. De la grande aventura del globo encantado en que venía la mágica Zirfea _____ 212

Capítulo XIX. Donde se da cuenta de cosas que solo para Sancho Panza concluyeron como aventura _____ 215

Capítulo XX. Donde nuestro caballero se muestra muy juicioso, hasta cuando la aventura en que gana el cuerno encantado de Astolfo le hace mostrarse más loco que nunca _____ 220

Capítulo XXI. Que trata de lo que no sabrá el lector antes de que hubiese leído este Capítulo _____225

Capítulo XXII. Que da a conocer la casa adonde fue a parar don Quijote después de la aventura en que ganó el cuerno de Astolfo_____230

Capítulo XXIII. Donde se sigue a don Quijote hasta la casa que él tuvo por castillo___236

Capítulo XXIV. Donde se dan a conocer algunas de las personas con quienes tenía que habérselas don Quijote en casa de don Prudencio Santiváñez _____240

Capítulo XXV. De cómo entró en conversación nuestro caballero con los señores del castillo _____242

Capítulo XXVI. De lo que trataron Sancho Panza y el intendente del castillo _____248

Capítulo XXVII. De lo que pasó entre Sancho Panza y la viuda que en este Capítulo se presenta _____251

Capítulo XXVIII. De los razonamientos que los dueños de casa y su huésped iban anudando, mientras Sancho Panza hacia lo que sabemos_____255

Capítulo XXIX. Del ímpetu de coraje que tuvo don Quijote al saber lo que a su vez sabrá el que leyere este Capítulo _____260

Capítulo XXX. De las lamentaciones que hizo nuestro buen caballero don Quijote y de las temerosas razones en que se declaró su resentimiento _____264

Capítulo XXXI. De la desventura del bueno de Sancho Panza y los reproches que hizo a su señor, con la vehemente respuesta de este fogoso caballero _____267

Capítulo XXXII. Que trata del santo hombre de ermitaño que don Quijote encontró en el cerro, con lo cual su aventura iba a ser de las más acabadas_____270

Capítulo XXXIII. De la notable contienda del bravo don Quijote con el caballero del águila, y de otras cosas no menos interesantes que divertidas_____274

Capítulo XXXIV. Del alborozo que nuestro enamorado caballero sintió al topar de manos a boca con su dama_____280

Capítulo XXXV. Donde se da cuenta del grave asunto que trataron algunos de los personajes de esta historia_____285

Capítulo XXXVI. Donde se enumeran los caballeros que han de concurrir al torneo de don Alejo de Mayorga en honra de las damas _____291

Capítulo XXXVII. De la batalla nocturna que el invencible don Quijote estuvo a punto de perder y no ganó del todo _____296

Capítulo XXXVIII. Del grave, raro e inesperado suceso que le fue revelado a nuestro buen caballero don Quijote de la Mancha _____301

Capítulo XXXIX. De cómo se armó para el torneo el famoso caballero de la Mancha 305
Capítulo XL. Donde se da cuenta del famoso torneo del castillo 309
Capítulo XLI. De las razones y las contradicciones que amo y criado tuvieron después de la batalla 314
Capítulo XLII. Donde se da cuenta del baile de Doña Engracia de Borja, y se delinean algunas de las damas que a él concurrieron 319
Capítulo XLIII. Donde se prosigue la materia del Capítulo anterior 323
Capítulo XLIV. De la despedida que de los señores del castillo hizo nuestro aventurero 326
Capítulo XLV. De lo que les sucedió a don Quijote y Sancho Panza, mientras andaban descaminados por Sierra Morena 330
Capítulo XLVI. Qué fue lo que don Quijote y su escudero hallaron al salir de un bosque 336
Comentario 340
Capítulo XLVII. Donde se ve si le faltaban aventuras al bravo don Quijote 340
Capítulo XLVIII. De lo que pasó entre amo y criado, y de quiénes eran los señores que toparon con don Quijote 345
Capítulo XLIX. De cómo rodó la conversación en el festín campestre 348
Capítulo L. Que muestra hasta dónde podían llegar y llegaron el atrevimiento y la locura de don Quijote 353
Capítulo LI. Que trata de cosas del bachiller Sansón Carrasco 358
Capítulo LII. De la llegada de don Quijote al castillo del señor de Montugtusa 361
Capítulo LIII. De cómo salió el maestro Peluca en la representación de su comedia 364
Capítulo LIV. De lo que sucedió entre las cuatro paredes del aposento de los huéspedes 369
Capítulo LV. Donde se da a conocer el desconocido y cuenta su lamentable aventura 372
Capítulo LVI. De la nunca vista ni oída batalla que de poder a poder se dieron el genuino y el falso don Quijote 376
Capítulo LVII. De las razones que mediaron entre don Quijote y su criado, hasta cuando al primero se le ofreció hacer una aventura muy ridícula de dos notables sucesos antiguos 381
Capítulo LVIII. Capítulo de los menos parecidos a los de Cide Hamete Benengeli 386

Capítulo LIX. Que trata de la última aventura que le sucedió a nuestro buen caballero don Quijote _____390

Capítulo LX. Donde el historiador da fin a su atrevido empeño, no de hombrearse con el inmortal Cervantes, ni de imitarle siquiera, sino de suplir, con profundo respeto, lo que a él se le fue por alto _____393

Libros a la carta _____ **403**

Juan Montalvo

I. Datos biográficos

Primer viaje a Europa. Lamartine. Nostalgias. El respeto a la «virtud». Proudhon. El viajero cogitabundo. El regreso

Sobre el más ilustre de los escritores ecuatorianos, José Enrique Rodó compuso, en hora, rara en él, de nostalgias y como de resarcimiento, aquel elogio estatuario, que América reputa como el mejor monumento a la gloria del hijo de Ambato. Ese soberbio trozo ahí se está, incólume a las veleidades de la opinión y del tiempo. Y nada, en honor de Montalvo, más justo que encarecer la lectura de esas páginas del maestro uruguayo.[1] Datos biográficos de Montalvo, iré trazando los esenciales a la apreciación de su destino y de su obra. Seguiremos a grandes pasos sus grandes libros. Lo mostraremos sucesivamente en su primer aspecto de viajero romántico y sentimental, el menos estudiado; en su aspecto tradicional de luchador político; de ensayista y escritor afilosofado; de imitador de Cervantes y creador de un nuevo don Quijote; de libelista airado y gigantesco caricaturista; de polemista cortés; de cronista sonriente; de moralista acompasado y grave; y en fin y a través de todo, de hablista y prosador insigne.

Y como en escritor tan personal la vida y la obra se entrelazan, se reflejan, se asemejan y se unimisman, se ve fácilmente surgir, del estudio más impersonal, su figura entera. El escritor y el hombre llegaron a compenetrarse, a identificarse de tal suerte que no solo inseparables son, sino indiscernibles;

---

[1] Véase: *José Enrique Rodó*, por Gonzalo Zaldumbide, edición de la Hispanic Society of America, Nueva York, 1921 y *Revue Hispanique*, tomo XLIII, 1918, y la edición de la Academia Argentina de Letras. En otra edición, hecha por el Instituto de las Españas en Nueva York, 1933, decía yo: «Biografía de Montalvo, propiamente dicha, no la hay aún, digna de mención», siendo así que por entonces había aparecido una muy completa e interesante biografía de Montalvo, del conocido historiador ecuatoriano Óscar Efrén Reyes, publicada en Quito. No llegó a mi conocimiento oportunamente: hallábame en Europa. Señalo aquí esa biografía y lo involuntario de mi omisión. Posteriormente ha aparecido, también en Quito, *La vida novelesca de Juan Montalvo*, por Gustavo Vásconez Hurtado, biografía novelada que merece mención por lo discreta y verosímil. Afuera, parece haberse escrito abundantemente sobre Montalvo. Ni para qué hablar, en cambio, del horrendo engendro psiquiátrico del profesor Agramonte.

aun las flaquezas del hombre, y como mortal las tuvo, refluyen en la transfiguración del artista: ambos forman un patético ejemplar de genio y de infortunio, como los que solía celebrar él mismo, en sus héroes de predilección. A través de su obra se le adivina, se le ve vivir; y no porque vaya contándonos, con indiscreta confidencia de protagonista romántico, sus personalidades. El acento de su convicción, el aliento de su pasión, la entereza de su actitud, revelando están que vienen de lo hondo.

Y puesto que nuestros países son tan análogos en condiciones y vicisitudes, bien puede afirmarse que nada de lo que caracteriza a Montalvo les es extraño. En la prestante individualidad de este americano por excelencia, americano por entero, bien pueden remirarse sin mezquindad veinte patrias.

Nació Juan Montalvo el 13 de abril de 1832 en Ambato, pequeña ciudad recatada en el regazo de los Andes ecuatorianos. Y hacia 1853 comenzó en Quito sus escarceos, a la manera de un buen discípulo romántico.

Su genio no fue propiamente de los más precoces, ni su forma de espíritu mal contento se prestaba con gracia a devaneos juveniles. Naturaleza poética, sensible al encanto vagaroso de la belleza romántica, Montalvo amó juvenilmente la poesía y a Lamartine por sobre todos los poetas. Parecía sin embargo constitucionalmente negado al verso; no adquirió el tacto para componerlos ni con la experiencia literaria más acendrada de la madurez, durante la cual reincidió más de una vez. Apenas si dos o tres estrofas de *La juventud se va*, guardan uno que otro toque furtivo de la divina ciencia infusa. Podéis ver, en *El cosmopolita*, una oda a don Andrés Bello: no la leáis, por favor, como poesía, leedla como prosa, poniendo mentalmente a renglón seguido esos versos de música desapacible y elocuencia enfática: veréis qué magnífica prosa...

No terminó sus estudios universitarios. Pero realizó, hacia los veinte años, el sueño que inquieta a todo hispanoamericano: ir a Europa. Los gobiernos de nuestras repúblicas, tan calumniados por la leyenda, tienen con frecuencia rasgos paternales para con los jóvenes algo cultivados cuya disposición promete frutos deseables. Fue así como Montalvo, habiéndose distinguido un tanto desde sus comienzos, fue enviado a Francia, de adjunto a la Legación de su país. Ni siquiera fue menester que el plenipotenciario nombrado pudiese partir con él: retenido por motivos de política interior, el jefe de misión —el mismo general Urbina contra quien Montalvo había de revolverse más tarde con airado talante— despachó de antemano a sus secretarios, no sin recordarles «lo que la patria esperaba de ellos».

Montalvo no escribió nunca un relato seguido de sus viajes; pero a cada vuelta del continuo vagabundear de su pensamiento, recurrió a sus recuerdos de lejanas tierras. Cobraba en ellos mayor autoridad para sus palabras y lecciones. No olvidemos cuánto tenía de maravilla inaudita el venirse, en su época, detrás los Andes a Europa... Montalvo, que creía en la fuerza educativa de los viajes —(quería enviar a García Moreno a Francia, para que ahí suavizara su ferocidad)— se llenó de enseñanzas que cautivaron para siempre su memoria y dieron un fondo de paisajes reales, una perspectiva verosímil, a sus ensimismadas contemplaciones de la historia. En su primera obra, la primera de importancia, y anunciadora ya de cuanto habían de ser las subsiguientes, vense brotar, además de los dones congénitos del estilo, todos los gérmenes de aquel romanticismo que exaltó hasta el fin su espíritu de gran clásico. Pero de entre las múltiples fases de esta naturaleza genial, llamó más tempranamente la atención esa gallardía de viajero sentimental, de peregrino meditabundo, de «bárbaro» que defiende, al contacto de la civilización, no sin ingenua altivez, su nativa grandeza de alma y su pureza de afectos.

En llegando a Francia, su primer empeño fue el de ver a Lamartine. No esperó, según lo contó él mismo, a que nadie lo presentase al gran poeta, por entonces ya desdeñado entre los suyos. A los franceses que podrían hallar algo excesivo su entusiasmo por esa gloria ya pretérita, Montalvo se toma el cuidado de explicarles el sortilegio con que los poetas cautivan, a la distancia, la imaginación. Mas todos sabemos que Lamartine ejercía, de cerca como de lejos, sobre sus allegados, tanto como sobre desconocidos, una seducción sin igual. Huellas de la especie de éxtasis que su presencia suscitaba en sus admiradores, se ven en numerosos testimonios. «Gran día de mi vida», exclama Charles Alexandre en su libro de *Souvenirs*; «hoy he visto a Lamartine en su hogar». Montalvo se acercó a verlo con parecida devoción. Lo halló «inclinado en un sillón antiguo, con su cabeza medio emblanquecida, su mirada melancólica». Lamartine debía de tener a la sazón cosa de sesenta; y seis años, pero era todavía bello, sin duda, con la belleza de expresión que la perenne frescura de su sensibilidad renovaba sobre su rostro parco y enjuto. «Era lírico de la cabeza a los pies», dice Alexandre. Leonardo de Vinci explica por ahí que lo interno repuja lo externo y que el alma modela el cuerpo.

Familiar y magnífico, el poeta recibió al extraño visitante a lo gran señor, y lo invitó a cazar en sus tierras... si lograba salvarlas de manos de sus acreedores. Montalvo nos cuenta de la invitación poniendo en su relato reflejos de la visión mágica que hacía esplender ante él la gloria de aquella amistad radiosa. «Qué orgulloso me sentiría yo al lado de mi gran huésped», escribe. «Me parecería al zorzal bajo la protección del águila, sería el pequeño mirto junto a la encina. Él me ha preguntado cuál es mi edad; le he dicho que soy joven todavía. Pues bien, repuso» —y Montalvo emplea para el diálogo imaginario el noble tutear homérico que cuadra a la circunstancia— «pues bien, tanto mejor para que puedas correr por la pendiente en persecución del cervatillo...» Y Montalvo prosigue fantaseando: «Lamartine me esperaría al pie de algún antiguo tronco, rodeado de sus más viejos perros. A la hora del crepúsculo, solos, esperando la Luna en alguna alameda silenciosa, me referiría esas cosas vagas y encantadoras que solo saben los poetas».

Bien sabía Montalvo que toda esta ilusión quedaría en ilusión. «Lamartine perderá su viejo castillo, pensaba; no tendrá árboles a cuya sombra reposar.» El poeta debía, lo presumo, estar repitiéndose por entonces, envejecido y más desencantado, sus versos *A la terre natale*, compuestos cuando tembló por primera vez ante la perspectiva de tener que enajenar sus viejos campos de Milly. Montalvo pensó sin duda, que el poeta, pródigo aún e inmaterial como un niño, se quedaría sin techo para sus últimos días; y sabiendo que había abrigado siempre la idea de irse al Nuevo Mundo, no pudo resistir al deseo de invitarlo a su turno. «¡Qué feliz me encontraría yo siendo su guía en este largo viaje! ¡Qué feliz sería llevándolo conmigo! ¡Allí vería tantas cosas dignas de él! Yo le haría realizar una navegación mitológica sobre el Daule; los altos tamarindos y los ananás se inclinarían a su paso. Subiríamos al Chimborazo; desde la cima de los Andes arrojaría él una mirada inmensa sobre esa América inmensa. Descenderíamos por el otro lado y luego nos encontraríamos en medio de esas llanuras en donde tiembla la verde espiga. ¿Veis esos ancianos sauces que inclinan sus viejas cabezas, ya de un lado, ya de otro? Yo tengo ahí flores y laureles para ofrecer a mi gran huésped; yo le llevaría a casa de mi padre; nos internaríamos juntos en el bosque de Ficoa, y avanzando nuestro camino se sentiría él repentinamente inspirado del fuego divino al poner sus ojos sobre los poéticos lagos de Imbabura. Iríamos de valle en valle, sería recibido por todas partes con arcos de verdes ramas y flores. Los jóvenes agitarían en el aire sus banderas blancas; las jóvenes cantarían sus canciones más queridas, los viejos de cabellos canos saldrían de sus cabañas preguntando: ¿Dónde está él? ¿Cuál es él?»

Todo ello tan hermoso como inverosímil.

Lamartine agradeció todas estas efusiones en bella carta: «He leído estas líneas y he amado la mano extranjera que las ha escrito. Si en mi patria se alimentaran sentimientos semejantes, yo no me vería obligado a repartir la sombra de mis árboles entre mis acreedores y mis deudos. La Francia, interrogada, ha respondido que yo muera. Pues bien, así será: moriré lejos de ella, a fin de que no tenga ni mis huesos».

Sabemos todos cómo Lamartine ennoblecía del modo más natural los más triviales actos cotidianos, y ponía en la familiaridad de su conversación la sencilla majestad de los relatos homéricos o la grandeza de las imágenes bíblicas. Por ejemplo en su admirable carta al señor d'Esgrigny. Llevada por el aliento de su elocuencia espontánea, la tristeza romántica asume en él un aspecto de serenidad antigua, que la trasfigura. Todos sabemos cuán pronta era su fantasía en ornar los avatares de su destino. El mismo día en que escribía el desprendido comentario al sublime y para él desgarrador poema a su tierra de Milly, leyó, en los diarios, que «la Puerta Otomana hacía una inmensa concesión de terrenos en Asia al señor de Lamartine». Era verdad; y ¡cómo magnificó aquel sueño, desplegándolo a distancia!

Y así es cómo se vio ya de mago antiguo, hablando de Job y de Salomón enmedio de la hospitalidad de Oriente, y así, si alguna vez pensó en ir de veras a buscar en nuestra América un refugio donde envejecer y morir en paz, debió de haberse fabricado en imaginación un alma e inventádose una vida conforme a alguna lírica visión de estas comarcas para él algo fabulosas. Acaso, releyendo la historia de América, se representó él mismo como uno de esos «civilizadores» cuyas vidas escribió en su declinar atareado y pobre. Bien pudo fingirse virrey magnánimo, o redentor de los indios, o libertador ardiente, o repúblico catoniano. Si el pobre grande hombre hubiera en verdad realizado ese su viaje a América, ¡cómo el Nuevo Continente, que ya lo amaba, lo habría acogido y hecho suyo, con un amor exclusivo, adoptándolo, disputándolo al viejo mundo, a modo como Montalvo se lo disputaba a los franceses! «Lamartine» —les decía— «es más popular en América que entre vosotros. Nosotros lo amamos más. En mi país todos conocen a Lamartine: sus más bellas palabras se han puesto en boca de un pastor y yo me complacía en oírle cuando subía la colina en pos de su rebaño.»

Los tiempos han cambiado; ahora podría venir a establecerse entre nosotros el mayor genio de Europa, que eso nos dejaría sin cuidado. Pero en la América sensitiva y soñadora de entonces, qué gran acontecimiento, el poeta cantor del amor.

Fácil ironía sonreír de la ingenuidad de la invitación de Montalvo. Bien podemos nosotros hallar en todo ello una nobleza como de otra edad, una cándida de belleza de leyenda.[2]

---

2   Estos datos juveniles de Montalvo, aquí ya inencontrables, tuve la suerte de descubrirlos en París, en un álbum antiguo, de recortes, de un compatriota. A propósito, de Lamartine, creemos inédita la carta, sin duda circular a varias Cancillerías, que damos a luz traducida del original en francés, recibida en Quito el año de 1861. Dice así:

Señor Ministro:
En la tarde de mi vida, después de una larga y laboriosa carrera enteramente consagrada a mi patria y a todo lo que interesa a la humanidad, me veo, por uno de esos mil caprichos de la fortuna, obligado a trabajar sin tregua; a fin de poder llevar conmigo a la tumba el título más precioso a mis ojos, el de hombre honorable.
Acabo de emprender el juntar, en una sola edición, todas las obras que he publicado, revisadas, aumentadas y corregidas por mi pluma. Esta obra, señor Ministro, está ya muy avanzada y la continúo con perseverancia.
Al dirigirme a V. E., Señor Ministro, el objeto de mi gestión es solicitar de Vuestra Excelencia que, en nombre de las letras, el derecho y la libertad, os dignéis prestarme vuestro apoyo, usando de vuestra influencia oficial y oficiosa para ayudarme a realizar mi difícil empresa.
Mis títulos para dirigirme a Vuestra Excelencia son, haber defendido la libertad circunscrita por el orden, el derecho reunido al deber, el haber siempre amado a esas jóvenes repúblicas, llenas de vida, pobladas por una raza noble y caballeresca, a las que la Providencia prepara un porvenir dichoso.
Lo que aún puede recomendarme ante Vuestra Excelencia es que he sabido con reconocimiento, por periódicos latinoamericanos y por los hombres más importantes del Nuevo

Fuera de estos goces del espíritu y de los de la iniciación intelectual, Montalvo se plugo poco en París, al comienzo por lo menos; y lo confesaba: «Cuando estuve en París siempre anhelé por algo que no fuese París», decía. Tal vez no estaba sino desorientado, pero se expresa como herido de nostalgia aguda. «Solo el que ha padecido este mal puede saber lo que ello es», dice, y lo llama «enfermedad horrible.» «A ella están sujetos» —observa— «principalmente los hijos de las montañas, los escoceses, los suizos: ¿qué sucederá, pues, con los hijos de los Andes, los habitantes del Ecuador, el país más montuoso del mundo?» Y con un acento en que resuena el eco de antiguos sentimientos íntimos, Montalvo exclamaba: «Más de una vez se ha arrepentido el viajero de haberse alejado del hogar. En el fondo del corazón queda siempre algo que martiriza; porque, al fin, estoy lejos de mi patria». Cuenta a este propósito que un salvaje de Haití, llevado a Francia, vio en el Jardín de Plantas de París un árbol del pan, y con los brazos abiertos, abalanzose a él, abrazándole, estrechole, lloró a gritos y cayó exánime. Este es, concluye, el «amor a la patria». Había oído que a Olmedo le sucedió lo propio, y no le pareció exagerado ese sentimiento. Y en ese mismo Jardín de Plantas, a donde iba Montalvo con frecuencia, «a los leones y tigres

---

Mundo, que en toda la América Latina puedo contar con la simpatía de todos los pensadores, como con la juventud estudiosa y el pueblo generoso.

Hombre de corazón, amando a la humanidad, Vuestra Excelencia, no lo dudo, se dignará prestar su apoyo para obtener suscripciones a mis obras completas.

En todo tiempo me sería grato deber mi reconocimiento a las nobles repúblicas de la América Española.

Aceptad, Señor Ministro, las seguridades de mi alta consideración.

F. Al. de Lamartine.

Ex-Ministro de Negocios Extranjeros.

43, rue de la Ville l'Evêque. París, a 4 de Agosto de 1861

Al excelentísimo señor ministro del interior y relaciones exteriores del ecuador.
Quito

N. Bne. Para la ejecución, los suscriptores no tendrán sino que enviar la suma de 540 francos, por letra de cambio, a Mr. de Lamartine, que les hará llegar 40 volúmenes. Podrán igualmente entenderse para este objeto con los agentes del Correo de Ultramar.

(Archivo del Ministerio de Relaciones Exteriores del Ecuador en Quito. Vol. «Cancillerías de Europa y América. 1840-1885»).

de Bengala prefería los animales americanos» y «quien creyera» —dice— «el cóndor de los Andes rivalizaba en mi afecto con el águila del monte Athos; y si un gran gallo tanisario echaba por ahí su canto prolongado y melancólico, le prestaba el oído y el corazón con más placer que al rugido del tigre de Mauritania».

Con esta disposición nostálgica, es fácil presa del tedio, y no acierta a defenderse. Echa de menos la limpidez del cielo, la igualdad de los días y las noches, la suavidad del aire y tantas como son «las cosas que» —según él— «deben hacernos muy adictos a esta porción del globo que nos señaló la Providencia, y no locos o necios admiradores y ambiciosos de las regiones en donde la naturaleza no sonríe sino una vez al año, y todo lo demás lo pasa gestuda y aburrida, feroz y enemiga del hombre».

Montalvo profesa, pues, esa especie de ingenuo orgullo geográfico bastante general entre nosotros. Pero profésalo sobre todo por lo que representa, a sus ojos, de cualidades de corazón. «Los puros aires de nuestros grandes montes» —dice— «conservan la pureza de nuestro espíritu.» Montalvo hacía residir en el sentimiento la superioridad del bárbaro sobre el civilizado, y entre bromas y veras complácese en llamarse «el salvaje americano». «Como los Chactas entienden menos de engañar y de conversar», dice aplicándoselo a sí mismo, «preciso es que entiendan más de sentir y de querer.» Y quiere preservarse. París le asusta. Se le aparecía, son sus palabras, «como una sirena: dice mucho a los ojos, mas su aliento emponzoña y acarrea la muerte. Figuraos una mujer bella de alma corrompida, una mujer hirviendo en ardides, filtros diabólicos y misterios de amor y brujería, una Circe».

Busca la soledad. El Luxemburgo es uno de los pocos rincones en que se halla a su sabor, en donde se refugia del bullicio y alegría que le hostigan. «Tiene eso de bueno» —dice—; «reina en él una melancolía, un espíritu incierto, una cosa triste y vaga que le hace por extremo grato a quien en algo tiene esa influencia de los misterios. Sus dos cisnes fueron mis amigos... Todo era de mi genio.» Y recuerda que el autor de *Atala*, ya viejo, se agradaba de la sombra de esos árboles: «Figurábase tal vez andar poetizando todavía a orillas del Metchasebé, en el selvoso Nuevo Mundo, cuyo silencio y grandiosidad imprimen en el alma grande una imagen de la Soberana Esencia, creadora de las cosas».

Una tarde en que sin duda esta «imagen de la Soberana Esencia» estaba más presente a su alma religiosa —pues si bien no muy ortodoxo quizá en el fondo, era un espíritu creyente como hay pocos («alma religiosa y pensamiento heterodoxo», dijo de él doña Emilia Pardo Bazán, causándole con ello gran satisfacción)—, Montalvo detúvose frente a una casa «de mediano parecer», y preguntó por Pierre Joseph Proudhon. El sentimiento que le guiaba esta vez no era de admiración; sino una especie de indignado espanto, de respeto medroso y lleno de reproches. Montalvo cultivaba en su interior, junto con la noción de la alta dignidad humana, y no sin grandilocuencia castellana, la veneración de lo divino, el acatamiento a la sublimidad de Dios. El Señor tenía para él toda la terrible majestad y el tonante aparato bíblicos. El «antiteísmo» de Proudhon le parecía blasfemo, si bien no desprovisto de cierta grandeza satánica. El ruido que hacía en París el escritor revolucionario, le incitaba a la protesta; y así fue como su visita resultó, de caso pensado, algo borrascosa. De ello toma todo su sabor. Es notable el tono de exaltación que empleó Montalvo para combatir a ese «enemigo de Dios». Y al partirse del sofista, «si le perdonó sus desvaríos» fue en gracia de aquel «dejo de inocencia» que echó de ver «en el fondo de su perversidad», y en su práctica de la virtud.

Porque Montalvo, por encima de todas las cosas, amaba y respetaba la «Virtud».

Es la característica más saliente de su genio. En toda coyuntura, por doquiera, enseña, o mejor dicho, predica la virtud. Creeríase a menudo oír a un magnífico orador sagrado. Celébrala sin cesar, no sin cierto énfasis entre familiar y solemne, muy suyo; pero con íntima y verdadera grandeza de alma, que levanta su elocuencia y salva a sus homilías de la insipidez sermonaria. Detesta las costumbres disolutas. «Nosotros, bárbaros americanos» —dice—, «no podemos pensar en el adulterio sin que nos discurra por todo el cuerpo un hormigueo y un friecillo mortales y sin que se nos ericen los cabellos, cual nos pudiera acaecer al frente de un aparecido.» Montalvo es austero; y si en los devaneos de su fantasía amorosa no puede resistir al prestigio byroniano del seductor, a la aureola del donjuanismo fatal, su imaginación romancesca jamás se plugo en la orgía, ni aún fastuosa como sus gustos, ni aun romántica como sus imaginaciones. Más tuvo siempre de Saint-Preux que de Rolla.

Por todo ello, París le atedia. Deplora «el tiempo que ahí pierde». Italia es más de su gusto. Lo llama. Ha leído a Chateaubriand, y probablemente a Volney. Quiere ver ruinas famosas, meditar apoyado al capitel de una columna derruida. Esa actitud meditabunda cuadra mejor con la clase de belleza melancólica que quiere dar a su alma de peregrino. Ya que no se embarca en el bajel de Byron para erranzas como las del Corsario, cual lo anhelara en sus raptos propiamente byronianos, prefiere sentarse a meditar al pie de la Columna Trajana o sobre las gradas carcomidas del Templo de la Paz, que no madrigalizar *sur les trois marches de marbre rose*, de Musset. Con más placer que los recuerdos de Versalles evoca «el baile extravagante que unos pastorcillos le ofrecieron para su recreo» en la solitaria Puzola. «Porque otro mundo es ése, a que el alma se remonta a solas cuando uno lleva sus pasos por los lugares renombrados; ya que si la conversación y el trato de los hombres engalanan el entendimiento, la soledad es pábulo de numen»; dice por ahí.

Representábase él mismo bajo los rasgos de un pálido viajero solitario que va, taciturno de aspecto, y en el alma un amor inextinguible, suspirando, desfalleciendo al peso de los recuerdos. Paseando con su única compañera, «la tristeza que viaja con él», divaga a orillas del Arno. Viole ese río «más pálido que lo de costumbre», derramar lágrimas mientras esperaba, entre un olivo y un ciprés, que la Luna confidente «comenzase a mostrarle su frente melancólica». ¿Cómo no había de evocar ahí la sombra de Laura? «Laura, Laura —exclama—, un extranjero ha venido a sorprender tus secretos; pero ese extranjero tiene un corazón y puedes perdonarle.»

Mas no todo es languidez de amor y mórbidos ensueños en este paseante solitario. Exalta su juvenil fe democrática ante los espectáculos de la Historia. El viajero cogitabundo sale de su silencio y de su misterio, olvida sus románticos devaneos para interrogar a las viejas piedras, para dar o recibir lecciones. No gusta de palacios. «Que me importa la morada de los reyes», dice. Y en un apóstrofe a las estatuas de emperadores romanos que se encuentran a la entrada de los Uffizzi, exclama: «Dadme paso; todos no representáis más que unos déspotas; os veré, pero después de todo, quizá con desdén y aborrecimiento». Se ejercita en el odio a los tiranos. Y ésa será luego su política militante, el resorte de su vida moral y su gran fuerza de polemista. Al volver a su país hallará enseguida un blanco viviente para sus flechas más mortíferas.

Felizmente, el depreciador de reyes, el lector iluminado de Plutarco que sabía las *Vidas Paralelas* de memoria, tiene también, para solaz, en la cabeza y en el corazón, todo el *Romancero*. Guardaba en su alma rincones umbríos, arroyados por la más fresca e indolente poesía. Nada tan bello para él como la poesía de los Moros, si ya no es la de la andante caballería.

Así fue de feliz en Andalucía; feliz, digamos, como un califa. Su estilo mismo irradia ahí esa sonrisa de alegría incoercible, de contentamiento difuso.

Vagaba, pues, Montalvo feliz y libre, en lo que él llamaba, por fidelidad a las gracias románticas, «la melancolía y soledad del extranjero». Mas la suerte «se le puso zahareña» y tuvo que regresar a su país. Encontró al país en discordia. Llegó enfermo. Inerme, instintivamente ajeno al sectarismo de los bandos, no tomó parte en la lucha; pero sintiéndose ya, por naturaleza y a pesar de su juventud —tenía apenas veintiocho años— censor y juez de la moral pública, dirigió al caudillo vencedor en la contienda una carta en que el tono puede más que las razones: alta y remirada, orgullosa y contenida; con ella Montalvo, para expresarlo mediante imagen que fuera de su gusto caballeresco, hizo su entrada airosa en la estacada.

Hubo de abandonar el campo luego. No cabía justar con el déspota: el destierro, el calabozo eran su réplica inmediata.

Tuvo que esperar tiempos propicios.

En rincones agrestes, fueron los libros su refugio. Leyó mucho y bueno. Durante cuatro años maduraron en silencio, maduraron mejor por lo reprimidos, sus dones y sus cóleras: la magnífica abundancia con que irrumpieron y llenaron el país a la primera tregua, preparada fue en aquel silencio remordido, que acendraba su fogosidad.

De tiempo en tiempo iba a Quito. Allí solaz de su ánimo, taciturno en sociedad como hecho ya a la soledad nemorosa, era ir, las tardes, a las tertulias de don Julio Zaldumbide —quien gustaba de airear su sombría filosofía de la vida con el trato de los espíritus más finos de la época—. Parece que Montalvo prefería escuchar a dialogar, y antes que seguir de tema en tema la volubilidad de los contertulios, se ensimismaba o esperaba más bien el momento de salir, con su amigo Julio, a pasear. Ambos eran románticos en el alma, si bien clásicos en el respeto de la cultura y de la lengua.

Nutridos de Osián y de poesía vagarosa, iban, pues, Montalvo y su amigo, a oír los ecos de la tarde «en los prados silenciosos de los alrededores de Quito o sobre las verdes colinas que circundan la ciudad». Iban, sin duda, en silencio comunicativo y unánime, y deleitábales embriagarse de la ilimitada poesía crepuscular.

Pero tan blando y melancólico pasatiempo no les impedía concentrar su viril disgusto de la servidumbre en actitudes que luego hubieron de traducirse en protesta escrita y en acción.

El primero en hablar fue el poeta filósofo. «Llamáronle cobarde» —escribe Montalvo— «por haber dado a luz ese escrito cuando García Moreno dejó el mando y se apeó de la presidencia de la República, sin fuerza ya para vengarse a su modo y a su salvo... Pero sabe todo el mundo que reinando don Gabriel García, la prensa ha estado con bozal, enmudecida, bien como el ladrón de casa sabe hacer con el fiel perro, para que de noche no haga ruido.» Y tras dos páginas de ironía vengadora, en defensa de Zaldumbide y de sí propio —pues no había tardado en sacar a luz *El cosmopolita*—, concluye que no había cobardía en callar y sí hubo valor en hablar tan pronto como fue posible. «García Moreno ha dejado el mando, es cierto» —decía—, «pero con el mando no se le acaba su carácter ni los ímpetus de su genio son menos de temer: siempre es audaz, siempre arrojado, siempre poderoso de su persona, y, según es lengua, diestro en el ejercicio de las armas. ¿Será de cobardes irritarle con la verdad y arrostrar su ira? La cosa es clara, nadie que no esté firmemente resuelto, ni se sienta con ánimo de morir de su mano, o matarle en propia y natural defensa, habrá de ir inconsideradamente a echarle el agraz en el ojo.»

II. El cosmopolita

Ni pensador ni heterodoxo. El polemista. Su poderoso don de reírse. La Geometría moral y don Juan Valera. Su gusto por el melodramas. Su casticismo

Montalvo prosiguió solo o casi solo la lucha. Este cuerpo a cuerpo con el «tirano» decidió, puede decirse, de su destino de escritor y de hombre; imprimió carácter a su obra, rumbo a su vida, sello a su figura. La publicación de *El cosmopolita*, que Montalvo hacía imprimir en gruesos cuadernos sucesivos y lanzaba para impedir que cuajara la candidatura de García Moreno a un nuevo período presidencial, lleva en sí el fallo de su fortuna. Frente a García Moreno —hombre para él fasto y nefasto, ya que ni la gloria ni el infortunio de Montalvo se conciben sin aquel coloso por derribar—, alma y estilo cobran mayor relieve en el luchador; y en esta actitud pugnaz, su obra y su vida le esculpen prodigiosamente.

La lucha airada contra aquel hombre vivo y efectivo, como más tarde la lucha despectiva contra Veintimilla, toman de su mismo carácter personalista, un nervio, un acicate extraordinario.

Cuando Montalvo atacaba en general los vicios y la corrupción de las costumbres, sus hermosas cóleras perdían un tanto de su briosa eficacia, como embotándose en el blanco fofo y disperso de la multitud. En toda multitud hay dos clases de ignorancia: la una, primitiva, arcilla cándida e ingenua, dócil al toque del pulgar modelador; la otra, la de los semiletrados, suspicaz y cominera por dárselas de precavida. Esta última se alzó contra Montalvo. La falsa interpretación de sus palabras, la mal intencionada santurronería, le obligaban a cada paso a la rectificación preventiva, a la explicación innecesaria, que eran rémora al discurso donde éste podía soltar su vena cuán ancha era; o traba inoportuna y enfadosa, rara vez ocasión oportuna a gallardos contraataques imprevistos.

No así cuando enemigos de carne y hueso le servían de elástico trampolín para estos atrevidos saltos a la hipérbole y a la bufonería, con que Montalvo solía libertarse del fastidio de discurrir y se elevaba merced a su risa poderosa.

De esta risa poderosa, de este don libertador, Montalvo usará más tarde hasta el exceso, extremando su genio caricatural, a la manera, por ejemplo, de un León Daudet, que tanto se le parece en la cordialidad de la cólera y la sabrosura de la lengua henchida de jugos vitales. Sea que García Moreno le inspirase cierto respeto, sea que, joven aún, se sintiese menos acerbo, ello es que gusta más, por lo pronto de dar a su prosa polémica aquel entono señorial que todo lo alza a grande estima. Montalvo en *El cosmopolita*, más y mejor que polemista, se muestra como una especie de orador grave y circunspecto. Abunda en materia por la que tenía tan singular miramiento, cual es la de las creencias religiosas. A nada parecía entregarse tan por entero como a la sublimidad de los pensamientos que dilatan una autoridad majestuosa en una atmósfera sobrecogida al soplo del misterio. La palabra divina, el dogma inescrutable, el alto destino del hombre y su mísera terrenidad, le infundían un respeto lleno de sibilina veneración. Y si tal cual clérigo suelto, o glotón cura de aldea, le regocijaba con sus patrañas, y si la risa le retozaba en el cuerpo al desbandar rebaños de beatas y frailes, en cambio erguía el pecho y reclinaba la cabeza a modo de pontífice solemne tan luego como su pensamiento y sus palabras entraban en recinto consagrado a la virtud.

Sus contemporáneos —ni los nuestros— no se fijaron en este aspecto de Montalvo que la posteridad irá poniendo en claro. Masón, hereje, blasfemo, impío, le decían a él, cristiano a prueba, espíritu religioso, que acataba sacerdotalmente la penumbra de los santuarios.

No puede menos de asombrarnos ahora cómo se pudo hacer piedra de escándalo con sus enseñanzas. Principalmente en materia de ideas o ideales políticos. Pues que fue en todo la cordura y la mesura misma, aparte de los excesos de expresión. A punto que no parece sino que la confusión viniese de la mezcla o del contraste implícito que hacían su temperamento combativo, extremoso, pronto a airarse, y su inteligencia ponderada, equitativa, sagaz. Si su culto es el de los héroes, la moderación, el sufrimiento, consejos son que Montalvo repite con señalada insistencia. No de otro modo el puntilloso don Quijote hace a cada paso elogio de la templanza. Nunca se aleja mucho de creer que en el término medio reside, si no siempre la virtud, por lo menos la solución más deseable al llano buen sentido. En su moral ensalza, junto al heroísmo, virtudes opacas, humildes, vivificándolas al toque de su elocuencia. «Seamos como la albahaca», dice. Su retórica no rehuye las fáciles insidias del lugar común: triunfa en el desarrollo de las máximas elementales de la sabiduría popular, y más cuando las reviste del alba túnica cristiana. Por donde se echa de ver el influjo de su educación religiosa sobre su genio discorde.

Yerran, pues, quienes siguen tomando a Montalvo por pensador heterodoxo.

Ni heterodoxo ni pensador cabe llamarlo en la genuina acepción de los términos. Si al discurrir soberanamente sobre toda cosa, asumió el oficio de pensador, y lo encumbró en el sentido del hombre que contempla y habla, poniendo en el tono, en el acento de sus escritos más que en sus razones, el ascendiente de la persuasión, jamás hizo Montalvo hincapié en doctrinas más o menos sistematizadas. Ni es su fuerte la dialéctica. No le preocupó nunca en demasía la trabazón lógica de los conceptos, sino el despliegue frondoso y libre de una materia tratada a grandes rasgos. Es de verle ensanchar el ademán cuando explaya a su manera un razonamiento. A modo de castellano viejo que se emboza en su ancha capa y echa a andar con talante asegurado para que le abra paso la multitud ante la apostura de su continente... así, clásico a la española, es decir, lo más profuso y lo menos lógico posible, su período se envuelve en amplios giros y avanza seguro de sí, sin premura ni camino prefijado.

Aquel tan noble garbo y compostura, decoro de su persona al par que de su estilo, es quizá, con su respeto a la virtud, su rasgo más característico; y es, puede decirse, la expresión adecuada de su moral, sostenida como está por lo que Montalvo llama, con muy castiza arrogancia, «la hombría de bien», resorte caballeresco de temple superior al *sentiment de l'honneur*, en que el orgullo estoico y solitario de Alfredo de Vigny, gran espíritu que en este aspecto se le parece, veía el único sostén de la moral en nuestra civilización.

Pero Montalvo ni lo asienta como doctrina ni lo define como ideal. Trabaja como la naturaleza, que no conoce la línea recta; ni su invención es metódica; si bien nunca, pierde su finalidad. Avanza siempre Montalvo, mas serpenteando a capricho. Siempre es su hablar donairoso, nunca ergotista y dialéctico, persuasivo sin ser polémico; no ahínca nunca en «probar». Discurre y sale tan campante. Tiene de Montaigne aquel irrompible ir y venir y tornar de una a otra cosa, aquel deambular despacioso y, al parecer, despreocupado por entre temas ligados en engarce apenas alusivo. Le sigue también en la perpetua erranza a través de ejemplos de Grecia y Roma, en la que el viejo gascón le sirve a menudo de guía. Mas, siendo en Montalvo pasión del alma lo que en Montaigne diletantismo, no puede ir muy lejos el socorrido ejercicio del paralelo entre el escéptico indolente o indoloro y el convencido reivindicador. Nada más dispar. «La blanda almohada» no era para cabeza tan reverente del misterio, en lo religioso; ni tan pronta a la convicción y al improperio, en lo político o personal.

Ese ondular de digresiones tras digresiones, ese divagar sin rumbo aparente, desconcierta al lector que va en busca de algo preciso, seduce al lector que lee por el placer de leer o se entrega al vaivén o al orden disperso de los recuerdos, incidencias y concomitancias. Poco familiarizado con la lectura de Montalvo, don Juan Valera, por ejemplo, tratando de hallar un método o principio de composición donde ésta brilla por su ausencia, o un plan donde no lo hay, al hablar de las ideas de Montalvo —en el prólogo que se le había pedido para que honrara la aparición de una obrilla póstuma de Montalvo—, no acertó a decidir si aquellas páginas inéditas eran «apuntes desordenados que Montalvo tenía entre sus papeles» o un «tratado cabal, el octavo, añadible a los siete». Tan pronto se inclinaba a creerlas mero esbozo o acopio de materiales para un tratado ulterior, como a calificarlas de obra esotérica, acaso oscura por lo simbólica: «Confieso que ando a tientas por este dédalo o intrincado laberinto», decía. «Lo simbólico, la doctrina misteriosa, la enseñanza esotérica que puede haber en este tratado, son puntos que no escudriño yo, ni toco», añadía sonriendo. «Tal vez no perciba yo lo más sustancial que hay en el fondo de esta *Geometría moral*; tal vez no logre tocar yo las raíces y me quede por las ramas»... Si quien tan límpidamente escribió sobre el *Fausto* se abstiene ahora de exégesis y no toca estas supuestas reconditeces, es simplemente porque no ha lugar; y si no lo declara es porque el diplomático zahorí sabía lisonjear nuestro orgullo nacional, tan ufano de su Montalvo intocable, que acaso iba ya a alarmarse con los discreteos de su risueña ironía. Contentose con llamarle «el más complicado, el más raro, el más originalmente enrevesado e inaudito de todos los prosistas del siglo XIX». Pero bien sabía que nunca fue muy honda —ni para qué— la intención filosofante de Montalvo, quien enhebraba como al azar los flotantes hilos de su discurso, seguro de que concurrirían a la impresión de conjunto.

En cuanto al mencionado Prólogo, entre razones y excusas para no escribirlo, nos dio Valera uno que, ni mejor le hubiera puesto escritor alguno entonces, ni dejó, en su indecisión, punto importante por tocar. Apuntó, como jugando, más de un atisbo feliz. En lo tocante a la *Geometría*, lo que hay es únicamente que Montalvo extremó ahí de casualidad aquel su acostumbrado holgar a la vera de cualquier sendero que se le cruzaba al paso como una alusión.

La geometría aquella, que tanto inquietó a Valera, no es sino una elegante divagación sobre el amor. Parece, en efecto, un nuevo «tratado», análogo a los otros siete, y escrito inmediatamente antes o después, del tratado *De la Belleza*. En éste, acaso, por correspondencia o conexión de asuntos, enseña con los mismos ejemplos, habla, casi en los mismos términos, de los mismos personajes que aparecieron luego en la *Geometría*. Lucen en el tratado *De la Belleza* trozos que están en la *Geometría*, que se quedaron en ésta, sin duda por no haberle dado su autor la última mano para la imprenta; pues de otro modo no había acaecido que Montalvo se repitiera casi con idénticas palabras. Por ejemplo, dice en *La Belleza*: «Feo fue el pobre Esopo, feo, refeo, feo donde más largamente se contiene: feo de más de la marca: esencia de feos: archifeo, feote, feísimo». Y en la *Geometría*: «En cuanto a Esopo, ese sí fue realmente feo, feo de más de marca, prototipo de feos, lo que se llama feo, refeo; feo en toda la extensión de la palabra y donde más largamente se contiene». Y en uno y otro tratado aparecen asimismo Sócrates, Hudibrás, Duguesclin, etc., en parejas actitudes. Y abundan esos desfiles de augustas sombras, que Montalvo gustaba de desarrollar en teoría pausada, imponente, de aire grandioso: Julio César, Alejandro, Alcibíades, Napoleón, Dante, Petrarca, Alfieri, Byron, Goethe, cien más conquistadores invencibles de coronas o corazones, conquistados y vencidos aquí por el amor.

Inferior quizá, para algunos, pero tan «tratado» como los otros, esta disertación es demasiado extensa y prolija para que se la juzgue mera copia de elementos destinados a un trabajo que no llegó a redactarse de verdad. Mas no sabremos decir si no lo publicó en vida por desconfianza o saciedad o desabrimiento, o si lo postergó adrede para remodelarlo, o si, hallándolo a su gusto, lo reservó para aparición póstuma. De todos modos, no se le puede tomar como lineamiento o bosquejo a este nuevo derroche de lengua y erudición peculiar, un tanto cuanto desordenado.

Simple esbozo no es éste, que contiene bajorrelieves de tan raro vigor plástico en su ingenuidad, como el cuadro de Belcebú, el enorme perro bondadoso y tranquilo, que con sus tres jinetillos regocijados forman un pedazo de friso, esculpido con gracia y fuerza singulares.

Bien está que se haya publicado, pues como dijo el mismo Valera al respecto, «nada de Montalvo debe quedar inédito».

Pero, ¿y aquel don Juan de Flor?, se dirá ¿Y aquellas cartas de mujeres? ¿Cómo es posible? Culpa de Montalvo no fue tanto, cuanto del gusto deplorable de sus lectores. ¿No gustaron éstos, hasta el delirio, las lágrimas y el contagio, de aquella exasperante *Carta de un Padre Joven*? Montalvo reincidió, como cedió una vez más al prurito de melodrama, intercalando en su disertación sobre las desdichas y felicidades inherentes al misterio erótico, que con tan «pugnantes llamas» encendía su imaginación, el episodio de *Safira* y las aventuras imaginarias de su don Juan hiperbólico.

Limitándonos, deliberadamente, al elogio exacto y a la perspectiva de altura, prescindir no es posible, sin embargo, de anotar al paso aquel persistente desvarío de Montalvo como novelador y dramaturgo. No parece sino como que le obsediera en sus ratos perdidos ese personaje, falsamente misterioso, en el fondo absurdo, hecho de retazos de mal satisfecho orgullo amatorio y de violentos escorzos de la más sumaria psicología de teatro popular: escenas de ambigú declamadas en lengua culta que vuelve más pesados e inverosímiles los trances de la fanfarronería donjuanesca, inútilmente complicada de escrúpulos morales. Si sorprende en el Montalvo escritor la supervivencia de tal rezago de mala literatura, menester será analizarla como indicio de su represado temperamento, en un examen inteligente de sus adentros. Valgan estos toques de sombra incierta para resalte del más verídico de sus futuros retratos.

Fácil sería seguir el proceso de las sucesivas apariciones y encarnaciones fantásticas de este tipo de solitario, desde su Aguilar juvenil hasta su póstumo don Juan de Flor, pasando por este su Herculano que vive rodeado de sombra impenetrable en su caparazón de recónditas y silenciosas virtudes, que se enamora de la tal Safira de un modo extraño, y sin decirle lindos ojos tienes, le prueba su pasión en folletinescos percances: la niña va a ahogarse, él llega improviso, se arroja al río, lo rompe en pujante esguazo, la toma a ella por el cabello, y la salva; se incendia la casa, va a arder la niña, él atraviesa incombustible las llamas, y la salva; los godos entran a saco en el pueblo, van a violar a la doncella, él llega, mata a los violadores, y la salva intacta. Llega siempre, no se sabe de dónde, y por supuesto, en el momento supremo.

Los *Dramas* de Montalvo, irrepresentables, apenas legibles, en su grandilocuencia temeraria, tremebunda como sus nombres, *La Leprosa*, *El Descomulgado*, ofrecen también curiosos aspectos de esta como segunda naturaleza de Montalvo. Tan pronto le tienta, el luciferino prestigio de la rebeldía, como simula demorar impávido entre ruinas. Sin duda por lo romántico de ambas actitudes, pasa de una a otra.

Si dejó páginas cargadas de falso énfasis poético, de candor melodramático, la verdad es que las aventuras medrosas y pasos sentimentales a que le condujo su fantasía de cuando en cuando tocada de aquel devaneo, no son las que se compaginan mejor con lo que en su obra parece llamado a definirlo por lo alto.

Deleznables al vuelo del tiempo, hay también páginas de circunstancia, a las cuales tan solo el aliento del estilo comunica todavía, aquí y allá, animación y movimiento; alegatos por causas ya ganadas, ya pasadas en autoridad de cosa juzgada. Es la suerte de esta clase de esfuerzos; la victoria que los consagra los deja atrás, abolidos, ya sin objeto. Todas las libertades que Montalvo pedía, conseguídolas habemos e incorporádolas a nuestros hábitos de vida pública y a nuestra formación mental, con todos sus excesos y, claro está, con todos sus desengaños. En el ritmo alterno de las generaciones, otras vendrán, llegan ya, que pedirán lo contrario, y volverán a sacrificar en aras de una autoridad fuerte y algo dogmática, ahítas de garrulería electoral y confusión demagógica. Mas no por eso el mérito de Montalvo consiste solo en haber sido gran escritor. Preciso es considerarlo en estos mismos escritos con ojos retrospectivos. Fue un precursor. Y como casi todos los precursores, acaso habría perdido su fe al verla así realizada. El mejor de sus continuadores, el fiero y percuciente González Prada, ¿no se refugió, temprano, en sus *Horas de lucha*, a sutilizar sus «Minúsculas»?

Aunque América decepciona, con todo, si tendiera Montalvo ahora una mirada que la abarcase, como aquella *Ojeada*, por ejemplo, que del recluso Quito de entonces echó por sobre las fronteras, halagaríale el camino andado, si bien a tientas y a trompicones. Ya tanta sangre no corre.

Y lo que ha dado en llamarse «americanismo» va lentamente creando una especie de conciencia de su destino. ¿Quién no siente hoy, o por lo menos, quien no profesa el americanismo como expresión del sentir de toda una raza en todo un continente? Va siendo un lugar común, aun antes de clarificado su contenido. Pero en la época de Montalvo, la naciente solidaridad, despertada al soplo americanizante de la Independencia, volvió a dormirse en el aislamiento y hurañería de repúblicas más recelosas que fraternales. Tan solo espíritus magnánimos descubrían desde su cima solitaria el porvenir indivisible y anhelaban por la unión preparatoria. Ninguno más que Montalvo. Y su americanismo es de la mejor ley: no teórico ni político, menos aún literario, busca inútil de imposible o pobre originalidad artificial; sino cordial sentimiento de unidad, de interés vivo por todas y cada una de sus partes, intuición de su profunda predestinación. Pocos son y en modo alguno intencionales, sistemáticos, los toques de color o sabor americanos propiamente, en el estilo o en el pensamiento de este «español» de los mejores tiempos. Y nada le llenó de complacencia como este elogio, cual el mayor para un americano que comprendía bien su abolengo en el mundo del espíritu y de la cultura. ¿Qué diría hoy de las ínfulas y conatos de los teorizantes, más arrogantes a fuer de americanos crudos, que profesan una especie de cómico menosprecio y sistemático apartamiento de la Europa madre y maestra, mientras exceptúan, eso va de suyo, a la asiática Rusia? «Ciudadano del mundo», como el filósofo antiguo y el poeta moderno, gustaba Montalvo de proclamarse. ¿Habremos por esto de negarle la ciudadanía espiritual de americano? Le interesaba la suerte de la civilización, al mismo tiempo que miraba, y con pasión de sacrificio, por la suerte de su propia patria. Al ahogarse en ella, pedía espacio: he ahí todo.

Hora sería ya de hablar de su casticismo y, en detalle, de su estilo. Bien es cierto que todo es hablar de ello, en tratándose de Montalvo. Mas a punto vendría, sin embargo, si mostrásemos todo el primor en los *Siete tratados* y otros ensayos en donde hizo mayor gala de riqueza sintáctica y lexicográfica. Digamos aquí tan solo que su purismo no fue intransigente ni momificante; que nunca trabó su lengua el temor paralizante del galicismo; que su arcaísmo no es obra de taracea. Bien como, en épocas de vigor, el castellano asimiló tanto italianismo que siguió siendo luego una elegancia clásica, así, en manos de un escritor castizo cual Montalvo, toda libertad es legítima. Empero choca y disuena, en cultor tan remirado del idioma, su prontitud en querer adoptar aquella ortografía que solo es prima de iletrados y que, so capa de simplificación, desfigura el aspecto, profana el linaje, la gloria antigua de los vocablos. ¿Fue acaso por la esperanza de tener que luchar menos con los cajistas, que le estropeaban sin cesar las pruebas? Vencido fue aun así.

Heredados de Montalvo —y de toda una generación de gramáticos y de puristas, sus contemporáneos y sucesores—, aun se mantienen, en el periodismo, en la conversación familiar, en el parlamento, giros y modismos de la más genuina proveniencia clásica. Por muchos años no se conoció en la república otra crítica que la gramatical. De una acerbidad cruel, como casi siempre, estrecha y obcecada, dejó sin embargo implantado por largo tiempo un respeto saludable a la propiedad de las voces, sus correspondencias y más genialidades de la lengua. Han cesado aquellas doctas y feroces controversias gramaticales; han desaparecido los maestros: sobrenadan los vestigios de esa elegancia anticuada.

La lectura de Montalvo volverá a dar a los escritores esa elegante familiaridad de giros, torneos, construcciones, no ya incrustados a la fuerza ni sacados, como con pinzas, del diccionario, sino vivificados, como en el maestro, por el gusto más natural, por el amor, el placer más sonrientes. En Montalvo, el más contorneado fraseo, el idiotismo más privativo, el arcaísmo más venerando, suena a hablado, a cosa viva, a expresión popular en su nobleza.

Si bien en cauces al parecer complicados, por lo vario y cambiante de sus meandros y por lo elaborado de la dicción, tan fácil corrió siempre esta abundante lengua, que a todos es dable gustarla, y mal se puede decir que esté ahí para regalo de arcaizantes. Como tampoco puédese tildar a Montalvo de exclusivismo aislado, en engreimiento maniático de purista.

Ni siquiera le tienta el arte por el arte; o es para él, como si no existiera. Reconoce como un deber, impone al escritor como obligatoria, una misión elevada. La suya fue de moral pública y privada, de «virtud», más que de defensa e ilustración de la lengua.

En el prospecto mismo de *El cosmopolita* anuncia que «tal cual trozo de literatura y amena poesía» será allí episodio deleitable, esparcimiento lícito del ánimo. Sus viajes serán lecciones, pruebas sus recuerdos.

A tal concepto de misión educadora débese, acaso, que esta obra de juventud, y de batalla, en donde cabían en rigor todos los excesos, mayores sean en suma los anticipos de una como provecta cordura, que los rezagos de un impetuoso romanticismo. Sus mismos ataques a García Moreno no son en modo alguno comparables a sus vehementes, virulentas *Catilinarias* contra Veintimilla.

Le valieron, sin embargo, el destierro, voluntario por anticipado; pero obligado por ineludible.

III. Su primer destierro

El asesinato de García Moreno. Vuelve al país. El «Regenerador» y su desengaño. El segundo destierro. Ipiales. Las Catilinarias. Víctor Hugo y el terremoto de Imbabura

Este primer destierro de Montalvo fue fecundo. De bendecir es su infortunio. A él debemos atribuir acaso la reposada ejecución de sus más cuantiosas obras maestras: los *Siete tratados* y los *Capítulos que se le olvidaron a Cervantes*. De haberse quedado en Quito, habría continuado expuesto a todos los azares de aquella incierta lucha cuerpo a cuerpo con el «Tirano», o a aquel estéril, insistente explicarse con molestos inferiores.

De Ipiales marchó a Francia. Para el caso de que triunfara el partido político de su preferencia había declarado que no aceptaría en premio a su campaña solitaria otra cosa que una legación en Europa.

Sus primeros recuerdos de Europa se le doraron pues de nostalgia, nostalgia a la inversa, que borró de su memoria el fastidio de los primeros tiempos de París: «Esta Francia» —decía— «que con tanta frecuencia me fastidió, hoy se presenta a mis ojos con los rasgos más graciosos».

Volvió, pues, a París mas no de diplomático; de proscrito. Fue un viaje corto. Si hubiese entonces logrado establecerse en París, ¿habría persistido en su tentativa de escribir en francés, cual fue su veleidad en algún momento de ambición o de acedia? Habríamos perdido un clásico de los mayores en nuestra lengua, sin ganar seguramente un gran escritor francés; a tal punto encarna Montalvo el genio del idioma, en tal forma se nutrió de su recóndita médula, de sus jugos mas esenciales, que no se ve cómo hubiera podido adoptar sin desmedro otro medio de expresión, no consustancial, adventicio. Hásele comparado con los maestros más castizos y es particularmente difícil de verter en otro idioma su manera de español del gran siglo. Aun las páginas que él recuerda haber escrito en francés y de las cuales no poseemos su versión original, pierden mucho de su carácter al ser nuevamente puestas en francés.

Montalvo cuenta haber dirigido en francés a Víctor Hugo aquella elegía en prosa sobre el terremoto de Imbabura, de la que no conocemos sino la reproducción en castellano. Habiendo, sin duda, leído *Les raisons du Momotombo*, pensó que el gran vate que había oído las voces del volcán centroamericano, debía también de oír al Cotacachi bramar, cuando produjo por entonces el terremoto que asoló a Ibarra. Montalvo, si amó a Lamartine, veneraba sin duda a Hugo, vería en él el *vates*, el augur, el Dios. Volviose, pues, a él, como a un genio tutelar, para apiadarlo sobre la desventura de un pueblo en ruinas. «Tú que alojas en tu pecho un Dios» —le decía—; «tú a cuya disposición está una profetisa de continuo; tú, a quien las musas descubren acontecimientos de lejanas tierras, ¿sabes lo que sucede en el Nuevo Mundo a la hora de hoy? Alza la frente y echa la vista al Ecuador, ¿qué distingues?» Y Montalvo describe para el poeta esa Arcadia, y el volcán que la amenaza y el cataclismo que la hunde. Exhorta «al poeta ciudadano del universo», y le dice: «¿No tendrás una mirada para estas ruinas, un ¡ay! para estos ayes, una lágrima para estas lágrimas?».

Víctor Hugo respondiole de su destierro, con una breve y muy huguesca carta, fechada en Hauteville Hause, el 16 de abril de 1865. Decíale, entre otras frases que habrían de resonar en consonancia dentro de Montalvo: *J'ai dénoncé souvent ces fléaux, les despotes; je ne manquerai pas au devoir de dénoncer aussi ces autres tyrans de l'homme, les éléments...* Y terminaba *Je vous serre la main. Vous êtes un noble esprit.*

Las perturbaciones ocasionadas por la guerra francoprusiana del 70, aceleraron el regreso de Montalvo. Volvió a Ipiales.

Y fue una felicidad, desde el punto de vista del arte, que el misérrimo pueblo fronterizo hubiese tomado en su destino el turno que Montalvo quería reservar a París. Cuando volvió definitivamente a París, en 1882, a vivir y morir ahí, fue ya demasiado tarde para que pensara en recomenzar en otra forma su carrera de escritor, ya llenada. Además, la Europa todavía romántica de su primer viaje, la de su juventud, ya no existía: Lamartine, muerto hacía doce años y olvidado; Víctor Hugo, iluminando todavía, como un Sol ya puesto, el horizonte occiduo, pero con una magnificencia que ya no cegaba ni deslumbraba (murió en 1885): el realismo empezaba a imponerse en la literatura y en la vida.

Escribió, pues, durante su primer destierro, en su confinio de Ipiales, entre 1871 y 1875, sus *Siete tratados* y sus sesenta *Capítulos cervantinos*, sin contar algunos opúsculos y otros ensayos menores.

La inmarcesible sonrisa de bienestar que ahí divaga entre líneas, rescate de su prisión entre los muros invisibles e ilimitados de aquel estrecho yermo colombiano por donde erró «sin trato de semejantes y sin libros»; música silenciosa de su ufanía solitaria, júbilo incoercible de su infinita libertad de espíritu, denota a qué punto la íntima vena de Montalvo pedía esparcimiento en el arte puro, por encima de la obsesión esclavizante del polemista, y por más que se airase al embate de su memoria procelosa.

Diez años tardará en publicar la obra que mayor fama había de granjearle, los *Siete tratados*. Y en cuanto a los *Capítulos que se le olvidaron a Cervantes*, ellos no vieron la luz sino después de su muerte. Pero mucho antes, las sucesivas entregas de *El cosmopolita* habían circulado por América, desde el 66. Y fue de lejos de donde le vinieron las primeras palabras que lo consagraron: Caro, Cuervo, Calcaño, catadores indiscutibles del lenguaje, reconocieron la cepa del suyo.

Entonado Montalvo por ese éxito literario más que por la lugareña resonancia de su actitud de político, dedicose en el destierro a escribir y escribir.

Un gran acontecimiento, el asesinato de García Moreno, acaecido el 6 de agosto de 1875, encontró a Montalvo todavía sumido en su destierro de Ipiales. Cuéntase que al ser sorprendido por la noticia, exclamó: «Mi pluma lo ha matado». Leyenda o verdad, tal exclamación referíase sin duda a la pasión inspirada por la lectura de su *Cosmopolita* y de su más reciente folleto: *La dictadura perpetua*, en jóvenes que se creyeron poseídos del espíritu de sacrificio, a modo de los héroes clásicos de Roma, que Montalvo había celebrado.

Pudo entonces volver a Quito. Y volvió, a terciar en la campaña de «regeneración». El relativo triunfo le desengañó esta vez más que la derrota.

Derrocado Borrero, contra quien el mismo Montalvo no había tardado en volver sus armas, se encaramó en el poder el hombre que Montalvo aborreció más.

No tuvo sino que tomar otra vez su triste caballo de proscripción y volverse camino de Ipiales. Decididamente, Ipiales era el centro de gravedad de su destino desorbitado. Se volvió a Ipiales a buir las flechas contra el tiranuelo, con más saña que lo había hecho contra el tirano. Salieron así de su aljaba, enherboladas, sus tremendas *Catilinarias*, publicadas en Panamá.

Decidió luego irse a Europa, y lo realizó, esta vez sí, definitivamente. Antes de partirse para siempre de su América, detúvose en el Istmo, para lanzar él personalmente, verdaderas flechas del Parto, las últimas de las doce *Catilinarias*. Y diciendo que dejaba atrás «una presa sin vida», embarcose aligerado para Francia.

Lo que él creyó de su deber, cumplido quedaba así; y su ánimo de vengador podía abrirse ya a otros horizontes. Y el horizonte a que se volvía era el de anhelada serenidad; iba a Europa, llevaba en su magra maleta de desterrado el manuscrito de los *Siete tratados*, prenda segura de liberación, sésamo de vida nueva. Al arrancarse así y dar espaldas a América, como desprendiéndose y despidiéndose del hombre anterior que de tan agrio batallar no salía, con el alma ilesa, el nuevo o renovado Montalvo no abrigaba ya otra ilusión que la de dar a la estampa, en llegando a Francia, su obra capital.

Para esta empresa literaria habían allegado algún dinerillo unos pocos amigos; y aunque el auxilio no llegó entero a manos de Montalvo, sacó a luz, en dos primorosos tomos, impresos en Besanzón, aquel haz de ensayos singulares, tan largo tiempo mantenidos, ellos también en exilio, madurados a la sombra del infortunio, pero frescos, alegres, lozanos, como un alarde de rebosante salud espiritual.

Tamaña obra no tardó en asignarle puesto ilustre entre los mayores. Los a quienes (como diría Montalvo), los a quienes no impuso asombro o afecto de admiración, tuviéronla cuando menos en miramiento y respeto, por el señorío del desempeño y la magnitud de la empresa, nada común entre literatos americanos. El lector menos avezado reconoció en los *Siete tratados* el linaje clásico y la rara condición de obra hecha para durar.

Saboreaba, pues, Montalvo una gloria incólume, exenta del acre fermento de rencores, que hinche y leuda casi toda su producción anterior. Su obra polémica había ya extendido su nombre por toda la América hispánica; ahora se alzaba a más arduo empeño y comenzaba a arrancar lauro más intacto. Se comprende que Montalvo no quisiese por entonces acudir al llamamiento de sus partidarios ni tornar a las andanzas de «paladín del liberalismo», que solo estériles victorias le habían granjeado.

IV. Con sus Siete tratados, a Madrid

La Academia de Tirteafuera. Núñez de Arce y otros. La Mercurial eclesiástica. Los tiempos han cambiado. Campañas abolidas por su propia victoria

Precedido de heraldo tan airoso, fuese más bien a Madrid. Fácil es imaginar con qué esclarecido fervor se encaminaría el gran hablista al solar de sus mayores del siglo de oro, visitaría el templo de su culto, o, como él dice, «segunda religión que se llama lengua pura, lengua clásica». Asistido se sentía de las sombras augustas que él invocara en memorable imploración: «Espíritu de la santa doctora... y tú, Granada invisible... y tú, Cervantes... me acorred —pues que me es tanto menester».

La acogida que halló en la Villa y Corte y le dispensó la Academia, discreta fue, mas no la que el rango y alcurnia de tan castizo mantenedor del fuero del idioma merecía. La Pardo Bazán, Castelar, Campoamor, Núñez de Arce, lo recibieron y guiaron. La prensa lo saludó cual cumple a huésped distinguido, sin más. Se habló, sin duda, de él en alguno de los cenáculos y corros literarios. Pero la crítica propiamente dicha... tardó en pronunciarse.

No lo hizo, en suma, sino después de su muerte, a la aparición de la primera obra póstuma: los *Capítulos que se le olvidaron a Cervantes*, y a propósito de su prólogo.

Fue este prólogo declarado, aunque tardíamente, «el más estupendo y digno elogio de Cervantes», «escrito en la prosa castellana más elegante, noble y pura, y numerosa que se ha compuesto en el siglo XIX», como dijo Navarro Ledesma, y lo refrendó Núñez de Arce, y lo repitieron luego Valera y Gómez de Baquero. Sin embargo, ese Prólogo ya formaba parte de los *Siete tratados*, bajo el título de «El buscapié»; y pasó entonces casi inadvertido...

Es que España se hallaba entonces en toda su cerrazón castellana, casi refractaria al arte y al espíritu de su propia América; todavía faltaba bastante para que Darío viniese y la conquistase, y para que el mismo Montalvo, en sátira póstuma, les ablandase la mollera a los innumerables Aurelianos Fernández Guerras y Orbes que poblaban sus academias y cátedras. Pues hasta hubo académico que recibiera malhumorado y desaprensivo a aquel visitante tan cortés y tan aseñorado que, no tanto por venir de las Américas, cuanto por oler a azufre sus escritos, no le mereció más política que la de abominar en su presencia del espíritu del siglo... Montalvo se vengó, dándole primero tácita lección de urbanidad y decoro, al recibirlo a su turno con miramiento; e inmortalizando luego, en sátira feroz, al devoto erudito que con tantos apellidos, se iba quedando sin nombre.

Núñez de Arce, en cambio, entre los que ha reparado posteriormente el desvío o ignorancia de los más, nos ha dejado del Montalvo de entonces un retrato, romántico de expresión, pero sincero de tono, que por la pátina de la época y por lo desconocido, bien vale la pena de quitarle aquí el polvo del olvido que lo recubre. «Conocí» —dice— «a este escritor eximio en un rápido viaje que hizo a Madrid, y desde entonces, a pesar de los años transcurridos, no se ha borrado de mi memoria la impresión que en mí produjo. Era un hombre todavía joven, alto y enjuto, de cabello negro y crespo, de frente despejada, cuya serenidad turbaban de vez en cuando ligeras contracciones, quien sabe si a impulsos de algún recuerdo penoso y sombrío. Tenía la coloración mate tan frecuente en las hijos de los trópicos; la palabra lenta y monótona, la boca desdeñosa, nada propensa a la risa, y los ojos brillantes, aunque la mirada vaga e incierta, como si anduviera buscando el camino, aun ignorado, por donde penetrar, siquiera fuese a la fuerza, en las honduras de lo infinito. Sin embargo, bajo aquella apariencia fría y melancólica ocultábase quizá un ser humano atormentado por pasiones ardientes, de voluntad firme y concentrada, receloso, inquieto, enamorado tal vez de un ideal imposible... En una de nuestras entrevistas tuvo la bondad de regalarme su obra más importante, los *Siete tratados*. No hay para qué decir, sabiendo el efecto que me había causado la persona de su autor, si leería vivamente interesado el libro... Confieso que sentí no poca satisfacción interior cuando confirmé, al acabar la lectura, el juicio que de él había formado. En aquel cuerpo de criollo, apacible y al parecer indolente, encerrábase un espíritu audaz, impulsivo, como ahora se dice, hasta la violencia, preparado por su cultura para la lucha intelectual y por la energía de su carácter para las luchas de la vida...»

A pesar de algunas amistades así iniciadas, la estada en Madrid debió de serle, en conjunto, algo desapacible a Montalvo; pues, sin que mediaran más visibles razones, volviose a París, no obstante que en Francia la literatura e ideas predominantes le herían en sus gustos más delicados, como no tardaremos en verlo reflejado en su *Espectador*.

Entretanto había caído Veintemilla. Reconociendo la caída de Veintemilla como efecto en buena parte de las famosas *Catilinarias*, los liberales ecuatorianos se apresuraron a ofrecer a Montalvo una curul en el Senado. No la aceptó, es claro, como tampoco en mejor ocasión anterior, cuando Barrero. Su natural repugnancia a llenar otro papel que el de censor y guía le mantuvo siempre en la órbita del filósofo militante, que no rehuye el peligro ni la responsabilidad, pero solo aspira de veras a una autoridad superior de árbitro inmune. Este violento y desapoderado combatiente era, en el consejo y en la acción directa, hombre de justo medio y razonada larguez, cosa incompatible con la feria de vanidades y falsedades de la política.

Pudo, en realidad, regresar en triunfo, pero no triunfante, y más satisfecho de su obra que de la muerte de García Moreno, a quien, si «mató» con su «pluma», no tardó en echarlo de menos para salud o para castigo de su patria amarga. «Para lo que ha sucedido en el Ecuador después de la muerte de García Moreno» —decía Montalvo cuatro años más tarde—, «yo de buena gana le habría dejado la vida al gran tirano.»

Presintiendo lo que había de ser la política de Caamaño, imprevisto sucesor del «sátrapa», derrocado a impulsos de sus remesones hercúleos y sabiendo cómo, no podría llevarlo con paciencia, no quiso regresar, por no tornar a la misma lucha con inferiores. Cansado estaba, y desengañado.

Además, a la llegada de los primeros ejemplares de los *Siete tratados* a Quito, el arzobispo Ordóñez, antes de que cundiera el satánico prestigio de seducción de tan elegante y arrebozada «herejía», puso en el *Index* esa «nidada de víboras, en cestillo de flores». Lanzó su pastoral contra «el escritor que dobla la rodilla ante nuestro adorable Redentor, para darle sacrílegas bofetadas».

Montalvo sacó al punto de su relegado carcaj de guerra la más frenética y certera flecha, y con ímpetu de gozo y rabia disparó la irresistible *Mercurial eclesiástica*.

Aún tiembla en la herida, inmisericorde, el flamígero dardo que atravesó mares y montañas y se fue derecho a clavarse en el corazón de la hipocresía frailuna. Fue el último y el más tremendo y el más gallardo de sus arrebatos.

Ante esta burda prueba de incomprensión, Montalvo pensó menos aun en volver. «Así pues» —exclamaba—, «yo no podría volver a mi patria, ni aun derribado el malhechor Veintemilla, el héroe de las *Catilinarias*. Si voy solo y en paz, el obispo me señala a la gente que no lee, la engaña con embustes, le dice que soy enemigo de Dios y que le doy de bofetadas a Jesucristo; la enfurece y me hace pedazos por cien manos ajenas, ¡a despecho de mi buen nombre!» Y más de una vez repite: «Yo estoy persuadido de que si el clérigo Ordóñez se propone hacer matar a un liberal, lo hace el día que le da la gana. Él echa su pastoral de muerte: los curas suben a los púlpitos; los capuchinos y los de San Diego se tiran a la calle con cristos en las manos; los jesuitas atizan; los devotos y los frailes de capa hacen repartir aguardiente; el pueblo pierde el juicio, y ¡ay del que caiga en su poder!». Exageración.

O los tiempos han cambiado. El mismo Montalvo, al parar más largamente su mirada en su propia patria, habría hallado un Ecuador liberalizado en parte, gracias quizá a sus enseñanzas, si no a su ejemplo. Y al cabo de cortos años habría visto —no sé si muy complacido en su fuero interno, en su verdad íntima— que muchas de sus campañas por la libertad habían dado más que su fruto. Sazonado a punto, cuajado solo de mieles, lo anhelaba él, no turbio y falso. Luchó denodadamente por la libertad de expresión, por la libertad de prensa, por la libertad de cultos. Muchas de sus campañas ya no tendrían razón de ser. Y, de volver a escribir contra los sucesores de Veintemillas y García Morenos, ya no se expondría al destierro y a la persecución. Hoy, sedicientes libertarios, llamándose sus discípulos —sin su pluma—, insultan, hieren a mansalva. La profesión pública de enderezador de entuertos ha perdido entre nosotros su penacho al perder de su peligro. Mas si holgaran un tanto sus pugnaces virulencias de liberal aherrojado, su espíritu afilosofado hallaría en nuestra perpetua zozobra perenne fuente de meditación.

Los tiempos han cambiado y no sabremos juzgar ahora si la amenaza que pesaba sobre Montalvo se hubiera traducido en ese entonces en asonada a mano armada. La juventud se ofreció a escoltar sus pasos. Pero no quiso exponerse y prefirió quedarse a «morir entre cristianos». Temió que en Quito le negasen sepultura. Quedose, pues, en París para siempre, voluntariamente; segregado de su patria, solo y pobre frente al desierto poblado, a la multitud desierta de la ciudad extranjera.

V. La etapa final

En París, 1882-88. El espectador. Su enfermedad y su muerte

Las privaciones y soledades de la proscripción, Montalvo las ha descrito más de una vez con un acerbo estoicismo en el que no desentona cierto viril enternecimiento. Y si bien es cierto que así dentro como fuera de su país, su vida fue perenne nostalgia de otro ambiente, de otra edad, no por eso dejó de exclamar, con acento en que resuena el eco de íntimas sensaciones: «Yo no estoy aquí (en París) por mi gusto. ¿Cuándo les he dicho que vivo contento? Si alguna envidia tengo en este mundo es la del hombre modesto y tranquilo que vive rodeado de personas queridas, goza de la infancia de sus hijos, los ve crecer y ve romper en ellos la aurora de la inteligencia...; que se calienta al Sol de la patria y se refresca a la sombra del techo propio...; que se despierta al son de las campanas de su iglesia, campanas que ha estado oyendo desde niño; que se levanta y vuelve cada día a las ocupaciones que no fatigan y las distracciones que no cansan; amado de su mujer, querido de sus parientes, querido y respetado por sus criados. La hacienda, el caballo, el perro, la vaca, la leche caliente y pura, ¿dónde están?... Si yo pudiera dar los ocho años de Europa de mis tres viajes, aunque no han sido del todo inútiles; si los pudiera dar por cuatro días de felicidad doméstica acendrada, no vacilaría un punto».

Pero Montalvo no era hombre de dejarse roer por la nostalgia. Y acordándose del vagueo y libertad de tiempos no menos infelices, en que sacaba a luz los recuerdos de su erudición errabunda, los caprichos y devaneos de su musa plácida o melancólica, sus contemplaciones de viajero amante de la soledad, reanudó la libre tarea que tan a gusto llenaba sus ocios y tan bien cuadraba con sus dones.

De 1886 a 1888, tres tomitos, de unas 200 páginas cada uno, se sucedieron ufanos: tres manojos de artículos de asunto vario e índole cambiante, semejantes, por su composición diversificada y libre, a los cuadernos, más copiosos, de su antiguo *Cosmopolita*. *El nuevo cosmopolita* debió llamarlo Montalvo. Apenas lo habría diferenciado del precedente, su actual designio de apartarse ya de todo tema político que recordase sus campañas candentes, aún humeantes. Por lo de más, parecida amplitud de materias; igual libertad de invención, que va del tono jocoso al melodramático; idéntico giro de crónica afilosofada, aplicada ahora de preferencia a motivos de actualidad callejera.

El título que tomó de la revista de Addison y Steele, no emparenta la suya con la de los dos ensayistas ingleses. Cuán distinta, su manera, de la puritana de Addison, a quien Hipólito Taine definió como el tipo de «predicador laico». Cuentos como «El pintor del duque de Alba» o «Fray Miguel Corella», tan del estilo y gusto de Montalvo, melodramáticos a fuerza de pasión pungente y arremolinada imaginación, no, cabría suponerlos en la elegante pero fría parsimonia del pulquérrimo monitor británico, «nutrido de disertaciones y de moral». ¿Dónde en el espectable *Spectator* estas andanadas de risa hiperbólica, esas *charges* regocijadas? Porque Montalvo aquí nos quiere probar que «si la alegría no es su humor ordinario, no siempre los suspiros de la melancolía entran con él a importunar».

Para gala y derroche de cortesanía, Montalvo fantasea un baile en que mujeres sudamericanas lucen vario encanto. Alarde enamoradizo, inflamable en su misma casta y risueña voluptuosidad; desfile de bellezas núbiles, espiral sin fin de éxtasis galantes; alarde renovado luego en la descripción de un *skating*, anhelante ronda de fugaces e inasibles deseos tras el deslizarse de las ágiles patinadoras sobre la nieve; alarde que recomienza al paso de toda gracia o donaire, de todo ardid o peligro en que la mujer ejerce su atracción de indiscernible ángel o demonio. No sería concebible tan morosa delectación en la urbanidad austera y discreto comedimiento de salón, que constituyen la escasa amenidad del moralista sajón, quien pasó sin embargo por el más galano de su raza.

El espectador de Montalvo no ofrece tan abundante copia de doctrina como la desplegada por el depurador de las costumbres inglesas, sino que aplica a parecido intento la propia y consabida manera suya; y si bien no abunda como Addison en retratos psicológicos ni diálogos de personajes, presenta en forma trascendente a lección moral, aspectos de la vida social en torno. Mas, si de Addison tiene aquí Montalvo cierta templanza interior, acordada ya al paso de sus días de más despejo, débela a su cansancio, que no a índole mansa y serena. ¡Id a echarle el agraz en el ojo, aun al Montalvo ecuánime de esta época! Pope injurió a Addison; Addison replica a Pope con el más benevolente elogio de Pope. La estela del polemista ambateño, aun surcando lejanas aguas de olvido, parece hervir en recuerdos vindicativos, en alusiones intensas.

Tenemos, pues, que Montalvo, no hubo menester modelo, ni lo escogió muy consonante con su natural, ni debió dar ocasión al paralelo tomándole el título y el propósito.

Por propia iniciativa, y con los mismos dones del ya antiguo *Cosmopolita*, Montalvo fue en su aislamiento uno de los primeros cronistas en castellano. En el comentario elegante, la filosofía imprevista de la novedad fugaz, la evocación del acaecido que hace pensar, fue el precursor de los mejores cronistas de ahora; y en su nativa propensión a elevarlo todo con su primor familiar en el arte del buen decir, destaca entero. De haber vivido en días más cercanos, habríasele buscado para que sus crónicas fuesen ornato y prestigio de diarios multimillonarios. En la América de su época no se estilaba pagar a los escritores como tales. Y Montalvo, no sabiendo depender de nadie, hubo de ser siempre su propio editor.

Montalvo publicó así por su cuenta sus primeras y curiosas crónicas de literatura contemporánea. Eran todavía los albores del naturalismo. Se hablaba con escándalo del *Ventre de Paris*, de Zola, adaptado al teatro por Busnach. Se controvertía el valor estético de *Madame Bovary*, de Flaubert. La condición de Montalvo, siempre levantada a sentimientos grandes y simples, se avenía mal con la bajeza de los asuntos, la salaz potencia y la minucia de inventario de fealdades que practicaba el realismo a fuer de veracidad. La tendencia de Zola sublevaba el pudor de Montalvo y encrespa su hombría de bien. Más de sentir es que *Madame Bovary* le haya apartado de más extensa lectura de Flaubert, con quien pudo congeniar en el amor del vocabulario fastuoso. Y es de creer que su gusto tampoco se compadecería con la premiosa insistencia y el estilo taraceado de los Goncourt. Montalvo no acepta que su ilustre amiga la Pardo Bazán pareciese adherirse al movimiento naturalista. Romántico empedernido, gusta incorregiblemente de lances caballerescos y declara que prefiere los «peligros encantadores y sofismas cultos» de la *Nueva Heloísa* de su siempre amado Rousseau, a los refinamientos de otro orden de la aguda modernidad buscada por los novadores.

Formado en las perennes disciplinas clásicas, ofrece, en su resistencia de escritor y de hombre a la volandera seducción del día, que él ingenuamente reputaba por monstruosa, un ejemplo de probidad para consigo mismo, que nos impone respeto, y aleja la tacha de incomprensión en homenaje a su alta sinceridad. Nada más servil en escritor provecto que la adulación a «los nuevos», en espera de mentida reciprocidad.

Se acercaba el fin de Montalvo; y su desaparición del escenario de las letras, para él sagrado, coincidía con la invasión de modas y estilos anarquizantes a los cuales tenía que ser refractario.

«Una tarde de la primavera del 88» —dice Yerovi en su pobre ensayo biográfico—, «salía Montalvo fatigado de corregir las últimas pruebas (las del último tomo del *Espectador*).» «La atmósfera tibia y transparente de la mañana había cambiado durante las horas de trabajo. Una lluvia torrencial tomole sin abrigo en el trayecto hasta su casa. Al día siguiente el eximio escritor yacía postrado con dolores intercostales.» Un derrame pleural incontenible, a pesar de una punción, y de una dolorosa operación posterior, acabó por infeccionar todo su organismo. El cirujano llamado a intervenir creyó necesario inmovilizar al paciente bajo el cloroformo. «Montalvo replicó que nunca había perdido la conciencia de sus actos y rehusó el anestésico: Usted operará —le dijo— como si su cuchilla no produjera dolor.» Según Yerovi, la operación duró una hora: «Consistió en levantar dos costillas de la región dorsal» y profundizar el corte hasta poder dar con el oculto foco de infección. «El enfermo no había dado una queja.»

Comprendiendo que el germen de su mal mortal sería inextirpable, Montalvo quiso salir de la clínica, adonde le había llevado la solicitud de unos compatriotas, para volver a su casa. «Quería morir en ella», dice Yerovi. La alta y acompasada cortesía que Montalvo solía desplegar, no sin énfasis caballeresco aun en el trato ordinario y corriente, le dictó, sin duda, como un deber el apercibirse en forma condigna al encuentro con la Inevitable. No es de extrañar, dados sus hábitos señoriles, la solemne escena; y nadie puede menos de mirarla como prueba de ánimo entero, que agranda la figura grave del luchador moribundo.

Trasladose, pues a su casa. «Por la tarde aseguraba estar mejor. Solo siento —dijo a Yerovi— que toda la vida se concentra en mi cerebro. Podría componer hoy una elegía como no lo he hecho en mi juventud...» Dos días después Yerovi llegaba angustiado al número 26 de la calle Cardinet, para informarse de las horas de la noche en que no había estado al lado del enfermo. Cuenta que lo encontró, no sin gran sorpresa, «vestido de frac». «Puede que motive su atención verme del modo cómo me encuentra. El paso a la Eternidad es el más serio del hombre. El vestido tiene que guardar relación...» Añade que «hizo al amigo algunas confidencias», y que como postrer pedido añadió: «Usted volverá pronto a la patria. En la última carta dije a mi hermano, y de no haberla recibido, repítale, que en los días de mi enfermedad, ni Dios ni los hombres me han faltado». Y que volviéndose a una doméstica de su confianza «te pido» —le dijo— «no olvides mi encargo. Un cadáver sin flores me ha entristecido siempre».

Aquel día, 17 de enero de 1889, expiró Montalvo.[3] Para subrayar más amargamente el contraste entre el hombre suntuoso y su muerte pobre, como su vida, Rufino Blanco Fombona completa el cuadro añadiendo: «Le llevaron cuatro claveles; en invierno en París y por 5 francos, no le podían tapizar el aposento de rosas y lirios...».

Así murió, pobre y solemne, en su triste estancia de proscrito, uno de los más arrebolados y fieros escritores de América.

El sufrimiento, largo, había lenificado esa alma tormentosa, cuya suavidad recóndita no siempre rebalsó en forma de mansedumbre. Impone ver a aquel hombre relampagueante apagarse así, domada su rebeldía ante el destino común, superada su soledad al sucumbir sin reproches ni sobresaltos.

Leyendas flotan todavía sobre sus cóleras, como la niebla indecisa sobre el cráter mal apagado de sus volcanes nativos. No las flechas ni su blanco, sino el arquero y su gallardía, interesarán siempre. Sus cóleras ya no fueran si no frío paisaje de lava, si el secreto vital del gran arte y el aliento de un gran espíritu no las convirtiesen en hervor constante de admiración y entusiasmo en el pecho de todo americano, orgulloso de que un genio hecho a imagen y semejanza del Continente bravío, haya sabido verter en aquellas cláusulas de ritmo numeroso y altivo, sentimientos que tradúcense por doquiera en dechados de alma bien puesta y maestría acabada.

VI. Los capítulos que se le olvidaron a Cervantes

Muerto Montalvo, volvió a la luz con la publicación póstuma de su *Ensayo de imitación de un libro inimitable*. Y es este el lugar de hablar, si bien brevemente, de sus singulares *Capítulos que se le olvidaron a Cervantes*.

«Daríasele del sandio, daríasele del atrevido», a quien, después del admirable prólogo en que Montalvo explica la intención de su obra, creyera acaso necesario explicarla más largamente. Lo esencial, dicho queda, a lo grande, por Montalvo mismo, con esa su orgullosa modestia con que magníficamente se acusa, se excusa, se exalta y por fin se decide. La obra ni el

---

3   El autor de este ensayo, hallándose de Ministro en París, hizo colocar una placa conmemorativa en la casa en que murió Montalvo. A pedido suyo, don Miguel de Unamuno, tomó la palabra en la ceremonia. Puso también don Miguel, el igualmente solicitado prólogo a las *Catilinarias*, en la edición de Garnier, dirigida por G. Z.

propósito habían menester defensa alguna. Pero este singularísimo «Buscapié», como llama el autor a su introducción, vino a constituir el más gallardo y superabundante cortejo de razones y elegantes discreteos con que se haya justificado un libro que por sí solo se bastaba.

Montalvo no podía desconocer por cuán alta vocación era llamado a esta empresa. A quien conozca un tanto la índole de su genio, ha de parecerle como inevitable en el orden de las atracciones espirituales el que Montalvo hubiese acometido, y no tan solo en alarde de saber y de ingeniosidad, sino como trasunto de su idealismo, de su sentido y conciencia del honor, de su instinto de justicia, de su condición moral, la imitación del dechado más caro a sus predilecciones de escritor y de hombre.

Todo le llevaba a ella. «Ensayo o estudio de la lengua castellana», dice él mismo. No es desde luego sistemática reconstrucción del habla de Cervantes, ni cuidadoso y sapiente empleo de solo palabras y giros de la época. Donde otro hubiera emprendido obra retrospectiva de gramático o de purista arcaizante, Montalvo se mueve con el señorío y libertad de quien se halla en su elemento, hablando su lengua nativa. Prosa de suyo cervantesca, la prosa de Montalvo reclamaba, para completar la ilusión de su edad de oro, un asunto contemporáneo, una materia condigna; de este modo aparece aquí como respirando aire propicio, en medio de objetos, ideas y sentimientos familiares a su alcurnia espiritual, en medio de hazañas, lides y preseas propicias al decoro de su rango.

Su lengua se presta al boato señoril, al énfasis noble, al ademán de cortesanía y rendimiento caballeresco; ¡y cuán bien le va toda aquella ciencia de la caballería, aquel entender en códigos, tradiciones, heráldica y protocolo de las andantes! ¡Con qué visible deleite y cuán donosa maestría remueve y vierte el tesoro de su erudición anticuada y sonriente! Pero esta lengua en que se miran y confunden los más preclaros modelos, no es la de Cervantes solo. Es la lengua, el estilo de Montalvo, adecuados a materia cervantina. Son el estilo y la lengua de los *Siete tratados* y de la *Geometría moral*. Así pues, si en otras obras, antes y después, usó Montalvo esta manera de decir, no es únicamente por ensayarla por lo que emprendió la imitación del libro inimitable. «Que ha compuesto (el autor) un curso de moral, bien creído lo tiene», dice él mismo. Desarrollando en lengua numerosa puntos y ejemplos de moral, y en especial de la moral caballeresca, en que se remira la suya propia, despliega aquí a sabor, al par que sus elegancias de letrado, su gusto más eminente. «Escritor cuyo fin no sea de provecho para sus semejantes» —dice aquí Montalvo—, «les hará un bien en tirar la pluma al fuego: provecho moral, universal; no el que proclaman los seudosabios.» Por la boca de don Quijote salen aquí, en dicción remontada y altisonante, esas consideraciones en que finca la virtud del libro, y en que se complace la hombría de bien del imitador. Entonados por el ideal caballeresco, los nobles lugares comunes de la moral tradicional y castiza cobran sabor original y alma nueva en los labios y en las acciones del nuevo Quijote, que las vivifica y exalta con su ingenuidad heroica, su candor sublime y sus visiones de iluminado.

«Si fue el ánimo de ese hombre (el autor) componer un curso de moral, según que él mismo insinúa, ¿cómo vino a suceder que prefiriese la manera más difícil?», se pregunta Montalvo.

Es que, por encima del artista amante de nobles formas, gustaba a veces de representarse como una especie de magistrado o senador romano, togado de solemnidad y prosopopeya, de sacerdote o de augur, envuelto en la majestad de la oratoria sagrada. Tentado estuvo pues con frecuencia de componer algún tratado elocuente en que la gravedad y la grandeza de alma campeasen solas.

Pero poseía, y en igual o mayor grado que aquel don solemne, el don de la invención burlesca, de la risa enorme, del énfasis serio en broma, de la bufonería épica y la ironía trascendental.

En la ficción de don Quijote concierta por modo admirable, con arte superior e innato, este doble poder de su ingenio. Ha visto y cogido en su punto la gracia cómica del Quijote, al propio tiempo que su grandeza. Así pudo con el mayor tino llevar al triste caballero a nuevas aventuras, de donde saldría, como es de rigor, vencido, pero invencible.

Si a la lectura del Quijote a todo lector le acaece lo que al mismo Cervantes al componerlo; si de la burla y la risa que al principio inspiran don Quijote demasiado loco y Sancho demasiado cuerdo, se pasa insensiblemente a la conmiseración, a la simpatía, a la amistad más viva y más humana, este afecto en Montalvo fue decisivo. Para Montalvo, anterior y mayormente que para Unamuno, el insistente y machacón autor de una *Vida de don Quijo-*

te y Sancho, los héroes cervantinos por antonomasia existieron de verdad, fueron personajes vivos y efectivos. Montalvo ve a don Quijote interviniendo entre personas reales, en cosas locales, y tras la verdad falaz de la verdad aparente, descubre la más verdadera verdad de su alucinación.

Indígnase Montalvo porque Avellaneda, el falsario del segundo Quijote, vilipendia a su querido don Quijote; y se duele de que Cervantes mismo lo haya escarnecido en cierto pasaje. Montalvo le preserva de todo trance en que se degradara; y si bien lo expone a las burlas, palos y azares anexos a la andante caballería, nunca desmiente el culto delicado e íntimo que le profesa. La ironía de la ficción esparce así, sobre las hazañas más tremebundas y los discursos más jocoserios, no ya «la risa del albardán», sino una sonrisa cordial, todo ella de inteligencia y de simpatía, en connivencia sabiamente implícita con la del lector. El héroe insano le divierte con sus locuras, le cautiva con su nobleza y sabiduría.

Montalvo hizo del Quijote su escuela asidua. Lo supo casi de memoria, desde temprano. No necesitó releerlo para nutrirse de él, en su «soledad sin libros». Lo llevó al destierro, no consigo, en sí. ¿Quién mejor que Cervantes para consejero de su adversidad? Pero Montalvo, más que cervantista, fue quijotista.

La congenial simpatía le reveló el secreto viviente, el encanto humano de la grandeza y de la miseria de don Quijote: así pudo resucitarlo en cuerpo y alma, sin profanación. Antes que imitación o reproducción mecánica de la obra maestra, la suya es como si dijéramos natural desenvolvimiento y continuación de la vida infusa en el original y captada aquí con el amor lúcido de quien se sintió poseído por la evocación inmortal.

Montalvo extiende su simpatía al buen escudero Sancho, de quien no hace el glotón voraz, sino el servidor cariñoso que en el fondo siente la fascinación de la grande alma de su amo loco, niño grandioso que necesita de su cuidado.

El Sancho abominable es el precavido y seguro, el que no abandona su casa por seguir a ningún caballero errante, antes le deja ir solo, le descorazona y luego le calumnia. El buen Sancho llena una misión ideal con servir fielmente a su señor, cuya locura comparte a pesar de todos sus refranes. Hay un quijotismo en Sancho, que prefiere la vida, para él absurda pero vagamente gloriosa, tras de don Quijote, al puchero tranquilo junto a Teresa y Sanchica.

La filosofía de esta ficción reside, en mi concepto, no solo en el contraste de las figuras, don Quijote y Sancho, sino, sobre todo, en el contraste de la cordura de las palabras y la locura de los actos, no únicamente de don Quijote, más también de Sancho.

La interpretación afilosofada del quijotismo, que se explaya en «El Buscapié» y se entrelaza al relato de los sesenta capítulos, no empece la libertad y vivacidad con que el fabuloso y real caballero prosigue sus aventuras. Por más que el fin de Montalvo haya sido ante todo el de disponer un libro de moral, estos capítulos son una fantasía llena de realidad y de realidades, una admirable novela, la primera quizá en mérito y de una de las primeras en tiempo, de la literatura hispanoamericana.

Si en todos los escritos de Montalvo el escritor y el hombre marchan de consuno, aquí tenemos su imagen de cuerpo entero más acabada. Este su airoso esfuerzo le muestra en la integridad y madurez de sus dones. Ni aun aquí, ni en esta obra del más libre solaz, del más desprendido recreo mental, ha podido renunciar a ninguna de sus tendencias. Declara él mismo haber tomado de la realidad circunstante, para castigarlos con la sátira, velada apenas por la ficción, personajes y acaecidos en los cuales su espíritu justiciero o vindicativo hallaba de qué reírse épicamente. De tal suerte que el hombre, el polemista de siempre, está aquí, en el indefectible caricaturista, detrás del filósofo despejado y del idealista magnánimo.

Quiénes sean estos personajes, importa poco: el averiguarlo tendría apenas una importancia local, anecdótica y ya pasada, de curiosidad lugareña. Además, tan genéricas son y vagas las alusiones, que no imprimen carácter a la obra. Lo esencial en ella es la admirable interpretación y prolongación natural de don Quijote y Sancho, por donde el interés de su lectura es universal. Así lo entendió el autor, quien, según se sabe por confidencias del mismo a un amigo, había quitado de los *Capítulos*, años después de escritos, buen número de fisonomías transparentes y de personalidades alusivas, borrando, enmendando, cambiando nombres, perdonando. Y cuando dice: «Hemos escrito un Quijote para la América española, y de ningún modo para España», entiéndese que lo dice por modestia o por escrúpulo que habría calmado en él la acogida que reservaban a su intento españoles como Valera, Núñez de Arce y otros. Pero a la verdad, nada tiene, ni en los personajes, ni en el ambiente, ni en el paisaje, de peculiar a la América. A lo más, así como Flaubert veía en las páginas del Quijote «los caminos españoles», a pesar de que en ninguna parte están ahí descritos, así puede el lector sentir o circular aquí, en tal cual escena, un airecillo de sierra ecuatoriana. Es lástima quizá, que Montalvo no haya pensado de veras darnos el don Quijote de América o por lo menos el Tartarín de los Andes. En cambio su don Quijote es el mismo don Quijote de la Mancha redivivo. ¿Cómo quejarnos?

Para llenar los ocios de la deportación, Montalvo hubiera podido recrearse en otro don *Juan de Flor*, ese especie de Juan Tenorio tan novelesco como el que compuso brevemente por otro lado, a imagen y semejanza de un singular e inédito don Juan Montalvo. Pues no dejó nunca de seducirle el byroniano prestigio de la seducción y el rapto, la poesía de la nefasta beldad del mal y de la pasión: tornasolados reflejos de ese imaginativo encendimiento amatorio quedan en muy curiosas páginas suyas. Pero, a pesar de la nostalgia con que recordaba a los Manfredos y los Childe Harolds, la casta y enamorada silueta del Caballero de la triste figura le llevó tras sí con más hondo arranque. De aquestas dos prototípicas encarnaciones: la de don Juan y la de don Quijote, de temple viril no tan contradictorio como parece, cuadraba más, a la generosa y combativa naturaleza de Montalvo, la del desfacedor de agravios. Con ambas soñó alternativamente su romanticismo. Pero Montalvo, tenía indiscutiblemente más de don Quijote que de don Juan. «El que no tiene algo de don Quijote, no merece el aprecio ni el cariño de sus semejantes», decía él mismo.

Gonzalo Zaldumbide

El buscapié. Prólogo

Capítulo I

Dame *del atrevido*; dame, lector, *del* sandio; *del* mal intencionado no, porque ni lo he menester, ni lo merezco. Dame también *del loco*, y cuando me hayas puesto como nuevo, recíbeme a perdón y escucha. ¿Quién eres, infusorio —exclamas—, que con ese mundo encima vienes a echármelo a la puerta? Cepos quedos: no soy yo contrabandista ni pirata: mía es la carga: si es sobradamente grande para uno tan pequeño, no te vayas de todas por este único motivo; antes repara en la hormiga que con firme paso echa a andar hacia su alcázar, perdida bajo el enorme bulto que lleva sobre su endeble cuerpecillo. Si no hubiera quien las acometa, no hubiera empresas grandes; el toque está en el éxito: siendo él bueno, el acometedor es un héroe; siendo malo, un necio: aun muy dichoso si no le calificamos de malandrín y bellaco. Este como libro está compuesto: sepa yo de fijo que es obrita ruin, y no la doy a la estampa; téngala por un acierto, y me ahorro las enojosas diligencias con que suelen los autores enquillotrar al público, ese personaje temible que con cara de justo juez lo está pesando todo. Él decidirá: como el delito es máximo, la pena será grande: al que intenta invadir el reino de los dioses, Júpiter le derriba. Pero el rayo consagra: ese clemente es un escombro respetable.

¿Qué pudiera proponerse, me dirán, el que hoy escribiera un *Quijote* bueno o malo? El fin con que Cervantes compuso el suyo no existe: la lectura de los libros caballerescos no embebece a cuerdos ni a locos, a entendidos ni a ignorantes, a juiciosos ni a fantásticos: estando el mal extirpado, el remedio no tiene objeto, y el doctor que lo propina viene a curar en lo sano. Así es; pero yo tengo algo que decir: don Quijote es una dualidad; la epopeya cómica donde se mueve esta figura singular tiene dos aspectos: el uno visible para todos; el otro, emblema de un misterio, no está a los alcances del vulgo, sino de los lectores perspicaces y contemplativos que, rastreando por todas partes la esencia de las cosas, van a dar con las lágrimas anexas a la naturaleza humana guiados hasta por la risa. Don Quijote enderezador de tuertos, desfacedor de agravios; don Quijote caballero en Rocinante, miserable representación de la impotencia; don Quijote infatuado, desvanecido, ridículo, no es hoy necesario para nada. Este don Quijote con su celada de cartón y sus armas cubiertas de orín se llevó de calles a Amadises y Belianises, Policisnes y Palmerines, Tirantes y Tablantes; destrozolos, matolos, redújolos a polvo y olvido: España ni el mundo necesitan ya de este héroe. Pero el don Quijote simbólico, esa encarnación sublime de la verdad y la virtud en forma de caricatura, este don Quijote es de todos los tiempos y todos los pueblos, y bien venida será adonde llegue, alta y hermosa, esta persona moral.

Cervantes no tuvo sino un propósito en la composición de su obra, y lo dice; mas sin saberlo formó una estatua de dos caras, la una que mira al mundo real, la otra al ideal; la una al corpóreo, la otra al impalpable. ¿Quién diría que el *Quijote* fuese libro filosófico, donde están en oposición perpetua los polos del hombre, esos dos principios que parecen conspirar a un mismo fin por medio de una lucha perdurable entre ellos? El género humano propende a la perfección, y cuando el polo de la carne con su enorme pesadumbre contrarresta al del espíritu, no hace sino trabajar por la madurez que requiere nuestra felicidad. Si don Quijote no fuera más que esa imagen seria y gigantesca de la risa, las naciones todas no la hubieran puesto en sus plazas públicas como representante de las virtudes y flaquezas comunes a los hombres; porque una caricatura tras cuyos groseros perfiles no se agita el espíritu del universo, no llama la atención del hombre grave, ni alcanza el aprecio del filósofo. Hay obras que hacen reír quizá más que el *Quijote*, y con todo, su fama no ha salido de los términos de una nación: testigo Rabelais, padre de la risa francesa. Panurge y Pantagruel darán la ley en Francia; don Quijote la da en el mundo. Con decir que Juan Falstaff no es ni para escudero de don Quijote, dicho se está que en este amable insensato debajo de la locura está hirviendo esa fuente de sabiduría donde gustan de beber todos los pueblos. «El Quijote es un libro moral de los más notables que ha producido el ingenio humano». Si como español pudiera infundir sospechas de parcialidad el autor de esta sentencia, extranjero fue el que llamó a Cervantes «honra, no solamente de su patria, sino también del género humano».[1]

Don Quijote es un discípulo de Platón con una capa de sandez: quitémosle su aspada vestidura de caballero andante, y queda el filósofo. Respeto, amor a Dios, hombría de bien cabal, honestidad a prueba de ocasiones,

---

1   John Bowle, *Anotaciones al Quijote*.

fe, pundonor, todo lo que constituye la esencia del hombre afilosofado, sin hacer mérito de las obligaciones concernientes a la caballería, las cuales siendo de su profesión, son características en él. Aun su faz ridícula, puesta al viso, seduce con un vaivén armonioso de suaves resplandores. Se hace armar caballero, por habilitarse para el santo oficio de valer a los que poco pueden: embiste con los que encuentra, si los tiene por malandrines y follones, esto es, por hombres injustos y opresores de los desvalidos. Trátase de un viaje al fin del mundo: él está ahí, a él le toca e incumbe molestia tan gloriosa, pues va a desagraviar a una mujer, a matar al gigante que usurpó el trono a una reina sin amparo. Todo noble, todo elevado en el fundamento de esta insensata generosidad: echada al crisol de la filosofía locura que tan risible nos parece, luego veríamos cuajarse una pepita de oro aquilatado. El móvil de acciones tan extravagantes, en resumidas cuentas, viene a ser la virtud. Don Quijote es el hombre imaginario, en oposición al real y usual que es su escudero Sancho Panza. ¿Quién no divisa aquí las dos naturalezas del género humano puestas en ese contraste que es el símbolo de la guerra perpetua del espíritu y los sentidos, del pensamiento y la materia? Si el fundador de la Academia no hubiese temido ser impío modificando la obra del Todopoderoso, habría ideado el hombre perfecto, al modo que imaginó y compuso su República. Empero, si a fuer de pensadores le quitamos a la humana especie su parte tosca y viciosa, queda descabalada: el polo del mal es contrarresto necesario en nuestra naturaleza; y sin propender a un sacrílego trastorno, al sabio mismo no le es dable decir: «Así hubiera sido mejor el hombre». Todo lo que hace el filósofo para mostrarnos que somos ruines y que pudiéramos ser más dignos del Criador, es delinear el hombre imaginario. Tal es don Quijote: en poco está que este loco sublime no derrame lágrimas al sentarse a la mesa, cual otro Isidoro Alejandrino.

Aquí estriba el secreto de la celebridad sin mengua de Cervantes: si a ingenio va, muchos lo han tenido tan despejado y alto como el suyo. Mas cuando Bocaccio rendía homenaje al vicio con obras obscenas; cuando la reina de Navarra y Buenaventura Desperries enderezaban a los sentidos el habla seductora de sus cuentos eróticos; cuando el cura de Meudón y Bouchet le daban vuelo al pecado con su empuje irresistible; cuando las matronas graves, las niñas puras leían y aprendían a esos autores para citarlos sin empacho, se estaba ya desenvolviendo en las entrañas del porvenir el genio que luego había de dar al mundo la gran lección de moral que los hombres repiten sin cansarse. ¿Qué es de esos novelistas, célebres en su patria y su tiempo? Fantasmas desconsolados, vaguean al descuido por los ámbitos oscuros de la eternidad: si alguien los mira, si alguien los conoce, no se inclina, como Dante en presencia de los espectros celestiales que encuentra en el Paraíso. Cervantes enseñó deleitando, propagó las sanas máximas riendo, escarneció los vicios y barrió con los pervertidores de la sociedad humana; de donde viene a suceder que su alma disfruta de la luz eterna y su memoria se halla perpetuamente bendecida. Tanto como esto es verdadero el principio del divino Sócrates, cual es que solo por medio de la virtud podemos componer las obras maestras. Cervantes sabía esto, y echó por la senda opuesta a la que siguieron los autores contra los cuales alzó bandera, hablando de cuyas obras dijo un gran obispo: «Su doctrina incita la sensualidad a pecar, y relaja el espíritu a bien vivir». Escritor cuyo fin no sea de provecho para sus semejantes, les hará un bien con tirar su pluma al fuego: provecho moral, universal; no el que proclaman los seudo-sabios que adoran al Dios Egoísmo y le casan a furto con la diosa Utilidad en el ara de la Impudicia.

 Así lo han comprendido los autores que, poniendo el ingenio a las órdenes de las buenas costumbres, cierran con los vicios y los tienen a raya. Sus armas no siempre son unas: Teofrasto, Labruyère, Larochefoucauld, Vauvenargues hinchen de amarga tirria las cláusulas con que retratan el corazón humano. Reír, jamás estos filósofos: hablan cual sombras tétricas que tuviesen de la Providencia el encargo de corregir a los hombres reprendiéndolos con aspereza. El vicio los irrita, el crimen les da tártagos, y la acritud saludable de su pecho sale afuera en palabras oscas y bravías como el fierro bruto. Bajeza, perversidad humana, miráronlas en serio; y para remediarlas emplearon una murria acerba revestida de indignación. Estos censores se pasan de severos: témelos uno, pero elude su castigo con huir de ellos: más pueden esos maestros sutiles que se insinúan ríe riendo, se meten adentro y hieren el alma. Plauto, Cervantes y Molière han hecho más contra las malas costumbres que todos los campeones cuya espada han sido la cólera o las lágrimas. A Demócrito no gusta uno de mostrársele; a Heráclito le compadecemos y pasamos adelante.

El autor del *Quijote* siguió las propensiones de su temperamento: así como su héroe se cubre el rostro con su buena celada, así él se oculta debajo de ese antifaz tan risueño y alegre con el cual llena de regocijo a quienes le miran y escuchan: si la melancolía le oyera, se riera: no hay hambre, luto, palidez que no quiebren la tristeza en la figura del caballero andante en quien son motivos de risa lo mismo que a otros los vuelve respetables y aun temibles. Elevado, grave, adusto en ocasiones; audaz, intrépido, temerario; sensible, amoroso, enamorado; constante, sincero, fiel, todo para hacer reír. ¿Es esta una burla atroz, escarnio violento al cual sucumben esas virtudes? Nada menos que eso: Cervantes saca el caballo limpio: esas virtudes quedan en pie, erguidas, adorables; no han hecho sino ir a la batalla. Deslinde este muy holgado, si consideramos que no les ha cabido ni el aliento de la ridiculez, y que no afean su manto de armiño partícula de tierra ni chispa de sangre. Antes podemos considerar esta antilogía como el testimonio de lo avieso y torcido de nuestra condición: efectivamente, ¿quién aspira a la felicidad mundana, quién la alcanza con el ejercicio de las buenas obras? Si el que las tiene de costumbre se escapa de la fisga, la ingratitud no le perdona; si no muere en la cruz, de día y de noche están en un tris de lapidarle sus más íntimos amigos. ¡Oh tú, el franco, el dadivoso!, no des una ocasión, o no des cuanto te piden: eres un ahorrativo, un cutre para el cliente benigno; córrale sangre por las venas, y no serás menos que un canalla. ¡Oh tú, el denodado, el menospreciador del peligro!, perece en él, y eres un necio: murió de puro tonto, exclama tu propio camarada: si tu ángel de la guarda te preserva, no eres sino fanfarrón, matasiete de comedia que se pone en cobro a la asomada del enemigo verdadero. ¡Oh tú, el sufrido, el manso, que perdonas agravios, olvidas calumnias!: hombre vil, sin honra ni amor propio. ¡Oh tú, el magnánimo, el altivo, que por bondad o por desdén no das rostro a tus perseguidores!: ignorante, cobarde, según los casos. ¿Qué mucho, pues, si aquel cuyas acciones tienen por móvil principios sanos y plausibles sea víctima o escarnio de sus semejantes? Caídas, palos, afrentas de don Quijote; lances ridículos, burlas, carcajadas son espejo de la vida. Si éste fuera bribón cuerdo y redomado, nadie le diera soga, nadie hallara de qué reírse en él; siendo loco furioso, ¡guarda, Pablo, Dios y a un lado! Nosotros pensamos que sin miedo del martirio debemos echar por el camino de espinas: como esto sucede algunas veces, para honra de la especie humana, apenas habrá quien juzgue por gratuitos los encargos que contra ella se derivan de ciertas consideraciones. ¿Gratuitos? ¡Dios misericordioso! Pitágoras muere en el fuego; Sócrates apura la cicuta; Platón es vendido como esclavo; Jordán Bruno, Savonarola son pasto del verdugo. ¿Quién más? Todos piensan que el matador de César dijo una gran cosa cuando exclamó: «¡Oh virtud, no eres sino vana palabra!». Exclame: «¡Oh virtud, eres sentencia de muerte!», y el mundo le sacaba aún más verdadero.

Capítulo II
La espada de Cervantes fue la risa: ved si la menea con vigor en el palenque adonde acude alto y garboso. Esa espada no es la de Bernardo: pincha y corta, deja en la herida un filtro mágico que la vuelve incurable, y se entra en su vaina de oro. La risa fue el arma predilecta del autor del *Quijote*, mas no la única: esta fábula inmortal tiene pasajes elevados que en ninguna manera desdicen de la índole de la composición, y refutan antes de propuesto el juicio que después había de formular un analizador, benemérito sin duda; es a saber, que en obras de ese género todo debe ir encaminando a la ironía burlesca y a la risa. Walter Scott, cuya autoridad en lo tocante a las letras humanas tiene fuerza de sanción, afirma, por el contrario, que si las obras de carácter serio rechazan por instinto la sátira graciosa y no dan cabida a la chispa maleante y placentera, las de costumbres, las en cierto modo familiares, admiten de buen modo lugares profundos y aun sublimes. Hay una persona ridícula en Homero; mas siendo perversa a un mismo tiempo, no punza el ánimo del lector con ese alfiler encantado que hace brotar la risa: ni los dioses ni los hombres perciben sal en la ridiculez del cojo Tersites, malo y feo. La ambición de los Atridas, el furor de Aquiles, los alaridos de Áyax desesperado; guerreros del cielo y de la tierra cruzando las espadas en batallas estupendas, hacen temblar montes y mares, no son cosas de reír. Todo serio, todo grande en Sófocles: la enseñanza de la tragedia es lúgubre: Electra es devota de la estatua de Niobe, porque nunca deja de llorar este sensible, apasionado mármol. A Fedra le está devorando

el corazón un monstruo de mil formas: amor ilícito, incesto enfurecido, negra venganza, son tempestades en el pecho: los que las abrigan, maldicen, rugen y mueren, no están para reír. ¿Y cómo ha de reír Macbeth, cuando quisiera huir de sus propias manos que chorrean sangre? Banco no se ríe, porque las sombras nunca están alegres; Otelo no se ríe, porque abriga un demonio en las entrañas; Edipo no se ríe, porque sabe ya que ha matado a su padre, y se ha arrancado los ojos. La risa, pues, divinidad sutil que se cuela en todas partes, huye del cementerio, tiene miedo a los muertos; y ora en figura de amor, ora de celos, ora de venganza, las pasiones la acoquinan y le imponen silencio.

Las reglas en el arte no son sino observaciones confirmadas por la experiencia: el buen juicio de los doctos, de esos cuyo discernimiento separa con tanteo infalible el oro fino del bajo, el bajo de la escoria; ese buen juicio transmitido de generación en generación, admitido por el buen gusto, se convierte en leyes que sanciona el unánime consentimiento: una vez promulgadas por los grandes maestros, nadie falta a ellas que no cometa una punible transgresión. Homero es anterior a Quintiliano, ya lo han dicho. La observación de sir Walter Scott no claudica jamás respecto del poema, la tragedia, la historia y la poesía lírica: estas son matronas cuyas formas imponentes ocultan a Minerva, o doncellas impolutas que temen incurrir en la desconsideración de Apolo, si su voz argentina se embastece con una carcajada.

La risa de los ciegos tiene algo de fatídico: la risa, como las flores, no es amable ni fragante sino cuando se desenvuelve a los rayos del Sol. El ciego no tiene derecho para reír: su risa es incompleta, imperfecta; los ojos ríen junto con la boca: sin la parte de ellos, este fenómeno es casi monstruoso. Reír un ciego, ¿con qué luz? Milton quiso reír; se rió una ocasión, y dio un susto a nuestra buena madre Eva en el Paraíso: en poco estuvo que el Ángel del Señor no dirigiese contra él la punta de su espada. Ciego, ¿de qué te ríes? ¡Ah! Los ángeles han inventado un nuevo instrumento de exterminio, van a llevarse a las legiones infernales en alas de su artillería y dar buena cuenta de los enemigos del hombre. Pero los demonios, a quienes no se les llueve la casa, traen en la manga lo que han menester en un apuro, y hacerles dar en el buitrón no es llegar y besarla durmiendo, por que ellos son capaces de contarle los pelos al diablo. El poeta describe la zorrería de los unos, el empacho de los otros, se pone a reír y se ríe un día entero. Esta burla se levanta en el *Paraíso Perdido*, bien como farallón ridículo cortado en forma de botarga, en medio de un mar grandioso. Es la única del poema, y se la ve desde lejos, para que huyan del escollo esos amables inventores que tienen nombre de poetas.

Childe Harold se quiso reír también, y se rió: esto es como si se riera Ticio debajo del buitre que le despedaza y come las entrañas: la duda sepulcral, los remordimientos, las tinieblas no experimentan alegría: Conrado, el Giaur, Manfredo, simados en el crimen, no hacen traición con el semblante a las pasiones furibundas que les imprimen semejanza de hijos del abismo. Childe Harold quiso una vez mostrarse picotero, saleroso, y quedó mal. Este bello Lucifer infunde admiración cuando se tira de rodillas en presencia del Parnaso, y deja salir de su pecho a borbollones el raudal de su divina poesía: cuando, en pie delante del Partenón, poseído por el espíritu de la antigüedad, evoca las sombras de Fidias y Pericles: cuando, errante a medianoche por entre los escombros de la ciudad eterna, ve con la imaginación el espectro de Sila, y le dirige la palabra en términos tan grandes como ese gran tirano. Childe Harold exponiendo chufletas y donaires a las puertas de Newgate, cual avispado socarrón, es pequeñuelo, ruin. Lo conoció el poeta, y jamás volvió a chancear en el admirable poema donde no actúa sino un héroe, y solo, solitario y aislado basta para la acción que satisface y embelesa. Esta burla de lord Byron en una de sus obras más cumplidas dio materia y ocasión a Walter Scott para que, dilatando la mirada por el campo de las humanidades, redujese sus observaciones a preceptos. El coturno eleva hasta las nubes: poeta que lo calza y sabe entenderse con él es un gigante: los gigantes no ríen: son fuertes, valientes, feroces, soberbios y terribles.

Las obras de carácter jocoso no repugnan los pasajes serios y encumbrados, antes parecen recibir importancia de la gravedad filosófica, y ofrecen lugar con gusto a los severos pensamientos con que los moralistas reprimen las irrupciones de los vicios en el imperio de las virtudes. Debe de ser a causa que el género humano propende a levantarse, creciendo en consideración a sus propios ojos; y todo lo que es bajar le desvalora y humilla. Si de las travesuras del concepto y el estilo pasamos a las especulaciones fundamentales de la inteligencia, exprimiendo nuestras ideas en cláusulas robustas, andamos hacia arriba; y cuando sucede que del círculo eminente de la moral y la filosofía hacemos por desviarnos hacia el risueño, pero restringido campo de la sátira ligera, en esos rebatos de júbilo inmotivado que suelen darle al corazón, descendemos, sin duda. ¿No proviene de aquí la repulsión que las composiciones de índole reflexiva experimentan por sucesos cuyo lugar está realmente en la comedia? En ésta no se hacen mala obra lo serio y lo ridículo, lo raro y lo común, lo superior y lo llano: las lágrimas son esquivas; mas si oyen por ahí el ruidecillo lisonjero de esa su amable contraria que se llama risa, no siempre huyen al vuelo, y aun les acontece el esperarla con los brazos abiertos. Sátira, fábula, novela, campo abierto adonde pueden acudir todas las pasiones, grandes y pequeñas, nobles y ruines, a hacer guerra con armas de especie diferente. ¿Cuántas y cuántas escenas en Molière tan profundas por la substancia como levantadas por el lenguaje? Las obras de este gran filósofo son de tal calidad, que si la comedia no pudiera abrigar los mayores propósitos y no ofreciera espacio y holgura a la inteligencia predominante, habríamos en justicia de inventar un nombre extraordinario que las calificase y abrazase. *El Misántropo*, *Tartufo*, *Don Juan* son epopeyas de costumbres, obras maestras que no comunican a su dueño menos importancia que la del primer trágico del mundo. En estas comedias hay lugares, no digamos serios, pero terribles, que con ser de naturaleza funesta, contribuyen maravillosamente a la suma de las cosas. Tal es la aparición de la estatua del Comendador en casa del libertino que le había convidado a un banquete en son de burla. Comedia es la obra en que se aparecen, andan y hablan hombres de piedra; y tales escenas, siendo como son tan trágicas, no la desnaturalizan; más aún, le dan realce y esplendor. En la observación del crítico inglés no hay defecto de armadura. Cervantes supo entenderse con estas variedades de composición, secretos de las letras humanas antes conocidos que averiguados, y no temió tratar en el *Quijote* materias de suyo graves, en manera filosófica unas veces, otras como austero moralista.

Capítulo III
El señor de Lamartine dijo una ocasión que admiraba el ingenio de Cervantes, pero que el *Quijote* no era de su gusto. —¿Es posible, señor?

—No, volvió a decir; no me gusta el *Quijote*, por la misma razón que no me gustan las obras de los insignes autores cómicos antiguos y modernos. Averigüémonos bien: no afirmo que esas obras me disgustan por el desempeño, sino por su naturaleza. Las lágrimas son la herencia de los hombres: les hemos de enseñar a vivir y morir, si no llorando, por lo menos con el semblante digno, circunspecto, que corresponde a la imagen de Dios. Siempre me he considerado muy capaz de hacer buenas comedias: en arrimando el hombro a esa labor, yo sé que saliera bien; pero tengo por mí mismo más consideración de la que se requiere para sobresalir en ese ramo de las humanidades. —Permitidnos, señor, haceros presente que la risa es tan de nuestra esencia como el llanto: llorar, llorar y más llorar desde que salimos de la cuna hasta que ganamos el sepulcro, no es ni razonable, ni factible. La risa no está mal con la desgracia: suele mostrarse hasta en los umbrales de la miseria. ¿No diréis, por otra parte, que las lágrimas no alcanzan a los que se tienen por felices? —Felices no hay en el mundo, replicó el poeta: cual más, cual menos, todos somos desgraciados con relación a las cosas mundanas. La parte ridícula del género humano es la que en el pensador excita mayor lástima: lejos de ponerla de manifiesto, convendría cubrirla con un parche de bronce que no diese paso al acero. —La llaga permanecería viva, tornamos a argüir; valiera más curarla. —El sabio que con sume ese milagro no ha nacido, ni nacerá jamás, dijo él. Locura es hacer por mejorar la sociedad humana hiriendo desapiadada mente en ella:

> *Car c'est une folie à nulle autre seconde*
> *Que vouloir se mêler de corriger le monde.*

No se agradaba Lamartine de las composiciones de su gran compatriota, y las sabía de memoria. ¿Era sincero ese modo de pensar? Si Lamartine el hombre se ha solazado alguna vez, Lamartine el poeta ha meditado siempre, ha gemido por costumbre. El amante de Graziela, Jocelyn, el autor de las *Meditaciones* y las *Armonías* conoce la sonrisa, pero es la del amor melancólico, la del recogimiento angelical. Si habla con Dios, participa de la divina substancia y mantiene el porte inapeable que caracteriza a los entes superiores. Se pasea por la bóveda celeste, cuenta, pesa los astros, aspira con ahínco la delicada luz de las estrellas, y se nutre del manjar de los seres inmortales. Contempla hacia el crepúsculo una nubecilla purpurina que se mueve graciosa por el cielo, y se imagina que un serafín está viajando en ese carro de las Musas: ¿adónde va? Él lo ha de saber, pues ya la sigue con el corazón y la ha de seguir hasta donde lo comporte el pensamiento. Le gusta el mar en leche que brilla cual espejo donde refleja la luz del Infinito: le gusta el mar bravío que se levanta rugiendo en cólera sublime: le gusta contemplar el águila que permanece inmóvil en un risco del monte Athos: le gusta el león que sale de su selva lamiéndose las fauces con su lengua encendida: silba con los vientos, suspira con las sombras, gime con las almas atribuladas, calla con la tumba: ¿de qué, a qué hora ha de reír?

Si Jeremías diera la ley a los mortales, Eco sería en breve el único habitante de la tierra, porque todos nos consumiéramos a fuerza de suspiros y gemidos: llore en buenhora el profeta sobre Jerusalén; mientras algo quede en pie, no ha de faltar quien anime aún los escombros con la trémula expresión de la alegría. ¿La alegría? ¿Todos los que se ríen son alegres? Ríe el dolor, ríe la desdicha, y los que tienen el poder de alegrar a los demás, de sazonarles la vida con la grosura del ingenio, la untuosidad almibarada con que pasan fácil y agradablemente los peores bocados; esos brujos inocentes, digo, no participan casi nunca de la sal con que regalan y deleitan a los otros. El autor de *Las mujeres sabias* nunca dejaba de estar triste; su corazón siempre en tinieblas: Boileau no supo lo que eran goces en la vida: Addison fue el hombre más adusto que se ha conocido; y Cervantes, ¿qué placeres, qué contento? Cautiverio, calabozo no son moradas de alegría. El malogrado Larra viene a confirmar nuestra aserción: ¿quién no pensara que tras el autor de escritos tan risueños no estuviese el hombre feliz, el satisfecho de la suerte? ¡Pobre Fígaro! Ofrece a los demás esos licores encantados que destila en su laboratorio mágico, y para él no hay sino cosas amargas; su copa es negra; las pesadumbres le sirven este veneno misterioso que suele llevarse en flor a los que prevalecen por la sensibilidad. Contradicción absurda que diera asunto a las investigaciones de los que profesan escudriñar la naturaleza humana, sin dejar de ser natural y corriente. Hosca, tremebunda es la nube que produce el rayo: de la piedra fría brota la chispa del fuego socorrido; y dicen que en lo antiguo, la púrpura, ese color amable que simboliza el placer y la felicidad, la extraían del múrice, triste habitante de los rincones más oscuros del océano. Como de estos contrarios se compone el gran todo de las cosas humanas: si algo sabemos de los efectos, las causas de la mayor parte de ellas estamos por averiguar. Mucho presumimos de nosotros mismos, pero no somos más que semisabios, y para con lo que ignoramos nada es lo que sabemos. La tumba solamente remedia esta ignorancia que nos mortifica unas veces, nos consuela otras, y está siempre acreditando nuestra pequeñez. Muerte es lección que nos descubre todo: el que sabe la eternidad, no tiene otra cosa que saber. En este concepto, la sepultura es el pórtico de la verdadera sabiduría.

Si ésta consiste en una gravedad incontrastable, mientras somos ignorantes lo hemos de manifestar de mil maneras. Conviene, dice uno de esos que reciben el mundo como él es; conviene explayar la alegría cuanto sea posible, y reducir la tristeza a los más estrechos límites. Conviene sin duda; lo malo es que las más veces la tristeza carga de modo que ella es quien nos estrecha en términos de privarnos hasta del arbitrio de las lágrimas; y con todo, su adversaria no le cede una mínima el lugar: hambre, desnudez, enfermedades; perfidias de los amigos, injusticias de los poderosos, desengaños de todo linaje; inquietudes, quebrantos, desazones combaten por la tristeza al son de las campanas que acaso están doblando: haberes en su colmo, ambiciones llevadas a cima, amores coronados, venganzas satisfechas y otros soberbios paladines salen por la alegría: de la lucha resulta el equilibrio fuera del cual no pudiera vivir el hombre; y para mayor acierto en la disposición de las cosas, quiere la Providencia que los adalides se estén pasando sin cesar del uno al otro partido: el que hoy está alegre, mañana ha de estar triste; el que hoy está triste, mañana puede estar alegre, porque «el buen día siempre hace la cama al malo». He aquí un poeta que habla como filósofo. ¿Luego no en todo caso es el poeta ese frenético divino, que puesto en el trípode de la inspiración profiere en lúcido arrebato las sandeces elegantes o delirios seductores a causa de los cuales se le pone en la frontera coronado de mirto? Si el fraile perilustre autor de ese apotegma hubiera añadido que otras veces el mal día se va dejando hecha la cama al bueno, habría puesto el otro hemiciclo a la rueda de la fortuna.

El adusto legislador de los lacedemonios mandó colocar la estatua de la risa en la sala de los festines; por donde se ve si esta divinidad tiene su asiento en el Olimpo, y si los héroes y los reyes sacrifican en sus aras. Esparta es lúgubre: la felicidad misma es allí una carga: usos, costumbres, afectos, pasiones, todo está bajo la ley. En el pueblo libre por excelencia, el amor mismo es esclavo: el marido busca a la esposa cual ladrón nocturno: nadie puede comer en su casa, ni el monarca; la mesa particular sería cuerpo de un delito. El espartano ignora el gusto del adorno, el de la comodidad doméstica: todo frío, todo rígido. Este pueblo es de una pieza, no tiene coyunturas: su goce, la guerra; su anhelo, el predominio: en su casa se tiraniza a sí mismo, se alimenta de un acre desabrimiento. Parece que semejante pueblo no había de admitir sino dos símbolos, el de la guerra y el de la muerte, supuesto que siempre está de luto; la imagen de Palas y un catafalco gigantesco que abrigase el espíritu de los guerreros. Pues el más sabio de los legisladores mandó poner la estatua de la risa en la sala de los festines. Luego esta diosa pequeñuela no está reñida con las grandes virtudes ni es malquista con los héroes.

Capítulo IV
Hay en el museo del Vaticano un departamento que abriga tres cuadros: «La Transfiguración», de Rafael; la «Comunión de San Jerónimo», del Dominiquino, y «El Descendimiento», de Daniel de Bolterre, las tres obras maestras de la pintura moderna. Viajero que en mudo recogimiento permaneces en ese recinto sagrado, ¿quién es el hombre intonso que sobre su caballete, el pincel en la una mano, la paleta en la otra, está mirando con religiosa intensión a la pared del frente? ¿Es un discípulo oscuro de una escuela sin nombre?, ¿un copiador desprovisto de inventiva?, ¿un caballero novel en el campo de las buenas artes? No: estos no recelan en el pecho la audacia grandiosa que enciende el convencimiento de la propia superioridad, y tímidos, humildes, buscan teatro que más diga con sus aptitudes. Ese hombre cabelludo, de ceja poblada y ojos distantes uno de otro, es quizá Sir Joshua Reynolds, Horacio Vernet o Mariano Fortuny. Nadie tiene por caso de inquisición el que uno trate de imitar esas obras inmortales, ni son imputados de insolencia los que hacen por seguir las huellas de esos

ingenios-príncipes; mas ¡ay del mísero que se propusiese componer una *Eneida*! Ese, cual otro Marcías, caería herido por las flechas de Apolo, y de su piel hicieran los sacerdotes de este Dios una caja temerosa con que ahuyentaran de su templo a los profanos.

Cargando la consideración sobre este punto, vemos que tan difícil nos parece atemperarnos a los toques de Virgilio como a los de Rafael: que sea pintado, que sea escrito, el poema es asunto de la inteligencia superior: cualquier artista es dueño de acometer la imitación de las obras maestras de la pintura; ningún poeta sería osado a mojar la pluma en presencia del Mantuano, sin incurrir en la reprobación o la mofa de sus semejantes. Será quizá porque el pintor puede concluir una obra, perfecta en lo material, y tanto, que cautive los sentidos del vulgo y le deje de todo en todo satisfecho: el artista de genio, aquel cuya mirada rompe por la tela y pasa a buscar en lo infinito los caracteres de la Divinidad, no verá allí tal vez sino el elemento físico, la carne, digamos así, de la pintura. Rafael prevalece por el colorido: nadie le ha superado, nadie le ha igualado en esta parte de su profesión; ¿pero quién le ha seguido siquiera de cerca en lo tocante al espíritu, a lo divino de ese invento de los dioses? Hasta para comprenderle ha de ser uno hombre de genio, esto es, se ha de hallar provisto de la fuerza con que algunos miran hacia el mundo interno, y la eficacia con que se apoderan de esas preseas invisibles con las cuales naturaleza enriquece y adorna a sus hijos predilectos, David llena todos los números en orden al cuerpo de la pintura; es pintor maestro, acabado; mas cualquier otro, hábil en el manejo del pincel, pudiera trasladar sus obras a su propio lienzo: el que imite a Rafael nacerá cuando vuelva a levantarse de la tierra ese vapor milagroso que exhalaba el suelo de Roma en esos grandes tiempos en que el Dios de las artes le encendía con su mirada engendradora. Las imágenes del uno tienen sangre, corazón; tras las formas palpables fulgura la inteligencia, resuena la sensibilidad exquisita de un alma que en hilos invisibles está pendiente de la mano del Todopoderoso: las del otro son representaciones del cuerpo, miembros perfectos que derraman de sus admirables declivios la belleza de la materia, pero no animados por el espíritu de vida. Ahora, pues, el vulgo, animal de mil cabezas, de cuya jurisdicción no se escapan sino los hombres altamente distinguidos; el vulgo queda satisfecho con lo que ve, lo que toca, y no alcanza espíritus para arrancarse de su órbita mezquina y elevarse con el pensamiento a las regiones inmortales. El buen pintor hará una imitación perfecta de un cuadro célebre; perfecta en el colorido, la forma: el escritor tendría que romper por los dominios desconocidos y sagrados de su modelo, inquirir los secretos que le endiosan, revestirse de su genio, y con maña sin igual echar al mundo cosas tan cumplidas que así parezcan el espejo mismo en que se ha visto. Uno es el Fénix; empero si no hay dos, ¿no le fuera dable a un loco anhelar si quiera por ser el ave del Paraíso? Los jóvenes de la antigua Grecia acudían de todas las ciudades a contemplar el Partenón, a efecto de aprender el arte del divino Fidias, y en sus propias concepciones depositaban sus recuerdos: éstos no eran reputados insensatos ni perseguidos con rechiflas a causa de su atrevimiento. Los grandes ejemplares inspiran las grandes obras: si a fuerza de trabajo y voluntad saliese uno con su empeño, sería acción bastarda no concederle por lo menos el mérito de la constancia. El carro del Sol difícil es de conducir; más ruégoos consideréis que las Náyades del Po dedicaron un epitafio honroso al mancebo temerario que había acometido la empresa de manejar esas riendas sagradas. ¿Quién sería el insolente, el fatuo que se considerara infeliz por no haber podido imitar de acabada manera a Cervantes, verbigracia? El que no es para tanto, puede aún servir para otra cosa; y sin quedarse entre las ruinas de su fábrica, por poco juicio que tenga, saldrá ufano de haber tomado sobre sí una aventura gigantesca.

Llámase modelo una obra maestra, porque está ahí para que la estudiemos y copiemos: dicen que el templo de la Magdalena, en París, es imitación de uno de los monumentos más célebres de Atenas: ni por inferior a la muestra han demolido el edificio, ni por audaz han condenado a la picota al arquitecto. Proponerse imitar a Cervantes, ¡qué osadía! Osadía, puede ser; desvergüenza, no. Y aun ese mundo de osadía viene a resolverse en un mundo de admiración por la obra de ese ingenio, un mundo de amor por el hombre que fue tan desgraciado como virtuoso y grande. No presumo de haber salido con mi intento, miradlo bien, señores: lo razonable, lo probable es que haya dado salto en vago; mas no olvidéis que el autor del *Quijote* mismo invitó, en cierto modo, a continuar la obra que él dejaba inconclusa. Cuando esto vino a suceder, le dio, es verdad, *del asno* y *del atrevido* al que se hubo aprovechado de tamaña provocación; mas fue porque a la incapacidad añadió el atrevimiento, al atrevimiento la soberbia el temerario incógnito; y al paso que se vanagloriaba de haber dejado atrás al inventor, le hartaba de improperios, como por vía de más erudición e ingenio. Si lejos de ofenderle, maltratarle, humillarle ese perverso anónimo, guardara la compostura que debía en el ánimo y las palabras, el olvido y nada más fuera su pena: las generaciones han condenado a la inmortalidad al fraile o *el clérigo* sin nombre, la inmortalidad negra y desastrada de Anito y Melito, Mevio y Bavio; la inmortalidad de la envidia y la difamación, cosa nefanda que pesa eternamente sobre los perseguidores de los varones ínclitos, en quienes las virtudes van a un paso con la inteligencia. Yo sé que mi maestro no me diera *del asno ni del atrevido*; no me diera sino del cándido; y como lo respetuoso y afectuoso estuviera saltando a la vista, me alargara la mano para llenarme de consuelo y aun de júbilo: de orgullo no, porque ni su aprobación me precipitara en el error de pensar que había yo compuesto una obra digna de él: y menos de soberbia, porque ella es el abismo donde suele desaparecer hasta el mérito verdadero.

La rivalidad nunca es inocente: cómplice del odio, trae en su seno la envidia, negro fruto de un crimen. El hombre en quien está obrando esa flaqueza siente hervir su pensamiento en ideas locas, su corazón en afectos insanos. La rivalidad propende a la ruina del objeto que la excita; la muerte es la resolución más brillante de ese problema tenebroso. No rivalizamos con alguien sino porque tenemos entendido que ese nos disputa nuestro bien y menoscaba nuestra dicha: juzgándole así tan adverso a nuestros fines, natural es que las afecciones que van de nosotros a él no sean de las más santas. En amor, el rival es enemigo temible: trata de ponerse entre el ser adorado y el adorador, y éste hace lo posible para allanar el camino de su felicidad: celos, cólera, venganza, cuanto hay malo en el corazón humano, todo trae consigo esa situación de dos personas que se combaten de mil modos a causa de una tercera. Donde cabe la rivalidad no hay lugar para la virtud: de ella proceden mil desgracias, y aun pueden nacer delitos.

Dos personas que se juzgan dotadas de prendas, medios, facultades iguales, pueden entrar en competencia: esta es muchas veces un noble esfuerzo, que ejercitándose sin perjuicio de nadie, nos guía al mejoramiento de nosotros mismos. No podemos rivalizar con uno sin aborrecerle; competimos con otro al paso que le admiramos, pues justamente nuestro ahínco se cifra en igualarle o superarle en cosa buena o grande. El prurito de la competencia se halla puesto entre las virtudes y los vicios: propende por la mayor parte a las primeras; cuando se recuesta a los segundos, bastardea, y viene a ser defecto. La emulación no corre este peligro: emulación es siempre ahínco por imitar los hechos de un hombre superior; éste sirve de modelo al que emula sus acciones, y así el uno como el otro han de experimentar dentro de sí el sublime impulso que mueve a las cosas grandes.

Al rival de Cervantes le condenará siempre su malicia; el competidor de ese raro ingenio aún no ha nacido; su émulo puede salir mal y merecer el aprecio de sus admiradores. Estos redujeron a cenizas el *Quijote* de Avellaneda: castigaron al rival desatento, no al competidor juicioso, y menos al émulo modesto. Ocurre que el émulo puede ser modesto, al paso que en el competidor obra quizá el orgullo. La rivalidad vive de soberbia. Si no todo es humilde en la emulación, convendrá no olvidemos que la arrogancia envuelve muchas veces cosas que a poco hacer se llamarán virtudes. Preguntado Alejandro, niño aún, si quería disputar el prez de la victoria, respondió que sí, puesto que se lo disputase a reyes. Berni, rehaciendo por completo el poema de Boyardo, entró a la parte en la inmortalidad con el divino cantor de Orlando. El buen éxito justifica los mayores atrevimientos, y aun los convierte en osadías dignas de alabanza. El Cástor de España está solo tres siglos ha: ¿cuándo nacerá su hermano? Ya sabéis que Leda tuvo dos hijos. La compañía a partir de gloria es tan difícil, que los hombres no la hacen sino de tarde en tarde.

Don Diego de Saavedra, en su *República literaria*, dice que el *Quijote* es un ara a la cual no podemos llegar sin mucho respeto y reverencia. ¡Santo Dios!, ¿quién es el que a esa ara se ha llegado? ¿Es un impío que hace por turbar los misterios de una religión profunda?, ¿un fanático que va a depositar en ella la ofrenda de sus exageraciones?, ¿un sacerdote impuro que en la audacia de la embriaguez no teme ofender al Dios del tabernáculo? No es nada de esto: es un creyente humilde: entra en el templo y se prosterna. Si de algún modo lo profana, echadle fuera.

¡Oh locura, más para compadecida que para execrada! Lo que no les fue dable a los mayores ingenios españoles ¿ha de alcanzar un semi-bárbaro del Nuevo Mundo? Sírvale de excusa la ignorancia, abónele el atrevimiento, que suele ser prenda o vicio inherente al hombre poco civilizado. Guillén de Castro, don Pedro Calderón de la Barca, Gómez Labrador y otros escritores de primera línea han salido mal en el empeño de imitar a Cervantes. Meléndez Valdés acometió a componer un *Don Quijote* que se mostrase en el escenario cuan alto y airoso lo imaginó Cervantes. Meléndez, *el poeta insigne*, se quedó tan atrás, que su nombre solamente pudo preservarle de la mofa: la rechifla estaba en el disparador; mas sus compatriotas repararon en que hacer fisga de Batilio sería delito de lesa poesía; el silencio fue un homenaje al poeta; de la obra se juzgó mal; oíd sino el juicio de Moratín: «La figura del ingenioso hidalgo —dice— siempre pierde cuando otra pluma que la de Benengeli se atreve a repetirla». «Meléndez tropezó —añade por su cuenta don Diego Clemencín— con el escollo que siempre ofrecerá el mérito de Cervantes a los que se pongan en el caso de que se les mida con el príncipe de nuestros ingenios». Batilio, el dulce Batilio, ¿qué entendía de achaque de aventuras caballerescas? Uno es andarse por jardines y sotos cogiendo florecillas, otro ir por montes y valles tras el caballero armipotente en cuya jurisdicción entra todo lo difícil de acometer y duro de ejecutar. Ovejas apacibles que sestean a la sombra de las hayas; tórtolas gemebundas sepultadas en la frondosidad de los cerezos; ruiseñores que de cada mirto hacen una caja de música divina; arroyuelos vivaces que van saltando por los guijos de su lecho, y otras de estas, eran el asunto de Meléndez. El historiador de don Quijote, Aquiles de la risa, había menester un estro más robusto. La lira es para las náyades de las fuentes, los silfos de los prados: las aventuras de un paladín que persigue follones, destruye malandrines, arremete endriagos, se toma con diez gigantes y les corta la cabeza, requieren la trompa de Benengeli.

¿Cuál es el secreto de este hombre singular, no sospechado hasta ahora ni por los más perspicaces adivinos? ¿Qué numen invisible movía esa pluma de Fénix, pluma sabia, inmortal? ¿Qué espíritu prodigioso excitaba esa inteligencia, enajenándola hasta el frenesí de la alegría con la cual enloquece a su vez a los lectores? Virgilio imita a Homero, el Tasso a Virgilio, Milton al

Tasso: Cervantes no ha tenido hasta ahora quien le imite; con él los gigantes son pigmeos: la pirámide de Cheops verá siempre para abajo todos los monumentos que los hombres levanten a sus triunfos. Ya un crítico admiró el ingenio que, con un loco y un tonto, había llenado el mundo de su fama. Otro no habrá que haga lo mismo, y menos con loco y tonto ajenos. Si por maravilla a alguien le ocurriese lo que a Berni con Boyardo, serían esos otros hijos de Leda. Pero ya lo dijo Martínez de la Rosa: «Solo a Cervantes le fue concedido animar a don Quijote y a Sancho, enviarlos en busca de aventuras y hacerlos hablar: su lengua no puede traducirse ni contrahacerse; es original, única, inimitable».

Al que sabiendo estas cosas se arroja a tomar el propio asunto que Cide Hamete Benengeli, se le descompone la cabeza; y sería punto de averiguación si éste lleva en su ánimo competir con el más raro de los grande s escritores, o tuvo al componer su libro un propósito laudable que contrarrestase de algún modo tan desmedido atrevimiento. Sus convidados no paladearán, sin duda, los manjares de los dioses, ni gozarán de esa inhebración celestial con que la pura Hebe redobla la alegría de los inmortales; mas si echaren de ver que el suyo es un banquete de Escotillo, ténganle por impostor y cóbrenle con las setenas. Los fieros de don Quijote cuando habla airado; los suspiros de su pecho si recuerda sus amores; acciones y palabras del famoso caballero, grandes las unas, sublimes las otras, aire fuera todo sin la substancia fina que corre al fondo y se deposita en un lugar sagrado cual precioso sedimento. Equidad, probidad, generosidad, largueza, honra, valor son granos de oro que descienden por entre las sandeces del gran loco y van a crecer el caudal de las virtudes. Ni don Quijote es ridículo, ni Sancho bellaco, sin que de la ridiculez del uno y la bellaquería del otro resulte algún provecho general. Los filósofos encarnan sus ideas en expresiones severas e inculcan en nosotros sus principios con modos de decir que nos convencen gravemente. Esto, por lo que tiene de fácil, cualquiera lo hace, si el cualquiera es uno que disfruta lo de Platón y Montaigne: ocultar un pensamiento superior debajo de una trivialidad; sostener una proposición atrevida en forma de perogrullada; aludir a cosas grandes como quien habla de paso; llevar adelante una obra seria y profunda chanceando y riendo sin cesar, empresa es de Cervantes. La alegría le sirve de girándula, y las imágenes saltan de su ingenio y juegan en el aire con seductora variedad. El *Quijote* es como el cesto de flores de Cleopatra en cuyas olorosas profundidades viene escondido el agente de la muerte; con esta diferencia: que debajo del montón de flores de Cervantes está oculto el áspid sagrado, ese que pica solamente a los perversos.

Una obra que no tuviese objeto sino el de hacer reír, nunca habría removido el temperamento casi melancólico del que está trazando estos renglones. ¿Habló por hacer reír? Si éste fuera su temor, diera con sus papeles en el fuego y se entrara por los montes en busca de una fuente milagrosa donde se lavase la mano que tal había escrito. Pero ha compuesto un curso de moral, bien creído lo tiene; y, seguro de su buen propósito, la duda no le zozobra sino en orden al desempeño. El desempeño, medianísimo será; mas no puede esta aprensión tanto con él, que deje de dar a luz lo que ha puesto por escrito. Entre la bajeza y la arrogancia, el abatimiento y la soberbia, andamos de continuo buscando a un lado y a otro lo que más cumple al servicio de nuestra vanidad: en la ocasión presente, Dios sabe si es grande el temor que ese abriga de parecer loco él mismo con haber tomado sobre sí dar nuevo aliento al sabio loco, admiración del mundo.

Nuestra esperanza era perdida, si este libro estuviera a leer en manos de enemigos solamente; pues sucede que aun con nuestros amigos no estamos en gracia, sino en cuanto nos reconocemos inferiores a ellos y confesamos nuestra inferioridad: la subordinación nos salva de su aborrecimiento. Mas quizá nos lean también hombres benignos, que remitiéndonos la osadía, no hagan mérito sino del estudio que para semejante obra ha sido necesario; y mirando las cosas en justicia, nos examinen, si no con respeto, siquiera con benevolencia. Muchos habrá que tengan en poco estos capítulos sin haberlos leído: esto nos causa desde ahora menos pesadumbre que si jueces competentes y enterados del caso nos condenaran al olvido. Admira en ocasiones ver cuán de poco son los que dan un corte en las mayores dificultades; pero causa más admiración aún que los areopagitas saquen bien al que acomete una empresa mayor que su poder. No a la ojeriza de los envidiosos, pero al escaso mérito del escritor se debe las más veces su mal éxito: la virtud de las cosas está en ellas mismas, no en la, opinión de los que juzgan de ellas: las buenas prevalecen, las sublimes quedan inmortales.

No hemos de temer la rechifla de los incipientes, más aún el silencio de los doctos; no la furia de los censores de mala fe, sino la desdeñosa mansedumbre de los jueces rectos. El aura popular es muchas veces vientecillo que sale de la nada y corre ciego: reputaciones hay como hijos de la piedra; no sabe uno quién las ha hecho, pero semejan esos gigantes soberbios que suelen figurar las nubes, erguidos e insolentes mientras no corren por ahí los vientos. Ignorantes sabios, tontos de inteligencia, guarda materiales ilustres, en todas partes vemos: no tienen ellos la culpa: el vulgo es con frecuencia perverso distribuidor de fama, que no sabe a quién eleva ni a quién deprime. Foción se tiene por perdido al oírse aplaudir por la gente del pueblo: el *consensum eruditorum* de Quintiliano sanciona las obras de los ingenios eminentes, y los señala para la inmortalidad.

Si fue el ánimo de ese hombre, dirán buenos y malos, componer un curso de moral, según que él mismo lo insinúa, ¿cómo vino a suceder que prefiriese la manera más difícil? ¿Puede él tomar a don Quijote en las manos sin que se desperfeccione la figura más rara, delicada, original y graciosa que nunca ha imaginado ingenio humano? ¿Y qué será el Sancho Panza salido de esa pluma, la cual, si no es de avestruz, no es sin duda la maravillosa que Cervantes arrancó al ave Fénix, y tajada y aguzada por un divino artista, le acomodó éste entre sus dedos maestros? ¡Pluguiese al cielo que tan lejos nos hallásemos de Avellaneda, como debemos de hallarnos de Cervantes! Por lo menos es verdad que si no ha sido nuestro el levantarnos a la altura del segundo, no hemos descendido a la bajeza del primero. «Los más torpes adulterios y homicidios, dice Bowle, hacen el sujeto de dos cuentos sin ningún propósito ni moral en este libro» (el de Avellaneda). Adulterios y homicidios, ¡gran asunto para enseñar deleitando y oponerse a los vicios que en diarias irrupciones devastan el imperio de las buenas costumbres! ¿Quién ha de temer dar al mundo los propios motivos de reprobación que ese fraile desventurado? Lo que sí nos infunde temor es el convencimiento de que aproximarse a modelo como Cervantes no le será dable sino a otro hijo predilecto de la naturaleza, a quien esta buena madre conciba del Dios de la alegría en una noche de enajenamiento celestial.

Tómese nuestra obrita por lo que es —un ensayo, bien así en la substancia como en la forma, bien así el estilo como el lenguaje. ¡El lenguaje!

Nadie ha podido imitar el de Cervantes ni en España, y no es bueno que un americano se ponga a contrahacerlo. ¡Bonito es el hijo de los Andes para quedar airoso en lo mismo que salieron por el albañal ingenios como Calderón y Meléndez! La naturaleza prodiga al semibárbaro ciertos bienes que al hombre en extremo civilizado no da sino con mano escasa. La sensibilidad es suma en nuestros pueblos jóvenes, los cuales, por lo que es imaginación, superan a los envejecidos en la ciencia y la cultura. El espectáculo de las montañas que corren a lo largo del horizonte y oscurecen la bóveda celeste haciendo sombra para arriba; los nevados estupendos que se levantan en la Cordillera, de trecho en trecho, cual fortificaciones inquebrantables erigidas allí por el Omnipotente contra los asaltos de algunos gigantes de otros mundos enemigos de la tierra: el firmamento en cuyo centro resplandece el Sol desembozado, majestuoso, grande como rey de los astros: las estrellas encendidas en medio de esa profunda, pero amable oscuridad que sirve de libro donde se estampa en luminosos caracteres la poesía de la noche: los páramos altísimos donde arrecian los vientos gimiendo entre la paja cual demonios enfurecidos: los ríos que se abren paso por entre rocas zahareñas, y despedazándose en los infiernos de sus cauces, rugen y crujen y hacen temblar los montes; estas cosas infunden en el corazón del hijo de la naturaleza ese amor compuesto de mil sensaciones rústicas, fuente donde hierve la poesía que endiosa a las razas que nacen para lo grande. El pecho de un bárbaro dotado de inteligencia inculta, pero fuerte; de sensibilidad tempestuosa, es como el océano en cuyas entrañas se mueven descompasadamente y se agitan en desorden esos monstruos que temen al Sol y huyen de él, porque su elemento es otro oscuro y frío.

La época del arte es la de la madurez de las naciones, dado que arte es el conjunto armónico de los conocimientos humanos recogidos en un punto y componiendo obras maestras, bien como los rayos de luz forman el fuego en los espejos ustorios. El poeta no ha menester otra sabiduría que la natural. Sabiduría natural es la idea que tenemos del Hacedor del mundo y sus portentos visibles e invisibles; la sensibilidad, que embebiéndose en un objeto, da nacimiento al amor; la facultad de gozar de las bellezas físicas y morales, y de ver por detrás de ellas el principio creador de las cosas; la tendencia a la contemplación, cuando, engolfados en una vasta soledad, clavamos los ojos y el pensamiento en la bóveda celeste; la correlación inexplicable con los seres incorpóreos que andamos buscando en el espacio, las nubes, los astros; el cariño inocente que nos infunden las estrellas que resplandecen y palpitan en la alta oscuridad, cual serafines recién nacidos a quienes el Sacerdote del universo da el bautismo de la bienaventuranza eterna; estas y muchas otras componen la ciencia de los que no saben aún la aprendida en la escuela de una larga civilización. Bien así en el individuo como en la sociedad humana en general, la mañana de la vida es la fresca, alegre, poética: al poeta siempre nos le figuramos joven y hermoso: el Víctor Hugo de las *Odas y Baladas*, el de las *Orientales*, el de las *Hojas de Otoño*, con sangre hirviente, espíritu impetuoso, mirada vencedora, ése es el poeta, mancebo feliz a quien las Gracias preparan lecho de flores en los recodos encantados de los jardines de Adonis: la corona de mirto cae bien sobre esa frente que resplandece iluminada por las Musas, bella y pura representación de la poesía. Homero es viejo; nunca y nadie le ve joven; pero su estro no desdice de las canas venerables de ese anciano maravilloso. Júpiter requiere un cantor que infunda más respeto que cariño, más admiración que benevolencia.

La novela es obra de arte. Para que sea buena, el artista ha de ser consumado. Ni Goldsmith hubiera compuesto su *Vicario de Wakefield*, ni Fielding su *Jonatham de Wield*, ni Richardson su *Clara Harlowe*, ni Walter Scott sus *Aguas de San Ronán*, sin un profundo conocimiento del corazón humano, las costumbres, los vicios, las miserias de sus semejantes; y para llegar a ese conocimiento, que de suyo es una sabiduría, tiempo y observación necesitaron, a más de aquella malicia sutil y bienhechora con que algunos ingenios nacen agraciados, la cual sirve para herir en los vicios y curar las llagas muchas y muy grandes que afean a la sociedad humana. Un ignorante pudiera hacer quizá un buen trozo de poesía lírica, si le suponemos poseído n del furor divino, esa llama que prenden las Hijas del Parnaso animando el verde mirto con su soplo milagroso. Mas será para él cosa imposible idear y poner en ejecución una epopeya, una tragedia o una novela, rateos de las humanidades que requieren estudios, sobre las disposiciones naturales del escritor. No supo lo que se dijo el que llamó ingenio lego a Cervantes: a más de lo que tuvo de aprendido, poseyó éste la ciencia infusa con que Dios suele aventajar a los entendimientos de primer orden; esa ciencia que no hace sino indicar lo que dos o tres siglos después ha de ser descubierto, y propone en forma de sospecha lo que brilla como verdad en el centro del porvenir. El *Quijote* no es obra de simple inspiración, como puede serlo una oda; es obra de arte, de las mayores y más difíciles que jamás han llevado a cima ingenios grandes.

Tienen de particular las obras maestras que, cuando uno las lee, piensa que él mismo pudiera haberlas imaginado y compuesto: ¡son tan cumplidas en naturalidad y llaneza! Hanos sucedido experimentar uno como dolor absurdo de que Chateaubriand se nos hubiese anticipado en *Chactas y Atala*. Traidor: así es como esos ambiciosos nos frustran nuestras glorias. ¿Qué mozalbete presumido de literato no piensa que él hubiera muy bien compuesto esa novelilla? Eche mano a la pluma de René, y verá si no pesa tanto como el martillo de un cíclope. Los gigantes labran con mucha holgura esas piezas con que los dioses atan contra las rocas del Cáucaso a los insolentes; los hombres comunes no alcanzan sino lo que dice con lo exiguo de sus fuerzas y su infeliz habilidad. Y cabalmente por eso hemos tomado sobre nosotros obra que tiene por título: *Capítulos que se le olvidaron a Cervantes*. Si a estotro ladrón del fuego sagrado le hacen el honor de castigarle, que sea con las cadenas de Prometeo: esas con que las Gracias prendieron y aherrojaron al malicioso hijo de Venus, serán buenas para este atrevidillo: un provocador de más de la marca requiere el buitre inmortal, que aleteando sobre él de siglo a siglo se regale en sus entrañas. Entre la furia y el desprecio, la eternidad de la pena y el olvido, si uno tiene sangre en el ojo, se quedará a lo cruel. No hay cosa más dura que la suavidad de la indiferencia.

No es raro que en orden a los hombres poco comunes los juicios de los otros difieran hasta el extremo de constituir opiniones encontradas. Para unos, Cervantes era *ingenio lego*, esto es, carecía de los conocimientos sin los cuales no puede haber gran escritor; para otros, el epitafio del Albusense, puesto sobre su losa, hubiera sido mezquino de justicia y alabanza:

«Aquí yace el que supo cuanto se puede saber».

Exceso de admiración, o atrevimiento por ventura, pues a nadie le ha sido dado hasta ahora imaginar siquiera cuanto puede saber el hombre, menos aún verse privilegiado con la sabiduría que alcanzará cuando a fuerza de siglos, experiencia, padecimientos, llegue a su perfectibilidad el género humano; y esto, si algún día viene a perfeccionarse en términos que vea rostro a rostro al Incógnito que nos oculta en su seno las luces por las cuales andamos suspirando en estas aspiraciones honoríficas con que nos dignificamos, cuando nos tenemos por superiores a nosotros mismos.

Cervantes fue astrólogo judiciario: los secretos de los astros le eran conocidos; el porvenir se le descubría en la bóveda celeste estampado en signos portentosos. Por lo que tuvo de hechicero, pudiera muy bien haber servido de miga a un auto de fe: por lo de brujo, no hubiera hecho mala figura en los conventículos de Zugarramurdi.

Fue jurisconsulto: los Aruncios y Eserninos, los Antistios y Capitones no conocieron más a lo grande esta gran ciencia de las leyes que enseña e impone la justicia a los hombres.

Fue médico: de esos que toman en la mano la naturaleza palpitante, en sus convulsiones echan de ver los males que nos aquejan, y guiados por nuestros ayes, van a dar con el remedio en las entrañas de la sabiduría.

Fue poeta: peregrino venerable, subió al Parnaso, se alojó en la morada de las Musas, y tuvo relaciones misteriosas con los genios de esa montaña santa. Los dioses se hospedaron en casa de Sófocles: aquí es al contrario; un hombre llega a la mansión de los inmortales.

Fue teólogo: florezca en tiempo de los Santos Padres, y el obispo de Hipona no se llevara la palma así con tanta holgura, como si para él no pudieran nacer competidores.

Fue músico: la flauta encantada de Anfión no conmovía tanto el alma de los árboles y las piedras, ni las entonaciones guerreras de Antigenides despertaban más furor en Alejandro.

Fue cocinero: en la sociedad culinaria de Cleopatra hubiera sido presidente a votos conformes: nadie mejor que él guisa y dispone los raros pajarillos de que gustan los Tolomeos.

Fue sastre, gran sastre, digno de un imperio: las calzas de don Quijote se muestran allí acreditando que nadie más que él estuvo en los secretos de la noble indumentaria. Si Apolo usase jubón y herreruelo, ¿a quién sino a Cervantes se dirigiría? ¿Qué otra cosa fue el autor del *Quijote*?

Hic stupor est mundi.

¡Dios de bondad! Para ser uno de los más peregrinos, más admirables escritores, no hubo menester esa sabiduría universal con que algunos le enriquecen desmedidamente, dadivosos de lo que a ellos mismos les falta. ¿En dónde, cuándo estudió tanto? ¿Supo de inspiración todas las cosas? Los ingenios de primera línea tienen una como ciencia infusa que está brotando a la continua de la inteligencia. Los filósofos antiguos pensaban que el espíritu profético lo bebían algunos hombres privilegiados en ciertos vapores sutiles que la madre tierra echa de sí en sus horas de pureza, fecundada por los rayos del Sol: de este modo hay una ciencia que estudian los individuos extraordinarios, no en aulas, no en universidades, sino en el gran libro de la naturaleza, cuyos caracteres, invisibles para los simples mortales, están patentes a los ojos de esos semidioses que llamamos genios. Cervantes había estudiado poco, y supo algo de todo: empero la perspicacia anexa a entendimientos como el suyo le conciliaba aptitud para decir verdades que no tenía averiguadas, para sentar principios que no son sino cosas problemáticas para los que no se fijan en ellos con esa intensión y fuerza a las cuales no resiste lo desconocido. Realmente admira verle aplicar a un loco un método medicinal no descubierto aún, y con todas las reglas de un científico. Hahnemann, inventor de la homeopatía, ¿no supo que un español mayor que él con dos cientos años, si no escribió de propósito acerca de su gran sistema, lo ensayó con buen éxito, y de este modo lo dejó planteado? Uno de los comentadores más prolijos de Cervantes, don Vicente de los Ríos, pretende que la enfermedad de don Quijote, descrita por él, compone un curso completo del mal de la locura; si bien ninguno de sus biógrafos ha descubierto que el soldado de Lepanto hubiese sido nunca médico o *físico sabidor*. Da entrada a su admiración el dicho don Vicente con reparar en los años del hidalgo argamasillesco, el cual, según sabemos todos, frisaba con los cincuenta, «año climatérico —dice—, muy ocasionado a la demencia». En esto no ajusta su parecer con el de cierta amable loca, quien, por la substancia de su expresión, debe pasar por autoridad en la materia. Visitando un día el czar de Rusia el hospital de la Salpêtrière en París: «Bobas mías, —les dijo a unas loquitas jóvenes que le rodeaban—, ¿hay muchas locas de amor entre las francesas?». La misma achispada respondió en un pronto: «Desde que vuestra majestad está en Francia, muchas, señor».

Ahora, pues, el amor es achaque de la juventud, enfermedad florida a cuyo influjo se abren las rosas del corazón y dan de sí esas emanaciones gratísimas que nos hacen columbrar los olores del cielo. Las estadísticas de los hospicios de dementes en las grandes ciudades señalan como principal el número de los locos de amor, en uno y otro sexo, prevaleciendo el femenino. ¿Provendrá esto de que las mujeres reciben más desengaños, devoran más afrentas y pesadumbres, y en ellas la caída viene siempre en junta del deshonor y la vergüenza? ¿O ya su delicada fibra, su corazón compuesto de telas finísimas, no resisten al ímpetu de los dolor es que corren cual vientos enfurecidos en ciertos períodos de la vida? Dicen que la mujer posee en grado eminente la virtud del sufrimiento y resiste mucho más que el hombre a las cuitas del alma; y con todo, es cosa bien averiguada que por quince locos habrá veinte locas de amor. Es porque ellas no hurtan el cuello al yugo de ese tirano hermoso, y suspirando de día y de noche, arrojando ayes por su suerte, se dejan ir de buen grado con la corriente de sus males, sin que en ningún tiempo sean muchas las que intenten el salto de Leucadia. Aman al Amor, aman al Dolor, y felices o desgraciadas, cumplen con su destino, que es morir amando, aun en la Salpêtrière. Los cincuenta años de edad no son, pues, necesarios para la locura, si bien al amante de Dulcinea no le trabucaron el juicio amores, sino armas andantes, caballerías en las cuales entraban por mucho, es cierto, del corazón las turbulencias.

No serán pocas las ventajas de Cervantes que estén fundadas puramente en la vanidad de sus compatriotas: sus méritos reales son muchos y muy grandes, para que su gloria tenga necesidad de ilusiones que en resumidas cuentas no forman sino una sabiduría fantástica. Erigirle estatuas como a gran médico, verbigracia, allá se va con levantar una pirámide conmemorativa de sus descubrimientos astronómicos. Hipócrates quebranta su gravedad con una sonrisa, y Mercurio frunce el entrecejo.

Capítulo V

Cervantes alcanzó conocimientos generales en muchos ramos del saber humano: que pueda llamarse sabio particularmente en alguno de ellos, no dejará de ser dudoso. Su ciencia fue la escritura; su instrumento esa pluma ganada en tierra de Pancaya luchando con los mayores ingenios por los despojos del Fénix.

Un tal don Valentín Foronda, al contrario de don Vicente de los Ríos, quiere que Cervantes no hubiese conocido ni la lengua en que escribió. Atildando a cada paso las ideas y maneras de decir del gran autor, se pasa de entendido y censura en él hasta los cortes y modos más elegantes de nuestra habla. El tal Foronda, dice Clemencín, «entendía muy poco de lengua castellana, y parece haber escrito sus *Observaciones* más contra el *Quijote* que sobre el *Quijote*». Y don Valentín no es el único de los españoles empeñados en traer a menos a su insigne com patriota; pues sale por allí un don Agustín Montiano atribuyendo la nombradía de Cervantes a *que anda muy desvalido el buen gusto, y la ignorancia de bando mayor*. Empresa tanto más bastarda la de estos seudo humanistas, cuanto que los demás pueblos por nada quieren acordarse de otro grande hombre que de Cervantes en España; y van a más y dicen que esta nación no tiene sino ese representante del género humano en el congreso de inmortales que la Fama está reuniendo de continuo en el cenáculo del Tiempo. Italia, maestra de las naciones modernas, se gloría de muchos varones perilustres, de esos que, descollando sobre presentes y venideros, prevalecen en el campo de la gloria a lo largo de los siglos. Dante, Petrarca, el Ariosto, el Tasso en poesía; Miguel Ángel, Rafael en buenas artes; Maquiavelo en política, son figuras gigantescas cuya sombra se extiende por el porvenir, cuyo resplandor alumbra las futuras generaciones. Italia posee cuatro épicos, cuando los otros pueblos no tienen ni uno solo. Portugal ha dado de sí ese gran mendigo que se llama Camoens; fuera de él no hay en Europa hombres de talla extraordinaria: Milton es un imitador, y a pesar de Chateaubriand, no se hombreará jamás con los grandes poetas antiguos. Pero Inglaterra se halla resarcida y satisfecha con su Shakespeare, ese genio misterioso que no sabemos de dónde ha salido, el cual, conmoviendo el mundo con las pasiones de su corazón, funda esta cosa nueva, compuesta, romántica, que denominamos el *drama moderno*. Tiene su Pope, bardo moralista y filosófico: tiene su Byron, el poeta de las tinieblas, que resplandece como Luzbel en el acto de estar rebelándose contra el Todopoderoso: tiene su Burke, su Chatham, oradores a la antigua, suerte de Cicerones y Demóstenes que recuerdan los grandes tiempos de Atenas y Roma.

Francia no es para menos: Corneille, Racine y Molière volverían inmortal ellos solos el mundo, no digamos su patria. Montesquieu, resumen de la sabiduría: Voltaire, enciclopedia viviente.

Alemania, en cierto modo, es pueblo nuevo en las humanidades. De ingenios de primer orden, de esas antorchas altísimas que se hallan a la vista de todas las naciones, tiene tres: Goethe, Schiller y Klopstock. El doctor Fausto es muy antiguo; pero esa sabiduría, proveniente del tráfico tenebroso de Mefistófeles, se fue en el humo de las vetustas selvas de la Germania: los abominables gnomos que las frecuentaban son hoy blandos silfos que revolotean por los jardines de la civilización moderna. Humboldt alza la cabeza y me mira con uno como asombro amenazante. Con el no cabe olvido: fue más bien necesidad de darle puesto separado, como a quien no está en su lugar ni aun entre grandes.

Al panteón de los inmortales no suelen traer los escritores sino a Cervantes, de parte de España; Cervantes, su única gloria, dicen, particularmente los franceses. Schlegel, a título de sabio, no ignora que España ha producido también un Calderón; y este buen clérigo entra como poeta de alto coturno en la crítica de ese soberano repartidor de la gloria. Mas a poco que leamos a Feijóo, habremos de dar la palma a su querida Iberia, esa vieja Sibila de cuyas advertencias no se aprovecha el mundo, porque a fuerza de incredulidad le obliga a echar sus libros al fuego. No pocos hay en ella de esos pequeños grandes hombres de cuya reputación están henchidos los ámbitos de la patria; mas uno es Cervantes, y otro Lope de Vega. Éste es gloria nacional, ése gloria universal: con el uno se honra un pueblo, con el otro el género humano.

«Miren el ignorante... ¡Y cómo se propasa el atrevido! —exclama por ahí algún buen chapetón celoso de las patrias glorias—: no sabiendo que España cuenta un Guillén de Castro, un Alarcón, un Quevedo, ¿cómo se atreve a dar puntada en esto que llamamos buenas letras? Si por el verso, allí están los Argensolas, los Ercillas, los Riojas, los Herreras, los Garcilasos, ¡oiga usted!, los Garcilasos... Si por la prosa, los Hurtados de Mendoza, los Fuenmayor, los Marianas, los Granadas, los Jovellanos. Desde el Arcipreste de Hita, ninguna nación más aventajada en ingenios poéticos; y desde el Infante Juan Manuel, ninguna más fecunda en prosistas de primera clase. ¿Y ahora viene este bárbaro instruidillo a poner el de España después de otros asientos en el consistorio de los grandes hombres? ¿Ignora, sin duda, que Rui Díaz hizo pedazos de un puntapié el sillón de marfil del embajador de su majestad cristianísima, con decir que a nadie le tocaba la precedencia donde se hallaba el del rey su señor?». Envaine usted, seor Carranza: no digo yo que España sea más pobre que otra ninguna en varones de pro y loa. ¿Cómo lo he de decir, cuando sabemos todos desde Paulo Mérula, que es la nación donde los ingenios son felices? Digo solamente que uno es ser hombre distinguido y otro ser grande hombre, de esos que el mundo consagra en el templo de la Inmortalidad e imprime en ellos el carácter que los vuelve sacerdotes de la inteligencia. No se me oculta que el *Cid* de Guillén de Castro fue la vena que el insigne trágico francés picó para su obra maestra. Voiture, Molière, La Fontaine beneficiaron las ricas minas de Quevedo, Alarcón, el conde Lucanor; y con elementos ajenos han hecho las preseas con que resplandece la literatura moderna. El metal ha salido de España; el arte, el primor los han puesto los franceses. Entre los unos, los grandes ingenios han llegado a ser de renombre universal; entre los otros, su gloria respeta los términos de la nación. Injusticia será del mundo, pero es así. *Dura lex, sed lex.*

Cervantes ha superado los obstáculos que los dioses y los hombres oponen a los que intentan pasar a la inmortalidad: después de dos siglos de luchar desde la tumba con la indiferencia de los vivos, prevalece, y el mundo le proclama dueño de una de las mayores inteligencias que ha producido el género humano. La *Sagrada Escritura*, la *Ilíada*, la *Eneida*, ¿cuál, en el mismo espacio de tiempo, ha sido más repetida y traducida que el *Quijote*? Por poco que uno sepa entenderse con la pluma, ya le vierten al inglés; al francés, no hay Perogrullo que no se haga traducir. En Alemania hay sabios que estudian a los ignorantes, hombres de talento que analizan a los tontos. Los italianos son grandes traductores; todo lo traducen: está bien.

Que nos traduzcan al griego, al latín, esas lenguas muertas, difuntos sabios que yacen amajestados con el polvo de veinte siglos, esto ya puede excitar nuestra vanidad. *Don Quijote* anda en ruso: el edicto de Pedro el

Grande sobre que se rasuren todos cuantos son sus vasallos, no le alcanza a las barbas moscovitas con que se pandea en su viaje de Moscovia a San Petersburgo.

Anda en sueco, en danés: la antigua Escandinavia no con templó en las nubes, entre las sombras de los guerreros, otra irás belicosa y temible.

Anda en polaco: había más que Juan Kosciusho hubiera convocado un día a todos los caballeros andantes que anduviesen por el Norte. Tal pudiera haber venido entre ellos que bastase para dar al través con el poder del cosaco; y no se hallara el gran patriota en el artículo de escribir en la nieve con la punta de su espada: *Finis Poloniae*.

Anda en rumano: las orillas del Danubio le ven pasar armado de todas armas, caballero sobre el corcel famoso que el mundo conoce con nombre de Rocinante. Si no acomete allí de pronto una alta empresa, es por falta de barco encantado.

Anda en catalán, anda en vascuence: ¡oh Dios!, anda en vascuence... ¿Cómo sucede que no ande todavía en quichua? Dios remediará: los hijos de Atahualpa no han perdido la esperanza de ver a ese grande hombre vestir la cushma de lana de paco, en vez del jubón de camusa con que salió de la Argamasilla.

Cervantes presumía de haber compuesto una obra maestra, habiendo compuesto su novela de *Persiles y Segismunda*, y tenía bien creído que los presentimientos de inmortalidad y gloria con que andaba endiosado desde niño, eran efectos anticipados de esta creación. No sabemos si algún francés de mal gusto haya vuelto a su lengua el tal *Persiles*; el *Quijote*, en el cual su autor miraba poco, ha sido puesto en griego, latín, lenguas muertas; en francés, inglés, portugués, italiano y alemán, lenguas vivas; en sueco, danés, lenguas semibárbaras, aunque de pueblos muy adelantados; en ruso, polaco y húngaro, lenguas duras y terribles, lenguas de osos y carrascas; en catalán, vascuence, lenguas extravagantes. ¿Qué otro autor, inglés, francés, alemán, italiano ha merecido los honores de las nieves perpetuas y los de la zona tórrida? Miguel de Cervantes Saavedra es el más singular, el más feliz de los grandes escritores modernos; y los españoles no tienen por qué soltar el moco y soplarse amenazando, cuando decimos de España que no tiene sino a Cervantes. ¿Cuáles son las naciones que cuentan con muchos de esa talla? Por docenas, no hay sino gigantes pequeñuelos. Uno es el que empuña el cetro: el de España empúñalo Cervantes.

Pues hubo por ahí un don Valentín Foronda, un don Agustín Montiano, un Isidro Perales o don Blas Nasarre, que tomaron sobre sí el desvalorar a Cervantes; ¡y fueron españoles ésos! Si se salen con la suya, ¿cuál es príncipe de los ingenios españoles? Alonso Fernández de Avellaneda. Gran cosa.

Capítulo VI
Don Diego Clemencín afirma en sus anotaciones que algunos pasajes del *Quijote* de Avellaneda hacen reír más que los de Cervantes. Puede ser; pero de la risa culta, risa de príncipes y poetas, a la risa del albardán, alguna diferencia va. Pantalón y Escapín hacen también reír en el escenario, y no por su sal de gallaruza han de tener la primacía sobre esos delicados representantes que, huyendo de la carcajada montaraz, se van tras la sonrisa leve, la cual, como graciosa ninfa, hurta el cuerpo y se esconde por entre los laberintos luminosos del ingenio. La carcajada es materia bruta: molida, cernida, tras mil operaciones de química ideal, daría quizá una sonrisa de buenos quilates; bien como el oro no comparece sino en granos o pepitas diminutas, apartados los otros metales groseros y la escoria que lo abriga en las entrañas. Escritor cuya habilidad alcanza la obra maestra de mantener a los lectores en perpetua risa invisible, es gran escritor; y risa invisible la que no se cuaja en los labios en abultadas formas, desfigurando el rostro humano con ese *hiatus* formidable que en los tontos deja ver la campanilla, el garguero y aun el corazón de pulpa de buey. La risa agigantada es como un sátiro de horrible catadura: la sonrisa es una sílfide que en alas de sombra de ángel vuela al cielo del amor y la felicidad modesta. No digo que Cervantes no sea dueño de carcajadas muchas y muy altas y muy largas; pero en las de este divino estatuario de la risa hay tal sinceridad y embeleso, que no sentimos la vergüenza de habernos reído como destripaterrones, sino después de habernos saboreado con el espeso almíbar que chorrea de sus sales. Cervantes, por naturaleza y estudio, es decente y bien mirado: honestidad, pulcritud, las Musas que le están hablando al oído con esa voz armónica y seductora a la cual no resisten los hombres de fino temperamento. Avellaneda, por el contrario, goza en lo torpe, lo soez: sus gracias

son chocarrerías de taberna, y las posturas con las cuales envilece a su héroe no inspiran siquiera el afecto favorable de la compasión, por cuanto en ellas más hay de ridículo y asqueroso que de triste e infeliz. El mal hijo de Noé, burlándose de la desnudez de este venerable patriarca, ha incurrido en la maldición de Dios y el aborrecimiento de los hombres: asimismo el bajo rival de Cervantes, riéndose y haciendo reír de la desnudez y fealdad de don Quijote, ha concitado la antipatía de los lectores y granjeado su desprecio.

Yo me figuro que entre Cervantes y Avellaneda hay la propia diferencia que entre los teatros de primera clase de las grandes capitales europeas, y esos teatritos ínfimos donde ciertos truhanes enquillotran a la plebe de los barrios más oscuros de las ciudades. El Teatro Francés, verbigracia, en París, en cuyo proscenio son puestas a la vista las obras maestras de Molière y Beaumarchais: donde el Misántropo desenvuelve su gran carácter: donde Tartufo asombra con los falsos aspectos de la hipocresía: donde don Juan pone por obra los arbitrios de su ingenio tenebroso y su corazón depravado: donde el Barbero de Sevilla derrama a manos llenas la grata sal que cura tristezas y remedia melancolías: donde don Basilio enamora con su papel de confidente, al cual tan solo por el respeto debido a la sotana no le designamos con el nombre de echacuervos: donde las chispas del ingenio hacen un ruidecillo que parece música de alegres aves, y las malicias del amor vuelan encarnadas en cuerpos de donosos silfos. Allí, ante esa representación grandiosa de las costumbres desenvueltas por la inteligencia de primer orden, la carcajada no tiene cabida: si se atrevió a venir, a la puerta se quedó, contenida por la estatua de Voltaire, el cual nunca se rió como echacantos, risa alta y pesada, sino bajito, *pian pianino*, y en forma de puntas buidas metió su risa por el corazón de los errores y las verdades, los vicios y las virtudes. Así como Rabelais es el padre de la risa francesa, así Molière es el padre de la sonrisa: sonrisa culta, pura; sonrisa de buena fe, de buena casta; sonrisa agradable, saludable; sonrisa señora, sonrisa reina, que temería caer en la desconsideración de las Musas, si se abultase en términos de dar en risa declarada: sonrisa sin voz ni ruido: estampa muda, pero feliz, donde el placer ejecuta sus mudanzas, asido de las manos con esa deidad amable que nombramos alegría.

Avellaneda es brutal hasta en sus donaires: no de otro modo los trufaldines de la Barrera del Infierno dan saltos de chivo, gruñen como cerdos, embisten como toros, y profieren sandeces de más de marca para hacer reír a la gente del gordillo que está revuelta al pie de esas tablas miserables. Por donde podemos ver que en justicia el monje ruin que irrogó tantos agravios al autor del *Quijote*, no es su competidor, menos su émulo: rival es, porque obran en él envidia, odio, deseos nefandos, y el rival no ha menester prendas ni virtudes, siendo, como éstas son, excusadas para el efecto de aborrecer y maldecir. Admíranos, por tanto, que hubiese habido entre los sensatos españoles quienes diesen la preferencia a la obra sin mérito del supuesto Alonso Fernández de Avellaneda sobre la fábula inmortal de Miguel de Cervantes, príncipe de sus ingenios. Yo supongo que la buena fe no mueve el ánimo de estos autores; y si por desgracia la abrigasen cuando juzgan a Cervantes inferior, y con mucho, al tal Avellaneda, harto fundamento nos darían para que a nuestra vez sintiésemos mal respecto de su inteligencia. Las proezas de la envidia no son de ahora: esta es la primogénita de las ruines pasiones: Abel es menor que Caín. El cisne de Mantua fue mil veces acosado por cuervos que echaban graznidos siniestros en torno suyo; pero el lodo que Mevio y Bavio le arrojaron, no llegó jamás a ensuciarle la blanca pluma, y así limpio, casto, puro ha pasado hasta nosotros e irá pasando a las generaciones venideras. Horacio, juez supremo en poesía, proclama a Virgilio el primero de los poetas, después de Homero; Ovidio canta los triunfos de su maestro; Tuca, Vario, en gran prosa, ensalzan al autor de las *Geórgicas*, y poseídos del furor divino conmueven el universo con la admiración gratísima con que le vuelven inmortal. Mecenas tiene a honra ser su amigo: Augusto cifra su gloria en tenerle a su lado: el mundo todo se inclina ante el foco de luz que brilla en esa cabeza, el fuego sagrado que arde en ese pecho y vuela al cielo en llamas poderosas. Y hay un Mevio que le insulta, le calumnia, le denigra; un Bavio que hace fisga de él, le escupe, le escarnece. El bien y el mal, la luz y las tinieblas, la verdad y la mentira son leyes de la naturaleza: querer hallar solas a las divinidades propicias, es querer lo imposible. No tenemos idea del bien, sino porque existe el mal: la luz no fuera nuestro anhelo perpetuo, si no reinara la oscuridad; y la verdad sería cosa sin mérito, si no estuviese de día y de noche perseguida y combatida por la mentira.

Para un Sócrates un Anito, un Melito: en no existiendo estos antifilósofos, ¿quién acusara al maestro? Para un Sócrates un Aristófanes: sin este poeta-histrión, ¿quién se burlara de las virtudes?

Para un Homero un Zoilo; si no, la envidia se queda con su hiel en el pecho. Para un Homero un Escalígero; si no, la basura no cubre las piedras preciosas.

Para un Virgilio un Mevio, un Bavio: preciso era que inteligencia superior, corazón sensitivo, alma pura, buenas costumbres, poesía en sus más erguidas y hermosas disposiciones tuvieran enemigos que las hicieran resaltar con el contraste de los vicios fingidos por la calumnia.

Alfesibeo es un mágico que por medio de sus encantos obliga a salir de la ciudad a Dafnis, su amada, y venirse a él a pesar suyo. «¡Hechicero, hechicero!», grita Mevio. «¡Brujo, brujo!», grita Bavio. Los personajes imaginados por el poeta son el poeta mismo: las aventuras de los pastores de Virgilio son de Virgilio mismo. Así hemos presenciado casi en nuestros tiempos la cruzada impía que los perversos junto con los ineptos han hecho contra uno de los mortales más llenos de inteligencia y virtud que pueden salir del género humano: virtud, entendiéndose por ella ahora esa gran disposición del alma a lo bello y lo grande, aun cuando los tropiezos de la tierra y la maldad de los hombres le hubiesen aproximado al que la poseía a los vicios, y por ventura al crimen. El *Giaur* fue hijo de una imaginación candente, nacido entre torbellinos de humo negro y encrespado; no fue persona real, de carne y hueso: Manfredo, ese como Doctor Fausto de los Alpes, que aterra con sus cavilaciones y da espanto con sus evocaciones, no fue el poeta que le dio vida soplando en su propio corazón con la fuerza del alma desesperada. El Corsario, ese terrible ladrón de los mares, para quien la vida de sus semejantes vale menos que la de un insecto, no fue el mismo que ideó su carácter y le dio cuerpo hermoso. Y con todo, sus contemporáneos temieron, aborrecieron, combatieron a ese poeta, tomándole, mal pecado, por los héroes de sus poemas, cuando las virtudes, virtudes grandes, se gallardeaban como reinas en su corazón inmenso. Lord Byron no es ya el vampiro que se harta de carne humana en el cementerio a medianoche, y entra en su palacio a beber vino en un cráneo de gente convertido en copa: no es ya el don Juan Tenorio que engaña y seduce, fuerza y viola, se come a bocados honestidad y pudor, sin respeto humano ni divino, esclavo de la concupiscencia: no es ya el homicida secreto que ha derramado sangre inocente, por averiguar misterios perdidos en la vana ciencia de la alquimia. No es nada de esto: desvanecida la impostura, purificado el juicio, la generación presente ve en él, no al ateo, no al criminal, sino al poeta, al gran poeta, y nada más. Desgracias excepcionales y dolores profundos le volvieron hosco y bravo: así como amaba el amor, cual otro Vicario de Wakefield, así le obligó el mundo injusto y perverso a amar el odio; Lord Byron amó y aborreció: amó como serafín, aborreció como demonio. Su alma, en tempestuoso vaivén entre estos dos abismos, cobró proporciones, unas veces de ente divino, otras de hijo del infierno. Bregando, forcejando, gritando, aleteando cual águila loca, vivió el poeta su vida de suplicio, devorado el pecho por una legión de ángeles convertidos en furias. Así a Virgilio, en otro tiempo, quisieron atribuirle vicios y culpas de sus héroes; cuando su buena índole, la apacibilidad de su genio, su bondadosa mansedumbre le volvían amable para todos los que no abrigasen en su seno esa víbora inspiradora de maldades que llamamos envidia.

Capítulo VII
En una de las comarcas de Italia más ricas y hermosas nació un niño a principios del siglo decimocuarto. Las Gracias tuvieron cargo de él durante los años de su infancia: las Musas le tomaron por su cuenta desde que tuvo uso de razón. Bien así como el caballero de la Ardiente Espada había nacido con una hoja de fuego estampada en el pecho, asimismo ese niño parecía ceñir sus sienes con una corona luminosa, la cual era por ventura una mirada especial con que la Providencia quiso agraciar al recién nacido. Esa sombra de luz celeste fue precursora de la corona verdadera con que los hombres, admirados, honraron y distinguieron a ese niño andando el tiempo: Francisco Petrarca fue coronado en el Capitolio por mano del Senador, en una de esas solemnidades que no suelen prevenir los Gobiernos sino para las grandes ocasiones. Quince mancebos de las familias patricias de Roma, vestidos de escarlata, van precediendo al poeta con sendas palmas en la mano: los altos dignatarios del Estado, los senadores metidos en lobas de terciopelo verde, siguen tras él con diferentes insignias cada uno: el pueblo, en multitud inmensa, forma una procesión interminable. Ahógase en gente el Capitolio:

Orso, senador, se levanta en pie y exclama: «¡Oh tú, el mayor de los poetas, ven y recibe la corona del mérito!». El poeta, pálido, pero hirviendo en mudo júbilo, da cuatro pasos apoyado en las Musas invisibles; el Senador le pone en la cabeza una corona de laurel, mientras el pueblo asorda la ciudad y los montes vecinos con un aplauso gigantesco. Incontinenti salen todos y se dirigen a la Basílica de San Pedro, en cuyas aras deposita el poeta, como ofrenda a la Divinidad, la corona que ha ganado por medio de la inteligencia.

En un mismo día Francisco Petrarca había recibido cartas del Senador romano, del Canciller de la universidad de París y del rey de Nápoles, por las cuales le llamaba cada uno con instancia a recibir «la corona del ingenio». Rara coincidencia que causó en el agraciado una como supersticiosa maravilla de gran poder en su ánimo. Decidiose por Roma, y no fue mucho: la ciudad de los Césares, la ciudad de los Papas, la capital del mundo era siempre más que otra cualquiera, aun cuando esta fuese París, teatro de las grandes representaciones y los triunfos de Abelardo. Voltaire ha intentado achicar a Petrarca, poniéndole atrás de ciertos poetas franceses, muertos para la posteridad: Petrarca vive, y su corona, la corona del Capitolio, está resplandeciendo a los ojos del género humano. El palaciego de Federico ha salido mal en esto como en muchas cosas. Un bardo amabilísimo de nuestro siglo, bardo cristiano y sencillo, le lleva la contra al viejo descreído de Ferney, y sostiene que Petrarca es el primero de los poetas de los tiempos modernos, sin que ha ya uno solo en Francia, Inglaterra, Italia misma que le alcance al solitario de Vaclusa, y menos que le tome la delantera. Lamartine es tan propasado en sus fervores, que por poco que delire da en lo absurdo: si no fuera tan serio, tan grave, tan superior este hombre, haría reír muchas veces, como cuando afirma que un verso de Petrarca vale más que toda la prosa de Platón. Montaigne diría justamente lo contrario, esto es, que una línea de la prosa de Platón vale más que todos los versos de Petrarca. Si el uno de estos críticos es más admirable como poeta, el otro es más respetable como filósofo y merece más crédito; si bien es verdad que a juzgar de los poetas líricos por la idea que de ellos tienen Montaigne y Montesquieu, esos *ergotistas*, como los llama el viejo gascón, no son ni para servir a la mesa de los hombres de mérito. Lamartine, del oficio al fin, propone exageraciones que a poca costa las llamarían disparates los filósofos.

Hubo por el mismo tiempo un pobrecito llamado Serafín Aquilano que dio en metrificar a despecho de las hijas del Parnaso. Los envidiosos de Petrarca pararon la oreja, le animaron. El vatecito ardió en celos, se puso de puntillas, se estiró cuanto pudo, y alargando el brazo, pensó que había tocado las estrellas. Los aborrecedores de Petrarca se pusieron a gritar: «¡Viva Serafín Aquilano! ¡El Fénix ha parecido! ¡Pan ha resucitado!». Y Petrarca no fue nada desde entonces: pospuesto, insultado, arrinconado, el amante de Laura se dejó estar llorando en silencio su amor infeliz en su recepto de Aviñón, sin que le diesen pena las vociferaciones y los embustes de sus enemigos. Serafín Aquilano estaba triunfante: sus obritas, mil veces reimpresas en ediciones primorosas, corrían por Italia en alas de la envidia. La conspiración era verdaderamente atroz, atroz y eficaz: el pobre Serafín, ídolo facticio de los perversos, llegó a tenerse por el Apolo, no de la mitología, sino de la realidad, del Olimpo cristiano donde Júpiter mismo le ensalzara con una mirada de distinción. Serafín por aquí, Serafín por allí: todo era Serafín Aquilano, gran poeta. Orso coronando a Petrarca en el Capitolio a nombre de Italia y su siglo; la Universidad de París rindiendo homenaje al ermitaño de Vaclusa; el rey de Nápoles, Roberto, el sabio rey, saliendo al encuentro del poeta con la diadema en la mano, dieron en tierra con la falsa gloria de Aquilano, y levantaron a Francisco Petrarca una estatua impalpable, más preciosa que el oro, más sólida que el bronce.

La misma táctica hemos visto después en contra de Racine, quien tuvo también no pocos envidiosos denigradores. ¡Y digo si el autor de *Atalía* pudiera haber tenido competidores ni en tiempo de Sófocles! Un crítico célebre llama a la Andrómaca la obra maestra del teatro; «pero *Atalía* —dice— es la obra maestra del entendimiento humano». El rey Luis XIV prohibió la representación de esta obra sublime, «porque —dijo— semejante majestad no puede dejar de ser profanada en manos mortales». Tragedia cuya fuente es la Biblia, *Atalía* es un monumento religioso: el templo de Salomón, Acab, la reina perseguidora de Dios; idólatras, judíos; las pasiones más profundas del género humano puestas en giro con habilidad maravillosa; poesía que corre a torrentes de la cumbre del Oreb; versos de cadencia pura; sentimientos del ánimo, como si los hombres fueran todos réprobos o santos; catástrofes estupendas; lenguaje inimitable: he aquí *Atalía*, he aquí el poeta que la compuso. Pues hubo quienes tuviesen a Racine por inferior a Pradón, muy inferior: un tal Pradón, un cierto Pradón, un Pradón, un hombre llamado Pradón, que ha sido poeta, dicen, y ha imaginado piezas teatrales de alto coturno. Racine se está hombreando ante los siglos con los grandes trágicos griegos: Esquilo, Eurípides, Sófocles, sus maestros, se ponen de pies cuando él entra en su academia, y le señalan alto puesto. En Roma no tiene igual: Séneca es interesante cuando, entrando el conspirador en el palacio de Augusto, le hace decir al gran déspota: «Cina, toma una silla»; pero muy lejos se halla el poeta romano del francés cuando éste levanta el vuelo y va a llamar a las puertas de la Belleza Infinita.

En los tiempos modernos Shakespeare es el intérprete más poderoso de las pasiones mundanas, el gran levita del terrenal amor; Racine, en *Atalía*, es el poeta de las pasiones divinas. Las obras donde entren Dios y la religión serán siempre superiores a las que versan puramente sobre cosas humanas.

La estrategia de la envidia, en todo tiempo, ha sido oponer los mediocres a los ingenios superiores, procurando que del ensalzamiento desmedido de los primeros resulte la desestima que los ruines ansían para los segundos. Esta providencia infame suele ser tan común, que todos los días la vemos puesta por obra, aun entre nosotros, pequeñuelos. Si uno amenaza con prevalecer por el talento sobre amigos y enemigos, allí están todos, unidos con los lazos del odio, para echarse ladrando sobre el pícaro que tiene la avilantez de ser más que ellos. Dotole naturaleza con sus altos dones: ellos se los niegan, y se cierran en su dictamen. Inteligencia, no señor; un poco de imaginación, y nada más; superficie, epidermis ligera; rásquesele con vigor, y el tonto comparece.

Sabiduría, sabiduría... si sabe que no sabe nada; y no a la manera del hijo de Sofronisco,[2] sino nada, lo que llama nada. Sabe lo necesario para deslumbrar a los ignorantes y embaucar a los bobos: sabe que es un pícaro. Sabe que somos nobles y traemos la bolsa herrada. Sabe... ¿qué más sabe? «Que nosotros no sabemos leer ni escribir», responde el más hombre de bien y sincero de los señores.

Sensibilidad exquisita, don de lágrimas, poesía del dolor: todo es ficción; es un perverso. Si pudiera, exterminara al género humano: es asesino teóri-

---

2 «Sofrónismo» en el original (N. del E.)

co; no le falta sino la práctica; ¿y quién sabe? Si Dios no me estuviera viendo, yo dijera que ese se tiene guardados sus dos o tres homicidios. ¿No le ven la cara? ¡Qué cara!

Rectitud, probidad; bribón: como el no puede nada, piensa que el buscar la vida es reprensible. Si estuviera en su mano, nadie tuviera cosa; todo fuera suyo.

Austeridad, severidad; malvado: no deja pasar un punto, ni el menor: todo lo ve, todo lo censura, todo lo condena. Es un argos el canalla: manos puercas, uñas largas, no perdona. Mata uno un lobo; allí está el para sacarnos los efectos de la embriaguez, para insultarnos con las purezas de la templanza. Él llama templanza eso de no beber, no esparcirse nunca. ¿Ese zanguango no ha enamorado en su vida?, ¿no sabe que faldas sin copas no son sombreros?

¡Virtud, oh virtud, pobre virtud, el mundo no es tu reino! Amenazas, peligros, ofensas, por dondequiera te rodean; y aun muy feliz si no sucumbes, mordida de perros, acoceada de asnos, devorada de tigres. ¡Virtud, oh virtud, santa virtud!, levanta el vuelo, huye, enciérrate en el cielo, adonde no podrán seguirte los demonios que con nombre de hipocresía, envidia, soberbia, odio insano, corrupción, infestan este valle, no de lágrimas, sino de hiel y sangre; valle oscuro, lóbrego, por donde van corriendo en ruidoso tropel esas fieras que se llaman desengaños, venganza, difamación, calumnia, asesinato, impudicia, blasfemia, tras las virtudes que huyen a trompicones, y al fin caen en sus garras dando armónicos suspiros que suben a la gloria en forma de almas puras.

Mevio y Bavio persiguieron a Virgilio; Serafín Aquilano fue superior a Petrarca; Pradón vio para abajo a Racine; todo por una misma causa. La envidia es ciega, y con todo ve muy bien a qué centro tira sus líneas. He allí, pues, un tal Alonso Fernández de Avellaneda que sin empacho se pregona superior a Cervantes en ingenio, y por vía de comprobar sus aserciones le llama pobre, mendigo, manco y otras de estas. Que pagado por un aborrecedor oculto hubiese el fraile infame escrito su mal libro, ya pudiéramos haberlo llevado en paciencia; que haya en España hombres de entendimiento harto confuso y de intención harto menguada para desdeñar la obra inmortal de Cervantes por el polvo y ceniza de Avellaneda, esto es lo que no nos cabe en el juicio. ¿En qué estaría pensando don Agustín Montiano cuando dijo que si algunos preferían a Cervantes era porque andaban muy desvalido el buen gusto y la ignorancia de bando mayor? Este mal español recibió, sin duda, lecciones del viejo barbalonga, ese calvo de agrio corazón y aguda lengua que hiere en la gloria de Homero y trata de apagar la luz que irradia por el mundo. Zoilo, osado antiguo que tuvo la soberbia de concebir envidia por el ciego de Chío, este pontífice de los dioses y padre de las Musas; Zoilo no puede enseñar el bien y la verdad; siendo como es la envidia encarnada en miembros de un hermoso, pero irritado demonio. Para volverse respetable aun en el ejercicio de la difamación, Zoilo contaba con esa calva sublime que ha pasado a la posteridad, y esa barba de Termosiris que en largas madejas blancas se le descuelga por el pecho hasta el ombligo. Si Montiano careció de estas ventajas, fue dos veces tonto y dos veces atrevido en su empresa de dar al través con la fama de Cervantes.

Capítulo VIII
Si es disposición secreta de la Providencia que los hombres de facultades intelectuales eminentes y virtudes superiores han de vivir sus cuatro días en la tierra devorando privaciones y amarguras, no lo podríamos afirmar ni negar antes de que hubiésemos examinado la materia en disquisiciones filosóficas altas y profundas. Los que de primera entrada cortan por los argumentos y lo resuelven todo por la autoridad del orgullo y en nombre de la ignorancia, dirían buenamente que esa ley tácita del Hacedor contra los varones ínclitos no existe. Ya lo han dicho cuando, censurando la desgracia en general y haciendo mofa de ciertas lágrimas ilustres, han afirmado que todo hombre es dueño de su suerte. La teoría, como principio, es infundada y hasta necia: en la práctica, los que han puesto en campo esa doctrina reciben mil heridas por mil defectos de armadura. *Todo hombre es dueño de su suerte*: ¿de manera que los hambrientos, los desnudos, los desheredados de la fortuna, grandes y pequeños, no han de imputar sus desdichas sino a ellos mismos, a su propia incapacidad e indolencia? Tan duros pensadores no recibirán, sin duda, la recompensa que el Hijo de Dios tiene ofrecida a los que ejercen la caridad movidos santamente por la misericordia. «Tuve hambre, y me disteis de comer; tuve sed, y me disteis

de beber; desnudo me hallé, y me vestisteis; preso estuve, y me visitasteis: venid, ¡oh! los benditos de mi Padre, a recibir el premio de vuestras buenas obras». Si el hambre, la sed, la desnudez, la prisión de los desventurados del mundo provinieran de los peores vicios, cuales son pereza y soberbia, el juez infinito no les prometiera con tanto amor y gratitud el premio con que de antemano glorifica a los hombres justificados. En la Escritura, indigencia, necesidad son tan santas como las virtudes que les ponen remedio: dad al pobre, dice el Señor; no dice: dad al ocioso, como si fuera lo propio el vicio que la desgracia. Hambre puede tener uno a pesar del trabajo; sed a despecho de la actividad, y carecer de vestido, sin que valgan afanes y pasos por este mundo injusto y ciego. Entre los idólatras mismos la más innegable de las divinidades era la Fortuna: Sila cargaba al pecho una imagen de esta diosa, y sabido es que se llamaba feliz, atribuyendo a una ley providencial sus triunfos y felicidades, y de ningún modo a las concepciones de su entendimiento ni a la fuerza de su brazo.

Negar la existencia de la fortuna, allá se iría con negar su rueda, máquina real y bien a la vista, que va moliendo en sus vueltas a la mitad del género humano, al paso que a la otra la toma en el suelo y la coloca frente a frente con el Sol. Los más ruines, ineptos, perversos, canallas suelen ser los que más resplandecientes se levantan en sus cucharas, y allí se están, echándole un clavo a la dicha rueda, insultando al universo con la incapacidad y la perversidad triunfantes. Si todo hombre es dueño de su suerte, ¿cómo viene a suceder que la inteligencia divina en el autor de la *Ilíada*, la sabiduría excelsa en el maestro de Fedón, el valor indómito y la rectitud inquebrantable en el competidor de Demóstenes, las grandes virtudes reunidas en *el mayor de los griegos*, no los volvieron a estos seres privilegiados los más prósperos de los mortales, y dichosos según que regulamos la felicidad con advertencia a esta vida y el modo de vivirla? Ni por tontos, ni por cobardes, ni por enemigos del trabajo habrán pasado a la posteridad esos nuestros semejantes que han engrandecido su siglo con su gloria, santificando al propio tiempo su desgracia con la miseria sufrida en amor de la filosofía. Verdad es que ellos no ansiaron las riquezas; y en no buscándolas ahincadamente, ellas no vinieron a pararse en sus umbrales. Empero muchos hubo que bien hubieran querido tener lo necesario, y en quienes el sudor de su frente nada pudo.

Desdichas, pesadumbres, dolores son herencia de la flor del género humano; y esa flor se compone de los grandes poetas, los filósofos sublimes, los héroes magnánimos, los patriotas ilustres. Hay en Jámblico un pensamiento que hace meditar mucho acerca de la inmortalidad y el porvenir de las criaturas. Dice este mago divino que las lágrimas que derramamos en este mundo, las penas que devoramos son castigos de malas obras que hicimos en una vida anterior; y que purgadas esas culpas, cuando pasemos a otra, seremos más felices no, pero sí menos desgraciados; hasta cuando, a fuerza de purificarnos por medio del llanto y levantarnos por las virtudes, vengamos a disfrutar de la gloria eterna en el seno del Todopoderoso.

Esta transmigración oculta en sus entrañas un mundo de sabiduría y esperanza: los que padecen actualmente se hallan en *la vía purgativa*, como hubiera dicho un teólogo cristiano: los que padecen más, están más cerca del remedio: los que están pecando y gozando en el crimen; los malos, egoístas, perseguidores y torpes, van despacio, muy atrás de esas almas ligeras, medio lavadas ya con las lágrimas, cernidas, digamos así, de la mayor parte de la escoria; sacudidas al viento acrisolador, y enderezadas al cielo con rumbo hacia la luz. Job había pasado por muchas vidas, según el filósofo nigromante: hallábase a las puertas del descanso eterno y raspándose con una teja la lepra en la calle; repudiado de su esposa, abandonado de sus hijos, olvidado de sus amigos en medio del suplicio del alma y el corazón; enfermo el cuerpo, sus harapos revueltos en inmundicia; llagas puras los miembros; sin pan contra el hambre, sin agua contra la sed; clavado en un potro, y volviendo los ojos a Dios, es el emblema de la paciencia y el reflejo de la gloria fundido en una aureola de esperanza. Job, viejo, pobre, dejado de todos; enfermo, víctima de mil dolencias e imposibilidades, lleva vividas muchas vidas, en las cuales ha sido, según la idea de Jámblico, afortunado desde luego, después feliz como lo entiende el mundo, a manta de Dios en esto de riquezas y placeres, que son cartas desaforadas para con el padre de las virtudes. Job está viviendo la última vida humana: la lepra, la teja, llaves con las cuales, pasando por la sepultura, dejando allí los huesos, ha de abrir ese gran candado de oro cuyas cifras y combinaciones son imposibles para los que aún no hemos padecido lo que el hambriento y el leproso. ¡Oh felices de nuestro tiempo!, ved las pruebas por las cuales tenéis que pasar, medid los escalones que tenéis que subir, y si sois para echar una mirada escrutadora a la eternidad, derramad torrentes de lágrimas, abrumados por estos verdaderos tormentos futuros que llamáis hacienda, placer, dicha y contento. Vosotros sois los últimos de los tiempos: soles se apagarán, estrellas caerán, mundos se destruirán, y vosotros, de catástrofe en catástrofe, tendréis mucho que ver y padecer, primero que vengáis a distinguir la felicidad verdadera de la falsa, y reposar en el gremio de Dios, único lugar donde podemos tenernos por felices; felices, porque allí el mal es imposible y el bien llena el universo a nuestros ojos de un océano de luz donde se están irguiendo en figuras impalpables las épocas del mundo y los pasos de la gloria. ¿A quién le sería dado romper esta escala eterna, y revolver las cosas de manera de acomodarlas a sus propias extravagantes ideas, habiéndolas sacado de la jurisdicción de una ley infinita?

La Fortuna, divinidad de los gentiles, ha venido a ser Genio para los cristianos, llamándose Destino. El destino es cosa tan fuerte, que por mucho que nos neguemos a confesarlo, viendo lo estamos y devorando sus agravios. Destino es poder oculto, profundo, misterioso: destino es persona invisible de obras que tienen cuerpo: destino es ser inaveriguado: su corazón está en el centro de la nada, y su mano recorre el mundo hiriendo en las teclas de la vida. Los hombres, figuras diminutas puestas sobre ese órgano gigantesco, saltan a su vez cada uno, cuando el destino o la fortuna ha puesto el dedo en la suya, y unos caen derribados, otros se yerguen más; estos dan saltos y se quedan a medio caer; esos suben de un bote a otro andamio del instrumento; tales bailan en buen compás, cuales se resbalan y andan a gatas, formando este conjunto triste unas veces, ridículo otras, y ruidoso siempre, que llamamos comedia humana.

Nosotros pensamos que no hay hombre dueño de su suerte, si no son los sabios que están en contacto con la Divinidad por medio de la sabiduría, y los santos que tratan con ella median te las virtudes practicadas con voluntad y conocimiento. Los monarcas no son dueños de su suerte, porque tienen heredado el trono. Los grandes no son dueños de su suerte, porque su amo y señor los puede echar abajo de un puntapié el día que se les enoje. Los ricos no son dueños de su suerte, porque muchas veces no deben sus riquezas al sudor de su frente, y porque un tirano o un ladrón se las pueden quitar el día menos pensado y dejarlos en la calle. Los hijos de la fortuna no son dueños de su suerte, porque esta prostituta mal intencionada los concibe del viento a medianoche y los pone en cuna de oro, sin que ellos sepan cómo ni cuándo. ¿Quién les niega la existencia a los hijos de la fortuna? ¡Hola, filosofillo!, ¿eres tú quien viene ahora con que los herederos incapaces del reino, los opulentos con haberes ajenos, los dignatarios, los nobles de favor por una parte; los ciegos esclarecidos, los tullidos ilustres, los mendigos célebres por otra, son todos fabricantes de su propia felicidad o desventura? ¿Cuáles son los méritos de tanto pícaro, tanto ruin, nacidos para el hurgón y la esportilla, que están ahí bajo el solio con nombre de presidentes, ministros y generales? ¿Dónde los hechos estupendos, las proezas, las virtudes de esos bribones que en casi toda la tierra tienen monopolizados tesoros, placeres y alegrías, en tanto que los buenos, los inteligentes, los activos, los virtuosos, los amigos del género humano, trabajando sin cesar por el bien común, las luces y la libertad, se ven obligados a remojar sus propias manos con sus lágrimas y comérselas a medianoche? Veo allí un hombre sentado en lugar eminente, con cara de señor de un pueblo y dueño de una vasta porción de territorio: el cielo de terciopelo carmesí que le da sombra, los almohadones en que asienta sus pies rústicos, las lámparas que alumbran la sala indican que ese se halla bajo el solio: es presidente de una república, tiene facultades omnímodas, y puede hacer, en bien o en mal, lo que se le antoje. Su cara es grosera; sus ojos bestiales se están ofreciendo para que leamos en ellos vicios e ignorancia; su cerviz formidable gravita sobre ese rostro de animal hecho magistrado. Este como hipopótamo de carne humana no sabe leer ni escribir, no tiene idea del mérito; el bien y el mal no son nada sino con relación a su propia conveniencia: Estado, gobierno, leyes, cosas para él de significación ninguna; acciones, no sino malas en su vida; antecedentes, infames; esperanzas, para su patria la ruina; para él, el cadalso. Sirvió de esbirro, de verdugo a otro tirano; vivió del tablaje[3] y la estafa; ni pundonor como soldado, ni hazañas de valiente: pereza y ociosidad, subiendo y bajando por ese cuerpo desmedido, le tienen a mediodía en el lecho, dormida el alma a las sensaciones y los cuidados del ser inteligente. Jamás ha movido un dedo para agenciarse el pan como

---

3   [«tableje» en el original (N. del E.)]

hombre de bien; pan y vino, sobre tarja, y que le busquen en Ginebra. Inútil para todos, sus ruines propensiones y sus malas obras le vuelven perjudicial para sus semejantes, tanto más cuanto que de continuo se halla fuera de sí con el recargo de licores incendiarios que le embrutecen y enfurecen más y más. Este perverso sin luces, este ignorante sin virtudes, que si algo merece es la escoba o la horca, se está muy formal entre cortinas de damasco, llamándose dictador y disponiendo de vidas y haciendas.

Mirad allí ese rico que ve para abajo a los demás. Su casa es un palacio: el cedro oloroso, el ébano, labrados de mano maestra, componen su mobiliario. La seda anda rodando: alcatifas primorosas ofrecen bellos colores a los ojos, suavidad a las plantas de su dueño: dorados bronces, porcelanas de Sèvres, elegantes candelabros son adorno de sus rinconeras; y una araña de cien luces, suspendida en el cenit del grandioso aposento, está llamando los ojos a su cadena de oro y a la turbamulta de iris infantiles que van y vienen entre los prismas resonantes. ¡Pues la mesa de este gran señor! Los dos reinos son sus tributarios; la perdiz provocativa, el pichón delicado, el capón suculento, allí están a su albedrío, haciendo requiebros a su paladar esquilimoso. Ni por lejano el mar deja de ofrecerle sus productos: el rico gusta de peces finos: el salmón, hele allí alto y esponjado incitando el apetito con sus gordos filamentos. La tortuga, presente; en sopa real entrega al ansia del regalón acaudalado sus sabrosas entrañas. La anguila, no subsiste: ¿quién puede pasar sin ese artículo singular, esperanza del hambre rica, satisfacción de cultos comedores? Ahora tú, reino vegetal, ven y pon en el festín tus hongos, tus trufas, tus espárragos, tus coliflores, tus berzas diferentes, y no escatimes ni la raíz profunda, ni el grano en leche de que tanto gustan príncipes y potentados.

Por los bosques de Fontainebleau anda saltando alegre de árbol en árbol el faisán, libre y feliz en sus amores. Su esposa, su amiga, en la frondosidad de un haya se está en el nido, y entre sus alas sus polluelos, bebiendo la vida en el corazón que les reparte calor a todos. El macho los contempla pensativo sobre una rama próxima, y vive en el amor de su hembra y el cariño de sus hijos. Un estallido se difunde por el bosque: derramado en todas direcciones, se va como un trueno deshecho; el pájaro amante yace en tierra, las alas en cruz, el pescuezo torcido, la sangre chorreando por las fauces. Al otro día esta pieza será el plato principal de la comida del señor marqués o el señor duque. ¡Lástima que el águila real del Cáucaso no sea de comer, y dos veces desgraciado el rico en que naturaleza no haya destinado el león del Asia para sus antojos y sus gulas! Ahora pues, ¿este gran señor labró su riqueza con el sudor de su frente? ¿Empuñó la esteva, borneó el hacha en el profundo monte? No; ni corrió los mares desafiando las tempestades, ni fue a la guerra y dio grandes hazañas por cuantiosos estipendios. La inteligencia, no la beneficia; el vigor natural, no lo ejercita: no compra ni vende para comer, no arrima el hombro al trabajo a ninguna hora: heredó el inepto, y en la herencia funda su orgullo; o robó el miserable, y en el crimen finca su gloria.

Un anciano está bajando a tientas por un cerro de Ática, apoyado en un bordón: paso entre paso, en una hora no ha descendido diez toesas. Cada guijo un tropezón, cada hoyo una caída. Ni un perro le guía al infelice, porque es ciego tan desgraciado que el lazarillo fuera en él boato reprensible. Por dicha le importa poco que el Sol se ponga: oriente y occidente, mañana y tarde, día y noche, todo es lo mismo para él; sus ojos duermen a la luz, y él anda por el mundo a tienta-paredes, hijo de las sombras, cuyo seno conmueve con dolorosos suspiros. Llegó por fin a la ciudad: palpando las murallas, cerca de una tienda, supo que estaba donde oídos humanos pudieran reconocer la presencia de un hambriento, sediento y desnudo, y levantó la voz, cantó un fragmento de poema. «¡El ciego, —exclaman adentro—, el ciego de la montaña ha venido! Pide pan en nombre de sus héroes; démoselo en nombre de los dioses: Homero es una bendición en todas partes». Y una mujer caritativa sale, toma al viejo, le entra en su tienda, le da de comer y le abriga con sus propias mantas. Al otro día el ciego besó la mano a su bienhechora, se despidió y se fue a cantar a otra puerta y pedir caridad en otra parte. Había trabajado cuando mozo: fue mercader, corrió mares, visitó puertos: el ciego había sudado la santa gota de la actividad humana, buscando la vida, combatiendo a la muerte, ganando terreno sobre la miseria: fuerza intelectual, fuerza moral, fuerza física estuvieron en continuo movimiento en esa persona dotada de todas las fuerzas; y sin embargo la desgracia, andando sobre el, bien como tigre que se aferra sobre el elefante, le siguió y le devoró sin consumirlo muchos años. Ese antiguo estaba en la última vida, como Job: por la inteligencia, la sensibilidad la virtud y las desgracias, iba a entrar en la categoría de los entes superiores, después de haber vivido siglos en mil formas. ¿Quién negará el influjo de una divinidad recóndita sobre ciertos individuos providenciales? Ni el talento, ni la habilidad, ni el trabajo pueden nada contra su suerte; suerte negra, en cuyos laboratorios no se destilan sino lágrimas para los predilectos de la naturaleza, y vino de Chipre y ambrosía para los hijos de la fortuna.

En un barrio oscuro de Londres, casi fuera de la ciudad, vivía bajo humilde techo un hombre de años en un cuartito mezquino en casa ajena. Este hombre, viejo y ciego, como el anterior, no contaba con más arbitrios que los escasos dineros que sacaba de sus versos vendidos por sus hijas. Su mujer se cansó de él; sus hijas mismas le hicieron traición, en cierto modo. Lloraba el viejo, porque era desgraciado: el pan, mal seguro, no de cada día; vino, nunca por sus manteles. En cuanto a la luz artificial, importábale poco, puesto que ni la veía, ni sabía si estaba o no ardiendo en su aposento. Llegó a tener hambre el mísero: devorola santamente en memoria de lo que en otro tiempo se había satisfecho. Porque éste sí, para ser ciego, había visto más que todos; para carecer de lo necesario, había nadado en lo superfluo; para ser desconocido y triste, había brillado en la corte al lado de un poderoso. Ahora, no solamente se come las manos, sino también huye de sus semejantes: sus compatriotas no pueden oír su nombre sin dejarse arrebatar de la venganza; y si supieran que está vivo, no le fuera bien contado, pues de debajo de las piedras le sacaran. Este mendigo ha sido ministro poderoso de un gran tirano, ha encubierto malas obras, ha sufrido se derrame sangre, sangre de reyes. El ciego oculto en una callejuela de Londres, el muerto de hambre, el zarrapastrón, es Milton, ministro de Oliverio Cromwell. Cuando perteneció en cuerpo y alma a la política; cuando fue malo, cómplice de un regicida, opresor de su patria, las riquezas le asediaron, los bienes del mundo le abrumaron: triunfos y placeres, suyos fueron: llamándose feliz, anduvo el cuello erguido, los ojos insolentes. Hoy que no es el hombre de la sangre, sino el de las lágrimas: no el de la ambición, sino el de la abnegación; no el del orgullo, sino el de la modestia; no el del crimen, sino el de las virtudes, los bienes de fortuna han huido de él cacareando como aves espantadas. Riqueza y virtud implica: hambre, dolores, ayes agudos, con rostros de ángeles enemigos o demonios propicios, forman la cariátide sobre la cual está sentada la suerte de los grandes hombres. Milton, ministro de Cromwell, fue rico y feliz: Milton, poeta del *Paraíso Perdido*, fue menesteroso y esencialmente desgraciado. No hay duda en que un Genio invisible va guiando hacia la gloria por entre abrojos y cardos a los hijos distinguidos de la naturaleza.

En una carrera aristocrática de París vivía de igual modo hasta ayer otro hombre, dueño de un palacio suntuosísimo. El viajero que andando del parque de Monceau al Arco de la Estrella ha pasado por la *Alameda Friedland*, ha visto, sin duda, una como morada real de piedra viva y dorados capiteles. El oro, la pedrería fina ruedan a destajo en esa mansión de príncipes. Lacayos de librea, con ancha franja amarilla en el sombrero negro, están para saltar al pescante de la carroza que va a salir al poder de cuatro caballos árabes. No esperan sino al amo. Hele allí: baja ya las gradas de mármol: su rostro viene ardiendo en un bermejor que no es de la naturaleza: gruesos diamantes al pecho en forma de botones: un carbunclo, envidia de reinas, está fulgurando en el meñique del príncipe o señor. Viejo parece éste a pesar de la juventud facticia del afeite. Su mirada contiene un mundo de desprecio por el género humano: es millonario de sangre real; sus semejantes no son semejantes suyos; los aborrece o los desdeña. Bajó, sube al dorado coche, el látigo chasquea, los nobles corceles toman sublime trote, devoran la distancia, y luego comparece la real carroza en las encrucijadas del Bosque de Boloña, donde está hirviendo la nobleza de Francia. Ese príncipe que tiene entrambos pies en la cúspide de la prosperidad humana por lo que toca a las comodidades, las riquezas, los honores, ¿será por ventura hombre de mérito que ha llegado a ese punto por sus obras? No: es un maniático, medio loco y medio idiota; vive y ha vivido siempre hundido en los vicios; carece de inteligencia, y no le envalentona siquiera el brío fementido de la soberbia. Nada ha hecho en su favor: ni ha pensado, ni ha trabajado, ni ha deseado cosa ninguna, y todo lo tiene y todo le sobra, y con su esplendor insulta la modestia de los hombres de virtudes.[4] He aquí otra prueba viviente del principio sentado en mala hora por el seudo filósofo: «Todo hombre es

---

4   El personaje a que aludimos aquí es el duque de Brunswick, como bien le reconocerán en los toques de su fisonomía los que de él tengan noticia. Nosotros le hemos visto así como le delineamos. (N. del A.)

autor de su propia fortuna»; principio que trae consigo una torpe falsedad y una calumnia a los desgraciados ilustres que no han perdido una hora de la vida ni se han dado punto de reposo, trabajando en la obra de los buenos, que es la civilización y la felicidad del género humano. Difícil sería para cualquiera aducir pruebas de que una divinidad oculta persigue incesantemente a los hombres que prevalecen por la inteligencia y la sensibilidad; y trayendo la proposición al campo del raciocinio, vendríamos a parar en que las desgracias anexas a esos individuos vienen a ser naturales, por cuanto en lo menos que ellos piensan es en su comodidad, y no se van desalados tras los bienes de fortuna, debajo de cuyo imperio militan los hombres vulgares, los ruines, los egoístas, y toda esa caterva que compone el globo despreciable de las ciudades y las naciones. Y todavía, ante el cuadro lastimoso de poetas, filósofos, inventores de las cosas, descubridores de mundos, grandes escritores, políticos eminentes, héroes de la virtud que se van a la eternidad oprimidos por el hambre, rendidos de fatiga, acoceados por sus semejantes, empapados, en sus propias lágrimas, no habrá quien nos quite del corazón que un misterio inescrutable se está desenvolviendo en ellos desde el principio del mundo; misterio que vendrá por ventura a sernos revelado el último día de los tiempos, cuando las tinieblas vuelen rotas a la nada, y el cielo abierto nos inunde en luz nueva y nos harte de verdad. Entonces admirados diremos: «Esto había sido», y nos postraremos ante el Dueño de los secretos humanos y divinos, y levantaremos a Él los ojos y exclamaremos: «¡Señor, tu obra es buena! ¡Señor, tu obra es perfecta! ¡Señor, tu obra es santa!».

Las naciones ofrecen todas ejemplares de esta guerra del mundo a los hombres que son honra y gloria de su especie: no hay una de la cual no pudiéramos decir lo que de Irlanda: *Hibernia semper incuriosa suorum*. El escándalo que ha dado Portugal dejando pedir limosna y morir de hambre al mayor de sus hijos, lo ha dado Inglaterra en Milton, Alemania en Weber y en Mozart, Francia en Molière, Italia en Dante, España en Colón y en Cervantes. Las que no han erigido estatuas a sus varones ínclitos, las erigirán luego; mas yo tengo para mí que ni la diadema de laurel que ciñe la frente de los bustos del Alighieri, ni el fulgor que despiden los retratos de Camoens, ni el bronce que condecora la ciudad de Madrid representando a Miguel de Cervantes, les van a saciar en la eternidad las hambres que padecieron, aliviar los dolores que sufrieron, ni enjugar las lágrimas que derramaron. Cosa es que le hace a uno erizar se los cabellos y correrle por las carnes un fatídico hormiguillo ver a Cristóbal Colón padecer y gemir en triste abandono, tendido en la oscuridad en un rincón de Valladolid. El monarca estaba al corriente de la situación del gran descubridor; los españoles sabían del modo que estaba agonizando el dueño de un mundo; y Colón se moría sin auxilio humano, si bien el divino, hombre predestinado al fin para la gloria, no podía faltarle. Expiró. Tan luego como el gobierno de su majestad supo que el Almirante había fallecido, se colocó sobre la envidia y la indolencia, y allí fueron los decretos reales para engrandecer y en noblecer al difunto; allí las exequias de príncipe; allí la admiración escandalosa; allí el dolor resonando en llanto sublime del uno al otro extremo de la monarquía. El que acababa de morir cual un mendigo, nacía para la grandeza en ese instante: ese cadáver cubierto de harapos, insepulto, caliente aún, es augusto como cuerpo de rey. El día que murió Colón nació para los pueblos civilizados, la gratitud le reconoció y el amor le empezó a mecer en cuna de oro. El día de su muerte nacen los hombres verdaderamente grandes. El mayor de los griegos, herido en el campo de batalla, teme arrancarse el acero que tiene clavado en el corazón, hasta que no sabe el éxito de la jornada; y como sus compañeros de armas acudiesen a el apellidando victoria, y luego al verle rompiesen a llorar perdidos: «¡Tebanos!, —les dice el héroe expirante—, vuestro general no ha muerto; al contrario, hoy, hoy, este día tan glorioso es cuando nace Epaminondas». Se arranca la espada del costado y muere. El día de su muerte nacía Epaminondas; el día de su muerte nació Cristóbal Colón; el día de su muerte nacen todos los hombres para quienes vivir es morir trabajando al yunque de la gloria.

En las naciones para las cuales caridad es parte de la sabiduría, y no se tienen por cultas si no practican las obras de misericordia, los ciegos tienen hospicios donde las comodidades rayan en lujo; los tullidos no hacen sino alargar el brazo para tomar el pan y el vino; los paralíticos reposan en suaves lechos y por medio de máquinas ingeniosas vacan a todos los movimientos necesarios; los sordomudos se crían, se educan, aprenden a *oír y hablar* por medio de inventos maravillosos, imaginados con amor ardiente por los filántropos; los niños desvalidos tienen socorro, los expósitos hallan madre; las malas mujeres, ¡hasta ellas!, pueden refugiarse en un palacio, cansadas del vicio, atraídas por el aliento de la virtud. Los inválidos son dueños de alcázares faustosos: allí tiene cada uno su cómoda celda, su pegujalito donde toma el Sol y siembra su repollo; el refectorio, aseado, abundante; la cama limpia, los claustros o corredores alegres, con luz de Sol mañana y tarde. Solo para los sabios, los filósofos, los poetas, los varones perilustres no han levantado hasta ahora en ninguna parte un asilo conveniente, y muy dichoso ha de ser Luis Camoens si halla una tarima en el hospital de mendigos. Edgardo Poe, el joven inspirado, el gran poeta de los Estados Unidos del Norte, se andaba hasta ahora poco arrastrando por calles y tabernas, cubierto de lodo, tristemente feo y despreciable; y ese cuerpo de borracho había sido santuario de las Musas. Andrés Chénier no se escapó del hospicio o de la esquina de la calle, sino gracias al patíbulo que le recogió a tiempo. Cuando este amable ingenio se daba de calabazadas contra las paredes de su calabozo exclamando: «¡Lástima!, algo hay aquí en esta cabeza», no sabía que lo que le iba a tomar el verdugo le hubiera tomado la miseria; o más bien, lo supo, porque a fuero de apasionado a las letras humanas, Minerva le había ya ungido con el aceite mágico que confiere órdenes de gloria con imposiciones de hambre y harapos. Beker, el Tirteo de la Germania amenazada, fue infeliz hasta el último suspiro. Gilbert padeció cuanto alcanzan a padecer seres humanos. Hoffmann, gotoso, llagado el cuerpo, mortalmente dolorido, se hace arrastrar a la ventana para ver desfilar a sus ojos la comparsa de la comedia universal. Éste al fin no fue tan desdichado: en medio de sus enfermedades incurables, sus dolores intensos, sus privaciones, le queda un bien: su esposa no le abandona ni le asquea; al contrario, santamente enamorada, vierte sobre las úlceras de su corazón el bálsamo de sus lágrimas, al tiempo que suaviza con benéficas unturas las dolorosas escoriaciones de sus miembros. Feliz mil veces el que puede decir: «Mi mujer», y descansar en su seno, y morir en sus brazos, oyéndola pronunciar juntamente el nombre de Dios y el de su marido, envueltos en lágrimas que el ángel de la guarda está recogiendo en ánfora invisible.

Capítulo IX

Don Manuel de la Revilla, escritor contemporáneo de los más notables de la Península, se ha empeñado en quitarle a Cervantes la joya más preciosa de su diadema negándole en mala hora la miseria y las desgracias, por sincerar a su patria de la nota de egoísta e indolente. ¿No sabe don Manuel que no hay verdadera gloria sin desgracia, y que el infortunio es el hoplita descubridor que les va abriendo el campo a los varones ínclitos?

> *Oui, la glorie t'attend: mais arrête et contemple*
> *A quel prix on pénètre en ces parvis sacrés:*
> *Vois, l'Infortune assise à la porte du temple*
> *En garde les degrés.*

El infortunio, sí, señor, el infortunio es el dragón que cuida las manzanas de oro en el jardín de las Hespérides: el que de sea apoderarse de ellas a todo trance, ha de pelear con ese monstruo y vencerle en singular batalla; y puesto que le venza, no ha de salir sino chorreando sangre el cuerpo, el corazón herido, el alma ensayada al fuego. Terrible es esa aventura: los cruzados que fueron en busca de Reinaldo pasaron por entre los demonios que guardaban la mansión encantada de Armida en forma de grifos, tigres y serpientes, apartándolos y enmudeciéndolos con la varilla de virtudes: contra los custodios de la gloria, esta manzana de oro cuyas entrañas abrigan sabores y placeres inmortales, no hay varilla de virtudes. Esos monstruos no huyen; se les van encima a los atrevidos, y se les comen el alma, rompiéndoles el cuerpo con uñas envenenadas. Terrible es esa aventura: para acometerla, el caballero ha de ser de los más famosos andantes, de esos que, armados de todas armas, van sobre el endriago y le cortan la cabeza, dejando allí los vestidos y la mitad de su sangre. Don Manuel de la Revilla nos recuerda que el duque de Béjar y el conde de Lemos fueron caritativos para con Cervantes, y que éste no padeció las necesidades que nuestro siglo acostumbra echar sobre la nación hispana como otros tantos cargos de mezquindad y egoísmo. ¡El duque de Béjar! ¿Ese grande de España que con sus dádivas no consiguió sino labrar el olvido del agraciado? ¡Cómo daría, cuánto daría el pobre duque, cuando su nombre ni más volvió a salir de los labios de Cervantes desde que éste hubo recibido su limosna! O la dio como suelen dar los soberbios, despreciando y alabándose, o fue tan cicatero, que lejos de infundir gratitud en el pecho del hambriento, infundió desprecio; pero desprecio humano y generoso, de esos que se duermen y quedan muertos en el silencio.

Clemencín da mucho a entender y deja al lector mucho que adivinar con sus cultas reticencias, tocante a la frialdad del más agradecido de los hombres para con el señor duque protector. El conde de Lemos sí, más constante y bien intencionado; pero generoso, ni él. ¿Cómo sucede que estos ricos, estos botarates que echan por la ventana 20.000 duros en una noche de luminarias o en un festín de quinientos platos; cómo sucede, repetimos, que estos que tienen para hartar de ficédula, pitirrojo, alondra y ave del paraíso, asentados con brazos de mar de Tokay y Roederer, a sus reyes, sus parientes, sus camaradas, sus amigos tan opulentos como ellos, no dan a un pobre ilustre de una vez para toda la vida, o cuando menos para algunos años, y no que le obligan a estar volviendo a sus umbrales y llamando a sus puertas cada día? El conde de Lemos alcanza nuestra gratitud por los beneficios que hizo a Cervantes y en él al género humano; pero si tomando el quinto de su renta anual le hubiera asegurado su fortuna con una casita de campo, una heredad donde el hombre de ingenio hubiera ido a sepultarse, tranquilo respecto del pan de cada día, a la gratitud hubiéramos agregado la admiración, y tendríamos placer en llamarle Augusto al señor conde, siquier Mecenas, protectores apasionados del talento y las virtudes.

El embajador de Francia mostró una ocasión viva sorpresa en Madrid de ver que hombre como Cervantes no estuviese aposentado en un palacio y servido como príncipe a costa del Gobierno. Esto nos reduce a la memoria la hermosa fundación de los atenienses llamada Pritaneo, donde los ciudadanos que habían merecido bien de la patria por la inteligencia, la sabiduría, el heroísmo, las virtudes extraordinarias, se recogían a vivir a expensas de la República, la cual no escatimaba ni el tesoro común, ni los miramientos debidos a tan singulares personajes. Logista Cario, llegando a tiempo a la buhardilla de la ciudad de Burdeos para que Inarco Celenio no fuese a la cárcel, le está preguntando con tristeza al señor de la Revilla ¿si no pudiéramos decir hoy como en tiempo de Cervantes: *Iberia semper incuriosa suorum*? Hubo extranjeros que pasaron a España sin más objeto que conocer a tan egregio varón; y muchas veces se llenaron de asombro al ver la inopia en que se estaba consumiendo ese grande hombre. ¿No estaría Cervantes tan bien en su patria, cuando se insinuó con los Argensolas para que le llevasen consigo a Nápoles? Éstos, menos hidalgos que poetas, se lo ofrecieron, y burlaron, su esperanza con el olvido. Desengaños, amarguras a cada paso en el autor del *Quijote*. Don Manuel de la Revilla cumple con su deber cuando intenta salvar a España salvando a Cervantes; pero el defecto de armadura está allí, y bien a la vista. Más decimos: los españoles no han conocido el mérito, o más bien todo el mérito de su gran compatriota, sino cuando éste, dando golpes en su tumba desde adentro, ha llamado la atención del mundo con un ruido sordo y persistente. Y aun así, no son los españoles los primeros que le han oído, sino ciertos insulares cosmopolitas para quienes son patria propia las naciones donde descuellan grandemente la inteligencia y el saber humano. Los ingleses, con su admiración alharaquienta por Cervantes, sus traducciones del *Quijote*, sus comentarios, le han sacado a la luz del día y le han puesto al autor entre Homero, Platón, Virgilio, Tácito y los autores más esclarecidos de todos los tiempos, y su obra entre la *Ilíada*, la *Lusiada*, la *Divina Comedia*, el *Decamerón*, el *Orlando Furioso* y más obras que acostumbramos llamar clásicas y maestras. España descuenta hoy día con el amor y los honores el olvido y los ultrajes que devoró Cervantes en la tierra; y tan alto el precio en que tiene a su grande hombre, que no le sería bien contado al que hoy saliese volviéndose notable con la menor ofensa a su memoria. Nosotros, gracias a Dios, hemos respetado siempre a ese rey de la pluma; y tanto le hemos compadecido por lo infeliz, que nunca hemos contemplado en su suerte sin sentir húmedos los ojos. En cuanto a volver por él, ni tenemos contra quién ahora, ni nuestras fuerzas serían para entrar en tan grandiosa estacada. Con todo, si acudieren caballeros aventureros que nos repartan el Sol, aquí estamos los mantenedores, no como el doncel de don Enrique, puesto el encaje, sino el rostro descubierto, para que se vea si el semibárbaro de América es paladín leal ni tiene miedo.

Capítulo X

Hay un español para quien los defectos mismos de Cervantes son perfecciones dignas de imitación, y sus errores axiomas y reglas del lenguaje más cumplido. Garcés, en sus *Fundamentos* del vigor y la elegancia de la lengua castellana, obra de mérito incuestionable, pone de muestras lugares del *Quijote* que harto dan a conocer que el autor no tuvo gran cuenta con la tersura y pulidez requeridas siempre por las obras de tomo. Virgilio impuso a sus testamentarios Tuca y Vario la obligación de echar al fuego la *Eneida*, porque no la había traído al cepillo tantas veces cuantas él quisiera: Cervantes no leyó ni una sola su manuscrito, y así lo dio a la estampa, lleno de lunares, como todo el mundo sabe. El autor de los *Fundamentos* arriba mencionados es un peripatético antiguo, de esos que se hubieran dejado moler en un pilón antes que entrar en cuentas con el maestro. Pero el *magister dixit* no es razón, y los votos pedarios no resuelven los grandes asuntos de interés general y perpetua trascendencia. Ni el respeto debido a la autoridad de Cervantes, ni el peligro de caer en vanistorio han sido bastantes para que nos abstengamos de hacer una tácita censura de ciertos pasajes donde flaquea ese gran entendimiento, donde verosimilitud y decoro están brillando por la ausencia. Decimos tácita censura, porque nunca nuestra osadía hubiera acometido la obra de corregir de manera didáctica los que a nosotros nos parecen defectos, en un corazón, eso sí, con los críticos más autorizados de España y otras naciones. Si Homero mismo cae en esa pesada soñolencia de que habla Horacio, *quandoque bonus dormitat Homerus*, ¿qué mucho que otro cualquiera, por despierto que ande a las prescripciones del arte y las advertencias del buen gusto, rinda la cabeza a esa deidad indolente que suele nacer de la fatiga y el descuido?

En mala hora el triste Avellaneda fue a tomarle en el camino a don Quijote, y le llevó a las justas de Zaragoza, cumpliendo con el programa de Cervantes: si esto no sucede, el caballero andante, en manos de su legítimo conductor, va allá, y en teatro más adecuado para su índole y su profesión, sigue desenvolviendo su gran carácter de paladín esforzado e invencible caballero. Allí, en la estacada, su gentil persona está como en su centro: a las justas de Zaragoza concurren, suponemos, Beltrán Duguesclin, Pierre de Brecemont, Miser Jaques de Lalain, el señor de Bouropag, Juan de Merlo, don Fernando Guevara, Suero de Quiñones y otros muchos aventureros de las naciones caballerescas. Don Quijote de la Mancha se afirma sobre los estribos, requiere su buena lanza, y ora venid juntos, ora venid solos, da sobre ellos, andando tan brioso y activo Rocinante, que no parece sino que le han nacido alas a posta para esa aventura. Concluida la batalla, las princesas y señoras de alta guisa que están en sus tablados de colgaduras de terciopelo, baten palmas exclamando: «¡Honra y prez a la flor y nata de los andantes caballeros! Bien venido sea a estos reinos el desfacedor de agravios, enderezador de tuertos, sombra y arrimo de doncellas menesterosas!». Y luego oye el vencedor un suspiro largo y apasionado, y se encuentran los suyos con unos ojos negros que le están devorando, y viene una dueña y a furto le dice: «Señor don Quijote, lléguese a ese palacio, si es servido, que mi señora la princesa Lindabrides quisiera comunicar con su gallardía cuatro razones». Pero no, nada de esto que es tan propio de don Quijote; sino que ¡el miserable Avellaneda le coge y le hace dar de azotes en la cárcel! ¡Azotes a don Quijote de la Mancha, el carácter más elevado, el loco más respetable por la virtud, el más honesto y digno de cuantos son los hombres! Ese don Quijote preso, con sentencia de azotes sobre sí, la pena de los infames, ¿para qué sirve ya? Después de los azotes, Jesús mismo no tiene sino morir: ni desdicha, ni vilipendio, ni dolor como ese en el mundo: el que los lleva cúrese con la muerte del género humano, o sucumba: el sepulcro únicamente puede serle disculpa a la opinión de los hombres. *Me acomodaron con ciento*, decían los ladrones descarados, cuando se usaba ese horrible castigo.

«A espaldas vueltas me dieron
el usado centenar»,

dice otro pícaro sin vergüenza. ¡Y la pena de los rufianes, los alcahuetes y los pillos al dechado del pundonor y la hidalguía, a don Quijote de la Mancha! Si un vecino compasivo no le salva, azotan a don Quijote, y el menguado Avellaneda está triunfante.

Addison ideó un carácter en el cual concurriesen todas las virtudes filosóficas y morales, y lo encarnó en la persona de sir Roger de Coverley, la cual triunfa en el *Espectador de la Gran Bretaña*, ni más ni menos que *un buen hombre Ricardo* de Benjamín Franklin. Sir Roger es bueno, pacífico, sufrido; sir Roger es amable, ameno, abunda en instrucción y buen juicio; sir Roger profesa la tolerancia, mira con benevolencia al prójimo, perdona agravios y no los irroga jamás. Girando en la órbita de la modestia, sir Roger expone ideas elevadas, practica las buenas obras, sus costumbres son irreprensibles. Sir Roger es el timbre de Addison, quien le eleva y purifica más y más en cada número de su insigne periódico. Con justicia aborrecemos nosotros los colaboradores: Addison tuvo un colaborador, en hora menguada. De repente, un día aciago, sin que su amigo, protector y padre tuviese noticia de su desgracia, sir Roger comparece en una taberna, alzando el codo, cosa que nunca había hecho, en una escena vergonzosa entre mujeres de mal vivir. *El espectador* genuino, el austero Addison, estuvo en un tris de caerse muerto cuando le vio: aturdido, desesperado, entra a su casa y le mata a sir Roger de Coverley. Al otro día, en el número siguiente, el pobre sir amaneció muerto. Todos sintieron y todos aplaudieron: un gran carácter envilecido de repente debe morir. Steele, el colaborador de Addison, cometió un abuso de confianza: sir Roger no era suyo: si tuvo necesidad de un hombre bajo, ¿por qué no fue a buscarle entre los mandilejos de la hampa? No de otro modo Alonso Fernández de Avellaneda ha tomado a don Quijote de la Mancha, le ha metido en la cárcel entre carlancones y delincuentes, y le ha condenado a pena de azotes. ¡Azotes a don Quijote de la Mancha, caballero de los Leones, emulo de Amadís de Gaula, amante de la sin par Dulcinea, que mañana tendrá dos o tres coronas con que premiar a sus escuderos!

En esto finca justamente nuestra queja más amarga contra Miguel de Cervantes: quejas, también de él, con ser quien es, las tenemos. Alonso Fernández de Avellaneda le lleva a las justas de Zaragoza al invencible don Quijote, y lejos de hacerle justar y romper lanzas con el señor de Charni o con Diego Pimentel, le hace consumar mil necias locuras en la calle, para que le arrastren a la cárcel y le den de azotes. Cervantes, que si no mató al hijo de su imaginación cuando le vio infamado, debió haberle hecho comparecer más alto y garboso en el escenario de la caballería, endereza su camino a Cataluña, y con un cartel infamante a la espalda, le hace dar vueltas por las calles de Barcelona, seguido de un tropel de muchachos burladores, de canalla soez y pícaros, que empiezan a echarle cohombros y cortezas de naranja. Para colmo de absurdo y negadez, allí está don Antonio Moreno, su huésped, exponiéndole a la mofa de la ciudad y los insultos de los rufianes; don Antonio Moreno, hombre de bien y de chapa, según nos le da a conocer Cervantes mismo. Los azotes con el cartel, allá se van: el uno se hundió, pero el otro también cayó. Esta escena del *Quijote*, sin propiedad, porque no es caballeresca; sin decoro, porque las virtudes del héroe están escarnecidas; sin gracejo, por insulsa, es el tributo que los grandes escritores suelen pagar al mal gusto y el error. El paso de don Quijote en las calles de Barcelona con un cartel infamatorio en la espalda es la burla de Milton en su poema, esa gran majadería donde los demonios se están riendo de los ángeles y haciéndoles fuego de cañón: es Childe Harold cuando se da cordelejo con los trascantones y palanquines de Newgate.

«Solo en Virgilio, el más puro, más atinado de los autores, no hay —dicen— ni un solo pasaje indecoroso. Y vaya esta excepción, por ser la única, en abono de Cervantes. ¡Oh, y cómo don Quijote no hubiera pensado jamás en ir a Barcelona! Los caballeros andantes lo son, cabalmente porque corren el mundo en busca de las aventuras; aventuras que los están esperando por encrucijadas y despoblados, no por ciudades curiosas y nada fantásticas. Princesas a la grupa de caballeros moros, gigantes desemejables, endriagos y vestiglos, malandrines y follones, en los caminos y las sierras. Palacios encantados, ciudadelas de honda cava y ancho foso, castillos de torres de plata, enanos, atalayas, encantadores, mágicos, ¿en dónde sino en los Pirineos? O váyase a Damiata el aventurero; allí puede cortarle la cabeza al perverso nigromante descaminador y despoblador de las embocaduras del Nilo. Los ejércitos de Alifanfarón de Trapobana y Pentapolín del arremangado brazo, ¿se les encuentra en la esquina de la calle por ventura, entre los regatones que van gritando: «¡Albillo como el agua!, ¡besugo!, besugo»? Todo eso es aventura, y aventura no ocurre donde el policía anda arrastrando el sable, sino donde un loco gracioso puede embestir a mansalva con cuanto vizcaíno y cuanto fraile encuentra por esos mundos de Dios. Don Quijote en Barcelona es un eclipse lamentable: Sancho Panza ha casi desaparecido, y es lástima. Pues el sarao..., ¡qué sarao! Señoras de rumbo, cuales deben ser las que componen estas fiestas, en casas tan principales como la de don Antonio Moreno; niñas en quienes inocencia y delicadeza no pueden ir separadas; hermosas que obligan a la consideración y el respeto con el porte elevado y señoril, no son para burlarse de un pobre loco, así, como gente de escalera abajo, con tanta ordinariez y grosería, y menos cuando el caballero es huésped de la casa, circunstancia que imprime en él carácter de sagrado. En vez de un concurso de reinas y doncellas caballerescas, donde el gran don Quijote hubiera resplandecido por la cortesía, están allí cuatro locas que le toman, le hacen dar vueltas, le pisan, le cansan, le marean, le botan y le dejan arrastrando en tierra. «Caballero andante es una cosa que en dos palabras se ve apaleado y emperador: hoy está la criatura más desdichada del mundo, y mañana tendrá dos o tres coronas que ofrecer a su escudero». Esto sí; mas caballero andante no es utensilio de galopín, ni objeto que está a los pies de los caballos. ¿No sabían, sin duda, las señoras catalanas que caballeros andantes son señores a quienes sirven las Gracias, cuyos pies lavan los Amores con agua de jazmín y rosa?

> «Nunca fuera caballero
> De damas tan bien servido,
> Como fuera Lanzarote
> Cuando de Bretaña vino:
> Princesas curaban de él,
> Doncellas de su rocino».

Los palos, como anexos a los andantes, no los envilecen ya; y como el darlos y el recibirlos viene en ellos vertiendo sal, los admite de buen grado el lector, y aun los echara menos, si faltaran; pero los azotes..., pero el cartel..., pero el baile... *Je veulx qu'ils donnent une nazarde à Plutarque sur son nez*, dice el autor de los *Ensayos, et qu'ils s'eschauldent à injurier Senèque en moi. Il fault musser ma foiblesse soubs ces grands credits*. Sí, que le den un papirotazo a don Juan Bowle en mi nariz, y se abran a la injuria contra don Diego Clemencín, si hay españoles sin ojos para ver, sin oídos para oír. Don Quijote en Barcelona es un salsa de perro, un raya en el agua indigno de la púrpura imperial. Mas ¿qué importa ese montón de tierra en medio del verde bosque donde cantan las aves del paraíso tantas y tan bellas y con tan grata melodía? Mujer fuerte, ¿quién la hallará? Obra sin defecto, ¿dónde estará? El *Quijote*, grandiosa epopeya de costumbres, no pudo haber salido sin ningún desbarro que por el contraste nos hiciese admirar la perfección y gracia de la obra en su conjunto; bien así como el desperfecto fortuito de una cara hermosa está recomendando lo cumplido de las facciones y poniéndonos en el artículo de exclamar: «¡Qué ojos!, ¡qué labios! Sin esa excrecencia impertinente, esa mujer fuera una diosa».

Capítulo XI
Entre los pecados y vicios de las buenas letras, el peor, a los ojos de los humanistas hombres de bien, es, sin duda, el que llamamos plagio o robo de pensamientos y discursos. Crisipo en la antigüedad era maestro tan sin escrúpulo, que tomaba lo suyo donde lo encontraba; y suyo era, en su concepto, lo bueno, lo grande que los filósofos alcanzaban a idear y expresar en la academia, el pórtico o el liceo. Corneille, en nuestros tiempos, ha tomado con admirable franqueza de los autores cuanto ha sido de su gusto y lo ha vendido por original. Ni en el filósofo antiguo ni en el poeta moderno acredita eso pobreza de inteligencia, sino así una como familiaridad y confianza, mediante las cuales los bienes de sus amigos son como suyos, y por tanto buenos para el uso propio.

Había en un plantel de educación superior un estudiante de los más notables por el ingenio, los bienes de fortuna y la posición social de sus señores padres. Rico además, su guardarropa era tan abundante, que bien hubieran podido salir de él de tiros largos todos sus condiscípulos. Pues este gran señor de colegio hacía lo que Crisipo, tomaba lo suyo donde lo encontraba, y suyo era pantalón, capa o sombrero que podía haber a las manos. Y no que fuese guardoso ruin de lo propio, sino al contrario, tan maniabierto, que los pobretes de entre sus camaradas se emperejilaban, acicalaban y componían por la mayor parte a costa suya. Eso de echarse encima el primer mantón que hallaba, y largarse a la calle, era de todos los días; y muchas veces le sucedió coger y ponerse un turumbaco o torre de Francia de un buen viejo catedrático, casado en segundas nupcias y doctor en teología; con lo cual queda dicho que el sombrero, si no del tiempo de la conquista, por lo menos anterior al serenísimo Carlos IV, que Dios tenga en su santa gracia. Acuérdome haberle topado una ocasión en el portal del Arzobispo de la ciudad de Quito, muy puesto en orden con su buen manteo negro, de vueltas peladas y desflecadas, y el susodicho turumbaco o torre de Francia, el cual por lo quebrado del ala parecía sombrero de tres picos. Verle y echarme a reír, todo fue uno. Él iba de prisa, según su costumbre: sin pedirme explicaciones ni echarme el guante, pasó ese como Santo Tomás o San Atanasio, que así me figuro han de haber andado los teólogos de su época. Como entro yo en el colegio, he allí un clérigo que se me llega cojín cojeando y me interroga: «¿No ha visto en alguna parte a ese loco de Vicente? Aquí me tienes que se fue con mi manteo, pensando que era su capa. —El manteo de usía, señor, y el sombrero del doctor Angulo: por allá va».

Las prendas que tomaban Crisipo y Corneille eran, sin duda, más elegantes y valiosas; pues yo supongo que no habrán ido a enriquecer sus obras con arandeles y argamandeles teológicos que los hubieran vuelto ridículos por extremo. Escritores hay tan sin género de aprensión, que ni siquiera se toman la molestia de dar otra forma a las alhajas que saltean; donde otros están haciendo memoria y averiguando consigo mismos si tal idea no pertenece a tal filósofo, si este pensamiento no lo expresó ya ese historiador o poeta. «La verdad es común a todos, —dice uno que se burla de los que le acusan de plagiario: —el que la dice antes, no le quita a nadie el derecho de decirla después». Con la autoridad del viejo gascón, el filósofo de los *Ensayos* ahora poco mencionado, pudiéramos prohijar o repetir ciertas cosas que cuadran con nuestra índole; mas entre el crear y el imitar, entre el tener y el coger, entre el producir y el pedir, la palma se la llevará siempre el ingenio rico y fecundo que halla cosas nuevas, o reviste las conocidas de tal modo que vienen a parecer originales y sorprendentes. *La imaginación no es más que la memoria en forma de otra facultad*: si esta es ocurrencia nuestra o puro recuerdo antiguo y confuso, no lo sabemos; mas como no somos de los que toman *su bien* en donde lo hallan, hemos querido advertirlo en orden a la materia de este capítulo. Pongamos que la idea es de autor antiguo o moderno; ¿quién nos quitaría a nosotros el poder de amplificarla y desenvolverla según el caudal de nuestras facultades? Sí, la imaginación es la memoria, la memoria tergiversada de tal modo, que no se conoce ella misma: imaginación es memoria cuyos mil eslabones rotos y dispersos va tomando la inteligencia y acomodándolos de manera de formar con ellos imágenes nunca vistas, las cuales son anagramas de las vistas y conocidas. No hay figura que no sea un recuerdo o un conjunto de recuerdos: de muchas reminiscencias, la imaginación pergeña un cuadro hermoso y nuevo. Esto nos engolfaría quizá en el sistema de Aristóteles, según el cual nada hay en el entendimiento que no haya pasado por los sentidos. *Nihil est in intellectu quod prius non fuerit in sensu.* Pero las ideas innatas mismo, ¿acaso lo son ni se llaman así porque le ocurren a uno por la primera vez, sin que antes a nadie le hubiesen ocurrido, sino porque, según el sentir de algunos, nacen con el hombre, sin que en ellas tenga parte la enseñanza del mundo, ni las lecciones que le dan al alma la luz, el calor ni los objetos palpables? Puede haber ideas innatas, y esto en ninguna manera da al través con este axioma: «La imaginación no es más que la memoria tomada por partes, y acomodada de cierto modo que viene a parecer facultad distinta». Un hombre privado de memoria, de hecho queda sin imaginación: le faltan los recuerdos, las vagas y lejanas reminiscencias, y no le es dado componer esos conjuntos admirables en que el alma se recrea teniendo debajo de su albedrío a esa esclava activa y pintoresca que llamamos imaginación. El orden y la exactitud en los fenómenos y los acontecimientos constituyen la memoria: imaginación, en cierto modo, es desorden y olvido de la memoria. Un collar de piedras preciosas de diferentes colores artísticamente engarzadas representará la memoria: el diamante cristalino, el rubí que está echando fuego, el zafiro de celestes visos, la verde esmeralda, el ónice apagado, todos con sus significaciones respectivas, darán idea de la memoria, esta rica facultad que si se desquicia un punto, cae desbaratada; y las mismas piezas, sueltas y revueltas en resplandeciente muchedumbre, son elementos de la imaginación. Sin almáciga de ideas, no hay facultad imaginativa; y como sin recuerdos el círculo de ideas sería menguadísimo, resulta que la memoria es el aparador suntuoso donde la imaginación toma lo que necesita para sus portentos, los cuales a su vez van a cebar la fuente donde está bebiendo de día y de noche la inteligencia humana.

Este introito psicológico va encaminado a un hecho, y es dar a saber a nuestros lectores, si nos los depara el cielo, que las escenas de nuestra obrita titulada *Capítulos que se le olvidaron a Cervantes* no son casos ficticios ni ocurrencias no avenidas; mas antes acontecimientos reales y positivos en su totalidad, o convertidos en cuadros completos, gracias a un miembro, un toque, un brochazo que, hiriendo nuestros ojos, se han ido adentro a despertar en el alma el mundo de sensaciones que suele estar pendiente de una reminiscencia entorpecida. Muchas escenas puestas en tono caballeresco son las comunes y diarias, sin otra dificultad para componer de ellas un paso fabuloso, que echarle a la historia cortapisas y arrequives con sabor a antigüedad y caballería. Pocas aventuras o lugares de nuestro libro recordarán otros de Cervantes; ni podía ser de otro modo, su puesto que, como llevamos dicho, las por nosotros referidas son historias pasadas a nuestra vista o de las cuales tenemos conocimiento. Componer un libro original en materia agotada por Cervantes nadie dirá que no es un esfuerzo laudable de la imaginación; pero como nos hemos puesto acordes en que la imaginación no tiene gran parte en la obrita, vendríamos a la necesidad de echar mano por el ingenio, si ya fuésemos tan menguados que achacásemos a él lo que tal vez no llamará la atención de los doctos y seguramente no correrá la gran suerte del libro de Cervantes, don Eugenio Hartzenbusch le dijo a un notable viajero sudamericano:[5] «He leído la obra que usted me presentó. El artículo titulado «Poesía de los moros» es de todo mi gusto. En cuanto al «Capítulo que se le olvidó a Cervantes», le diré a usted que, por bueno que sea, es imitación, y como tal, de menos mérito que las excelentes partes originales que contiene *El cosmopolita*». Don Eugenio, por la cuenta, olvidó el gran caso que la Academia Española y los humanistas han hecho en todo tiempo de lo que ha sonado aun remotamente a Cervantes; los dos capítulos disparatados que un desconocido dio a luz en Alemania vinieron a París haciendo ruido, y merecieron el análisis y el juicio de literatos de cuenta. La continuación de Avellaneda fue semillero de contrapuntos y disquisiciones literarias tan ardorosas, que apenas si han caído las altas llamas que al principio se levantaron de esa hoguera. El *Quijote* de la Cantabria, por del todo necio e insignificante, no ha alcanzado más favor que el inmediato olvido. En cuanto

---

5   El señor don José María Vergara y Vergara, neocolombiano.

a las imitaciones de Guillén de Castro, Calderón de la Barca, Meléndez Valdés y otros autores ilustres, claro se está que el imitar a un gran ingenio no es cosa de tener en poco, una vez que ésos de más de marca arrimaron el hombro a tan dura labor. El toque está en el éxito, lo repetimos: si Guillén de Castro o Meléndez Valdés hubieran salido bien, sus obras hubieran sido de gran mérito; así como un Partenón levantado por otro Fidias, en siendo igual al de este maestro, no alcanzara menos admiración que el primitivo. Si para honra del género humano y gloria de nuestro tiempo naciese en la poética tierra de Urbino un artista que tomase, no el cuerpo solamente, sino también el alma de la Transfiguración, y compusiese una obra tan cumplida como la que hoy es riqueza del Vaticano, ¿sería menos admirable que el prototipo de los pintores? Quien nos componga una Eneida, en nada inferior a la que ya tenemos, le damos por aprovechado. Boyardo y Berni se están paseando fraternalmente por los Campos Elíseos, y Cástor y Pólux no se hacen mala obra el uno al otro. El punto finca en haber ganado el derecho a la media inmortalidad; ventolera de la cual, gracias a Dios, nos hallamos muy apartados.

El caso fue que un tiranuelo de esos que no pueden vivir en donde hay un hombre y llaman enemigos del orden a los campeones de la libertad, nos tomó un día y nos echó a un desierto. No tantos años como Juan Crisóstomo en el Pitio, pero allí vivimos algunos sin trato social, sin distracciones, sin libros; ¡sin libros, señores, sin libros! Si tenéis entrañas, derretíos en lágrimas. Por rehuir el fastidio, o quizá los malos pensamientos, tomamos la pluma y pusimos por escrito en tono cervantino una escena que acababa de ofrecernos el cura del lugar, ignorantón medio loco y aquijotado; y fue que un día recogió los clérigos de esos contornos y las parroquias vecinas, y todos juntos se remontaron a la cresta oriental de los Andes, a horcajadas en sus mulas y machos, en busca de una Purísima que había nacido entre las marañas de la sierra. A la Virgen halláronla en un cepejón, con cara, ojos, boca tan patentes, que allí luego dieron orden de que se erigiese una capilla; y en tanto que llegaban los romeros con *la romería*, vistiéronse ellos de salvajes con musgos, líquenes, hojas, y en horrendas figuras comparecieron en la plaza del pueblo, todos ellos con máscaras extravagantes, gritando que la Virgen había nacido en el monte. Un matasiete que a la sazón se hallaba en el pueblo con una brigada de soldados, tomando a burla las charreteras de lechuga de aquellos fantasmas, monta a caballo lanza en ristre, y sin averiguación ninguna los arremete de tan buena gana, que los que no se encomiendan a los pies caen mal feridos. Nosotros moríamos de risa en nuestra ventana, sintiendo sí que no hubiesen venido a tierra cuatro monigotes más a los golpes de ese invencible caballero. La cosa no era para echada al olvido: y como hubiésemos anteriormente dado a la estampa un escritillo titulado «Capítulo que se le olvidó a Cervantes», el cual fue acogido con aplauso en la América del Sur, quizá porque era un venablo contra el susodicho tiranuelo que harto tenía de Quijote, buscándonos el diablo, describimos la escena; y por aprovecharnos de ciertos estudios que teníamos hechos de la lengua castellana y del ingenioso hidalgo, pasamos adelante, hasta cuando a la vuelta de seis meses los capítulos hechos y derechos eran sesenta; isí, señores, sesenta! De estos, los cincuenta serán escoria: como se nos cuajen los diez, y rueden en el crisol en forma de granos y pepitas relucientes, felices nos estimaremos y ricos además con tan humildes preseas.

    La fábula de Cervantes de nada tiene menos que de original: libro es de caballería, y peste de su tiempo eran los tales. Asunto, estilo, lenguaje, escenas, todo es en el *Quijote* pura imitación de *Amadís de Gaula*, *Don Belianís de Grecia*, *Palmerín de Inglaterra* y más adefesios que eran las delicias del señor don Carlos V y sus fantásticos y aventureros conterráneos. El triunfo de Cervantes fue la sátira boyante, el golpe tan acertado, que la enorme locura de ese siglo, herida en el corazón, quedó muerta, cual toro en la plaza de Valladolid a manos de don Diego Ramírez, o en la de Sevilla a las de don Pedro Ponce de León, de una sola espadada. Exclusivamente el objeto fue propio de Cervantes: lo demás, bien así la esencia como la forma, pura imitación. Y con esa imitación ha pasado a ser uno de los más célebres autores de cuantos son los que componen la república literaria. Ese objeto no era ya para nosotros, puesto que nuestro maestro lo llenó trescientos años ha; y por lo mismo, para ver de conciliar algún interés a nuestro invento, han sido necesarios muchos requisitos, con los cuales no sabemos si hemos cumplido. Llenar todos los números en cualquier materia es perfección; y obra perfecta ni mujer fuerte ¿quién la hallará? Nuestro ánimo ha sido disponer un libro de moral, no un «Pantagruel» para la risa, ni *Le moyen de parvenir* para gula de los sentidos: Rabelais y Richet no aciertan ni a sernos agradables, menos a servirnos de numen. Verdad es que Molière y La Fontaine sabían esos autores de memoria; pero La Fontaine, ese viejo libidinoso que ha poetizado la sensualidad, vistiendo de Musa a la corrupción, ¿puede ser él mismo ejemplo saludable? Cervantes es cristiano, delicado, honesto, y ríe riendo da heridas mortales en los vicios y las preocupaciones de los hombres. El género es el más difícil: haber acometido la empresa es laudable osadía, a buen seguro; llevarla a felice cima no es para nosotros, pues no pensamos que nuestro libro pueda pasar por las picas de Flandes. Si él llegare a caer por aventura en manos de algún culto español, queda advertido este europeo que hemos escrito un *Quijote* para la América española, y de ningún modo para España; ni somos hombre de suposición que nos juzguemos con autoridad de hacerle tal presente, a ella dueña del suyo, ese tan grande y soberbio que se anda coronado por el mundo. Con todo, si vosotros, ¡oh españoles!, ¡oh hijos de nuestros padres!, ¡oh hermanos en religión, lengua y costumbres!, si vosotros llegáredes a ver nuestra obra, a leella, examinalla y juzgalla, sed, no generosos con lo indebido, pero sí benévolos hasta donde lo comporten vuestra gran literatura y la gloria del príncipe de vuestros ingenios! «E en el nueso pecho, que piadoso e amoroso es, meteredes un buen porqué de amor e gratitud», para hablar con el Bachiller Fernán Gómez de Cibdad Real.

Pero Cervantes, argüís, le dejó muerto y enterrado a don Quijote, a fin de que nadie osase tocarle después de él; ¿cómo sucede que nos le presentáis vivo y efectivo, en carne y hueso, después de tantos años como ha que es polvo y nada en las entrañas de la sepultura? ¿Sois acaso Geneo o Mambreo, mágicos, que imitan los milagros de los profetas?, ¿o Abarís, ese brujo sublime que sobre una flecha encantada pasa montes, cruza mares?, ¿o Apolonio, que resucita muertos? —No, señores: ni si quiera don Enrique de Villena o Pedro Balayarde: a don Quijote no le hemos resucitado: no hemos hecho sino seguirle la pista a su conductor; olvido que le sucede, asunto nuestro es. Por esta razón la obrita lleva por título *Capítulos que se le olvidaron a Cervantes*; y limpios nos hallamos de ese grande negro hecho que se llama exhumación. Fáltanos tan solo advertir que los personajes que en ellos hacen figura son todos reales y positivos, tomados de la naturaleza, bien así los en quienes concurren las virtudes, como esos bajos y feos que están brillando por el mal carácter o los vicios. No somos nosotros de los que tienen creído que no conviene aludir a las personas: la ley alude muy bien al delincuente cuando le señala para la horca; el juez cae en una personalidad con sentenciarle, nombrándole una y mil veces. Los perversos, los infames han de pagar la pena de sus obras: díganlo si no emperadores, reyes, papas, tiranos, obispos, curas, malvados grandes y pequeños que Dante Alighieri ha hecho muy bien de poner en el profundo, aun viviendo muchos de los que él encuentra por allá en pleno goce de los suplicios eternos. Miguel Ángel, por su parte, lo menos que hace es ponerles en sus pinturas orejas de burro a los pícaros sus malquerientes. Vayan éstos a quejarse a Su Santidad, y le oirán: «Si Miguel Ángel te pusiera en el purgatorio, de allí te sacara yo a fuerza de sufragios; pero en el infierno, *caro mio, nulla est redemptio*».

Un gran autor moderno ha dicho: «Por poco interés que yo tenga por mí mismo, nunca seré tan menguado que vaya a indisponerme con un hombre de talento, de esos que pudieran transmitir mi fama a la posteridad, concitando contra mí el odio de mis semejantes, o haciendo reír de mi persona al mundo entero».[6] Ese poco interés por sí mismos lo tienen muchos: como adrede molestan, ofenden, persiguen en toda forma a los que pueden ponerlos en los quintos infiernos, o retratarlos con orejas de burro, o hacerlos apalear muy a su sabor con don Quijote. Desahogos ruines, no son nuestros; pero sí hemos castigado maldades en los perversos, vicios en los corrompidos, bajezas en los canallas: difamación, envidia, ridiculez, páganlas allí al punto difamadores, envidiosos y ridículos. ¡Bonitos somos nosotros para dejarlos con el tanto a tanto pícaro, traidor, villano o declaradamente infame como nos han salido al paso en las encrucijadas de la vida! Por dicha, armados de armas defensivas impenetrables, como la verdad, que es cota de malla; la serenidad, que sirve de loriga; la ausencia de miedo, que es morrión grandioso; con nuestra espada al hombro, hemos pasado por entre la muchedumbre enemiga, derribando a un lado y a otro malos caballeros, malandrines y follones. Virtud es el perdón: perdón para los enemigos; crímenes, desvergüenzas, ingratitudes, maldades, al verdugo. Ahórquelas en cuerpo fantástico; mas sepa el delincuente que está ahorcado. Ya es mansedumbre que parte límites con la beatitud no haber transmitido a la

---

6   La Bruyère, *Les Caractères*.

posteridad los nombres de los que con sus acciones han incurrido en esta pena. Atributo de Dios es el perdón; Dios perdona, pero envía el ángel exterminador al campo de sus enemigos, y ¡ay de los malvados!

Capítulo XII
Ensayo o estudio de la lengua castellana tituláramos esta obrita, si tuviéramos convencimiento de haber salido bien en lo de rehuir los vicios con los cuales la corrompe y destruye la galicana moderna, y de habernos aprovechado al propio tiempo de las luces que en el asunto han derramado clásicos escritores, como Capmany, Mayáns, Clemencín, Baralt, Bello y otros maestros bien así españoles como suramericanos. Mas cuando estamos señalando los defectos del vecino y fiscalizando su manera de escribir, no sabemos si nosotros mismos vamos cayendo en otros peores; y así, por no volvernos culpables de fatuidad sobre la nota de ignorantes, hemos preferido la culpa del atrevimiento, bautizándola con el nombre de *Capítulos que se le olvidaron a Cervantes*. Siempre que hemos contemplado en la triste situación a que ha venido nuestro hermoso idioma por obra de malos traductores y ruines viajeros, nos ha ocurrido preguntarnos a nosotros mismos: ¿Cómo sucede que cuando la española daba la ley en Europa, puesta sobre todas las lenguas cultas; cuando ella ocupó el lugar de la latina en la diplomacia; cuando ingenios como Pedro Corneille, Molière, Voiture le tomaban sus asuntos junto con su estilo; cuando ella era la lengua de la educación pulida en la sala resplandeciente; cuando los políticos discutían los grandes intereses de las naciones, los oradores sagrados hablaban con Dios y los hombres, los galanes melifluos les contaban sus cuitas a las hermosas, todo en habla castellana; cómo sucede, repetimos, que con tal uso y predominio la francesa no llegó a corromperse, ni quedó desfigurada y echada a perder, como se halla la nuestra en boca y manos de la inmensa mayoría de hablantes y escribientes de uno y otro mundo? Los traductores franceses eran hombres de saber y entender, que así poseían la una como la otra lengua: al paso que los españoles del día no saben ni una ni otra, salvo el puñado de personas de ciencia y juicio, que no le puede faltar a nación de tan grandes proporciones. En los unos era móvil de sus obras el amor a las letras humanas; los otros van a caza de dinero: ésos miraban con religiosa

veneración a su idioma, éstos lo tienen por artículo de mercancía, el cual, para que sea de moda, ha de estar a la francesa.

Maestros originales, inventores, muchos y muy grandes ha tenido España en todo tiempo; y para artífices delicados de la lengua y pulidores de todas sus partes, ningún pueblo como ella. ¿Pero en dónde, en dónde ahora los Granadas, los Marianas, los Leones? Las Teresas de Jesús ¿qué se hicieron? Los Nierembergues ¿dónde fueron? Ávila, Malón de Chaide, Yepes, frailes insignes que ilustraron el convento y dieron nombre a su siglo con sus obras, ¡qué dirían si, sacudiendo el polvo de los siglos que gravitan sobre ellos, se levantaran y oyeran la infame algarabía en que tratan expresar sus ruines pensamientos estos hijos de la piedra que hoy se llaman periodistas, novelistas y poetas! Grandes autores castellanos, ya no abundan; grandes traductores, ya no nacen; y esto debe causar la constelación del mundo ser tan envejecida, que perdida la mayor parte de la virtud, ya no puede llevar el fruto que debía. Parece que Garci Ordóñez de Montalvo dictaba estas palabras en el siglo XV, para que en el XIX las aplicáramos a nuestro idioma, hiriendo con ellas a los adúlteros que van en busca de mujer ajena, y los incestuosos cuya descendencia no puede menos que adolecer de mil imperfecciones y defectos. Las ondas majestuosas que en la *Guerra de Granada* corren por sobre los tiempos y los acontecimientos pasados, comunicando profundo respeto a los lectores; los armoniosos raudales en que Fuenmayor hace pasar la vida de Pío V, repitiendo la gravedad y numerosidad de los *Anales* de Tácito; el gracejo culto y fino, el lenguaje inimitable de *Lazarillo de Tormes*; la frase ajustada y elegante de *El pícaro Guzmán de Alfarache*, la propiedad, gracia y maestría de Calixto y Melibea; la sal ática de *Rinconete y Cortadillo* en ese hablar de todo en todo castizo; nada de esto, nada, tiene hoy imitadores: ni Juan Valdés sirve de maestro, ni Covarrubias ha compuesto para nosotros su gran léxico o *Tesoro de la lengua castellana*.

Nosotros, españoles y americanos, traducimos a los gazapos que amuchigan en esa madriguera inmensa que se llama París. Nuestros padres leían y volvían a su lengua las grandes obras de los clásicos griegos y latinos, esas en que se halla contenida la sabiduría de la antigüedad; pero los tiempos pasaron en que Sueyros, Balbuenas y Colomas traducían a Salustio, Cicerón y Tácito, y hoy vemos en las librerías españolas hacinamientos de novellillas, verdaderos cachivaches de la literatura, o libracos llenos de milagros y absurdos con que indoctos y perversos fomentan la ignorancia del pueblo sin filosofía. Si los amantes de las letras universales tomaran a pechos el verter a su idioma las obras útiles o magistrales de los autores modernos, aún no tan malo; mas por una traducción de la *Decadencia y caída del Imperio Romano*, tenemos cien romancitos franceses en los cuales el escritor les cuenta los bajos a sus heroínas, sin descuidarse de advertirnos si tienen buena o mala pierna, y le hacen al héroe el nudo de la corbata. Mor de Fuentes y Bergnes de las Casas son dos, dos aprovechados y buenos traductores: la turbamulta de galiparlistas encendidos de amor por los títeres del Sena se compone de millares. Traducid, españoles, pero traducid a Fenelón, Bossuet, Lacordaire; traducid a Corneille, Molière, Racine; traducid a Boileau, el Horacio moderno; traducid a Chateaubriand, Lamartine, Hugo el poeta; traducid a Thierry, a Michelet; traducid a Villemain, a Sainte Beuve. Traducid a Montalembert, Dupanloup, si sois papistas; a De Maistre, a Veuillot, si adoráis al verdugo en el patíbulo. Si sois libre pensadores, traducid a Laplace, Littré; si amables utopistas, a Flammarión, Delaage; si herejes declarados, a Renán, Peyrat. Para la tierra, Buffón, Cuvier, Gay-Lussac; para el cielo, Arago, Laplace otra vez, Letellier. Si os embelesan los misterios del magnetismo, traducid a Mesmer y Puysegur. Si en todo y para todo queréis autores franceses, ahí están en ilustre muchedumbre historiadores, oradores, científicos, filósofos, y hasta novelistas, grandes novelistas, como el autor de *René*, el de *Obermann*, el de *Corina*.

Tradúcidnos la *Enciclopedia*, por Dios; tradúcidnosla, vos otros que sois, ¡oh españoles! tan amigos y partidarios de Rousseau, Diderot, d'Alembert, Grimm y más puntos luminosos de la gran constelación del siglo XVIII, cuya estrella polar, el hélice del infierno, es Francisco María Arouet, convertido en Voltaire por obra y gracia del demonio. Pero esos libritos, esas novelitas, esos santitos, esas estampitas de que están atestadas las librerías de Madrid y Barcelona, todo traducidito de los autorcitos más chiquitos del Parisito del día o de la noche, ¡oh! estas chilindrinas son la vergüenza de la España moderna, la vergüenza de la América hispana. Este flujo por traducir todo lo insignificante, todo lo inútil, todo lo bajo; esta pasión por los romances de menor cuantía, donde no falta una condesa que viva amancebada con su criado, ni Adriana de Cardoville que no cierre la cortina sobre ella y su príncipe Djalma; estos romances cuyo protagonista ha de hacer mil trampas y picardías; estas obras magnas de comer y beber con mujeres de ruin fama; esto de no acostarse hasta las dos de la mañana, ni levantarse hasta las doce; todo esto es escoria, amigos míos: de ella no sacaremos jamás un grano de oro, por mucho que seamos avisados en la alquimia de la sociedad humana. Vivir como perdidos, matarse como impíos, ¡qué historia, qué páginas! El héroe de la novela francesa duerme de día, come y bebe de noche, hace pegas abominables a los maridos, tiene duelos o retos a la espada, pide prestado y hace milagros, se arruina, pierde su querida, se despecha, va y se vuela la tapa de los sesos. Esta monserga atroz, este embolismo de pasiones arrastradas, vicios y caídas, puesto en rengloncitos que parecen escalera, sin unidad, sin número, sin gracia; esta literatura de lupanar ¿os seduce tanto, los cristianos, los austeros, los juiciosos españoles? Confianza, pues, en Dios, los hijos míos, decía Antonio Pérez; que el Señor os tiene a su cargo: confianza, pues, en el demonio, los hijos míos, dice España, que Pateta os tiene cogidos de las agallas, y no os dejará ni el día de las cuentas y perdones. Traducid lo santo, lo sabio, lo poético, lo filosófico, lo moral; traducidlo y traducidlo bien, a fin de que nosotros, hermanos menores vuestros, no recibamos malas lecciones, malos ejemplos, y vengamos a ser tan ignorantes y corrompidos como... los autores que nos mandáis en mezquina, despreciable galiparla.

Se quejan los españoles de que los suramericanos estamos corrompiendo y desfigurando la lengua castellana, y no están en lo justo: si esto sucede, mal pecado, obra de ellos es: ellos traducen el *Telémaco* de este modo, y nos envían sus traducciones por nuestro dinero. «Y los gallos cantaban, y las gallinas cacareaban, y los caballos relinchaban, y los burros rebuznaban, y los perros ladraban, y los puercos puerqueaban, y los cuchillos cortaban...». «¡Qué más cuchillo que esta porreña descripción! —exclama don Antonio Capmany examinando la hábil obra de un compatriota suyo; —¡cuchillo de palo, y bien a la vista!». A esta clase de traducciones, acostumbrados están los españoles modernos, entre los cuales no hay ni un Coloma para los *Anales*, ni un doctor Laguna para Dioscórides, ni un Jáuregui para el Tasso. Moratín, desde luego, no podía menos que ser buen traductor: un buen autor traducirá bien, mal que le pese. Gorostiza no pone la pica en Flandes, pero pasa; y en poco está que don Eugenio de Ochoa no sea intérprete cumplido. Larra hizo una buena traducción de Lamennais: las *Palabras de un creyente* hallaron eco grave y sereno en Fígaro, ¡quién lo creyera!, y el autor de *El castellano viejo* pudo hablar como profeta antiguo. A los españoles, como a nosotros que somos carne de su carne, hueso de sus huesos, nos sobran aptitudes; lo que nos falta es educación: ya lo dijo Paulo Mérula muchos siglos ha, y entonces, como ahora, le estamos sacando verdadero.

Aunque es verdad también que torrentes de ineptitud se descuelgan de traducciones castellanas como las con que han deshonrado su idioma ciertos peninsulares eminentes en las letras humanas. El Genio del Cristianismo obra a la cual no debiera uno llegar sino después de santas abluciones en la fuente Castalia, ha sido escarnecido y ha quedado maltrecho, en términos que si ese Padre de la Iglesia coronado por las Musas que se llama Chateaubriand saliese de la tumba, lloraría por los vivientes, como Raquel, y se volvería a la eternidad en busca del olvido.

«Ella sola (la Iglesia) sabía hablar y deliberar; ella sola *mantuviera* una cierta dignidad, y se *hiciera* respetable, cuando ninguna otra cosa *lo fuera*. Se *la viera* sucesivamente oponerse a los excesos del pueblo y despreciar la cólera de los reyes. La superioridad de sus luces *debían* inspirarle generosas ideas en política, que ni *conocieran* ni *tuvieran los otros órdenes*. Colocada en medio de *ellos*, debían darle mucho que temer los grandes, y nada los comunes...; por eso en tiempos de turbación se la *viera* adherirse con preferencia al voto de los últimos. El más venerable objeto que ofrecían nuestros estados generales *fuera* aquel banco de ancianos obispos, etc., etc.».

He aquí los tiempos del verbo reducidos a uno solo, y declarada inútil y abolida la conjugación. Suelen los autores servirse del indefinido condicional en lugar del pretérito pluscuamperfecto, por rehuir la importuna consonancia que resulta de muchas oraciones que concurren en el propio caso; mas nadie, nadie, ningún escritor que merezca este título, ha usado jamás del indefinido por el imperfecto, y menos por el perfecto o pasado absoluto. Ese buen español no conoce ni tiempo ni modo, si no son los suyos. Dios le dé oído a ese monstruo, que no debe de tenerlo, para que no le zozobre ni desespere esa carretilla infernal de *eras*, donde no hay parvas de trigo,

123

sino chícharos y cizaña. ¿Supo su lengua ni la francesa el que tradujo de este modo una de las obras más floridas y amenas de nuestro tiempo? ¿Y la Academia Española no lo privó del agua y el fuego a tan insigne malhechor?

«Destruid el culto católico, y en cada ciudad habréis *de menester* un tribunal con prisiones y verdugos». Esto dice Chateaubriand, ortodoxo sistemático. El conde José de Maistre, campeón de la Iglesia a todo trance, sostiene que sin verdugo no puede existir ninguna sociedad de hombres. *Et nunc intelligite*. Para mi propósito no importa cosa la contradicción de esos dos furibundos ultramontanos: según el uno, al faltar la Iglesia, el verdugo es indispensable; según el otro, la Iglesia no puede existir sin el verdugo. Allá se averigüen: mi negocio es entregarle al patíbulo al facineroso *de menester*, y por fas o por nefas, católico o protestante, allá va a manos del señor conde don José. «Toda expiación requiere sangre», dice también ese sublime apóstol del cadalso; derrame la de ese delincuente, y quede purificada la lengua castellana.

«Aunque Roma vista por dentro se parece hoy a las demás ciudades de Europa, *toda vez conserva ella un cierto carácter* particular; porque ninguna otra presenta *una* tal mezcla de arquitectura y *de* ruinas, *a contar* desde el panteón de Agripa... La hermosura del *sexo* es *también otra* señal que la distingue de las demás ciudades. Admírase *de otra parte* en los romanos un cierto tono de carnes, que los pintores llaman color histórico... *Una otra* particularidad de Roma *es* los rebaños de cabras».

Santo Dios, santo Fuerte, santo Inmortal, líbranos, Señor, de todo mal. Paréceme que he visto al diablo a medianoche en el endriago espantoso que allí queda estampado a la española. *Toda vez conserva ella*: *toutefois elle conserve*. El castellano es *no obstante*, *sin embargo* conserva cierto carácter particular, echando fuera ese *ella* y ese *un*, cáncanos asquerosos que no sufre cuerpo limpio.

A contar desde el panteón: *à compter dès le Panthèon*. Este *a contar* traducen, los que saben, por el gerundio, y dicen: contando o tomando del panteón; y el que escribe *a contar desde el panteón de Agripa*, puede muy bien irse a revolcar en los establos de Augías.

«La hermosura *del sexo* es *también otra* señal». *También* y *otra*, pleonasmo: ora el uno, ora el otro, y Cristo con todos. ¡*La hermosura del sexo*! Ya dijo el traductor que la había visto a Roma por adentro, y así pudo darnos esa señal. En cuanto a saber si Roma es varón o hembra, averígüelo Vargas; pues *el* sexo nos deja en ayunas de esa noticia. *El bello sexo* suelen decir los poco entendidos en lengua castellana; los doctores en ella dicen *el sexo femenino*, y con más llaneza y elegancia, *las mujeres*, cuando hablan de las hijas de Eva, estas nuestras dulces enemigas que nos tienen hartos de amarguras.

«Admírase *de otra parte* en los romanos un cierto tono de carnes, que los pintores llaman color histórico». Si las carnes son las de una vieja facsímile de don Quijote, el *tono* debe sonar a los oídos del viajero seca y estridentemente, como quien ofrece a la historia de los pintores más huesos que carne, más pergamino que suculenta grasa. Si yo escribiera algún día mis confesiones, a modo de San Agustín, diría que esas carnes ni en Roma me han gustado, ni pienso que ese color de pernil, cual debe de ser por adentro el de las brujas del Trastebere, sea el *color histórico*. *De otra parte*, quiero decir, por otra parte, esos rebaños de cabras no *es una otra particularidad*; *son* otra particularidad, que no le va en zaga al muslo ahumado de la vieja, ni a lo que el insigne hablista vio por adentro en Roma.

«A Pedro fue a quien se le mandó primeramente *de amar* más que los otros apóstoles, y *de pacer* y gobernarlo todo». Siendo cierta esa orden, no sería sino la orden del día del prefecto de Marsella, quien, debiendo tocar allí el emperador Napoleón el Grande, *mandó* lo que sigue: «El ejército se alegrará por batallones: los batallones principiarán a sentirse dichosos por el flanco derecho». Amor mandado, amor a palos. Jesús a nadie mandó que le amase; a fuerza de amor y bondad, de mansedumbre y virtud, se hizo amar; y si Pedro le amó con pasión más viva, fue por haber sido el predilecto de sus discípulos. *Mandar más amor*: la esencia es tan errónea, como desapacible la forma de esta cacofonía.

Ya el pobre San Pedro está amando por mandato; ahora le obligan también a *pacer*: a modo de oveja, de buey, ¿cómo *pace* el mayor de los apóstoles? Lo que Jesús le mandó fue *apacentar* el rebaño o la grey que dejaba a su cuidado, y de ningún modo ir rumiando por dehesas ajenas.

Esta orden del día de Jesucristo, seamos justos, no es del traductor, sino del editor: cualquiera puede verla en la nota 15, y exclamar: «¡Para tal traductor, tal editor!». En siendo yo que ellos, no diría *exclamar* sino *exclamarse*, como lo van diciendo a cado paso uno y otro: *s'écrier*. Vergüenza deben de tener los españoles cultos de que en España se publiquen semejantes libros, y pasen éstos los mares con los honores de la pasta primorosa, para venir a ser ludibrio de los semibárbaros de América. *Mandar de amar, mandar de pacer,* ¡oh Dios!

Y bien, hermano, ¿le pesa a usted de haber *sufrido algún poco?*, dice un trapista moribundo a su abad. (Nota L). La lección que el fraile estaba dando al superior de su convento era buena; mas si dijo «le pesa a usted *de haber sufrido algún poco*», habló en castellano como hablara un palanquín de Tarazona. Bueno es morirse; mas somos de parecer que *in articulo mortis*, lejos de quebrantar preceptos ni transgredir leyes de ninguna clase, debemos arrepentirnos de haberlos quebrantado y transgredido. De otra suerte, al infierno principal, infierno madre, veréis agregado, réprobos, el de los suplicios especiales de los que prostituyen la lengua de su patria y la echan en el cieno.

«Nos acercamos *del* convento, y volvimos a ocuparnos en el taller», escribe un francés metido fraile huyendo del Terror. En Francia se habrá acercado *del* convento; en España tenía que acercarse *al* convento; y si acertaba a meterse de rondón, y ganar el laberinto de Creta de patios, traspatios, sótanos y bodegas, podía escapar del hacha de Robespierre.

«Allí ya se carda, ya se hila, ya se teje. *En tanto que posible,* todo cuanto debe servir para los hermanos *se trabaja* por ellos mismos». *Pare imposibile,* dicen los italianos de una cosa a que se oponen la razón y la verosimilitud. Imposible parece, ciertamente, que un español alcance a disfrazar, corromper y subvertir de tal manera la lengua de sus padres. ¿Habrá oído ese bendito en Madrid, Sevilla, Granada, y menos Toledo, ni a la gente de la hampa, decir *en tanto que posible? En tant que possible,* dicen los franceses; nosotros decimos *en lo posible, cuanto cabe* y otras expresiones tan graciosas como castizas. Si los hermanos hilaban y tejían con el primor que ese literato escribía el castellano, burdas han de haber sido esas telas, bien como para monjes de la Trapa.

«Porque *me haría escrúpulo* de despedir a un hombre que *se salva del mundo,* para venir aquí a trabajar por su alma» Esto dice el abad, tratando del consabido gabacho que *se salva del mundo,* por librarse de la guillotina.

El dicho abad de la Trapa se hacía escrúpulo de darle con las puertas en las narices a ese buen candidato para novicio; y no era para él cargo de conciencia hacerle salir por la tangente del globo terráqueo; pues no otra idea inspira esto de *salvarse del mundo*. El abad no; el traductor es el Arquímedes que así le echa como con trabuco al país de los selenitas a ese digno compatriota de madama de Chantal. *Salvarse del mundo*, por huir del siglo, ponerse en cobro, retraerse en un monasterio y entregarse a las meditaciones de la muerte, seguro está que lo diga ni el suramericano más indocto.

«Yo no sé cómo la conversación vino a rodar sobre la Val-Santa, cuyos pobres padres se habían visto forzados a salvarse en Rusia». Salvarse en Rusia es como salvarse en el infierno; y si los pobres padres se salvaron en diciembre, doble condenación. El Alighieri nos ha contado que los suplicios perdurables no son el fuego y el plomo derretido solamente, sino también la nieve de los polos. Pues así como hay infierno frío, así ha habido cielo frío. Con todo, el buen cristiano preferirá siempre salvarse remontando en espíritu a la diestra de Dios padre, donde reina un calorcillo de beatitud eterna, a salvarse en Rusia al lado de esos cosacos que parecen osos. *Salvarse en Rusia*, *se sauver en Russie*, por huir a Rusia: esto es de perder el juicio.

«Considerando la vanidad de las cosas terrestres, he resuelto no curarme sino de la eternidad». Y del mal de piedra, y de la gota, y de los otros achaques, ¿por qué no se quiere curar? En todo caso, mejor sería salvarse en Rusia sano y bueno, que llevando a cuestas media arroba de lamparones, broncocele o papera. Mas cabalmente ése quiere curarse de lo único que no se debe curar, pues si la eternidad es una efermedad, enfermedad divina ha de ser, ¡dichosos los que la padecen en el seno de Dios! Don Antonio Solís dice que Hernán Cortés no se curaba sino cuando no tenía de qué cuidar. Tan cierto es esto, que una ocasión, hallándose de purga, montó a caballo, y les dio una mano tan buena a los indios de Tlaxcala, que les quitó la gana de venírsele encima cuando sabían que estaba enfermo. Lo que el infeliz traductor quiso decir fue: que había el francés converso tomado la determinación de olvidar el mundo y no dirigir sus pensamientos sino a las cosas eternas. *Curarse de* una cosa, por cuidar de ella, es obsoleto. Si yo padeciera de virtudes, y estuviera amenazado con la gloria, no cuidaría de curarme; antes por el contrario, me abstendría de todo medicamento: no tomara soberbia, ni avaricia, ni lujuria, ni ira, ni gula; ni aguantara frotaciones de envidia, ni me dejara untar pereza, a fin de que se cumpliera cuanto antes la feliz conminación. Los materialistas, los ateos, viven empeñados en curarse y en curar a sus semejantes de la eternidad, que para ellos es sarna perruna.

«¡Ah, que debiéramos exclamar, que cuanto hacemos aquí en el mundo por el cielo es todo bien poca cosa!». No tengo a la vista el original francés; mas probablemente él dice: *Ah! que nous devrions nous écrier que tout ce que nous faisons ici dans le monde pour le ciel est bien peu de chose!* En sabiendo los vocablos de esa lengua, su construcción allí está en ese castellano. ¡Ah!, que debiéramos exclamar a nuestra vez, que a nadie le es dado buscar la vida ni allegar dinero por medios ilícitos; y medio ilícito y reprobado es meter la hoz en mies ajena, y abalanzarse uno a lo que no sabe ni entiende. Cuentan que lord Byron, viajando por Italia, supo que un escritor zarramplín había acometido a traducir el *Manfredo*, uno de sus mejores poemas. El noble lord mandó llamar al traductor, y le dijo: «¿Cuánto piensa usted ganar con su traducción? —Ochocientos escudos, por lo menos, milord». El poeta cantó allí los ochocientos, y dijo: «Los que usted se propone ganar; y estos quinientos de adehala, para que no vuelva a pensar en traducir ninguna de mis obras». El señor vizconde de Chateaubriand le hubiera dado cincuenta mil reales, su cartera de Negocios extranjeros encima, al literato español, para que no le tradujese el *Genio del Cristianismo*. Dirán quizá algunos peninsulares que a posta hemos tomado la peor de sus traducciones, cual es la hecha en Valencia «con arreglo a la séptima edición francesa», para muestra de la literatura española. No nos pesa nuestra malicia; pésanos echarles ejemplos de esa calaña a manta de Dios. Hemos preferido la gran obra de Chateaubriand, por ser ella la lectura predilecta de los jóvenes que se dedican a las humanidades: si fuera necesario, les daríamos en rostro con mil versiones de obras tan magistrales como las *Veladas de San Petersburgo*.

«Dejaron de existir la Olimpia, la Elide, el Alpheo, y el que *se propondría encontrar* el Peloponeso en el Perú, sería menos ridículo que el que lo buscase en la Morea». El que lo buscase en la Morea, decimos nosotros, sería todavía menos ridículo que el que dice: *El que se propondría encontrar*, en vez de *el que se propusiera* o *propusiese hallar*. Podemos *encontrar* lo que no estamos buscando; si buscamos alguna cosa, puede ser que la *hallemos*. En cuanto a la forma del subjuntivo usada por el traductor, cualquier payo sabe que no puede concurrir en primer término con la terminación en *ase, buscase*.

«En latín hay escrita una obra con el mismo título; pero aquellos son vuelos a propósito para *quebrarse el cuello*». En castellano *se rompe la cabeza* el tonto que echa a volar sin alas; en francés se quiebra el cuello, o *se casse le cou*. Y a los que a fuerza de ignorancia y atrevimiento se vuelven reos de lesa lengua, no les quebramos el cuello; les torcemos el pescuezo.

«Todo el que se *apartará* de esta idea girará eternamente alrededor del principio, como la aurora de Bernouille». El futuro absoluto en segundo término requiere el subjuntivo o el condicional por correspondiente. Decimos pues: todo el que *se aparte*, o *se apartare*... girará, como la aurora de Bernouille, o como el cometa de Tico Brahe, o como la Luna de Flammarión, con selenitas y todo; mal que le pese a la Curia Romana.

«Un ministro que *ardería* en cólera al oír defender la existencia del purgatorio, nos concedería de buen grado un lugar de expiación». Decimos *arder de cólera*, y *montar en cólera*; arder en cólera, no es castizo;⁷ y si lo fuese, todavía sería error garrafal y ofensa a la sintaxis usar del subjuntivo en esa terminación, cuando la que corresponde en este caso es la en *iera*: un ministro que *ardiera de* cólera, nos concedería, etc.; o un ministro que *ardiese de* cólera, nos *concedería* el lugar consabido de tormento. Puede esta ser verdad de a folio; pero lo es de a folio y medio la proposición contraria; esto es: Un canónigo que muriera de cólera, o se atragantara al acordarse de la abolición del diezmo; un cura que se diera a todos los diablos de que le negasen la existencia del purgatorio, no se ahorcarían porque les pusiesen en duda la del infierno. Esto consiste en que del infierno no sacan maldita la cosa, y el purgatorio les deja buenos cuartos. La saca de almas es un pontazgo de la Edad media: el moro Galafre no *sacaba* más del puente de Mantible.

«Mas si consideramos *los hombres* los unos con respecto a los otros, ¿qué sucederá de ellos?» Sucederá que a los tontos de capirote les demos algunos papirotazos, y a los ignorantes audacísimos los pongamos atados

---

7   Arder de rabia. Salvá, Gram. (N. del A.)

pies y manos a las puertas de la Duquesa, para que esta noble dama junto con su doncella Altisidora les den quinientos mil pellizcos y los dejen con más cardenales que el Sacro Colegio. Los que saben *considerar* no consideran *los hombres*, sino *a los hombres*, y cualquier cosa que suceda, no sucede *de* ellos, sino *con* ellos.

«*Todo al contrario*, querido conde», dice el Senador en la Velada nona. *Tout au contraire, mon cher comte*. Seríamos nosotros capaces de investir a la Academia Española de poder coercitivo y poner a sus órdenes un cuerpo de gendarmes, para que sepultase en negros calabozos a estos violadores y asesinos de la lengua. Y si ella hubiere menester un gran ejecutor, nuestro voto es por el señor conde José de Maistre, quien no se anda en chiquitas y corta cabezas por daca esas pajas. Si obras como el *Telémaco*, el *Genio del Cristianismo* y las *Veladas de San Petersburgo* son traducidas de este modo, ¿qué suerte correrán las novelitas de París, ese pan de cada día de la gente frívola, incapaz de cosa grande y buena? Verdad es también que en punto a galiparla e insensatez los suramericanos no les cedemos una mínima. «De mal cuervo mal huevo», dice el Comendador Griego en su colección de refranes. «De tal palo tal astilla», responde Juan de Mallara. De semejantes traductores españoles no es mucho nazcan autores americanos semejantes a ellos. Nada nos quedaremos a deber en nuestro comercio galo-hispano con nuestros *frères* del Manzanares, el Guadalquivir y el Tajo; porque si ellos traducen el *Telémaco* con ese aire y ese aquel tan sumamente grato, nosotros somos autores originales de lo más curioso. El Tajo, el Tajo... ¡Oh Tajo, en cuya ciudad provecta, la imperial Toledo, no había terciopelero ni espadero que no las cortase en el aire en esto del hablar pulido! ¡Pobre España, para quien todo es *sufrimientos* en el día! Si está enferma, *está sufriendo*; si se halla corta de facultades, *está sufriendo*; si le aquejan dolores físicos o morales, *está sufriendo*. Se le va una hija con el sastre, se le llueve la casa, los comunistas de Cartagena le dan en que merecer: todo es *sufrimientos*. Ya no padece, vieja ingrata, como padecieron sus abuelas: la Cava padeció; ¡y digo si no habrá padecido la bellaca al ver cómo su amante salía por ahí gritando: «¡Moros hay en la tierra!». Hormesinda, hermana de Pelayo, padeció; pero así, llora llorando, se casó con su moro. ¡Vaya!, ¿y no se había de casar? ¿Era tonta por si acaso? No se halla un Munuza a la vuelta de cada esquina, y menos Munuza como aquél, tan bien carado y valiente. La hermana de don Alonso el Casto, esa chica que vosotros conocéis, amigos chapetones; pues esa casta princesa que las hubo con el conde de Saldaña, y os benefició, *a furto*, como dicen las crónicas, con Bernardo del Carpio; esa guapa moza de blando corazón y duras carnes, padeció: natural es que haya padecido cuando el rey su hermano y señor hubo puesto los Pirineos entre él y ella, habiéndolos encerrado tan bien a ella como a él, para que el uno muriese y el otro naciese en el encierro. La infanta doña Urraca, sitiada en su ciudad de Zamora, padeció y el señor don Sancho, sitiador, no fue tan *galantuomo* que digamos, sino un *gentleman*, como dicen los ingleses; un ambicioso, belitre, descortés y mal mirado caballero en hacer padecer tanto a la bella señora la princesa Urraca. Urraquita, Urraquilla... tímida era y modesta en gracia de Dios; y a ésta sí que no se le podía llegar y besarla durmiendo, porque ni padecía de despechada, ni aguantaba pulgas, ni sufría olvidos o pretericiones. Y si no, vedla cómo se le sube a las barbas a su señor padre don Fernando I en su lecho de muerte:

«Morir os queredes, padre,
Sant Miguel os haya el alma:
Mandaste las vuestras tierras
A quien bien se os antojara:
A mí, porque soy mujer,
Dejáisme desheredada.
Irme he por esas tierras
Como una mujer errada
Y este mi cuerpo daría
A quien bien se me antojara,
A los moros por dinero,
A los cristianos por gracia.
De lo que ganar pudiere
Haré bien por la vuestra alma.
Allí preguntara el rey:
¿Quién es esa que así habla?
Calledes, hija, calledes,

Non digades tal palabra...».

Conque para esa señorita el *padecer* y el *sufrir* eran cosas muy diversas; tan diversas, que si la envidia, la cólera, el terror de quedarse en la calle le causaban padecimientos morales capaces de quitarle el juicio; el sufrimiento, el santo sufrimiento, ese freno de oro que nos contiene y detiene al labio del abismo del despecho, no reprobaba en ella esas tan audaces como feas determinaciones.

«Irme he por esas tierras
Como una mujer errada,
Y este mi cuerpo daría
A quien bien se me antojara».

La infanta doña Urraca y todas ellas padecieron: los españoles que hoy no padecen, *sufren*. España sí padece, puesto que ni lo sabe ni lo advierte. A la hembra desamorada, a la adelfa le sepa el agua. Le ha perdido el amor a su hermoso idioma; que padezca, aun cuando no alcance espíritus para el noble sufrimiento, y quiera irse ella también por *esas tierras*

«En traje de peregrina:
A los cris... Mas faga cuenta
Que las romeras a veces
Suelen parar en rameras»,

según que se proponía doña Urraca. Nosotros también *sufrimientos*, todo nos lo sufrimos; sufren los indios, sufren los negros: ¿qué mucho que suframos los seudo-europeos, cuasimalayos o semiafricanos? Cuenta con pago, señores nobles del Pichincha, el Funza, el Rímac y el Plata. No diréis por lo menos que no servís de novillos o de puertas para este rehilete o, si suena mejor, venablo. No hay gusto que se iguale con llamarle vieja a una vieja, negro a un negro, tonto a un tonto, pícaro a un pícaro: si hay satisfacción comparable con esta, es la de llamarle vieja a una presumida que las da de joven; *cholo*, *roto* o *lépero* a un Capoche por cuyas venas corre sangre de Benavides de León o de Zúñigas de Villamanrique. Tontos, gracias a Dios, muchas veces los hemos llamado a hombres de más talento que nosotros, merced a la vanidad o a la cólera; mas en cuanto a calificar de bribón a uno de bien, nunca nos ha tentado el diablo, ni ha sido de nuestro gusto. Y con esto volvemos a los indios.

Por la mayor parte, íbamos a decir, en las ciudades interiores de la América del Sur, la bacía la llevan los indios, sin que el barbero de Sevilla les eche el pie adelante en lo de parlanchines, bellacos, alcahuetes y bebedores. Un día, pasando nosotros por una calle, el barbero, o señor rapador, según se expresa don Quijote, de calzón y zapato de medio pie, estaba plantado en el umbral de su tienda: no en el dintel, como dicen los que ahora escriben, porque no estaba colgado. Acertó a pasar asimismo una india de pollera colorada y rebozo amarillo, cubierto el cuello de cuentas y corales como huevos de paloma, que era un pescuezo de pavo en su más soberbio esponjamiento. «¿Cómo está la comadre? —*Está sufriendo*», le oímos responder al pícaro. Había parido la pazpuerca, y el bribonazo del indio llamaba a eso *estar sufriendo*. ¿Qué esperanza nos queda de volver a oír ni hablar la lengua castellana en ningún tiempo? Cuando las indias empiezan a hallarse *en estado interesante* y *están sufriendo*, podemos dar por vendida, perdida y concluida; traicionada, abortada y desbaratada; enferma, enteca y muerta la dicha lengua; lengua en la cual las mujeres antiguas, y no tan antiguas como las Hermengardas, Hermentrudas y Hormesindas, ni como las Berenguelas, Guiomares y Faviolas, sino allá no más por los tiempos de las doñas Engracias y doñas Pilares, estas mujeres, decimos, estaban preñadas, si eran llanas e ingenuas; encintas, si más cultas; y parían o daban a luz un hijo en haz y paz de nuestra santa madre Iglesia, la cual imprimía en ellos con sal y agua carácter de Juan, Diego o Antonio; Dolores, Mercedes o Gertrudis. Ahora no: ninguna quiere estar encinta; preñada, menos. Aunque se llame Ambrosia y le mane azufre por el ojo izquierdo, está *en estado interesante*; y no pare por nada de esta vida, sino *desembaraza* y se pone *a sufrir* de nuevo. Dudamos que cuando están en *estado interesante* nos interesen más que cuando delgadas, iguales, ligeras y vivas andan conquistando el mundo con sus negros ojos y sus labios rubicundos. Para un pobre que ve ahí amontonados en un rincón seis chicos muertos de hambre y harapientos, no debe de ser tampoco de gran interés el *estado* de la que le viene amenazando a más andar con el séptimo cachorro. Y castiguemos de paso otro dislate, que así pervierte la idea como la forma, el estilo como el lenguaje. *Estado* indica permanencia, fijeza, carácter que por su invariabilidad viene a ser natural e inherente al individuo; y aún por eso decimos que el del matrimonio es un *estado*, dando a entender que esta cadena orinecida, pesada y crujiente, ni el diablo la puede romper, ni el mísero mortal suspenderla en la puerta de su casa e irse por el mundo libre y suelto. La de las cosas que no aterran con la perpetuidad se llama *situación*. ¡Medrados estábamos si *el estado interesante* de nuestras Evas; Hebes y Niebes fuera cosa perpetua! Por dicha no es sino situación con término fijo, al fin del cual vuelven a *interesarnos* las que tienen la letra menuda y poseen el arte de embarnecer, sonrosearse, aderezarse y salir andando, erguida la cabeza, repujado el pecho, amables los ojos y la boca. Mientras nuestras mujeres no vuelvan a los dichosos tiempos de estar encintas, no hemos de ver el renacimiento de la lengua castellana; y mientras no estén de parto en brazos de la madre naturaleza, todo ha de ser *desembarazo* para ellas y embarazo para nosotros. ¿Por qué no querrán parir llana y cristianamente las de ahora, como lo estilaron las doñas Mencías y doñas Violantes que nos sirven de tatarabuelas? No faltan ya monarquistas y republicanas, aristócratas y demócratas, patricias y plebeyas que estén *acuchadas* o *de couches*, porque las francesas *sont accouchées* o se disponen para *leurs couches*. ¡Santo Dios! ¿Hay más que decir, como apuntamos arriba, que van a parir o están de parto? Si no quieren o no deben estarlo, escóndanse, sepúltense, métanse debajo de la tierra, que esto al fin es prudente y menos malo que estar *de couches*.

Entre el sufrir y el padecer va la propia diferencia que entre la virtud y la necesidad: padecemos a más no poder, y muchas veces dándonos a todos los diablos de nuestra negra fortuna. En este caso es cuando menos nos cumple decir que sufrimos, por cuanto el sufrimiento es acto del espíritu muy acepto para con Dios, una cosa misma con la resignación. Sufrir es llevar en paciencia nuestra suerte, los trabajos que nos agobian y las penas que estamos devorando: sufrir es ponernos en manos de la Providencia Divina, obedecer sus decretos y quedarnos humildemente a la esperanza: sufrir es ejercitar el ánimo en la filosofía, romperlo a la guerra del mundo y burlarnos santamente de los rigores de la injusticia: sufrir es ser hombre o mujer fuerte sobre quien nada pueden ni privaciones, ni provocaciones, ni linaje de agravios: sufrir es levantarse sobre el pantano donde están hirviendo cólera, desaliento, desesperación, quejas amargas, propósitos malignos. Sufrimiento es filosofía: Sócrates sabe sufrir; ni las injurias de Aristófanes le irritan, ni el molino de Xantipa le saca de sus quicios, ni la precipitación de los treinta tiranos le exaspera. Sufrimiento es santidad: San Bartolomé sabe sufrir; desollado de los pies a la cabeza, se echa su piel al hombro dando gracias a Dios, y se va sin maldecir a los verdugos. Sufrimiento es sabiduría: Galileo sabe sufrir; preso, encadenado, oyendo chirriar a cuatro pasos la hoguera con que le amenazan, tranquilo exclama: *E pur si muove*. Sufrimiento es grandeza de alma: héroes, filósofos, grandes monarcas, mártires, han probado que poseían la virtud del sufrimiento, con afrontar serenos los insultos de la fortuna y morir tan grandes en la desgracia como habían vivido en la prosperidad resplandeciendo en el poder y las virtudes. Sufrimiento es virtud, virtud que trae gloria en sus luminosas entrañas. No sufren sino los fuertes; los bajos, los cobardes, los pobres de espíritu padecen: su estrella es padecer; pero no sufren, pues si suyo fuera el sufrir, eleváranse sobre sí mismos, y padecieran menos, y fueran grandes por el sufrimiento. En cuanto a los malvados, sabed que ellos son los que padecen verdaderamente, y tanto más cuanto que no sufren: sufrimiento y soberbia son enemigos; si hay malvado que no cultive la soberbia, gran maravilla es. El hipócrita es malvado, y no la cultiva: malvado humilde, rastrero: es un santo por defuera; por dentro, todo infierno. La soberbia no sale en él al mundo, esto es todo: su corazón está hirviendo en las más negras pasiones. El padecer puede muy bien andar sin el sufrir: desgraciados, todos lo somos por fas o por nefas, ca mucho padecemos y poco sufrimos. Si el sufrimiento absorbiera las malas lágrimas, las lágrimas de soberbia, cólera, impotencia, nuestros padecimientos cobraran aspecto de propicios y vinieran a ser virtudes en nosotros. Así, cambiando los vocablos, pervierten las ideas los ignorantes y los vanos; y los vanos, pues habéis de saber que muchos hablan y escriben mal a sabiendas: timbre es para los necios estropear y pervertir la lengua propia, como del chacoloteo innoble de su boca resulte la opinión de ser tenidos por hombres que han vivido o viajado en Francia. ¿No sería mejor aprender la lengua francesa sin olvidar la castellana?, ¿cultivar las extranjeras sin consentir en que se remonte la nacional? ¡Y qué lengua!: la de hablar con Dios; la lengua muda del éxtasis en Santa Teresa; la de la oración hablada en San Juan de la Cruz; la de la elocuencia eclesiástica en Fray Luis de Granada; la de la poesía en Fray Luis de León, Herrera y Rioja; la de la historia en Mariana; la de la novela en Hurtado de Mendoza; la de la política en Jovellanos; la del amor en Meléndez Valdés; la de la risa en Fígaro; ¡qué lengua!; la de la elocuencia profana en Castelar: ¡qué lengua!

Por dicha, bien así en España como en América, los que van a la guerra debajo del pendón del siglo de oro no son pocos. Ignorancia y ridiculez están en el bando opuesto, el cual es más numeroso que los ejércitos que sitiaban a Albraca. Traductores ignorantes, novelistas afrancesados, viajeros fatuos son nuestros enemigos: nosotros nos afrontamos con ellos, y si no podemos llevárnoslos de calles, defendemos el campo palmo a palmo; ni hay impío de ellos a quien le sea concedido penetrar en el *santa santorum* de nuestro angélico idioma. Desde Capmany que se levantó como un gigante contra sus corruptores, hasta don Aureliano Fernández-Guerra que le está sacando sobre sus hombros, muchos campeones y muy bizarros los ha habido. Don Diego Clemencín ha revuelto y profundizado el *Tesoro de la lengua castellana*, de Covarrubias, haciendo que reviertan para arriba montones de riqueza pura; ha puesto en manos de los aficionados el *Diálogo de la lengua*, de Juan Valdés; ha descompuesto el *Quijote* coyuntura por coyuntura, y nos ha mostrado los secretos de la complicada anatomía para cuyo estudio no basta la vida de un hombre. Clemencín es benemérito de la lengua, sagaz recopilador de cuantas noticias pueden convenir para su posesión completa. Don Rafael María Baralt, con su *Diccionario de galicismos*, ha hecho un servicio de tomo y lomo a sus compatriotas, dándoles copia de luces y remitiéndolos adonde más largamente se contiene. Parece que los españoles le estudian poco, a pesar de las recomendaciones de Hartzenbusch; los hispano-americanos mucho le debemos a ese ilustre hijo de Venezuela que alcanzó un sillón en la Academia Española. Monlau en su *Diccionario etimológico*; Puigblanc, Gallardo y otros muchos peninsulares amigos del buen decir, se están oponiendo a pecho descubierto a las irrupciones de los bárbaros que bebiendo las turbias aguas del Sena pierden memoria, amor patrio, respeto a sus padres, y vuelven, las armas en la mano, contra esos santos difuntos que se llaman Rivadeneira, Hurtado de Mendoza, Quevedo, Cervantes, Argensolas, Jovellanos.

Entre los escritores del día los hay puros, ricos, elegantes, y esta es gran fortuna, que hacen rostro a esas montoneras furiosas de galomaníacos que ora hablando, ora escribiendo, quieren dar al través con la lengua patria. En la América española, en cada república existe un grupo de aficionados en cuyo centro arde a la continua el fuego de Vesta, el fuego puro y misterioso, que si se apagara temblaran los dioses mismos. De presumir es que andando el tiempo, merced a la labor constante de este puñado de jóvenes beneméritos, la pobrecita limosnera de Voltaire recoja sus harapos, y la reina de Carlos V se vuelva a echar sobre los hombros su mantón de púrpura. *C'est une pauvrette qui fait l'aumône â tout le monde*, decía el Dios de Ferney, hablando de la lengua francesa. Tanto ha dado la desnuda y tanto ha recibido la vestida, que es vergüenza. El castellano de hoy no es sino el francés corrompido. «El inglés, —decía Alejandro Dumas el viejo— no es más que el francés mal pronunciado». Ese amable Sileno lo decía por tener y dar de que reír: nosotros estamos hablando en verdad y conciencia. ¡Qué es ver, mi Dios, un escritor español con gran fama de talento escribir de París un monstruo de lengua, mitad Gervasio, mitad Protasio, que quien no supiere una y otra no entenderá palabra! ¿Ese periodista corresponsal, o ha puesto en olvido su idioma, o se tiene pensado que el mestizo vale más, en tiempo de democracia, que el godo neto por cuyas venas corre sangre de Leovigildos y Pelayos? La lengua castellana en manos de los grandes escritores clásicos es como el Amazonas, caudaloso, grave, sereno: sus ondas ruedan anchamente, y sin obstáculo van a rempujar y desalojar el Océano, que se retira, y vuelve a él con los brazos abiertos. Todo es paz y grandeza en esa vena del diluvio: cuando hay alteraciones, las tempestades son sublimes, como cuando Fray Luis de Granada, santamente irritado, exclama con los profetas: «¿Qué ha sido tu corazón sino un cenegal y un revolvedor de puercos? ¿Qué tu boca sino una sepultura abierta por do salían los malos olores del alma que está adentro muerta? ¿Qué tus ojos sino ventanas de perdición y ruina?».

«Abrieron su boca sobre ti tus enemigos, y silbaron, y regañaron con sus dientes, y dijeron: Tragaremos: este es el día que esperábamos; hallámoslo, vímoslo».

«Allí fueron conturbados los príncipes de Edom y temblaron los poderosos de Moab».

Estas son tormentas grandiosas en boca de ese monje profético: oímos el trueno, hemos visto el rayo, y la espada del ángel del Señor, rompiendo esas nubes tremebundas, amenaza a los impíos y soberbios. Fuenmayor, en su *Vida de Pío V*, se espacia a un lado y a otro: es el Helesponto por donde ruedan los caudales de dos mares. Hurtado de Mendoza ha levantado un monumento a nuestra lengua en su *Guerra de Granada* como historiador, y en *Lazarillo de Tormes* otro como novelista de costumbres. Ved si no esta manera de referir, ¡y qué manera!:

«Montaña áspera, valles al abismo, sierras al cielo, barrancos y derrumbaderos sin salida: ellos, gente suelta».

¿Hay precisión y gracia? Las más hermosas figuras están cometidas en este pasaje, con mano maestra, ¡y en qué frase, si pensáis! Santa Teresa es hablista insigne: «Toda me parecía estaba descoyuntada y con grandísimo desatino de cabeza; toda encogida, hecha un ovillo, sin poderme mover, más que si estuviera muerta».

«Tienen los niños un acelerado llorar que parece van a ahogarse; y con darles a beber cesa luego aquel demasiado sentimiento».

«No hagas tan gran pecado como poner a Dagón par a par del arca».

«Querer una como yo hablar en una cosa tal, no es mucho que desatine».

«Suplique vuesa merced a Dios o me lleve consigo o me dé como le sirva».

Bien está que no hablemos como esos antiguos en un todo; mas la pureza, la eufonía, la numerosidad, la abundancia, busquémoslas, imitémoslas. Para mí, yo bien quisiera, enternecido y afligido con la meditación sobre la muerte, hablar a semejanza de este admirable antiguo: «Llegada es ya mi vez, cumplido el número de mis días: ahora moriré a todas las cosas y todas ellas para mí. Pues, ¡oh mundo!, quedaos a Dios. Heredades y hacienda mía, quedaos a Dios. Amigos y mujer e hijos míos, quedaos a Dios, que ya en carne mortal no nos veremos jamás».

«Breves son, Señor, los días del hombre, y el número de los meses que ha de vivir, tú lo sabes».

Ahora ved esta deliciosa cadencia de períodos: «Para ti enreda y trama el gusano hilador de la seda: para ti lleva hojas y fruto el árbol hermoso: para ti fructifica la viña: el vellón de lana que cría la oveja, beneficio tuyo es: la leche y los cueros y la carne que cría la vaca, beneficio tuyo es: las uñas y las armas que tiene el azor para cazar, beneficio tuyo es».

¿Cómo volviéramos a nuestro modo de escribir este lugar tan lleno de majestad y elegancia? La lana, las uñas... ¡oh!, esto es haber perdido la lengua, haberla corrompido hasta la medula, haber profanado una deidad propicia. Espíritu de la Santa Doctora, desciende sobre mí, alúmbrame. Alma del padre sabio, ¡oh tú, Granada invisible!, si en tus peregrinaciones al mundo; si cuando sales a recoger tus pasos, aciertas a distinguir a ese devoto de tu nombre, bendícele. Y tú, Cervantes, a quien he tomado por guía, como Dante a Virgilio, para mi viaje por las oscuras regiones de la gran lengua de Castilla, echa sobre mí los ojos desde la eternidad, y anímame; llégate a mí, y apóyame; dirígeme la palabra, y enséñame. Cuando yo te pregunte: Maestro, ¿quién es esa sombra augusta que a paso lento está siguiendo la orilla de ese río? Tú has de responder: Inclínate, hijo, ese es don Diego Hurtado de Mendoza.

Maestro, ¿quién es el espectro que allá va alto y sereno, los ojos vueltos arriba? —Ese es Fernando Rojas, autor de *La Celestina*; salúdale.

Maestro, ¿quién es ese espíritu que se agacha a beber en esa fuente, debajo de estos acopados mirtos? —Es Moratín, llamado Inarco Celenio. A éste no le hables: huirá como una cervatilla; es tímido y esquivo como una virgen vergonzosa.

Maestro, ¿quién es esa alma rodeada de un resplandor divino, que está echándole la mano al cuello a ese arco iris? —Ese se llama don Gaspar de Jovellanos, hijo. Es el pontífice de los escritores: llégate a él, y dobla la rodilla.

Y agora, mi buena señora, me acorred, pues que me es tanto menester.

Capítulos que se le olvidaron a Cervantes

Capítulo I. De la penitencia que a imitación de Beltenebros principió y no concluyó nuestro buen caballero don Quijote

La casualidad quiso que Rocinante tomase por una vereda que en dos por tres los llevó, al través de un montecillo, a un verde y fresco prado por donde corría manso un arroyuelo, después de caer a lo largo de una roca. El Sol iba a ponerse tras los montes, y sus últimos rayos, hiriendo horizontalmente los objetos, iluminaban la cima de los árboles. El murmurio del arroyo que en cascaditas espumosas no acaba de desprenderse de la altura; el verde oscuro del pequeño valle donde tal cual silvestre florecilla se yergue sobre su tronco; el susurro de la brisa que está circulando por las ramas; el zumbido de los insectos invisibles que a la caída del Sol cantan a su modo los secretos de la naturaleza, todo estaba convidando al recogimiento y la melancolía, y don Quijote no tuvo que hacer el menor esfuerzo para sentirse profundamente triste.

«Tan grande es mi desventura, ¡oh amigo! —dijo—, que se ha de prolongar más allá de mis días, pues no veo que hacia mí venga doncella ninguna con ninguna carta. Oriana fue menos cruel con Amadís, Onoloria con Lisuarte, Claridiana con el caballero del Febo: convencidas de su error en el negocio de sus celos, mandó cada cual una doncella a sacar a su amante de las asperezas donde estaba consumiéndose. Para mí no hay doncella, viuda ni paje que me traiga la cédula de mi perdón, y a semejanza de Tristán de Leonís habré de perder el juicio en estas soledades». Se apeó en este punto y se quedó inmóvil, apoyado en su lanza, muy persuadido de que un mundo de amor y dolor estaba gravitando sobre él. Contemplole un buen espacio su escudero; mas viendo que la apasionada criatura se dormía en sus pensamientos, se atrevió a interpelarle de este modo: «¿Así piensa vuesa merced pasar la noche, señor don Quijote? Si la señora Dulcinea tuviera noticia de este martirio, aún no tan malo; pero atormentarse el jaque mientras la coima está solazándose, sabe el diablo con qué buena pécora, no me parece puesto en razón. Quiérala vuesa merced, mas no hasta perder el hambre ni el sueño; que ellas no lo suelen pasar mal en consideración a nuestras amarguras. Hijos de tus bragas, y bueyes de tus vacas, señor. Del viejo el consejo:

oiga vuesa merced el mío, y dejando para mejor ocasión la penitencia, monte a caballo, y vámonos adelante, que tiempo no nos ha de faltar para morir de apasionados mientras hay hembras en el mundo».

Avínole bien a Sancho que su amo estuviese tan absorto en sus pensamientos, que si oyó la voz maquinalmente, no apreció el sentido de las palabras. Llamarle jaque a él y coima a su angélica soberana, era irreverencia digna de doscientos palos. No respondía el caballero, y seguía pensativo y melancólico, echando ayes de más de la marca y volviendo los ojos a la bóveda celeste. De súbito se tiró sobre Rocinante y se metió por un bosquecillo, mientras el escudero daba de los talones a su jumento, por no quedarse rezagado. No a mucho andar, desembocó en un sitio descubierto, y vio a su señor hacia la margen de un riachuelo, con ese talante alerta y belicoso con que el caballero solía brillar cuando pensaba ser cosa de aventura. «Asombrado estoy, Sancho: o es alucinación mía, o por estas orillas sonó poco ha el blando llorar de un niño. Mira por esas malezas si das con una cuna de marfil o un cestillo de mimbres; que de este modo suelen exponer a las corrientes de las aguas los hijos que las princesas han a furto de sus padres. —Si vuesa merced oyó ese clamor, diga que es el diablo, respondió Sancho. ¿Qué niño ha de haber por estos despoblados? Haga la Virgen que estos sean otros batanes, o aquí me acabo de morir de miedo. —¿Cómo quieres, replicó don Quijote, que la malicia, la perversidad, la condenación tomen la forma de los ángeles? Ángeles son los niños en la tierra: si los años y las tentaciones del mundo no torciesen y corrompiesen su naturaleza, no tendría el hombre necesidad de pensar en otra vida, porque en esta misma gozaría de la gloria. —¿Y cómo es, volvió Sancho a decir, que vemos al diablo pasar echando fuego por los ojos, saltando y bramando como chivo, o se nos mete en casa en figura de gato negro, cuando no prefiere ser mono? —Mona es tu cara, lego supersticioso, dijo don Quijote. Concediendo que Satanás tuviese el poder de entrometerse con nosotros, yo nunca le daría un exterior perfecto, ni él me engañaría con su persona, aunque fuese brujo. Si se presenta de gallardo mancebo, el pie de horqueta no lo puede ocultar; si comparece de fraile, la joroba le denuncia; si viene de niña hermosa, la una oreja le está ardiendo como una ascua. —Y cuando sale de caballero andante, ¿en qué se le conoce, señor?, preguntó Sancho. —De escudero suele salir, bellaco: yo no se si ahora mismo no lo tengo en mi presencia. De caballero andante no sale ni puede salir: la profesión de los tales caballeros es el amparo de los desvalidos, el socorro de los menesterosos, el remedio de los angustiados, y aquel personaje se ocupa en hacer todo lo contrario. Ve y requiere la espesura de esas cañas, de donde a mi parecer salió el vagido. —¿Vuesa merced me garantiza de que el Malo no se convierte jamás en persona humana? —Aun cuando por de pronto cargase contigo, respondió don Quijote, no sería cosa: del quinto infierno te habría yo de sacar, y como el fuego todo lo purifica, bien pudiera ser que te dejaras por allá algunas de tus impertinencias y bellaquerías».

Habíase apeado Sancho Panza y se puso a cruzarse el pecho con santiguadas enormes. Armado así, empezó a volar la ribera. «¡Hide... tal, y cómo se menea!, gritó al cabo de un rato: ¡no tiene mal rejo el angelote!». Acudió el caballero a las voces, y vio un fresco pimpollo tendido al pie de un arbusto. Negros y grandes eran los ojos del párvulo, y miraban con dulce limpidez, dejando ver tras ellos la pureza de los serafines. «¿Querías que éste fuese el demonio, hombre sin fe ni conciencia?, dijo don Quijote. Al pecho debe tener una carta que indique su nombre y condición; si bien estas ricas telas nos dan a conocer anticipadamente la real prosapia de este infante». Y quedándose pensativo un rato, agregó con algún recuerdo caballeresco:

«Tomes este niño, conde,
Y lléveslo a cristianar:
Llamédesle Montesinos,
Montesinos le llamad».

«Este muchacho debe de pertenecer a una familia de pastores, dijo Sancho, quienes le dejaron aquí dormido mientras recogen las ovejas. —¡La oveja eres tú!, respondió su amo encolerizándose manifiestamente. Si supieras cómo pasan las cosas en el mundo de la caballería, dieras por cierto que este mancebillo tendrá trono que ocupar y pueblo que regir, por obra de esta mi buena espada. —Ofrecida sea al diablo la gana que tengo de cargar con este avechucho, señor don Quijote. —Cuando yo tengo por príncipe a este ser tan bello como desvalido, respondió el caballero, has de hablar de él con respeto, so pena de incurrir en delito de lesa majestad. ¿Qué hubiera sido del mayor de los profetas, si en vez de la doncella caritativa que le salvó del agua, se hallasen por ahí un corazón bronco y un juicio huero como los tuyos? ¿Y Pelayo, el gran Pelayo, no fue asimismo expuesto a la corriente del Tajo y depositado en la orilla del río que obedecía los decretos de la Providencia? Mira cuántos y cuán grandes males, sin una mano benéfica que le salvase y un hombre discreto que le criase. Los moros dueños de España para siempre, la fe de Jesucristo perdida en ella, la noble raza de Alarico sujeta a la cimitarra. —Juro a Dios por esta cruz, dijo Sancho, que si este rapazuelo está para evitar esas calamidades, yo he de ser su tutor y padre, y le he de mantener como a mi hijo propio, aun cuando me salga un tarambana, pues yo sé el refrán que dice: «A padre ganador, hijo despendedor»; y no se me olvida que «a padre santo, hijo diablo». —Si a refranes va, replicó don Quijote, el que haría al caso sería el que dice: «de padre cojo, hijo ronco». Pero no das en el clavo; esos males están remediados e impedidos para en lo adelante; ni se trata de que este niño sea Pelayo, sino uno que está destinado quizás para mayores cosas. Don Amadís de Gaula, dime, don Amadís de Gaula, ¿cómo piensas que salió a buen puesto, y vivió para ser el espejo de la caballería? ¿Y el niño Esplandián, hijo de este buen Amadís y la sin par Oriana, no fue asimismo echado al mar, porque su madre no padeciese en su fama? Angeloro, fruto ilegítimo de Medoro y Angélica la bella, que vino a ser soberano del Catay, debió la vida y el cetro al sabio Proserpido, habiendo aportado la cuna de ese emperador en cierne en la isla de este solitario. Alza el niño, Sancho, y vente tras mí. El buen obrar trae consigo mismo la recompensa, aun cuando no se sigan efectos más notorios. —Si hay aquí gato encerrado, dijo Sancho, yo he de ser, como de costumbre, el que lo lleve al agua». Don Quijote estaba ya muy adelante, y no oyó las razones de su escudero, el cual hubo de seguir con el hallazgo a cuestas, esperando la segunda parte de la aventura, que de ordinario suele verificarse sobre sus costillas.

Capítulo II. Del encuentro que don Quijote de la Mancha tuvo con Urganda la desconocida

Una columna de humo que salía de un arbolado los guió a la mansión campestre que daba esa señal doméstica tan grata para rendidos caminantes. Apeose don Quijote, y como a nadie viese, dijo a Sancho: «Mira si descubres por ahí algún ser viviente con quien podamos averiguarnos. El humo es claro indicio de la presencia humana, y el fuego el más fiel y consolador amigo del hombre. —No veo animales ni aves caseras, respondió Sancho; y no hay choza sin gallinas, ni gente honrada que no tenga su vaca, o por lo menos su cerdo en el patio. Esta es guarida de ladrones, o soy mal zahorí. De más buena gana ando yo por caminos reales, donde los peligros no son tan eminentes, y adonde la Santa Hermandad puede acudir a tiempo. Conviene, señor don Quijote, que nos vuélvamos sin tocar al avispero. Guárdate, dice el Señor. —El miedo y la ignorancia, respondió el hidalgo, son los toques principales de tu carácter. Si algún peligro hubiese, podría él ser inminente. Eminentes son los príncipes de la Iglesia. Y quieres que nos vuélvamos: sé tú más buen cristiano, y querrás cuando más que nos volvamos. ¿Qué temes, apocada criatura? ¿Por qué lloras, niño septenario? ¿Qué es lo que te hace temblar, mujer sin resolución?

> Niña sois, pulceta tierna;
> Tu edad, de quince no pasa,

pero yo te haré pasar por las llamas infernales si fuere necesario. ¿No ves que con tu eterna pusilanimidad me pierdes el respeto, dando a entender que no tienes entera fe en la eficacia de mi protección? Si te asaltan bandoleros, si te aporrean venteros, no es nada: aquí está don Quijote para seguirlos, cogerlos y escarmentarlos. —El cielo pague tan buenas intenciones, replicó Sancho; mas cuando veo que ellas nada valen contra estacas de yangüeses, no puedo renunciar del todo a la prudencia. Can de buena raza, siempre ha mientes del pan y de la... manta. —La prudencia suele servir de máscara a la cobardía, dijo Don Quijote, y las previsiones extremadas son diligencias del miedo las más veces. Ni espectros ves, ni oyes alaridos, ni hay cosa que justifique tu desmayo. —Ni espectros vi, ni oí alaridos en el val de las estacas, señor, y con todo, no saqué muy sano el cuerpo. —Cuando eso te quiere suceder, volvió a decir don Quijote, ¿por qué no te defiendes como bueno? ¿Parécete mejor andar enfermándome los oídos con tus lamentaciones, que arrostrar al enemigo, y vencerle o sucumbir con gloria?».

En estas razones estaban caballero y escudero, cuando salió de por ahí una vejezuela, apoyada en un bordón que la sostenía a duras penas. Un siglo en piel y huesos, cien años comprimidos y reunidos en escaso volumen, tal era el objeto que se ofrecía a la vista de los aventureros, quienes no las tuvieron todas consigo en presencia de ese ente vaporoso. Ni se vio jamás cara más arrugada, amoratada y desfigurada; ojos más chiquitos, hundidos, amortiguados y nublados; cuerpo más seco, trémulo y enclenque; paso más inarmónico, débil e inseguro que los del espectro que allí se les venía acercando. Las manos eran flacas, los dedos nudosos, la cabeza sin pelo, sino tal cual mechón ceniciento por la nuca; los labios, negros, flojos y caídos; el cuello, cuatro cuerdas; el pecho, teatro de amor y voluptuosidades ahora ha ochenta años, causaba horror. Si persona humana, era esa la burla que el viejo hechicero llamado Tiempo hace del hombre transmutándole en un ser de naturaleza extraña, en el cual no caben hermosura ni felicidad. Esos ojos que hielan el corazón fueron ojos de ángel enamorado; la boca purpurina, nido de dulces sonrisas, es hoy puerta de la sepultura; la convexidad rubicunda de sus mejillas, los declivios suaves, primorosos de su seno, son cavernas; la mano, blanca, lisa, es un horrible garfio. Ese ente feo, horripilante, fue mujer hermosa, amó e infundió amor. El hombre que se extralimita en los términos comunes de la existencia humana, sale del mundo, en cierto modo, sin dar en la eternidad, y se queda entre la vida y la muerte, causando en los demás un respeto que hasta se parece al miedo. El que llega a los cien años tiene ya sobradas conexiones con la tumba, es un aparecido, y no se le puede mirar sin el terror secreto con que contemplamos el Genio del sepulcro revestido de fuerzas humanas.

La vejezuela tenía los ojos clavados en el niño, mientras Sancho Panza no podía ya con la angustia de su pecho, dando al demonio la adquisición de esa prenda. «No habrá sino entregarlo como está, señor don Quijote, dijo: sano le hallé, sano le traigo, y cuéntenle los pañales. —He de ser muy hábil y mañero para que yo haga carrera contigo, respondió don Quijote; y acomodando las circunstancias a su locura, le habló pasito de este modo: «Esta es, hijo Sancho, una fada o encantadora que quiere probarme. La sabia Belonia miraba por don Belianís de Grecia; Hipermea protegió a don Olivante de Laura; la fada Morgaina y la dueña Fondovalle a Florambel de Lucea...». Aquí estaba de sus divagaciones don Quijote, cuando llegó corriendo una mujer exasperada, se tiró sobre el parvulito, y arrancándolo de los brazos del escudero, se puso a devorarlo a besos. «Hermosa señora, dijo don Quijote, vos sois, sin duda, la madre de este niño: don Quijote de la Mancha ha tomado por suya la cuita de vuestra grandeza, y promete no envainar la espada sino después del más completo desagravio que a princesa hizo jamás ningún andante caballero». La angustiada madre empezó a requerir con la vista los alrededores, cosa de malísimo agüero para Sancho, quien no perdió tiempo de alegar en su defensa: «Mirad, hermana, que yo no quito hijos a nadie, pues los tengo propios; ni robo gente, porque no la he menester. Hallamos solo y abandonado a este mamoncito, y le he cogido en mis brazos como obra de caridad. En honradez yo sé quién soy, y mi señor don Quijote que no me dejará mentir». Serenada la pobre mujer con este discurso, preguntó a los viajeros el motivo de encontrarse por lugar tan solitario.

> «El caballo iba cansado
> De por las breñas saltare:
> El marqués muy enojado
> Las riendas le fue a soltare.
> Por do el caballo quería
> Le dejaba caminare»,

respondió don Quijote, aludiendo a la costumbre de los aventureros de dejarse llevar por sus caballos. «¡*Deo gratias*!, dijo uno como gigante, presentándose allí con una hacha al brazo; ¿quiénes son estos hombres? —¿Hombres decís?, respondió don Quijote; ¿hombres y nada más? —¡Arre allá, diablo!, repuso el gañán; ¿qué buscarán éstos por aquí? Si esta choza acomoda, serán voacedes servidos con el queso de mis cabras y con una zalea para dormir. Hombres somos todos, y ojalá fuéramos hermanos».

Subyugado por tan buenas expresiones, mandó el caballero poner las bestias al pasto de la verde grama, teniendo en cuenta no quitar a Rocinante sino el freno, según es de uso y costumbre en las aventuras. Como el diligente escudero andaba en este afán, se le llegó su amo y le dijo con cierta cautela: «¿Pueden rodar las cosas por su pendiente natural, cuando en ellas anda metida una mágica tan entruchona como Urganda? No dudes en tener por tal a esa viejecilla. Tú vas a verlo: envuelta en una nube se nos va por los aires cuando menos acordemos, o desaparece convertida en fiera sierpe. ¿Quién sabe si este no es un castillo encantado, y aquel jayán el mago Alquife, marido de la dicha Urganda? Diligencia no he de omitir para desentrañar la verdad; y cuando todo saliere fallido, mi espada no faltará. Aunque es cosa de ver despacio si no me estuviera mejor deshacer el encanto con arte y maña, valiéndome de un anillo prodigioso, el de Gigés, verbigracia, del cual se sirvió Bradamante en un caso tan peliagudo como éste. Bien es que para ello me habré de disfrazar de mujer, y me hará muy al caso llamarme Daraya o Garaya, a imitación del príncipe Agesilao. —Tan castillo encantado es este como el de Juan Palomeque, respondió Sancho. Venga ese queso aunque sea de cabra, que en año malo la paja es grano; y donde nada nos deben, buenos son cinco dineros. En lo de Urganda no me entremeto: vuesa merced puede tener razón, y yo mismo estoy en un tris de tener por bruja a esa vieja. —¿Y donde hay bruja no habrá magia?, replicó don Quijote; ¿y donde hay magia no habrá encanto?, ¿y dónde hay encanto no habrá príncipes y princesas? Ven acá, bobillo, ¿te juzgas más perito que tu señor en esto de las aventuras? Espera y verás lo que es bueno».

Capítulo III. De la manera como don Quijote de la Mancha hizo suya una aventura de otro famoso caballero

No era muy claro el estilo caballeresco para esa buena gente, y estaba entre admirando a huésped tan singular y recelándose de sus armas. La hacendosa campesina no había por esto dejado de entender en la bucólica, y un puchero humeante era el testimonio de su diligencia. El alma se le iba a Sancho tras aquel humillo: hubiera querido verse ya mano a mano con la cazuela, aun cuando ella no prometiera tanto como las bodas de Camacho. Pero no hay manjar como la buena disposición, y el hambre adereza maravillosamente hasta las cosas humildes: ella es la mejor cocinera del mundo; todo lo da lampreado y a poquísima costa. Dichosos los pobres si tienen qué comer, porque comen con hambre. La salud y el trabajo tienden la mesa, bien como la conciencia limpia y la tranquilidad hacen la cama: el hombre de bien, trabajador, se sienta a la una, se acuesta en la otra, y come y duerme de manera de causar envidia a los potentados. La pobreza tiene privilegios que la riqueza comprara a toda costa si los pudiera comprar; mientras que la riqueza padece incomodidades contra las cuales nada pueden onzas de oro. ¿Cuánto no daría un magnate por un buen estómago? El pobre nunca lo tiene malo, porque la escasez y moderación le sirven de tónico, y el pan que Dios le da es sencillo, fácil de digerir, como el maná del desierto. El rico cierne la tierra, se va al fondo del mar, rompe los aires en demanda de los comestibles raros y valiosos con que se emponzoña lentamente para morir en un martirio, quejándose de Dios: el pobre tiene a la mano el sustento, con las suyas lo ha sembrado enfrente de su choza, y una mata le sobra para un día. El faisán, la perdiz son necesidades para el opulento, hijo de la gula; al pobre, como al filósofo, no le atormentan deseos de cosas exquisitas. Más alegre y satisfecho sale el uno de su merienda parca y bien ganada, que el otro andando a penas, henchido de viandas gordas y vaporosos jugos. El uno come legumbres, el otro mariscos suculentos, producciones admirables del Océano: el uno se contenta con el agua, licor de la naturaleza; el otro apura añejos vinos; y en resumidas cuentas, el que no tiene sino lo necesario viene a ser de mejor condición que el que nada en lo superfluo. ¿Hay algo más embarazoso, fastidioso, peligroso que lo superfluo? Donde la necesidad y la comodidad se dan la mano, allí está la felicidad, y, de esa combinación no nacen ni el hastío ni el orgullo; otra ventaja. Soberbia, malestar, desabrimiento, de la riqueza provienen, cuando no es bien empleada; que cuando sirve de báculo de la senectud, vestido de la desnudez, pan de la indigencia, la riqueza es fuente de gratas sensaciones, y por sus méritos a ella le toca el cetro del mundo. ¿Pero dónde están los ricos ocupados en el bien de sus semejantes? Son de especie superior, creído lo tienen, y su corazón, bronco por la mayor parte, no suele abrigar los afectos suaves, puros, que vuelven la inocencia al hombre, le poetizan y elevan hasta los ángeles, sus hermanos. El Señor promete el reino de los cielos a los pobres; de los ricos, dice ser muy difícil que atinen con sus puertas. Si, pues, los ricos tienen esta dificultad, no son los más bien librados; aunque pueden redimirse con sus caudales, empleándolos en dar de comer al hambriento, de beber al sediento, vestir al desnudo, siempre de corazón, sin prevalecer por la soberbia. El silencio es el reino de la caridad, abismo luminoso donde no ve sino Dios; si alquilas las campanas para llamar a los pobres y dar limosna a mediodía en la puerta de la iglesia pregonando tu nombre, eres de los réprobos. La misericordia es muy callada, la compasión muy discreta, la caridad muy modesta: al cielo subimos sin ruido, porque la escalera de luz no suena.

Sancho era de los pobres: el ejercicio daba en él fuerza al hambre, a la cual ayuda el no tener idea fija ni pensamiento inquieto, con un corazón del todo apagado. Así es que, en ofreciéndose espumar un caldero, no lo hacía con etiqueta, y a falta de pichones no asqueaba la gallina. El dueño de casa invitó a sus huéspedes en buenos términos a la penitencia; y don Quijote comió sin dejar de figurarse que estaba en el palacio de un emperador. Fija la imaginación en los encantamientos, transmutaciones y prodigios que él se tenía sabidos, explayó en ellos la palabra, y después de otras razones, continuó de sobremesa: «No pocas glorias me ha frustrado un sabio mi enemigo que en particular me persigue; pues han de saber vuesas mercedes que así como echo en tierra a mi contrario y le tengo debajo de mi lanza, me lo convierte luego en persona distinta, y siempre un conocido, a fin de que no acabe yo de matarle, o en objetos ruines que se burlan de mi justa cólera. Los gigantes vueltos cueros de vino; la transmutación de mi señora Dulcinea del Toboso en una labradora; el caballero de los Espejos cambiado en bachiller Sansón Carrasco, y su escudero en Tomé Cecial, son niñerías para con la aventura del gigante Orrilo. —¡Y qué narices las del tal escudero!, dijo Sancho: sé decir al señor don Quijote que si sus enemigos invisibles no cambian ese monstruo en Tomé Cecial, allí entrego yo el alma al diablo. Salgo fiador, señores, de la verdad de esa aventura, si bien la del gigante Burrillo no se me acuerda por ahora. —Decir pudieras, respondió don Quijote, que te constaba aquel suceso. ¿No te acuerdas cómo no había forma de acabar con el nigromante, porque así le derribaba yo un miembro como él lo tomaba y lo volvía a su lugar? Échole un brazo en tierra; hele allí que se agacha, lo toma y se lo pega como nacido. De un tajo, ¡zas!, le vuelo entrambas piernas: corre y se incorpora en ellas para volver a la carga. Le corto la cabeza, la que rueda por el suelo dando botes: el mago se precipita sobre ella y se la planta sobre los hombros. ¿Y esto se te olvida?, ¿y esto pones en duda?, ¿y esto niegas, desalmado Sancho? —No niego, señor don Quijote. Déme vuesa merced la primera letra del lugar de ese acaecido, y podré venir en lo que vuesa merced mandare. —En Damiata, cautivo, replicó don Quijote; en la desembocadura del Nilo, desmemoriado; no lejos del Cairo, impostor; al pie de la torre de donde aquel ladrón salía y mataba o se llevaba prisioneros a cuantos podía haber a las manos en un gran circuito. —Dígame, señor don Quijote, y así Dios provea a sus necesidades, ¿vuesa merced consumó en persona esa hazaña? ¿Yo dónde estuve? —Estarías en los infiernos, bellaco. En persona no consumé la hazaña; mas como vencí a Astolfo, vencedor de Orrilo, todas sus acciones y proezas me pasaron a mí; y según las reglas de la andante caballería, puedo y aun debo contarlas por mías. ¿Qué más da que hubiera yo vencido al nigromante o al aventurero que le quitó la vida? —Y a ese Astolfo ¿en dónde le venció, señor mío de mi ánima?, preguntó Sancho. —De las narices bien te acuerdas, respondió don Quijote; mis hechos de armas de buena gana olvidas. ¿Quién piensas que fue ese que pareció el bachiller Sansón Carrasco cuando le tuve muerto? ¿Quién se combatió conmigo bajo el nombre de caballero de los Espejos? ¿A quién rendí, a quién perdoné, a quién mandé ir y poner se a los pies de mi señora Dulcinea del Toboso, para que ésta hiciese de él a su guisa y talante? Pues ése fue Astolfo, según yo me lo doy a entender; y ese Astolfo hizo con el gigante Orrilo lo que no quieres comprender ni confesar. Oye bien, gaznápiro: no es Burrillo como dijiste, sino Orrilo. —Según eso, volvió Sancho a decir, vuesa merced dispuso de la cabeza del jayán, pues le correspondía como botín de guerra. —Y dispondré de la tuya. Lo que dispongo es que no digas ni chus ni mus hasta nueva licencia, o te compongo las intenciones y enderezo las palabras, galopín ingenioso. La cabeza del jayán no podía yo sino echar a los perros; el despojo que ansiaba era el famoso cuerno de su vencedor, prenda más codiciable que el anillo de Angélica o las armas de Rolando». La exaltación del caballero era ya de las que su criado solía respetar; y así salió mohíno éste, so pretexto de mirar por las caballerías, no fuese que Ginesillo de Parapilla

151

cargase de nuevo con el rucio. Como en todo pecho generoso, la cólera no duraba en don Quijote: cuando la consideró apagada, volvió el escudero; y como la noche anduviese muy adelante, cada cual se acomodó lo mejor que pudo, y todo quedó en silencio. Silencio que no duró una eternidad, porque don Quijote lo interrumpió diciendo: «Sancho, Sancho, esto de la reposición en su trono del príncipe que hallarnos poco ha, es cosa de mucho momento. Mira cómo te levantas y con suma cautela requieres las murallas de esta fortaleza, por si descubres un resquicio o desportilladura que me dé paso, puesto yo sobre Rocinante. Tomándolos por sorpresa, me llevo de calles a todos los paladines que lo defienden, y sin más ni más dejamos concluido este negocio. Pero ten cuenta de no hacerte sentir por el atalaya, porque te disparará por lo pronto una jabalina y echará a vuelo las campanas del castillo. Anda, hijo, y da gracias a Dios que así te dé para ocasiones donde te muestres prudente y generoso. —Albricias, madre, que pregonan a mi padre, respondió Sancho: ahora debo dar gracias por lo que me mataría de pena, si me viese en la necesidad de cumplir. A res vieja alívale la reja, señor: sin descansar no hay trabajar, y sin dormir no hay azotarse. —¿Qué estás diciendo ahí de azotes, embustero? ¿Quién te ha mandado azotarte ahora? —Como vuesa merced, replicó Sancho, quiere remediarlo todo a costa mía, pensé que se trataba de desencantar de nuevo a mi señora Dulcinea, y de camino al muchacho. —Duerme, animal, dijo don Quijote, duerme, y no me saques de mis casillas con tus necedades y embustes. Cuando yo te mande que te azotes, te azotarás; y si no te azotas, morirás, escudero mal intencionado e insurgente». Durmió Sancho; no se azotó ni bien ni mal, y al otro día salió a la conquista del mundo tras su señor, el cual no se acordó del príncipe, de Urganda la desconocida, ni de maldita la cosa.

Capítulo IV. De la grande aventura de los tres penitentes, y otras de menos suposición

«¿Y ahora adónde vamos?, preguntó Sancho. Si todas las aventuras han de correr como la de esta noche, ya puede vuesa merced llevarme al fin del mundo. Hemos comido bien, no hemos dormido mal, y ni la fada Urganda ni el mago Alquife nos han perjudicado en lo más mínimo. —Si esta resolución dura en ti, respondió don Quijote, no veo lejano el día en que te halles conde de Oropesa o pertiguero mayor de Santiago. El buen semblante que ponemos a los sucesos de la vida parece modificarlos en favor de los ánimos serenos, a quienes el pasado no aflige, no desconcierta el presente ni pone cavilosos el porvenir. Pero si los quebrantos y las desgracias encuentran en ti la filosófica resistencia del sabio, ten cuidado de no salir de madre al primer viento propicio que te sople: harto dejas conocer que así te ensoberbece la próspera como te hace desmayar la adversa fortuna. ¿Qué motivo de alborozo es el que hubieses comido y dormido bien una noche? Más digno de nosotros sería haberla pasado en vela y en ayunas para seguir mejor nuestra profesión de andantes. —Yo supongo, replicó Sancho, que no porque uno satisfaga sus necesidades, será menos caballero ni escudero. Antes pienso que los a quienes compete la fuerza y cuyo asunto es la espada, se han de alimentar mejor. Para vivir ayunando, tanto valiera dar en ermitaños, o de una vez en santos milagrosos, a quienes les bastan cinco habas crudas o tres hojas silvestres por comida. —¿Y no compensamos, repuso don Quijote, las penurias de nuestro estado con los festines que nos ofrecen las reinas y emperatrices a quienes vamos reponiendo en sus dominios? —El pan de Dios dádnosle hoy como todos los días, reza nuestra santa madre Iglesia, dijo Sancho. —Tendríaste por hereje, respondió don Quijote, si no embaulases cuanto puedes haber a las manos. A tu parecer, Sanchico, bueno es aquel negocio; y será mejor si añades los mandamientos de hurtar los bienes ajenos y codiciar la mujer de tu prójimo. Pues, ¡voto al demonio!, que te hallas apto para recibir las órdenes sacerdotales. En la primera ciudad adonde lleguemos, te hago tonsurar, y si tienes capellanías, a dos tirones te ves cura de Tordesillas o canónigo de Toledo. —Quien a buen árbol se arrima, buena sombra le cobija, señor don Quijote: uno que anda al servicio de vuesa merced no puede parar en menos. Viénesme a deseo, huélesme a poleo: ¿a vuesa merced he oído que Maripapas hubo en Roma? —Como Marisanchas en tu pueblo, respondió don Quijote: pudieras haber dicho papisas. Sí, señor; y se llamaba Juana la más notable de ellas. —Sea, dijo Sancho, que el tiñoso por pez vendrá. —¡Válate el diablo, Sancho excomulgado!, ¿a qué viene el tiñoso en el asunto que tratamos? —Viene a que todos somos unos; y con el mazo dando y a Dios llamando; y que así como hubo en Roma una papisa Juana, así ha de haber en el Toboso una obispa Dulcinea. Si la mujer del alcalde es alcalda, y la del testigo testiga, la del obispo ha de ser por fuerza obispa. Y a quien Dios se la dio a San Pedro se la bendiga; que yo con la mía me contento, aunque regaña y aconseja más que un abad. Pero a mujer brava, soga larga; y holgad, gallinas, que es muerto el gallo. —Si por algo quisiera yo sobrevivirte, repuso don Quijote, sería por grabar sobre tu losa en indelebles caracteres este epitafio que parece hecho para ti:

> Y es tanto lo que fabló
> Que aunque más no ha de fablar,
> Nunca llegará el callar
> Adonde el fablar llegó.

¿De dónde sacas ese chorro de refranes, parlanchín desesperado? Tú eres mejor para dueña que para escudero, y no estoy lejos de ponerte con faldas y tocas blancas al servicio de una reverenda viuda. —Eso sería echar margaritas a los puercos, señor don Quijote; sobre que mi silla había de quedar vacante, supuesto que vuesa merced me destina para el coro. —Señor prebendado, dijo don Quijote, si vuestra dignidad no me lo estorbara, os había yo de refrescar ahora los lomos con el asta de mi lanza. Pero dad por recibida esta demostración y seguidme, cosidos los labios más que si fuerais mudo de nacimiento».

Algunas horas habían andado hasta cuando desembocaron en una carretera por donde fueron siguiendo callados y con hambre. Don Quijote mismo no hubiera puesto reparo en desayunarse, aunque sus deseos ordinarios eran de aventuras antes que de otra cosa. Como si todo ocurriera para dar asunto a su profesión, sucedió que por ahí se viniesen acercando tres personas, no de pies como racionales, sino a modo de cuadrúpedos. Todos venían descubiertos y descalzos, con señales de estar cumpliendo una penitencia, según la humildad de la postura y la compunción con que se arrastraban. «¿Y eso qué diablos es?, dijo don Quijote al verlos. Yo me los voy encima, Sancho, y a punta de lanza escudriño este que parece misterio, si no es más bien una entruchada de algún sabio burlón que quiere darme una cantaleta». Sin añadir otra cosa, apretó los talones contra los ijares de su caballo, bajó la lanza, arremetió, desbarató y dispersó la tropilla de esa gente a gatas. No debían de ser paralíticos los mezquinos, porque tan luego como sintieron esa estantigua sobre ellos, se pusieron de pies y echaron a correr de modo que no los alcanzara un galgo. Librolos la Virgen a los dos; el tercero fue víctima de don Quijote, pues en el punto en que se enderezaba cayó de nuevo en tierra, sin más ánimo que el que hubo menester para encomendarse a Dios y sus santos. «Yo le volviera la vida a este malandrín, dijo don Quijote, sin perjuicio de quitársela por segunda vez, para que me explicara lo que significaba el ir así por estos caminos, y adónde iban en cuatro pies que no pudieran ir en dos. —Habrán sido baldados, respondió Sancho. —Eres un sandio que se pierde de vista, replicó don Quijote: a tus ojos se disparan como ciervos y piensas que serán baldados. —Pues si no son baldados, volvió a decir Sancho, serán pícaros que están haciendo de inválidos para beneficiar nuestra bolsa. Mátelos vuesa merced a todos, señor don Quijote, que estos ciegos y estos cojos fingidos perjudican a los verdaderos. —Tengan piedad, hermanos, dijo el difunto: no somos pícaros ni inválidos de industria, sino gente de bien y católicos, que hemos hecho voto de ir arrastrándonos a un santuario a cinco leguas de aquí. —¿No estáis en la otra, buen hombre?, preguntó Sancho. —Me parece que no, respondió el peregrino. —¿Mirad no os equivoquéis?, insistió Sancho. —Como hay Dios, replicó el peregrino, que soy poco amigo de lo ajeno. Íbamos a lo que dije, y por más señas, era requisito de la promesa que hasta cuando llegáramos al monte no nos habíamos de poner en pie si nos mataban. Hágame la caridad de avisarme si mis cofrades son muertos. —Idos son..., respondió Sancho. ¡Cómo que a los penitentes se les desmadejaron las piernas! —El amor a la vida, hermano, dijo el romero sentado ya. —¿Cuántas heridas tenéis?, preguntó Sancho. —Según los dolores no deben de pasar de cuatro, respondió el devoto; o es solo una contusión, porque en verdad no veo sangre. Milagro, señores, milagro. ¿Promete vuesa merced a la Virgen Santísima, señor caballero, no matarme otra vez? —Si es como habéis dicho, lo prometo, respondió don Quijote. ¿Os hallábades en la vía purgativa o en la iluminativa? —¿Qué vías son esas?, preguntó el penitente. —La purgativa, respondió don Quijote, es el primer estado del alma que desea llegar a la perfección por medio de lágrimas, golpes de pecho y disciplinas. —Algo más, señor, algo

155

más, dijo el romero. —Luego estábades en la vía iluminativa: este es el segundo estado del alma que desea llegar a la perfección, y se ocupa en amar y servir a Dios, profundamente metida dentro de sí misma. —Algo más, señor, algo más. —Ya comprendo, vuestra vida era la unitiva: este es el último estado del alma, que pasando por los dos primeros, ha hecho, en cierto modo, acto posesivo de la beatitud divina, y ha venido a ser una misma cosa con los bienaventurados y los ángeles. —En esa estábamos, señor caballero», respondió el santo gateador. Sancho Panza no quiso callar más y dijo: «Vuesa merced, señor don Quijote, se ha echado sobre la conciencia la mala obra de haber desviado a estos hombres; y fuera menester enderezarles el tuerto que se les ha hecho. —Engáñaste por la barba, respondió el caballero: lejos de desviarle con dos o tres palos al que está haciendo penitencia, se le da algo más en que ejercite el sufrimiento y el perdón, virtudes sin las que no hay salvarse. Plácenme veros sano y salvo, hermano peregrino, sea ello efecto de un milagro, sea de no haberos yo cogido de lleno con mi lanza. Perdonad, y buena manderecha». Diciendo esto, picó su caballo, le siguió su escudero, y a poco andar tomó otra vez la palabra. «Ahí tienes, Sancho, un héroe de poema épico, o por mejor decir, tres protagonistas de otras tantas epopeyas. ¡Aquí de Cristóbal de Virués! Un asesino y pirata que se acoge a buen vivir y se traslada en cuatro pies de Roma a Cataluña, es en verdad asunto de un poema de marca. ¿Qué ideas sublimes ha de inspirar un bribón que no halla manera de venderse por bueno, sino echarse a tierra y arrastrarse como bruto? Rara concepción la del bueno de Virués, ¡un héroe que gana en cuatro pies la ermita más elevada de un monte, a contar en los de dos los robos y las muertes en que ha pasado la vida! Las ideas poéticas encarnadas en expresiones magníficas pasan de siglo a siglo. Homero y Virgilio las conciben; mas no pueden sugerirlas sino héroes excelsos, Aquiles y Héctor, Eneas y Turno. El cuadrúpedo Garín, ni respeto ni veneración infunde: un innoble matador, o un fanático menguado que imagina ponerse a derechas con el Todopoderoso, si se vuelven jumentos, no son personajes de poema. ¿Es por ventura concepto razonable pensar que con ir a gatas algunas leguas alcanzamos el reino de los cielos? Dios es altísimo, santísimo: hónrale con decoro, adórale con majestad. Lo que envilece su obra no le agrada; lo que la embrutece le irrita. El hombre de virtud eminente es el que le ama con uno como orgullo celestial; orgullo que no es sino con vencimiento de su propia excelencia. Unirse al Infinito por la luz, sentirle en los afectos propios, buscarle con las buenas obras, esto es ser santo. Pero somos de condición los españoles, que, como un frailecico por ahí nos diga que labramos para el alma, sin sombrero nos vamos al infierno, andando de rodillas».

Tocábale la respuesta a Sancho Panza, y Dios solamente sabe las sandeces que hubiera ensartado, si hubiera tenido tiempo; mas cuando ya se le pudrían las palabras en la lengua, una aventura que se le ofreció a su amo vino a ponerlas en olvido. Y fue que un hombre llegaba ahí trote trote por una costezuela, trayendo a otro atado a la cola de su caballo. Echaba ya el corazón este infelice, acezando y sudando de modo de caerse muerto; y sin duda le reventara la hiel a cuatro pasos, a no presentarse allí don Quijote en ademán de batalla. «Poneos con Dios y apercibíos para la muerte, si al punto no os apeáis y desatáis a este mezquino. —Le llevo preso, respondió el hombre, y no le soltaría si me lo mandase el Santo Oficio. —¿A virtud de qué mandamiento, repuso don Quijote, le lleváis preso y aherrojado? ¿Sois por dicha cuadrillero de la Santa Hermandad, alguacil o corchete? —Andaos a decir donaires, respondió el caminante: apártese, buen hombre, o buen diablo, y no sea tan mosca. ¿Está su merced de chunga? Eso de soltar a este pillo, será lo que tase un sastre. Sepa que le llevo a la cárcel con mis manos, porque soy su acreedor. —¡Acreedor sois vos a cuatrocientos palos!», dijo don Quijote; y le asentó un mandoble tal en la cabeza, que dio con el atrevido sin conocimiento en el suelo. Porque no saliese el caballo, le tomó por la brida y mandó a Sancho apearse y desatar de la cola al hombre. Sancho, que de suyo era propenso a la compasión, obedeció de buena gana y lo despachó todo por la posta. «Os hago dueño del caballo de vuestro opresor, dijo don Quijote al cautivo redimido, como des pojo ganado en buena guerra. Vuestro es sin condición ni restricción, tan luego como hubiereis cumplido la orden que voy a daros». Mandole en seguida cómo de ese camino enderezase para el Toboso, se presentase a la sin par Dulcinea, e hiciese todo lo demás que él acostumbraba mandar a los que iba venciendo, o favoreciendo y libertando. Juró el villano cumplir esas órdenes a la letra, montó de prisa, y sin despedirse del menor don Quijote del mundo, tomó el largo y desapareció por eso; trigos. Sancho Panza iba llegándose al cadáver, no sin tiento: «Veamos, dijo, lo que reza este muerto» y fue a tomarle un pie a fin de darle pasaporte para la sepultura, si de veras había fallecido. «¡El diablo es el muerto!», respondió el difunto con grandísima cólera, y dio una patada que si le coge de lleno al ex gobernador, no hubiera quien le arrendara la ganancia. Llevó éste el mayor susto que en su vida había llevado; y tirándose sobre el rucio desatinadamente, voló tras su amo, quien andaba ya a buena distancia.

Capítulo V. Donde se ve si devotos se quedan con los agravios que reciben, y se da cuenta de cómo don Quijote embistió a una legión que él tuvo por de mala ralea

Estaba Sancho Panza refiriendo los desmanes de aquel bellaco de difunto, cuando echándose de súbito de un barranco al camino tres hombres con sendos palos, le asentaron a don Quijote tantos y con tal prisa, que el pobre caballero hubo de venir a tierra, «Vuesa merced se halla hoy en la vía purgativa, le dijo uno de ellos; veamos en cuál se halla su escudero». De buena gana se hubiera puesto en cobro Sancho; pero el maldito rucio no se quiso mover, más que si fuera de palo. Llegaron los penitentes y le dieron una tanda que no le pedía favor a la que acababa de recibir el malaventurado don Quijote. «Quiere vuesa merced, le dijo a éste el mismo que había hecho fisga de él, entrar en la vía iluminativa? —Alevoso palmero, respondió el hidalgo, de ruines ha sido en todo tiempo el acometer sin reto ni advertencia. Dejad que pueda yo levantarme, y daos por muertos cuantos sois vosotros, ora vengáis a pies, ora vengáis a gatas. —Luego desea vuesa merced entrar en la última vía, repuso el palmero, cuando nos zahiere con tanto primor y delicadeza». Y dándole otra media docena de palos, tomaron un trotecillo de ladrón y se fueron, Dios sabe si a vacar a su romería, «*Qui multum Peregrinantur raro sanctificantur*, Sancho, dijo don Quijote. Yo me tengo la culpa, que no acabé de matar a esos traidores cuando los tuve debajo. Pero no te duela de ello, porque los seguiré hasta el polo, y tomaré tal venganza, que para los días del mundo les quedará maldita la gana de salir a romería en dos ni en cuatro pies. —A bien te salgan, hijo, tus barraganadas, se puso Sancho a responder con harta flema; el toro era muerto, y hacía alcacorras con el capirote por las ventanas. —¿Es a culpa mía, volvió a decir don Quijote con asaz de cólera, si esos malandrines caen de improviso, y después de su mala obra se escapan de mi enojo por los pies? Si así como son tres braguillas esos penitentes, fueran trescientos jayanes, yo diera buena cuenta de ellos en menos de treinta minutos. Haz que yo tenga lugar de meter mano a la espada, y como quede un pelo de ellos, di que tu señor no es de los buenos andantes. —El conejo ido, palos en el nido, replicó Sancho con la misma cachaza. —¿Querrás por si acaso darme a entender, dijo don Quijote, que he venido a tierra por falta de valor y pericia? Me ves tirado en tierra cuan largo soy, y piensas que puedes darme soga; en lo cual te yerras de parte a parte. —¿Luego vuesa merced también, está molido?, preguntó Sancho. —Por lo que alcanzo a comprender, respondió don Quijote, tengo hechas añicos las paletas; mas en tanto que pueda yo empuñar la espada, eso me da que me desbaraten el cuerpo. ¿No sabes que los caballeros andantes estamos hechos a todo género de hazañas y trabajos, y que el número ni la magnitud de las heridas son pretexto para echarnos a la cama? Venga aquí el sabio Apolidón, y propóngame la aventura del Arco Encantado, o la de la Cámara Defendida, o una y otra; y cuando no me sea dable concluillas, podré ser imputado de fortuna escasa, no de falta de intrepidez, puesto que las he acometido. Pero dejando lo uno por lo otro, Sancho, ¿te hallas en capacidad de levantarte y ponerme sobre Rocinante? —Deje vuesa merced, respondió Sancho, que pruebe a moverme; y como tenga yo el uso de los miembros principales, cuente con mi socorro y amparo. La cabeza no está mal: ¡oiga!, las piernas no se encuentran fraturadas. Ahora, con el favor de Dios, los brazos los tengo enteros. —Sea en buena hora, Sancho, dijo don Quijote, y démosle gracias por su misericordia. Respecto de las piernas, te falta alguna cosa; pues no has de decir fraturadas, sino fracturadas; ni es fratura, sino fractura. —En mi casa nunca se ha dicho sino fratura, replicó Sancho. —Costumbre buena o costumbre mala, el villano quiere que vala, Sancho amigo. Entre palabras y miembros estropeados, yo siempre optaré por la salud de los segundos. —Aparéjese vuesa merced para montar, dijo Sancho, que voy allá tan luego como me pase el calambre que me ha dado en este pie. —¡Por vida del chápiro verde, respondió el hidalgo, si pudiera yo aparejarme para montar, por el mismo caso montaría sin que me fuese necesaria tu asistencia! —Mucho habla vuesa merced, señor don Quijote, para hallarse tan malo como se figura. Hasta que el cielo acabe de mejorar sus horas, ¿podría vuesa merced decirme cómo unos hombres que están en la última vía de la salvación hacen cosas parecidas a la que han hecho con nosotros? —Si supieras lo que es el alma de un devoto, no preguntaras eso, respondió don Quijote. Los devotos son los que menos obligados se creen a sufrir una injuria o a perdonar un agravio por amor de Dios. Por un insulto vuelven cuatro; por un palo, ciento, según lo acabas de ver, y no en cabeza ajena. —Pero yo no les di ni uno, señor; y así los que he llevado son gatuitos, dijo Sancho. —También los suelen dar, respondió don Quijote, si no gatuitos, por lo menos gratuitos o sin motivo».

Aquí estaban de la disquisición, cuando cayó allí arrebatadamente el hombre a quien don Quijote había vencido una hora antes; y echándose sobre él sin andarse en razones de ninguna especie, le hubiera quitado la vida ahorcándole entre sus dedos de fierro, si Sancho no arremetiera con el belitre, y de tan buena guisa, que a pocas vueltas le tenía debajo. Don Quijote, que se vio libre, y que en realidad no estaba tan mal ferido como creía, se levantó y dijo: «A ti, Sancho, te toca e incumbe el vencimiento de este malandrín: ora porque es villano, ora por no defraudarte de la gloria del triunfo, quiero que le venzas y le mates solo». Sintiéndose lleno de fuerza y brío Sancho, se alzó en un pronto, cogió la lanza, y le dio tal mano de palos al caído, que le dejó por muerto. Hueco y orgulloso, hizo montar a su amo, ganó su rucio, y tran tran echaron a andar por esos caminos. «Aquí tienes, principió diciendo don Quijote, una página de tu historia que no hará poco en los anales de la caballería. Sin mucha exageración podemos tener por jayán a ese bellaco: el que vence a un jayán puede vencer a un gigante; el que vence a un gigante puede muy bien cortarle la cabeza: ahora digo, si el escudero Gandalín alcanzó el cetro con haber cortado la cabeza a una giganta, ¿por qué el escudero Sancho Panza no ha de ganar una corona? —No tropiezo, respondió Sancho, sino en que la de Gandalín fue giganta, y el que yo he de matar lo ha puesto vuesa merced gigante: ¿no hará esta diferencia que se me vaya el reino de entre las manos, señor? —No te dé cuidado así como hubieres matado a ese quisque, haremos que importe poco su sexo. —Pues a la mano de Dios, replicó Sancho: venga esa corona, y sepan gatos qué es antruejo. Pero haga también vuesa merced que mis territorios no estén situados muy lejos de mi lugar, por aquello de «aza do escarba el gallo». —Esa cortapisa, respondió don Quijote, hará que tu reino no sea tan grande como un pegujalillo. Mira si te está mejor omitir esa condición y allanarte al que él parta límites con el Catay o con Trapisonda. —Vengo en ello, dijo Sancho; ni habrá embarazo para mi transporte. Sobre que este mi buen asno es mío propio en propiedad, lo que se llama propiedad, alquilo dos o tres, y que nos busquen en Trapisonda a mí, junto con toda mi familia. Teresa podrá ir a mujeriegas; pero Sanchica, señor don Quijote, como muchacha ¿le parece que puede ir a horcajadillas? —Al punto que es princesa, respondió don Quijote, ya puede ir a horcajadillas: a horcajadillas se la llevó don Gaiferos a Melisendra del castillo donde se la tenía escondida. No vas mal aparejado, Sancho; y tan tuyo viene a ser el asno, que si lo vendieses una vez o se te muriese dos, todavía sería tuyo por más de un título. Lo que conviene ahora es que busquemos la aventura de donde ha de resultar todo eso. Pero ten cuenta con no ir por tu parte a mujeriegas cuando vayas a posesionarte de tu reino; pues si tus vasallos saben su deber, te darán con las puertas en las narices».

Aventuras, pocas veces le faltaban a don Quijote, como quien sabía convertir en ellas cualesquiera sucesos, hasta los naturalísimos. Don raro y excelente el de hallar un lance caballeresco en toda circunstancia, un enemigo a quien vencer en cualquier viandante, una princesa enamorada en cada hija de ventero, e ir por todas partes ejerciendo la noble profesión de poner las cosas en su punto. Cuentan de un antiguo que demandó a sus parientes y al médico que le había curado la locura, y les acusó de malhechores. Ese antiguo tuvo razón. Demandamos al que nos trampea, matamos al que nos agravia atrozmente, ¿y no sería sensato arrastrásemos ante los tribunales de justicia al que nos desbarata un mundo entero de felicidad? Cuando loco, ese enfermo era el más feliz de los mortales, pues su desarreglo consistía en estar viendo el mundo cual un teatro iluminado por luz divina, donde se estaban desenvolviendo prodigios increíbles al son de una música lejana y vaga. Si vivimos contentos merced a un engaño, ningún bien nos hacen con sacarnos de él y volvernos a la realidad, madre de sinsabores y dolores. ¡Felices los locos, si no propenden al mal y su locura rueda en una órbita sonora y luminosa! ¡Oh locura!, tú eres como la pobreza, heredad fácil de cultivar, no sujeta a los celos de los amigos, ni expuesta a la envidia y la venganza de ruines y perversos. El demente cuyo desvarío es agradable, es más feliz sin duda que el hombre cuerdo cuyas verdades son su propio tormento y el de sus semejantes. El sabio no resucitaría a un muerto ni curaría a un loco, aun cuando lo pudiese, a menos que no quisiese burlarse de ellos o hacerles un mal, porque sabe que la locura y la tumba son dos abismos donde caen y se desvanecen todos los dolores del hombre.

Seguía adelante sin dirección conocida el caballero, cuando echó de ver un golpe de gente que se arremolinaba en plácida baraúnda, al compás de tres o cuatro pífanos y tamboriles. Clérigos a caballo, legos a pie, mujeres con las faldas en cinta, grande y variada muchedumbre. Don Quijote hubiera querido esperar que llegaran; mas al ver que todo ese mundo confuso y revuelto propendía hacia otra parte, picó su caballo y, lanza en ristre, fue a herir en los que encontrase desde luego, y esto sin averiguación ninguna. Llevose a las primeras dos o tres monigotes vestidos de musgo, y siguió adelante rompiendo briosamente por la chusma. En el centro venían unos cuantos clérigos cubiertos con papahígos o mascarillas y unas como sobrepellices de salvaje, cosa que les daba fea y terrible cataúdra. Suspensos todos, nadie sabía lo que fuera, y así don Quijote llegó a ellos sin obstáculo y en voz ferviente dijo: «Muertos sois, follones, si no os entregáis maniatados al caballero de cuya espada están pendientes vuestras vidas». Uno de ellos respondió que se rendían, pues ya el vestiglo de don Quijote le pinchaba el estómago con la lanza. El clérigo era por ventura más cuerdo que animoso, y reparando en la falta de juicio de su agresor, juzgó necesario contemplarle cuanto fuese posible. «Todo lo que aquí mira vuesa merced, es pura devoción, dijo: detenga el brazo, y no derrame sangre inocente. —¿Devoción cargar con esta caterva femenina?, replicó don Quijote; ¿sangre inocente la de malandrines endemoniados como vosotros? —No hay aquí endemoniados ni malandrines, señor caballero: yo soy cura de un pueblo de esta comarca y vicario de estos contornos. Los eclesiásticos presentes son mis coadjutores y mis hermanos de las demás parroquias. Andamos, señor, en la obra pía de levantar la iglesia que hemos derribado porque amenazaba ruina. Ahora vengo del monte con mis feligreses, adonde hemos ido a cortar la madera». No acababa don Quijote de dar crédito a estas razones: «Quitaos el papahígo, replicó, y por el rostro saque yo la verdad de las palabras». Quitóselo sin contradicción el bueno del vicario, y puso de manifiesto la cara bonachona y bienaventurada del cura pacífico que ha vivido largos años cebándose en su parroquia al lado de su prole, en haz y paz de la santa madre Iglesia. Hubo de convencerse el caballero de la verdad del caso; y así, bajó la lanza, y excusándose a las mil maravillas, pidió se le agregase a la devota caravana. Vino en ello el vicario, mas no en que don Quijote pusiese el hombro a las andas de la Virgen que allí iba, por cuanto en eso entendían exclusivamente las mujeres. Sancho Panza, temiendo por su amo, se había abierto paso por entre la muchedumbre, y le alcanzó cuando ya andaba todo a las buenas. Consolado de hallarle entero y sano, y alegre sobre modo del acuerdo que reinaba, saludó a los eclesiásticos, dijo quiénes eran él y su señor, y de hecho fue uno, y no el menos principal del acompañamiento.

Capítulo VI. Donde se da cuenta del ágape que honró con su presencia don Quijote de la Mancha

Llegados al pueblo, hizo el vicario una breve plática alabando la piedad de sus feligreses y exhortándolos para que concurriesen todos con el mismo objeto la semana venidera. Dispersose la gente, fuera de los curas vecinos y más eclesiásticos que tenían ese día mantel largo en casa de su huésped. De apacible genio y nada rencoroso debía de ser el señor vicario, cuando lejos de toda inquina, convidó con suaves razones a su vencedor; si no era que, conociendo su locura, le movía antes la compasión que el deseo de vengarse. Era regular hubiera entre las personas del concurso algunas más o menos instruidas en materias de caballería, puesto que, echando leña al fuego, le sacaban de juicio al aventurero con una furia de dudas y argumentos. «¿Cree vuesa merced en esas cosas como en artículos de fe?, le preguntó un religioso cuya respetable gordura se le escurría un tanto por la jovialidad de su genio: trabajo le mando de que me nombre algún autor católico que hubiese escrito esas historias como ciertas; ni podría citarme un solo caballero andante, sino de imaginación.

«Lanzarote y D. Tristán,
Y el rey Artús y Galbán
Y otros muchos son presentes

> De los que dicen las gentes
> Que a sus aventuras van»,

respondió don Quijote. Y no se me dirá que Alvar Gómez de Cibdad Real hubiese sido pagano, ni historiador de poca fama. Duden vuesas mercedes de Esferamundi o del obispo Turpín; pero habrán de dar asenso a testigos como Santa Teresa, quien gustaba de la caballería, en términos que a su parecer eran cortos los días y las noches para saborearse con sus aventuras; y aun sucedió que muy de propósito compusiese un libro, cuyo argumento son las de un caballero famosísimo. —Si nuestra madre Santa Teresa ha escrito jamás ese menguado libro, replicó el fraile, él fue, sin duda, una de las causas de sus inquietudes y pesadumbres posteriores; mas nadie sostendrá que en tales nonadas se hubiese ocupado durante la madurez de su juicio y virtud. —El gran Carlos V, dijo don Quijote, era lector infatigable de libros andantescos, y pudo renunciar la corona imperial, mas no prescindir de esas historias. —El emperador las había prohibido, arguyó el fraile; si él, por lo que tocaba a él, no hizo caso de su prohibición, lo hemos de atribuir a flaqueza, y como hombre, no le podían faltar. ¿Pero cuáles son los caballeros andantes que realmente han existido y hecho lo que de ellos se cuenta? —¿Cuáles?, respondió don Quijote; el Caballero de la Fortuna, el del Ave Fénix, el del Unicornio; don Amadís de Gaula, don Amadís de Grecia; Tirante el Blanco, Tablante de Pricamonte, Félix Marte de Hircania; don Cirongilio de Tracia, don Silofs de la Selva, don Briances de Boecia; Reinaldo de Montalbán, Esplandián, Galaor, el príncipe Rosicler, y toda esa gloriosa falange que por sus altos hechos vive en la memoria de las gentes. —Si vuesa merced da por inconcuso cuanto de esos fantásticos personajes se refiere, dijo uno de los coadjutores, habrá de convenir asimismo en la existencia de los mágicos, nigromantes y adivinos, los gigantes y las gigantas, los jayanes y las jayanas de que están rebosando esos libros del demonio. —¿Quién duda de todo eso?, respondió don Quijote. ¿Qué fue Merlín sino un sabio encantador? ¿Qué Artemidoro sino un famoso adivino? ¿Qué Morgaina sino una incomparable mágica? —¡Dios nos asista!, exclamó el fraile. ¿Ahora va a probarnos vuesa merced que hasta las mujeres se han metido en esas herejías? —Ni lo podían por menos, respondió don

Quijote; Morgaina, Urganda la desconocida, Hipermea, la dueña Fondovalle, Alcina, Melisa, Logistila. ¿Piensa vuesa paternidad que Onoloria, la sin par Oriana, Polinarda, Florisbella, la linda Magalona, la princesa Cupidea, la reina Ginebra y otras muchas no han existido real y verdaderamente? ¿Pues a quiénes amaron, por quiénes vivieron muriendo esos que se llamaron Lismarte de Grecia, Amadís de Gaula, Palmerín de Inglaterra, Esplandián, el valiente Pierres? —Luego el fin de esa profesión no es tan católico, replicó el fraile en tono recalcado y zahiriente. —Su fin es el desagravio de las doncellas ofendidas, dijo don Quijote, el socorro de las viudas angustiadas, la humillación de los soberbios; su fin es acudir al menesteroso, levantar al caído, valer al indefenso. Si todo esto no es católico, ponga vuesa merced ahora mismo en entredicho el reino de la caballería, y príveles del agua y del fuego a sus campeones. —Al contrario, señor caballero, si las aventuras son de las romanas, digo, de las apostólicas, no es imposible que yo abrace la carrera de las armas, en pudiendo haber frailes andantes. —No sé, repuso don Quijote; no me acuerdo haberlos hallado en mis viajes ni en mis libros. —Ya le quisiera yo ver a fray Pancracio encambronado a lo barón de la Edad media, dijo un vejarro que comía a la esquina de la mesa; si bien me temo que no hubiera peto ni ventrera para su persona. ¿Propónese llevar el coselete con todas sus piezas? Coraza, espaldar y brazales; escarcela y greba; capellina y yelmo con su respectiva visera; *aindamáis* la manopla de hierro: fuera en verdad cosa de ver. —Y muy de ver, hermano Paco, respondió el flexible y avenidero religioso. Pero y a el señor don Quijote me ha desviado de mi resolución: si no hay frailes andantes, me debo estar humildemente en mi abadía. —Si ya no quisiere vuesa merced, dijo don Quijote, venirse conmigo a título de capellán, con cargo de ir absolviendo a los que yo fuere derribando. Pero ni esto se me acuerda haber visto en las historias; y lo mejor será siga adelante cada cual en su manera de vida y profesión. —¿Luego vuesa merced no aprueba el modo de proceder de Carlos V, que deja a un lado el cetro del mundo, y se humilla y evangeliza hasta el extremo de pasar a un monasterio a llamarse fray Carlos simplemente? —Si yo ganare un imperio, será para regirlo, dijo don Quijote; y no por medio de privado ni valido, sino en persona. —¿Se siente vuesa merced, señor don Quijote, con el numen y el tacto que se han menester para el mando de un gran pueblo? Cosa delicada es, señor: muchos reinan, pocos saben gobernar. El que se halla al frente de un imperio ha de saber gobernar; y en sabiéndolo, no ha menester palaciegos favorecidos que le desacrediten por una parte y le defrauden de su gloria por otra. La sabiduría en ninguna parte es más útil a los hombres que en el trono; y el cetro, o el poder, en ninguna mano está mejor que en la del sabio.

Capítulo VII. Donde continúa el festín del cura, dado con la ocasión que ya sabemos

Las razones de don Quijote eran muy bien pesadas en ciertas materias; pero como lo que los clérigos querían era hacerle desbarrar, el más socarrón le dijo: «Si vuestra merced da por punto indiscutible la existencia de las hechiceras, no dudará tampoco de las gigantas. —Ahí está Batayaza, respondió don Quijote; ahí está Gregasta; ahí están Gadalesa y Gadalfea. Y la hermosa jayana Pintiquiniestra ¿no es bien conocida en el mundo? —¿Quién es esa Pintiquiniestra?, preguntó el vicario: trabajo le mando al señor don Quijote de que nos enseñe ese nombre en el santoral. —Lo hallará vuesa merced en el santoral de las amazonas, replicó el hidalgo, de quienes fue reina esa princesa; y «era hermosa como un ángel» y tenía los ojos grandes como estrellas. —¿Las amazonas, tornó a preguntar el vicario, no son esas gentes a quienes llaman de menguadas tetas? —Sí, señor, respondió don Quijote, a causa que se cortan la una, para disparar la flecha con más comodidad. —Pero no solamente la Iglesia, mas también el poder civil se declaran contra esas peligrosas fantasías, señor don Quijote: en prueba de esta aserción, no tengo sino echar mano por cualquier códice de España». Y levantándose el vicario con el permiso de sus comensales, tomó de su estante un libro, desempolvolo con alentar en él, lo hojeó no sin maestría, y leyó: «Otrosí decimos que está muy notorio el daño que hace a hombres mozos e a doncellas e a otros géneros de gentes leer libros de mentiras, como son *Amadís* y todos los que después dél se han fingido de su calidad y letura, coplas de amores, farsas y otras vanidades; y aficionados los tales hombres mozos y las tales doncellas a esas fantásticas sotilezas, cuando algún caso se ofrece ansí de armas como de amores, danse a ellos con más rienda suelta que si no los oviesen leído: y muchas veces deja la madre la hija encerrada en casa, creyendo la deja recogida, y queda leyendo en estos libros semejantes del demonio, embelesados en aquellas maneras de hablar, e aficionados a aquellas cosas». —Así pues, vuesa merced, como buen cristiano, ha de atenerse a los preceptos de nuestra santa madre Iglesia, la cual no cree en magia negra ni blanca, en caballería andante ni echante, sino en la Santísima Trinidad y en la resurrección de nuestro Señor Jesucristo. —Si fuera que vuesa merced, respondió don Quijote, hablara yo con más seso y puntualidad. Caballería echante, será la de los que lo pasan entre flores, sin más imposición que la cura de almas, echados o sentados, solos o en buena compañía. —Mire vuesa merced este capón, le dijo su vecino en voz apacible para amansarle, cuán bien tostado aparece, y cómo provoca su pechuga blanca y sedosa: acéptelo, y luego estas albondiguillas que no hay más que apetecer, tras las que vendrá oliendo a poleo un traguito de ese moscatel añejo. —No más que por reducir a vuesas paternidades al trance de una batalla, repuso don Quijote, negaré por un instante la existencia de San Pedro, si me apuran con esto de albondiguillas. —¿Y no temerá vuesa merced incurrir en pena de comunión *latae sententiae*?, preguntó en tono de amenaza uno de los clérigos.

> «El papa cuando lo supo
> Al Cid le ha descomulgado:
> Sabiéndolo el de Vivar
> Ante el Papa se ha postrado:
> Absolvedme, dijo, Papa,
> Si no seraos mal contado»,

respondió don Quijote con cierto retintín que harto estaba demostrando su intención. —Todo lo que aquí se ha dicho ha sido en vía de pasatiempo, dijo el vicario, y a manera de controversia pacífica, por atersar el ingenio, el que suele empañarse cuando no se le rebruñe con la disputa. Pero dudar de la caballería andante, allá se iría con dudar del ave Fénix. Solo sí deseara yo que el señor don Quijote se retractara de lo que ha dicho respecto de San Pedro, por si en ello consistiese la salvación de su alma. —En esto de cantar la palinodia, respondió don Quijote, suele haber un tanto de vergüenza, aunque el que la canta obra influido, no por el interés y la amenaza, sino por la manifestación de la verdad. Los hombres somos así: lo que una vez afirmamos lo sostenemos a capa y espada, como si en el dar un paso atrás fuese de la honra y no de la negra honrilla. Yo tengo para mí que presupone más valor el combatirse uno consigo mismo y vencerse en pro de la justicia, que el llevar adelante errores declarados o necias pretensiones. En este concepto, si algo senté de pecaminoso, me desdigo: la andante caballería en ninguna manera se opone a la doctrina cristiana; antes los más renombrados caballeros han sido, no solo creyentes humildísimos, sino también rezadores y devotos. Don Belianís de Grecia, en medio de la fogosidad de su carácter, dando y recibiendo cuchilladas, era un santo. Florindo de la Extraña Ventura hacía milagros, ni más ni menos que San Diego. «Mi Dios y mi damas es nuestra divisa; y primero que embistamos con el enemigo, es obligación nuestra encomendarnos a ellos. —Conforme a ese principio, dijo uno de los religiosos, vuesa merced debe de tener su dama, ya que sin el nombre de ella, la divisa sería incompleta. ¿O es por ventura caballero novel y solitario? —Si la modestia no me lo estorbara, respondió don Quijote, diría que soy de los más provectos y enamorados; mas como las alabanzas propias deslustran hasta los timbres verdaderos, me he de contentar con decir a vuesa merced que no hay caballero andante sin dama, y que la de mis pensamientos es la nata de la hermosura. —Sea vuesa merced servido, tornó a decir el fraile, de ponernos al corriente del nombre y la prosapia de esa gran señora. ¿Debe de pertenecer a la gran casa de Béjar, si ya no fuese de la de Benavides de León? —Nada de eso: la mía es la sin par Dulcinea del Toboso. —¿Duquesa de Arjona o del Infantado, o marquesa de Algaba y de los Ardales? Dígame vuesa merced la nariz que tiene, si aguileña, si arremangada, y al punto declaro a cuál de las casas grandes de España pertenece. —Los duques de Medina de Rioseco la tienen un tanto repulgada; indicio de altivez, mas no de malevolencia. Los de Pastrana, al contrario, la suelen inclinar hacia la boca. La familia de los Portocarreros de Varón, condes de Medellín, la usan con las ventanas más que medianamente abiertas, lo que indica sangre ardiente e impetuosidad amorosa. La de los Men Rodríguez de Sanabria tiene el tabique echado hacia fuera, y con esto manifiesta la soberbia de su raza; mientras que en los marqueses de Carcasena, ella es chupada como fuelle dormido, señal de blandura de genio, aunque no de prodigalidad. Los Ladrones de Guevara, condes de Oñate, son de nariz combada como si hubieran nacido para el trono», respondió don Quijote con oportunidad, y alzados los manteles, se levantaron los señores, después de una corta dación de gracias al que nos ofrece el pan de cada día. El cura invitó al caballero a visitar su fábrica, en donde le haría ver, dijo, una capilla famosísima que había quedado en pie por milagro especial del santo dueño de ella.

Capítulo VIII. Donde se descubre la ingeniosa manera de que el cura usó para dar un banquete sin que le costase un maravedí y se trata de Sancho Panza y la revuelta en que se vio metido muy a pesar suyo

Si el santo hombre de vicario se daba la mano con Harpagón, mucho que lo afirman las historias; pero lo cierto es que ese día todos nadaban en la abundancia; pues a fuero de ingenioso, el cura había imaginado el modo de servirse un banquete a ninguna costa; y era imponer sobre sus feligreses una contribución de platos de todo linaje, con decir que era cosa de la Iglesia, y que yendo la Virgen en persona por la madera, sería poco cristiano no festejarla con alguna piadosa demostración a su regreso. Gravó, pues, con un manjar a cada familia de viso, de suerte que sus manteles se cubriesen tres o cuatro vueltas y los postres fuesen acomodados a ofrecerlos a Su Santidad en persona. A una impuso las sopas, a otra los asados; a ésta los rellenos, a ésa las ensaladas; las tortas a cual, los dulces a tal; a la de acá el pan, a la de allá el vino; y así fue la vehemencia de su palabra, que consiguió de sus oyentes hasta mistelas finas y toda clase de sainetes y bocadillos de reina, ofreciendo sacar del purgatorio el número de almas que fuere menester. Sancho Panza, el escudero, participaba largamente de la generosidad del vecindario, comiendo y bebiendo con más holgura y menos ceremonias que en la ínsula Barataria; pues no había más doctor Pedro Recio de Tirteafuera que un pillo ordenado de menores, entre diácono y sacristán, que tiraba a matraquearle, habiendo barruntado la sencillez del majadero. «Supuesto que la hija de vuesa merced se cría para condesa, dijo, bien podemos desde ahora, me parece, llamar conde a vuesa merced, en cuanto padre legítimo de esa alhaja. —Por la misma razón, contestó Sancho, ya podrá la pelarruecas de la esquina subir al campanario a repicar, dado y concedido que vuesa merced es hijo de su madre. Condes serán los de Sanchica, o duques, si mi amo tuviere por mejor casarla con el de Arembergue y Ariscot. —Mi madre no pela ruecas, dijo con mucha cólera el monigote; lo que solemos pelar por aquí son las barbas a los atrevidos que maman y gruñen. —El pelar barbas está cometido a los andantes, respondió Sancho: si vuesa merced quiere meter la hoz en mies ajena, sucederá quizás que vaya por lana y vuelva trasquilado, y trasquilado a cruces. —*Turpiter decalvare*, dijo un buen viejo que picaba en latinista, y era tío desgraciado de uno de los clérigos; de esos parientes que, por humildes y pobres en demasía, suelen huir de la mesa principal. A esto el Fuero juzgo llama *esquilar laidamiente*, añadió. ¿Conque se propone vuesa merced esquilar laidamiente a este muchacho? —Tal es mi determinación, respondió el escudero. —Y vos ¿quién sois para abrigar esos designios?, preguntó el monigote: ¿Estáis a nuestra mesa, y os proponéis trasquilar a cruces a los que os dan de comer?». Levantándose con estas razones, se sacudió y se fue lleno de furia.

«Ahora que ese buscarruidos nos ha hecho el favor de largarse, dijo el latinista, cuéntenos el buen Sancho, ¿a qué centro tira sus líneas en esto de irse por el mundo tras un loco? El hombre se afana por llegar al término del cual vuesa merced está huyendo; esto es, a la vida doméstica tranquila y sosegada, en medio de la esposa y de los hijos, frescos pimpollos que respiran inocencia y alegría cuando niños, amor cuando mayor es. He visto el hogar y me he calentado en él: *Vale, calefactus sum, vide focum*». El discurso del latinizante parecía lógico, y el escudero echó por el atajo diciendo: «Como el señor don Quijote no varíe de intención y acabe por hacerse emperador, según lo tiene resuelto, ya puede vuesa merced considerar la ganga que me espera, pues no me habré de contentar con menos que con ser su gentilhombre de cámara. —¿Y qué hará vuesa merced, señor don Sancho Panza, cuando sea gentilhombre de cámara de un emperador? No estoy lejos de pensar que más le conviniera un beneficio curado, donde se come de pichón, sin peligro de que le anden a uno refrescándole los lomos con estacas, según por acá sospecharnos que ha sucedido con el señor exgobernador. —Y no pocas veces en la gobernación, y fuera de ella, respondió Sancho. Pero mi amo dice que esos son percances de la caballería, y que si el acometerse es de valientes, el sufrir es de constantes. Respecto de lo que haré cuando me vea gentilhombre, ¿qué he de hacer sino holgarme? Como, bebo, duermo sin cuidado, me levanto tarde y dejo pasar los días por sobre mí, gozando de la vida. —¿Quién os impide cumplir ese programa ahora mismo?, preguntó en vía de argumento el latinista: para comer y beber, dormir sin recelo y levantaros tarde, no necesitáis hallaros en esa elevada jerarquía. La paz reina en la casa modesta: lo cómodo, lo apetecible, lo suave y halagüeño están en el hogar: la felicidad tiene vida privada, y es cosa muy diferente del resplandor soberbio de las alturas sociales. Los vientos arrecian por los montes, señor Panza, cuando el humilde valle se está sereno en su bajo nivel. Y puesto que sois tan amigo de refranes, aquí encaja el de «al capón que se hace gallo, azotallo». No os alcéis a mayores y quedaos en vuestro lugar, que es lo más seguro».

El vino no habla en estos términos: ni la pobreza le impedía tener razón, ni el abatimiento le había echado a los vicios al buen viejo. «No soy gallo, respondió Sancho en voz casi arrogante; ni a mí me azota nadie: si me los doy con mano propia, no es de por fuerza, sino voluntariamente, por desencantar a la persona de mi amo, cuyo pan estoy comiendo. —Más vale flaco en el mato que gordo en el papo del gato, amigo Panza, repuso el viejo: en vuestra casa sois gentilhombre, señor de los camareros, barón, conde, todo: nadie os manda en ella, vos mandáis en los sujetos a vuestra jurisdicción. Coméis cuando os viene el hambre, sin etiqueta ni modales importunos: ganáis la cama cuando os rinde el sueño, libre de andar por corredores y antesalas, esclavo de un reloj, como sucede con la gente palaciega. Vestís a vuestro antojo, y el opresor uniforme, o digamos más bien librea, no os quita tiempo ni comodidad. ¿Y qué cosa más apetecible que la atmósfera pura y limitada de la casa donde respiramos con satisfacción entre personas queridas, a salvo de las inquietudes y molestias que zozobran de continuo a los ambiciosos? La gente de corte vive en una altura sin cimientos, señor Panza: de caballo de regalo a rocín de molinero, cuando menos se lo piensa. Y aun sin esto, si sois de los principales, tenéis mil enemigos secretos que os indisponen con el príncipe y os difaman en el público: envidia, odio, calumnia os roen a sordas: muy afortunado habéis de ser si al voltear la cabeza no os soplan la dama. —¡Eso no!, dijo Sancho: Teresa Cascajo tiene sus retobos, pero es tan fiel como mi rucio. —Justamente porque no lo habéis aún aposentado en un palacio. La castidad y la inocencia suelen ser campesinas que conservan su frescura al aire libre. El lujo, la bulla, el relumbrón del siglo, son afeites que destruyen la belleza del alma. Si eres feliz, morirás en tu nido, porque en el están los bienes. *Bona bonis creata sunt.*

Aquí estaba en su disertación el bachiller, cuando invadió el comedor una vieja tempestuosa que venía diciendo: «¿Cuál es ese harto de ajos infame? Nada ha perdido por haber esperado». Y como el monigote que la seguía le indicase a Sancho Panza, arremetió con él la vieja, y prendiéndosele a las barbas, le dio remesones tales, que estuvo en un tris de arrancárselas con quijadas y todo. Sancho Panza las dio por gritar desde luego; mas viendo que eso no aprovechaba, se entregó a repetir puñadas por dentro y fuera, de tal modo, que en breve la puso a la arpía como un trapo. Al ver tan mal parada a su madre, el monigote cerró con Sancho, y a mansalva le molió la cabeza a coscorrones y le tostó la cara a bofetadas. Don Quijote y el cura, que a la sazón estaban saliendo del comedor, acudieron al ruido, y por medio de su autoridad pusieron fin a la pelea. La vieja trapisondista salió desmelenada, despechugada y rota, con dos dientes menos de los tres que le habían dejado por puro favor los años y el corrimiento, y sin ceder un ápice de su venganza, expuso sus agravios ante el cura. Como todo lo vio trastornado, el prudente varón resolvió que las partes volviesen dentro del tercero día, por no decir dentro de cien años. Tan enrevesada parecía la cuestión, que el Areópago no hubiera determinado otra cosa. Puesta en la calle la gente de fuera, y restablecido el buen gobierno, el machucado escudero solicitó por algunas unturas que le hiciesen al caso. «Non vos acuitedes, le dijo don Quijote: tan luego como yo vuelva a hacer el bálsamo que sabes, te pondrás bueno y sano y rejuvenecido. Calla por ahora, y conténtate con lavarte el rostro, que en verdad lo tienes achocolatado, como si te lo hubieran hecho adrede. —No ha sido de errada, respondió Sancho; y de pura cólera se arrancó tres o cuatro mechones de pelo, y se estuvo magullando las canillas con sus propios pies durante un cuarto de hora. —Eso es llover sobre mojado, Sancho iracundo, dijo don Quijote; repórtate, y ten piedad de ti mismo: si ahora estás debajo, mañana estarás encima; y si hoy te hallas molido, ya molerás a tu vez. Lo que conviene, es que compongas el semblante y te vengas conmigo?

Capítulo IX. Que trata de cosas varias e interesantes por sí mismas, y todavía más por la parte que en ellas tomó don Quijote de la Mancha

Según que se había propuesto, llevó el cura a don Quijote a visitar su fábrica. El maestro de obras dijo que el monumento sería de orden corintio, como lo estaban pregonando las columnas y la fachada cuyo trazo tenía ya en la idea, aun cuando no estaban principiadas. «Y no piense vuesa merced que ésta sea la única que tengo entre manos: el puente de Juan Bunbún, pesadilla de los arquitectos más famosos, en dos paletas lo he echado sobre el abismo; y Dios mediante, mi ánimo es llevar a cima esta iglesia, con un pináculo que no le vaya en zaga a la catedral de Sevilla. Y mire vuesa merced, todo lo hago por pura devoción, en descuento de alguna de mis culpas, confiando en la infinita misericordia de nuestro Señor Jesucristo que me perdonará mis pecados». Llegose al cura don Quijote, y le dijo por lo bajo: «Si no me engaño, la cabeza del arquitecto de vuesa merced es de orden compuesto de varios licores. —Es un honrado discípulo de Fidias, respondió el cura; alza el codo por casualidad como cuando cae domingo; pero no falla a las reglas arquitectónicas. Suele asimismo solemnizar el día lunes con una diversión dentro de casa. Por lo demás, fuera del sábado, que dedica todo entero a recrearse, no bebe sino el jueves y cuando tiene frío. Festeja sus cumpleaños y los de todos sus parientes, amigos y conocidos. Concurre a los velorios, no pierde bodas, es puntualísimo en pésames y parabienes, y no hay fandango donde no se halle, sin camorra ni pendencia, eso sí, porque es pacífico y avenidero. —Échese y no se derrame, dijo don Quijote: flojillo ha de salir el edificio. Con griegos como éste, yo haría Partenones. —Yo no pienso hacer otra cosa, repuso el cura: nunca dirige mejor la obra don Emigdio que cuando se halla en buenas. Así tenemos un médico, maravilloso de bebido: ningún enfermo se le va. Y mire vuesa merced, en juicio es una pieza inútil. —Loado sea el inventor de la viña, dijo don Quijote; pero yo quiero acabar en manos de un tonto morigerado: si la salud queda oliendo a aguardiente, opto por la sepultura. ¡Las torres de esta iglesia deberán de salir inclinadas como las de Pisa y Bolonia! —Dios no lo permita, respondió el cura»; y mandó abrir la puerta de la capilla del santo milagroso, de quien antes había dado noticia a don Quijote.

Lo primero que se ofreció a los ojos, fueron unos grandes cuadros que contenían los milagros principales del patrono del pueblo. «Esto sucedió en el golfo de Vizcaya, dijo el cura, señalando un naufragio. Todos los pasajeros se salvaron, fuera de los que se ahogaron. —¿Luego no se salvaron todos?, preguntó don Quijote. —Ni la tercera parte, señor. —Y los que perecieron, ¿dónde están?, volvió a preguntar don Quijote. —Donde Dios los ha puesto, señor; en el lienzo no están sino los del milagro. —Holgárame, repuso el caballero, de que el milagro hubiese obrado en todos, y de que todos se hubiesen salvado en vez de unos pocos. Explíqueme vuesa merced, si es servido, la materia de estotro lienzo: si no me engaño, esa figura descarnada ¿trae en las manos sus intestinos palpitantes? —Eso es dar en la cabeza del clavo, respondió el cura: el hombre a quien vuesa merced está contemplando, recibió una cuchillada desmedida, por la cual se le iba la asadura; mas tuvo tiempo de llegar a su casa, donde expiró como buen cristiano. —Este pasaje me reduce a la memoria, volvió a decir don Quijote, a aquel venerable judío llamado Razías, que iba corriendo delante de sus perseguidores, y de cuando en cuando se volteaba hacia ellos para aventarles al rostro sus entrañas vivas. El milagro ten qué consiste, señor cura? —En que no murió de redondo, señor caballero. Ahora eche vuesa merced los ojos a esta parte». Y abriendo una caja de fierro, mil figurillas de oro y de plata resplandecieron a la vista. «¡Vive el Señor!, exclamó Sancho: gran cateador fue el santo, y dio con buena pinta. —El oro es amonedado o en bruto, señor cura? —Ni uno ni otro, amigo Sancho; son figurillas y símbolos que representan milagros diferentes; pues habéis de saber que el ministerio principal del patrono de este pueblo es curar toda clase de enfermedades, mediante una prenda de oro o de plata que figure el miembro enfermo. Veis aquí, añadió, tomando del arca uno de esos fragmentos preciosos, esta pierna consagrada por un hombre a quien se le rompió la suya en cuatro partes: desafiadle ahora a la carrera, y veremos si no os deja una legua atrás. Aquí tenéis un brazo de plata mandado hacer por un paralítico: el sabe si lo hubiera movido, y aun jugado pelota, a no haberse muerto en muy mala sazón. Esta es una garganta cuyo torneo es de lo más perfecto: pues sepan cuantos son nacidos que la señora que hizo este presente al santo, adolecía de esa enfermedad que afea y embrutece a un mismo tiempo, porque del cuello pasa a desvirtuar los órganos de la inteligencia. —¿Qué mal es ese, señor cura?, preguntó Sancho. —Si entendéis de ciencias, amigo Panza, los médicos le llaman broncocele. En lenguaje menos científico son lamparones, y en el familiar se suele decir papera. —Ya caigo, dijo Sancho, esto es lo que en confianza se llama coto. —Así es, respondió el cura, y la señora, cuando el milagro empezaba a dar indicios de verificarse, salió también muriéndose. Ahora véase este corazón macizo; no pesa menos de diez onzas: es ofrenda de un hidalgo que padecía de hipertrofia, y ya no la padece: Dios le tenga entre sus santos. Estotra alhaja la ofreció a la iglesia una buena matrona que murió de tisis: tosía la desdichada de manera de no ser cumplidero con ella ningún caso extraordinario y se fue dejando dos huérfanos y un parvulito de año y medio. Mirad aquí esta cabeza de plata, redonda y nervuda como la de un emperador romano: el que la regaló al santuario padecía de por vida de un insoportable dolor a las sienes, que acabó por volverle el juicio, sin el cual vive todavía en un hospicio de Barcelona. Este es un hígado de oro de un hacendado a quien come la tierra tres años ha, pues cuando acudió al santo, ya lo tenía en plena supuración. —Dígame vuesa merced, preguntó don Quijote interrumpiéndole, una vez que los ofrendistas de estas preseas han muerto de sus enfermedades, cuál es la parte del santo? ¿Dónde están los milagros que representan estos miembros diminutos? —Vuesa merced no es incrédulo, sin duda, respondió el cura, y sabe que los milagros son visibles e invisibles. Los primeros los tocamos con la mano; los segundos se ocultan a nuestro frágil entendimiento. ¿Quién sabe la virtud secreta de las cosas divinas, ni la manera de obrar de los bienaventurados? Mortales endebles, se nos pasan por alto las mayores cosas: la inteligencia humana tiene sus estrecheces en donde no caben, ni de lado, los grandes misterios de nuestra religión. Si el milagro se verificó, poco hace al caso que sea o no palpable. Aquí tiene vuesa merced un ojo de plata, ofrenda de uno que los tenía torcidos. ¿Supone el señor don Quijote que así pagó el tributo al santo ese quídam, como se puso a mirar derechamente? Nada de eso. Pero el dueño de este ojo sabe que si en este mundo ve un tanto al sesgo, en la eternidad ha de ver en línea recta. —Si este tuerto se condena, ¿de qué le sirve un ojo de plata?, preguntó Sancho. —El que algo da a la Iglesia, se condena poco, amigo Panza, respondió el cura; y mientras más dé un buen cristiano, se condena menos. El que da en abundancia, no se condena sino escasamente; y el que da cuanto posee, nada se condena. —Si yo prometiera y diera mi rucio con enjalma y todo a este santo milagroso, ¿qué pudiera sucederme de bueno? —Sucedería que anduvieseis a pie; con lo que haríais penitencia, y si a pies descalzos, mejor. —Pero mi santo no ha menester vuestro rucio, porque él anda a caballo; ni yo supiera qué hacer de semejante alimaña, la cual, según he visto, ni con azogue en los oídos se menea. —El asno de mi escudero no puede ser lo que dice vuesa merced, respondió don Quijote; porque si tan malo fuera, no se anduviera junto con mi caballo. Pero sea de esto lo que fuere, las riquezas de este santo deben de ir siempre a más, siendo el ingreso constante, ninguna la salida; y bien se pudiera aprovechar de ellas en obras pías, cosa que agradaría muy mucho al dueño del tesoro. Pues en suma, de nada sirven estos brazos y piernas preciosos, cuando hay tantas hambres que mitigar, tantos dolores que aliviar. La piedad al servicio de la caridad, es el bello y dulce misterio de la religión cristiana. —Nadie toca estas joyas, señor mío, respondió el cura: fraude sería ese, que el santo castigaría con rigor. Le gusta ver de día y de noche estas prendas de veneración, y él sabe en sus altos juicios para lo que las destina. —¿El cura tiene derecho a ellas?, tornó Sancho a preguntar. —Cuando urge la necesidad, respondió el cura, puede disponer de tres o cuatro. —Como por vía de espumar este de pósito, dijo Sancho, y a modo de seña de haber visitado el santuario, ¿no pudiera un pasajero tomar a su cargo dos o mas de estas alhajuelas? ¡No es bueno que yo me halle en disposición de contentarme con las más usadas! Algunillas que no le sirven al santo, señor cura; de esas que por antiguas han sido echadas al rincón. —Hará cosa de seis meses, respondió el cura, vino una loca a preguntar si a dicha no había por aquí algunas cucharas de plata, de esas que ya no sirven, y tuvo a modestia el afirmar que se contentaría hasta con una docena. Más humilde se nos descubre el señor Panza; pues ofrece quedar satisfecho con algunas preseas de oro o de plata de piña. Primero os diera yo la píxide que una de estas santas chilindrinas.

¿Y son mías, por ventura, para que yo me ponga a derrocharlas en favor de cualquier quisque traído por el viento? *Nemo dat quod non habet*; «ca los sabios antiguos non tovieron que era cosa con guisa, nin que podiese seer con derecho, dar un home a otro lo que non hobiese». ¡Hijo de Dios! ¡Los símbolos, como si dijéramos la parte material de los milagros del santo, quiere que se los demos! ¿Vuesa merced, señor don Quijote, ha criado este pajarraco? —La disparidad, respondió el caballero, entre la que vino por las cucharas y este plepa, no está sino en el sexo. —¿Conque San Jacinto te ha de dar alhajas de oro que no sirvan, mentecato? La Virgen tiene en su camarín, prosiguió el cura, buena cantidad de perlas, diamantes, rubíes y otras porquerías de estas: ¿sería vuesa merced servido, señor don Sancho Panza, de tomarlas también a su cargo? Son gargantillas, sortijas, rosarios y relicarios que ya no se usan; favor nos haría su merced con desembarazarnos de todo ese cascote. ¡Y miren cómo discurre el cara de caballo! —¡Los sofiones que da el señor cura!, respondió Sancho: aínas me hace ahorcar por haber pedido una presa de esas crudas. Yo sé dónde espumé tres gallinas y dos gansos, hasta cuando llegase la hora de comer, y aquí me dan con las del martes por haber solicitado una triste pierna. —Una triste pierna de oro, replicó el vicario. Nos desrancharemos por serviros, noble mancebo: ahora están crudas esas presas y será bien esperemos que se hallen en su punto».

Salieron de la capilla, y como volviesen a pasar por la fábrica, se llegó de nuevo el arquitecto a don Quijote, y alargándole la mano, le dijo: «Mi querido». Esto era para el caballero peor que llamarle buen hombre: sintió agolpársele la sangre a la cabeza, al tiempo que su mano caía instintivamente sobre la empuñadura de su espada. «¿Sabe este bebedor quién es "mi querido"?», respondió apretando los dientes y temblándole las carnes del cuerpo. Mirad dónde os ponéis, o daréis con tal maestro que os enseñe las cuatro primeras reglas de la buena crianza». Hubo de interponerse el cura y suplicar a don Quijote dispensase el atrevimiento involuntario de aquel viejo, quien no era en suma sino un pobre diablo. «El aguardiente, respondió el caballero, sobre ser de mala índole es muy mal educado. Podemos dispensar por un instante a un borracho, señor cura; mas no me consta la necesidad de seguir sufriendo sus impertinencias».

Capítulo X. Del encuentro que tuvo don Quijote con un poderoso enemigo, y de los trabajos que a esta aventura sucedieron

Como en la casa parroquial no hubiese el ámbito necesario para tan gran señor, le invitó el cura a pasar a la vecindad, donde le había preparado alojamiento digno de su persona. Aceptolo don Quijote, y seguido de su escudero, se fue adonde le dirigían, pues la cama le hacía muy al caso. Los monacillos con quienes don Quijote había dado en el suelo cuando encontró la procesión, antes se hubieran dejado ahorcar que perdonarle; y así anduvieron con tiempo dándose sus trazas para que su venganza fuese cumplida. Llegados a la casa, le designaron su aposento, advirtiéndole que en él hallaría lo necesario, y se fueron sin hacer ni decir otra cosa. Abrió la puerta don Quijote, y se dio de hocicos con una figura desemejable, puesta allí lanza en ristre, capaz de infundir pavor en el corazón más denodado como no fuera en el de don Quijote. Hubo de retroceder a pesar de su valentía el poderoso manchego; mas vuelto en sí al instante, arremetió al fantasma, y de una lanzada le echó por tierra. «Está muerto, gritó Sancho: mire vuesa merced cómo tiene el cadáver esta pierna fuera del cuerpo, y lo mismo este brazo. —La cabeza no está más en su lugar, respondió don Quijote, dando un puntillón en la del difunto, la que rodó por el pavimento. El gigante ha sido de piezas, o mi lanza ha adquirido la virtud de reducir a polvo a mis enemigos». Sacando por el ruido que la cabeza podía muy bien no ser de carne y hueso, se acercó a ella Sancho poco a poco, y asiéndola con cauta timidez, rompió en una carcajada. «¿Qué ocasión de risa es esta, Sancho impudente?, preguntó don Quijote: reír en presencia de un muerto, es o suma necedad o suma impiedad; y en cualquiera de estos casos, incurres en mi enojo. —No hay muerto, señor, ni vivo ni muerto, respondió Sancho. —¡Cómo!, repuso el caballero, ¿hay por ventura un término medio entre la vida y la muerte? Si este descompasado animal no está vivo, en ley de justicia ha de estar muerto; si no está muerto, ha de estar vivo. —La cabecita es de palo, dijo Sancho; y los miembros son de paja. Si no, ¿dónde están la sangre que ha corrido por el suelo y los ayes que ha echado el moribundo? —Esta es otra de las del sabio que me persigue, respondió don

Quijote: ¿cómo puede suceder que no haya sido gigante real y verdadero éste que ahora parece obra hecha a mano? Piensa, di, haz las cosas con un granito de sal, buen Sancho. Desencapotemos el negocio, ven acá: ¿te parece razonable que este hombre, gigante o demonio a quien a cabo de quitar la vida, hubiese podido ir y venir, ponerse a caballo, manejar la lanza y entrar en combate con esta cabeza de palo? Aquí hay una entruchada de Fristón; y no te podría yo decir si esta aventura no es presagio de nuevas desventuras. —Haya sido o no de carne y hueso este demonio, dijo Sancho, ¿de los despojos bien nos podemos aprovechar? Eso te cumple, respondió don Quijote; dispón de ellos sin darme cuenta. Ahora tomemos algunas horas de reposo: esta armazón dentro de la cual traemos el alma, así como requiere movimiento requiere inmovilidad. La noche es nodriza de toda criatura viviente: nos llama a su regazo y nos arrulla con el silencio blandamente. Quítame el arnés, buen Sancho; que yo extienda a mi sabor estos fuertes y trabajados miembros». Sancho se puso a repetir con socarronería lo que más de una vez le había oído:

> Mis arreos son las armas,
> Mi descanso el pelear,
> Mi cama las duras peñas,
> Mi dormir siempre velar.

Una cosa es dormir noche por noche, respondió don Quijote, y otra dar consigo en la cama, allá, cuando después de muchas aventuras bien concluidas no tenemos los caballeros andantes otras que acometer. Si te acuerdas, los héroes más famosos se entregaron al sueño, y esto, en trances apuradísimos, como Alejandro Magno, que se llevó de un tirón veinte horas hasta cuando Parmenión le vino a despertar diciendo en voz alta: «¡Alejandro, Alejandro, cargan los persas!». Y Mario, dime, Mario, aquel buen muchacho que hizo frente a Sila, vencedor de su padre, ¿no se echó muy de propósito a dormir debajo de un árbol, cuando las dos huestes contrarias se venían a las manos? Déjate de escrúpulos y ayúdame a deponer estas pesadas armas». No poco satisfecho de verle pensar así, el bueno de Sancho le quitó coraza, brazales, escarcela, grebas y más piezas con que don Quijote andaba aherrojado; y como éste mantuviese la celada, era de ver la figura del noble manchego con sus calzas adheridas a los huesos, largo y desmirriado, el yelmo en la cabeza y baja la visera. En este pelaje se llegó a la mesa, y puesto delante de un enorme jarro, habló como sigue: «Agua, licor celestial, ¿no eres tú el que circulaba en el Olimpo con nombre de néctar de los Dioses? ¿No eres tú el que la hacendosa y delicada Hebe llevaba sobre el hombro en tazones de sonrosada perla, y vertía a chorros cristalinos en las copas de los inmortales? Agua, primor del universo, esencia pura y saludable que la tierra elabora en sus entrañas, tú eres la leche sin la que el hombre se criaría raquítico y deforme. ¿Hay cosa más inocente, pura, suave, necesaria en el mundo? Eres lo más precioso y nada cuestas; lo más fino, y sobreabundas. La árida roca, como un seno de la naturaleza, te echa de sí alegre y murmullante, y corres a lo largo de la peña o te recoges en silvestre receptáculo rebulléndote en mil sonoras burbujitas. El vino es artificio del hombre; el agua, invención del Todopoderoso: el vino ha traído la embriaguez al mundo; el agua limpia las entrañas y aclara el entendimiento; el vino desmejora y enloquece; el agua no ocasiona mal ninguno, porque de suyo es inofensiva; y porque nadie abusa de ella. Manjar no hay en la tierra que más delicadamente saboree el hombre de buenas costumbres y templados apetitos, ni que más regenere y conforte. Quiero decir que tengo sed, añadió variando el tono y alzándose la visera. Es gran fortuna del hombre que su deseo más ardiente y su satisfacción más intensa no le hayan de costar trabajo ni dinero». Diciendo estas palabras, tomó el jarro y lo empinó con la misma gana con que se había echado al coleto el bálsamo de Fierabrás. Pero si algo le cayó dentro, la mayor parte le fue al pecho, y corriéndole por el estómago en gruesos hilos, bajó a arrecirle más y más las piernas, que de suyo eran heladas. «¡Maldito sea, dijo, el encantador que me persigue!», y frunciéndose de cólera, dio con el jarro en el suelo. Sancho intentó repetir la carcajada; pero un turbio vistazo de don Quijote se la convirtió en tos fementida. «Lo que más hiciera al caso fuera que nos acostáramos, dijo, y aún podría ser que los encantadores nos respetasen el sueño». No le pareció mal a don Quijote el dictamen de su escudero; y ganando resueltamente la tarima que se le había prevenido, se tiró de largo a largo.

Capítulo XI. De la temerosa aventura de la cautiva encadenada

Estaban para querer dormirse los aventureros, cuando empezaron a oír un ruido crudo y estridente como el chis chas de una cadena, «¡Santo Dios!, exclamó don Quijote sentándose en la cama, al tiempo que su escudero, poseído de terror, acudía a refugiarse a su lado. ¿Qué puede ser esto, Sancho, sino el preludio de una aventura de las que a mí me suelen suceder? El que arrastra esa cadena es un caballero cautivo, o quién sabe si una princesa a quien se ha hecho desaguisado, y tienen secuestrada sus injustos opresores por ocultar la mala obra. ¿Hacia dónde suena ese estridor temeroso, amigo Sancho? —Señor, respondió Sancho en voz muy baja, me está discurriendo por el cuerpo un hormiguillo junto con un trasudor, que me quita el conocimiento hasta de mi propia persona. —No podría decirte, replicó don Quijote, así, tan de pronto, si por ahora tu miedo es justificable; porque en verdad el que ahora quiere suceder, será uno de los casos más raros de la caballería. ¿O es a dicha un muerto que, no habiendo fenecido sus cuentas, vuelve al mundo por altos juicios de Dios, a encomendarme su asunto, sabedor de que soy caballero andante? Yo te pudiera recordar muchos sucesos de esta naturaleza, si dudaras de su posibilidad. Hombres hubo que se fueron con un grave secreto en el pecho cuyo descubrimiento era requisito para la salud de su alma, y aun por ventura para el sosiego de sus parientes vivos; y el Altísimo permite que salgan por un instante *sine qua non* de la eternidad y se presenten a quienes les cumple, para los fines que les convengan. Éste murió, sin duda, en un calabozo; fue sepultado con sus grillos a cuestas, y viene ahora a pedirme su libertad propia y el castigo de sus verdugos. Aún puede ser que el objeto de su viaje sobrenatural sea descubrirme un tesoro que dejó enterrado, el cual tiene que ser restituido a sus herederos forzosos». En medio del trasudor, abrió el ojo Sancho al oír esto, y respondió que en siendo así, ya podía su amo, encomendándose al cielo y provisto de alguna reliquia, afrontarse con el aparecido y saber de él a ciencia cierta en dónde había quedado el tesoro. «Tenga cuenta vuesa merced con tomarle bien las señas y mire no se le olvide el sitio que le indique».

Cuando esto se decía, iba saliendo a paso sepulcral por una puerta medianil una sombra temerosa, y con triste y grave continente, arrastrando una cadena, enderezaba su camino hacia los huéspedes maravillados. «Mujer, fantasma o demonio, dijo don Quijote, parad allí, y decidme si sois de esta o de la otra; o por la fe de caballero, os paso de parte a parte con mi lanza, aun cuando seáis un espíritu imponderable. —Soy persona humana, respondió el espectro. ¡Ay de mí, quién fuera tan feliz que descansara en el regazo de la tumba! —Vos sois menesterosa, repuso don Quijote; yo, caballero andante: exponed, señora, vuestra cuita, y dad por remediados vuestros males. —Apenas los remediará la muerte, contestó el espectro. Podréis, señor, castigar a mis tiranos; remediar los tormentos y amarguras de toda una vida, ¿cuándo? Dios mismo os manda porque no consiente en que la perversidad viva triunfante y la inocencia muera vencida. Veinte años ha gimo en un calabozo, por obra del hombre que el cielo me dio por marido y compañero. —¿Vuestro marido os ha privado de la luz del Sol, y esto a la faz del mundo?, preguntó don Quijote. —A la faz del mundo no, señor: su crimen está envuelto en las tinieblas, y lo comete cada día bajo la máscara de la virtud, pues vierte lágrimas de amorosa memoria en presencia de los que de mí se acuerdan. —El negocio es de difícil digestión, volvió a decir don Quijote: vuesa merced me dé a entender más claramente en dónde finca el punto verdadero, y déjeme ponerme de pies en la dificultad. —Ello es, replicó la dama, que ese hombre sin conciencia ni temor de Dios, poniendo a ganancia cierta situación de nuestra familia, me sepultó en esta torre y echó fama de mi muerte. Tan bien se supo averiguar con las dificultades, que, arrasados en lágrimas los ojos, vestido de luto hasta las uñas, salió airoso en su infernal empresa, rebosándole en el pecho la negra alegría de su triunfo. En tanto que mi cuerpo era llevado al cementerio con gran número de plañideras o endechaderas, yo, señor, cargada de grillos, estaba oyendo los dobles que por mí daban las campanas. Me lloré a mí misma, y empecé a ver desde ese instante que esto de vivir en la sepultura había sido el dolor más tétrico del mundo. —¿Y qué era del señor vuestro marido? —La pesadumbre le echó a la cama, respondió la sombra; pero luego, impulsado por una santa desesperación, salió como loco por esas calles, y en el primer convento que topó se metió fraile. —Conoció su yerro, volvió a decir don Quijote; se arrepintió de su pecado; se castigó su delito. —Por ocho días, señor, dijo la sombra: al cabo de éstos, salió de la iglesia vecina casado, y bien casado con otra, merced a los religiosos por cuya mano había consumado el rapto de una doncella escasa de prudencia. —Mía fe, hermano Sancho Panza, dijo don Quijote; el señor viudo sabía lo que era bueno: ¿has visto un tejemaneje más curioso? Prosiga vuesa merced, señora, y hágame relación de los puntos esenciales. ¿Conque se casó el muy bellaco, robando una niña sin mundo, y esto por medio de unos religiosos? —¡Y la muchacha era mi sobrina carnal, diga vuesa merced, señor! —*Los tiempos de agora, muy, al contrario son de los pasados*, repuso don Quijote. ¿Había sin duda hecho voto cuadragesimal ese santo hombre? —¡Qué, señor, si se ayunaba trescientos ochenta días al año, y era el más insigne rezador que han visto los dominios de Su Majestad Católica! Dicen que cuando me hubo enterrado, juró por el Santísimo Sacramento no comer carne en los días de su vida, ni salir de noche, ni mudarse camisa sino de cuatro en cuatro meses. —¿No juraría también, preguntó don Quijote, no raparse las sus barbas nin sacarse las sus botas, nin con la condesa holgare, a modo del conde Dirlos? —Cabalmente, respondió el espectro, es conde el fementido, y pudo haber imitado en todo eso al Dirlos. —¿Cómo se llama el truhán, señora? —Llámase el conde Briel de Gariza y Huagrahuasi, señor; por otro nombre, el cruel Maureno. —Más que crueldades, repuso don Quijote, son bella querías las que vuesa merced va refiriendo, y así yo no le lla maría el Cruel, sino el Bellaco. Ahora bien: ¿qué sucedió los tiempos adelante? —¡Qué había de suceder!, respondió la cautiva, sino que así como esta cuitada había oído los ayes y gritos de las endechaderas cuando la llevaban a enterrar, asimismo estuvo oyendo la baraúnda que el pérfido metió con motivo de su himeneo, pues hubo corrida de toros en el patio del castillo, juegos de cañas, torneo, zambra y cuanto puede imaginar un poderoso que quiere holgarse, sin omitir, eso sí, los responsos ni las misas por el bien de mi alma. —Hurtó el puerco, dijo Sancho, y daba por Dios los perniles. —¿Qué perniles?, respondió el espectro con mucha cólera, no daba sino las cerdas. —No metas aquí tu cuarto a espadas, dijo don Quijote a su escudero, o pondrás la relación en peligro de interrumpirse. —¿Qué más hizo, señora, el tal conde Briel de Gariza y Huagrahuasi? —En tanto que esta cosa frangible, delicada, que se llama hermosura, duró en mí, tenía por costumbre el cruel Maureno venir a mi prisión y valerse de la fuerza: desmejorada, enflaquecida, pálida, quince años ha que no le veo. —Para que la reparación del daño, respondió don Quijote, y el castigo de las sinrazones a esos fechos, señora, no dejen nada que desear, conviene me digáis el nombre y las circunstancias atañaderas a vuestra rival vencedora. —Intitúlase la bella jipijapa, señor; aunque por acá tenemos noticia de que no es tan bella, porque es chata, y tiene la una oreja más larga que la otra. —Esto no hace a nuestro propósito, dijo don Quijote: tenga mi espada la longitud que ha menester para traspasar el corazón a ese menguado, y allá se averigüe él con las orejas de su parentela. ¿Vuesa merced como se llama, si es servida? —Soy la condesa Remigia Guardinfante, criada de vuesa merced. —Pues váyase libre y contenta la señora condesa Remigia Guardinfante, y diga al conde Briel de Gariza y Huagrahuasi que don Quijote de la Mancha es quien pone en libertad a vuesa merced, burlando todas sus trazas, y que el tal caballero mantiene sus hechos con armas y a caballo. —Gran favor, respondió la cautiva. ¿Y de estas cadenas qué hago? —Las cadenas llévelas sobre sí la víctima; preséntese con ellas en medio de la corte del traidor, y hágalas rechinar muy alto y métaselas en las barbas a la bella jipijapa, y vean todos cómo un solo caballero andante saca de las mazmorras presos envejecidos en ellas; de la sepultura, difuntos de veinte años; deshace matrimonios contrahechos, descubre fechorías, levanta caídos, da en rostro con sus secretos a los malvados omnipotentes, endereza tuertos y pone todas las cosas en su punto. —Gran favor, volvió a decir el fantasma. ¿Y ese estafermo que está ahí, quién es? —Es mi escudero Sancho Panza, respondió don Quijote. —¿Es mudo?, preguntó de nuevo la cautiva. —¡Mi padre!, exclamó don Quijote; si se ha estado callado ha sido de miedo. Él volverá a hablar: no se afane vuesa merced, señora condesa, y dése por libre. —Pues me voy», dijo en conclusión la sombra encadenada, y enderezó el paso hacia los corredores.

Sancho Panza no quiso adrede hablar durante un cuarto de hora, por más que su amo le tentaba la boca; hasta que en última instancia, y por ahorrarse algunos palos, tomó la palabra, mas no para decir algo sobre los malos juicios de la prisionera respecto de su silencio, sino para hacer más de un reparo tocante al desentendimiento del aparecido en orden al tesoro. «Si no era difunto, ¿qué tesoro había de descubrir?, gritó don Quijote, prendiéndose en cólera: te estás ahí como un bausán un día entero, y a deshoras sales con una majadería de las tuyas. —Si el espectro no dijo nada del tesoro, replicó Sancho, hubiera hecho mejor en no venir a incomodarnos con sus pajarotadas. Yo soy hombre ocupado, y no tengo tiempo para echar lo por la ventana oyendo un día entero los ayes fingidos de cualquier condesa que me salga al paso, y todo de balde o gatis, esto es, sin coger un maravedí. —Antes quisiera yo verte sin lengua y mudo como ahora ha poco, repuso don Quijote. ¿Conque se te ha de pagar hasta porque se te hace el favor de hablar contigo, especulador endemoniado? Plegue al cielo que salga de las paredes o se entre por esas puertas una legión de diablos para que te mueras de miedo y yo descanse de tus negras vaciedades. ¿Qué entiendes por gatis, animal?». Como si las palabras de don Quijote hubieran sido una poderosa evocación, se metió allí un personaje que harto se parecía al guardián mayor de un serrallo, pues ni el turbante ni la cimitarra al cinto le faltaban. Seguíanlo hasta seis figurones espantables, vestidos de hábito morado, cual si fuesen hermanos de una cofradía, trayendo por delante unas narices, la menor de las cuales sobrara para apuntalar una torre. Después de una danza macábrica atrozmente ridícula, se pusieron en hilera los vestiglos, y el capitán, mirando hacia los aventureros, dijo en voz ronca: «¿Cuál es el hideputa que osó poner en libertad a la cautiva? ¡Guardias!, embestid con esos avechuchos que están ahí acurrucados, y dad trescientos capirotes y doscientos pasagonzales a cada uno de los fementidos, de orden del conde mi señor; e non faredes ende al». Echáronse los esbirros sobre los aventureros, y les dieron un revolcón tan gracioso, que el coronista de estos acontecimientos no halla razones harto expresivas para encarecerlo. Excediéndose de las instrucciones, no se detuvieron en los límites de los capirotes y pasagonzales apuntados arriba; antes bien, hubo coces, mojicones, torcimientos de orejas y otras golosinas de las que menos le suelen agradar a Sancho. Diéronles por último un donosísimo capeo; y cuando el capitán hizo una señal en un castrapuercos tocado de la manera más risible del mundo, se alzaron los vestiglos y desaparecieron cual una legión fantástica. «¡Vaya el diablo, para necio!, dijo don Quijote; ¡y cómo ha cargado la mano en esta superchería! ¿Vives, Sancho? Haz que paren esos demonios, y el fin de la cuestión será que yo me los lleve de calles». Sancho Panza tenía remachadas las narices, y más de un burujón en la cabeza. Cuando le pasó el terror, le sobrevino el enojo, y se puso a llorar de coraje, achacando a su amo cuantas desgracias le sucedían. «Que yo te las cause o no, dijo don Quijote, no es el nudo del asunto; pero ni desflorar quiero por ahora esta materia, que ya llegará el tiempo en que veas todas las cosas en claro. Si las lágrimas no fueran la expresión, así de la flaqueza como de la cólera, aquí te las castigaba yo con todo el rigor de mi ánimo. Lloró Eneas, lloró Amadís, lloró Nemrod, lloró Satanás, ¿por qué no has de llorar tú? Llora, Sancho; y aún puede ser que el llanto provenga en ti de la impetuosidad reprimida de tu corazón, al ver la impotencia en que te hallas de vengarte de tus enemigos. Las lágrimas no siempre son cosa de mujeres: caballeros andantes y emperadores conozco que han llorado como niños, en situaciones en que el fuego del alma no hallaba otro camino que los ojos. Has oído quizás imputar de cobardía al hombre que las vierte; pero eso suelen hacer los cobardes, cuyo valor está más en la lengua que en el pecho. Si uno llora y está pronto a cerrar con el enemigo, ¿habrá dado señales de miedo? Si llora, y sufre los quebrantos de la vida mejor que cualquier otro, ¿diremos que está demostrando su pequeñez? El llorar es como el reír, una de las expresiones de la naturaleza que corresponde a todos los hombres, débiles o esforzados, heroicos o pusilánimes. Cuando las lágrimas son de queja, ya no las puedes verter, si eres caballero, pues los estatutos de la caballería rezan: «Otrosí todo caballero nunca debe decir ai; e lo más que podiere, excuse el quejarse, por ferida que haya». Si la exaltación, la indignación, el enojo sin desfogue te las arrancan, échalas sin melindre: el gran Amadís de Gaula lloraba todos los días; Eneas, según ya te llevo advertido, era un llorón de más de marca. La esterilidad de los ojos indica muchas veces esterilidad de corazón: una alma plebeya, seca, torpe, no se sentirá humedecer con el dulce rocío del amor, ni la compasión caerá sobre ella en forma de lluvia celestial. Terneza, lástima, vivo encendimiento del espíritu, son agentes misteriosos que empapan las entrañas de los hombres delicados en quienes los afectos de primer orden no duermen ni un instante. Los desprovistos de sensibilidad, los soberbios y vanidosos, los tontos, lloran si se les zurra, si se les quita algo, si les duele la cabeza, y es punto de honra en ellos no llorar donde lloran los hombres. Llora, Sancho, y así se te desagüen por los ojos la ingratitud y la falta de memoria. Las mercedes que te tengo hechas no son moco de pavo, y las que pienso hacerte son mayores, aunque no las mereces, criado mal agradecido».

Mohíno había estado oyendo el escudero el arranque de su señor, enjugándose las lágrimas en tanto que le oía. Entre ruborizado de su flaqueza y consolado con el razonable y en cierto modo cariñoso tono de don Quijote, se dio a partido y prometió seguir con él al fin del mundo.

Capítulo XII. De la grande aventura del puente de Mantible que nuestro buen caballero se propuso acometer y concluir en un verbo
Cide Hamete no cuenta si don Quijote rezaba en la carrera de las aventuras: lo omitió por sabido; como que el bueno del hidalgo era cristiano ante todo, y sabía que los caballeros andantes habían sido infatigables rezadores, maestros y peritos en el negocio del rosario. Belianís de Grecia no dejaba holgar la espada sino para rezar; el conde Dirlos iba siempre

> Armado de armas blancas
> Y cuentas para rezare;

y en rezar se ocupaba el almirante Balán en Girafontaina. Sentado en la cama don Quijote, mascullaba sus avemarías, cuando un fraile altísimo, calada la capilla, grave el paso, entró y se acercó a él con una lámpara en la mano. «*Pacem meam do vobis*, dijo. El ruido de vuestra fama, valeroso caballero, ha llegado al retiro donde unos cuantos hombres divorciados del mundo vivimos con Dios en el seno de la naturaleza, y vengo a encomendarme a vuestra espada contra un gigante descomulgado que infesta y roba estas comarcas. —¿Cuál es el punto, padre reverendo, preguntó don Quijote, y quién es vuesa paternidad? —Soy el provincial de la orden, de cartujos que sobre esta montaña honra el Señor desde tiempos inmemoriales, respondió el fraile. Me llamo padre Belerofonte, y gobierno el monasterio veinte años ha, porque a despecho de mi humildad no tengo oposición en el capítulo. —Todo está bien, replicó don Quijote, fuera de ese nombre que disuena, por no ser de los más católicos. —A esta cuenta, ¿los hermanos de vuestra paternidad serán fray Jasón, fray Tifón, el padre Cancerbero, el padre Minotauro? —Tanto como eso, no, señor: no son sino el padre Saturnino, el padre Benedicto, fray Blas, fray Pascual, y otros tan humildes de nombre como de condición. —El nombre influye poco en el carácter de la persona o en la esencia de la cosa, dijo don Quijote; lo que conviene por ahora es saber de lo que se trata. —Es el caso, señor caballero, que un gentil llamado Galafre se ha apoderado del único puente por donde pasamos todos el río que baña estas regiones; y nadie es dueño de transitar por él, si no deja en manos del dicho Galafre cuanto lleva, sobre un tributo fijo, más oneroso que el impuesto por los moros al reino de León. —¿Cuál es ese tributo?, preguntó don Quijote. —Reyes no lo pudieran satisfacer, señor. El cristiano que allí toca ha de pagar treinta pares de perros de casta: galgos y mastines; dogos enormes, capaces de combatirse con tigres y leones; lebreles más rápidos que el viento, sabuesos, podencos, bracos. No admite perro de aguas, el pachón le irrita, y por cada uno que devuelve exige cuatro pares. —Yo le echaré tal perro, dijo don Quijote, que valga por todos los que él ha menester. Deje vuesa paternidad ese ladrón a mi cuidado; y por ahora tome asiento aquí tranquilamente y acabe de referir la historia de sus cuitas. —Dios le pague, respondió su reverenda, sentándose a la cabecera de don Quijote en una ancha silla, y prosiguió: Exige además cien doncellas vírgenes de la más rara hermosura, con todas aquellas perfecciones que convienen a infantas reales y odaliscas. Quiérelas de modelos diferentes: unas han de ser beldades asiáticas, blancas, pelinegras, de ojos tan rasgados como apacibles y dulces; pecho de comba primorosa; garganta de Cleopatra; perfecciones, como llevo dicho, que no se hallan sino en esos lugares donde la virtud de la naturaleza se concreta sabiamente y forma las mujeres de Georgia, Circasia y Mingrelia. Otras deben ser de cara judaica, *facies hebraica*. ¿Habla el latín vuesa merced? *Facies hebraica*, semejantes a Herodías: labios tanto cuanto abultados, encendidos y entre abiertos; mirada suave, pero subyugadora; cabellera derramada sobre los hombros en negros tirabuzones. —No tiene mal gusto ese descomulgado, dijo don Quijote: ¿en dónde habrá aprendido a quererlas tan sumamente hermosas? —Esa inclinación debe de ser natural, respondió el fraile, o tal vez la finge de malicioso. Y mire vuesa merced cómo hasta en lo relativo al porte es intratable: unas han de ser de estatura sublime, que parezcan gigantas, aun cuando no lo sean; otras, pequeñitas y donosas, vivas y parleras, como la paloma. Éstas, gordas y muelles, por el estilo de las turcas; ésas, de talle fino y delicado, que traigan a la memoria las palmas de Bagdad. Risueñas y habladoras unas, melancólicas y taciturnas otras. Así varía de gustos ese tragamallas, que todo es contradicciones; y siendo pocos los capaces de satisfacer el gravamen, la mayor parte de los viajeros deja la cabeza en el brocal del puente o en los resaltos de las torres. —Allí dejará la suya el pagano antojadizo, volvió a decir don Quijote. ¿Eso es todo lo que pide el gigantuelo? —¡Qué, señor! Si no fuera más que eso, no habría matachín que no pasase: le han de dar asimismo cien halcones mudados, forzudos como el águila, diestros y no nada recreídos. Los palumbarios recibe de mala gana, pues dice que la ralea de éstos es muy común, y él quiere unos que le tomen aves maravillosas por los aires. —¿Qué caza desea ese Nemrod?, preguntó don Quijote: querrá oropéndolas, cisnes y papagayos; pero ni estos son maravillosos. Yo no le daré sino gansos, y quedará satisfecho. —¿Satisfecho, señor don Quijote? Falta lo principal, esto es, cien corceles ensillados y embardados, con ricos y completos jaeces. El bocado del freno ha de ser de oro; las cambas de plata de piña, y los sabores del dulce ámbar del Báltico. —El freno que yo le ponga a él, dijo don Quijote, no será de oro, sino de fierro bruto. —Oiga vuesa merced estas otras niñerías, siguió diciendo el fraile: muserola de eslabones formados de diamantes: gualdrapa de púrpura de Melibea, con nudos de topacios y rubíes en figura de cabezas de clavo. Ahora, pues, en lo tocante a la silla, quiere que las correas sean de cuero de hipopótamo curtido en enjundia de avestruz. La cincha, señor, la cincha ha de ser un tejido sutilísimo de pelo de reinas, no menos que la gamarra. —¿Dónde está ese follón?, exclamó don Quijote, saltando de ira, ¿hay quien pague tal tributo a semejante ladrón estrafalario? ¿Conque habremos de cerrar a trasquilones con más de una reina para hacerle cinchas a sus caballos? —Los quiere de paseo y de batalla, señor don Quijote; bridones, alfanas y palafrenes; cabalgadura para uno y otro sexo, como que el gigante obsequia a más de cincuenta damas que tiene de asiento en el castillo. —¿Y éstas son sus esposas legítimas o las tiene robadas?, preguntó don Quijote. —Robadas, no precisamente, señor, pero sí quitadas a sus maridos. —¿Luego viven por su gusto en esa fortaleza?, volvió a preguntar don Quijote. —No debe de ser así, mi reverendo padre, sino que están cautivas, y su mala aventura ha querido que hasta hoy no llegara el caballero andante que debía libertarlas. —¿Es de presumir que en esto concluyan las exigencias del pagano? —Es codicioso, señor: por cada pata de caballo se le entrega un marco de oro de Portugal. En orden a la edad de estos animales, ninguno ha de pasar de siete años, ni ha de bajar de tres. Las cernejas, como señal de fuerza, no son motivo de devolución. Hace un examen prolijo aquel pillastre, cual si estuviera comprando esclavas en un mercado de Turquía; si la cola no es como la del caballo del Apocalipsis, larga, ondeada y abundosa, lo rechaza sin remedio. El ojo, inquieto, relampagueante, heroico; la canilla, como una cañucela; si es negra, mejor; los cuartos traseros, acolchonados; la cerviz elevada y encorvada; la crin, esparcida, crespa, que esté flotando a modo de grandioso fleco. Ese enemigo del género humano tiene ya en su poder los más famosos caballos de los más renombrados paladines: ha quitado a Roldán su Brilladoro, a Rugero su Frontino, a Reinaldos su Bayarte, a Astolfo el alado Rabicán; y así como amanece, jura por Mahoma y su alfanje no parar hasta no haber ganado por las armas el célebre Rocinante de don Quijote de la Mancha».

Dio una risita desdeñosa don Quijote, como quien tiene lástima de una pretensión absurda, y dijo formalizándose: «Yo le castigaré por separado la ambición y la insolencia: vamos allá ahora mismo. —Galafre no pelea a oscuras, dijo el fraile; fuerza será que vuesa merced espere a que amanezca. Yo de mi particular sé decir que el gigante me tiene oprimido y desesperado con asaltos continuos al monasterio, en cada uno de los que me extorsiona alguna de las preseas del templo, como son blandones, candelabros, ciriales, todo de plata. No ha más de tres días nos arrebató el muy ladrón una mesa monolita de esmeralda, la joya más rara que en el mundo puede verse; daño irresarcible que ha sumido en la consternación a toda la orden. ¿Sabe vuesa merced, señor caballero, lo que es mesa monolita? Mesa monolita es como si dijéramos capilla monolita, esto es, de una sola piedra. —Los caballeros andantes saben más de lo que buenamente puede pensar un religioso, respondió don Quijote: vuesa reverenda no se empeñe nunca en manifestar más saber que la persona con quien habla. La discreción es parte de la sabiduría; y así, del sabio es suplir al disimulo las omisiones y faltas del hombre de escasos conocimientos. Siga adelante vuesa paternidad, que mientras no haga por ser más sabio de lo preciso, holgaré mucho de oírle y servirle. Ese puente cuya conquista ha hecho el gigante, ¿es puente y fortaleza a un mismo tiempo? —Es fortaleza, señor: las de Albraca y Lubaina son fortines para ver con ella. Sustentanlo treinta arcos de mármol, cuyos cimientos arrancan del centro de la tierra o el pirofilacio. ¿Sabe vuesa merced lo que es pirofilacio? A cada extremo del susodicho puente se alzan dos torres cuadradas con sendos puentes levadizos. Puentes levadizos, digo, señor caballero, vuelvo a decir puentes, y añado, cava profunda, rastrillo y todas aquellas partes de las fortalezas mejor guarnecidas. Galafre, el formidable custodio, está paseándose de largo a largo, una hacha al hombro, asistido por cien turcos que le ayudan a cobrar el pontazgo. —No es cosa, volvió a decir el caballero: e n tanto que empuña su espada, nadie le pontazguea a don Quijote de la Mancha. —¿Luego vuesa merced piensa no pagar el pontazgo?, preguntó el fraile. —Mi pontazgo, respondió don Quijote, serán las cabezas del pontero y sus turcos. Ahora sepa vuesa paternidad que, por todas las señas que me ha dado, ese puente es el puente de Mantible, y que Galafre lo está ocupando por el almirante Balán, de quien es dependiente. —¡Válgale a vuesa merced el Dios de los ejércitos!, repuso el fraile; y tenga vuesa merced el ojo abierto sobre su escudero, porque el ladrón ha prometido quitarle así el caballo como el criado. La fama pregona por el mundo la habilidad consumada de Sancho Panza en el arte del fregar; y el terrateniente de Balán se propone hacerse del dicho Panza para este servicio, sin que obste el sexo que se atribuye el menguado escudero; pues todo estará en ponerle faldas y llamarle fregona. —Diga vuesa merced al señor Galafre, respondió Sancho, que si el escudero tiene buena mano para fregar, el caballero la tiene mejor para despanzurrar jayanes; y que ya vamos allá. —Esta es cosa mía, dijo don Quijote; no te enfades ni te vueles, Sancho. Las grandes empresas requieren calma, y las mayores son consumadas con valor reposado, que es el de los realmente valerosos. —Así es», apoyó el fraile. Y sacando de entre los hábitos una enorme caja de rapé, dio sobre la tapa repetidos golpecitos y ofreció una narigada a don Quijote. Aceptola éste, y tomando a tres dedos una buena porción, se lo aspiró como una ventosera. «¿Y vos, hermano?, dijo a Sancho el fraile. —Dios le pague, reverendísimo padre, respondió Sancho, e hizo lo que su señor. —Quedamos, dijo el provincial a modo de despedida, en que vuesa merced, señor caballero, matará el gigante y sus turcos en amaneciendo Dios. —Tal es mi obligación, respondió don Quijote. —Mire no se le olvide a vuesa merced, repuso el fraile, cortarles la cabeza». Y con esto se fue por esas puertas. No bien las hubo cerrado sobre sí, don Quijote y su escudero se desataron en un estornudar y un toser, que por poco que duraran les quitaran la vida según eran fuertes y preternaturales. «El demonio que adivine la ponzoña que nos va dando el fraile, dijo Sancho. Vengan seis dueñas y háganme doce mamonas, si ese fantasma no es cómplice de Galafre. Do no hay cabeza raída no hay cosa cumplida, señor don Quijote; sin este monjecito, lo que nos ha sucedido fuera tortas y pan pintado. —Verdaderamente, respondió el caballero, parece que se me desbarata la máquina toda: yo que en mi vida he llorado, echo hoy lágrimas gordas como garbanzos. Hemos sorbido eléboro, hombre del diablo. ¿Y no advertiste cómo el bellaco del fraile, cual si lo hiciera adrede, me preguntó si sabía yo lo que era pirofilacio? —Ése no debe de ser hechicero benévolo y amigo de los andantes, sino de los malandrines y burlones que han cursado la escuela de Fraudador de los Ardides. —Deja que el hipócrita sea, como dices, fautor en las supercherías del gigante, y su cabeza lo dirá; pues no me habré de contentar con menos que con ponerla desmirlada en una soga, del puente para abajo. —Ha de saber vuesa merced, señor don Quijote, dijo Sancho, que cuando el frailecito iba a salir, advertí que se guardaba las barbas en la faltriquera. —A fe de caballero, respondió don Quijote, que las tenía desmedidas: Juan de Barbalonga no se hubiera preciado de peinarlas más blancas y abundosas. El fraile dijo ser cartujo; mas por la cuenta no es sino capuchino. ¿Te ratificas en que se las quitó al salir? —Me ratifico y aun lo juro sobre los santos Evangelios. —Hechicero es, ya te lo dije. Y no pienses que haya contrariedad entre su estado de religioso y su profesión de brujo. Eneas Silvio fue un famoso encantador, y no por eso dejó de sentarse en la Silla de San Pedro con el nombre de Pío II. ¿Parécete cosa natural esto de descuajarse un fraile una selva de barbas y guardárselas en el bolsillo? Si echaste de ver, amigo, ¿cómo quedó el mágico sin ellas? ¿Tuviste por rostro corriente y moliente el suyo, o de hombre que poco semeja a los demás? —Fue la negra al baño, y tuvo que contar un año, respondió Sancho. Quedó mondo y liso como la chucazuela de mi rodilla; y vi que se reía a furto. —Socarrón nos es su reverenda, tornó a decir don Quijote. Mondo y liso... Pero no será como la chucazuela, sino como la choquezuela de tu rodilla, si a dicha no tienes cerdas en ella, como las tienes en la lengua. ¿Conque se rió a furto? Para lo que tiene que llorar, poco será cuanto se pueda reír. Espera, Sancho, y verás cosas de las que no suceden todos los días».

Capítulo XIII. Que trata de la maravillosa ascensión de don Quijote y del palacio encantado donde imaginó hallar a su señora Dulcinea

Después de media hora de toser y hablar a intervalos, sintió don Quijote que subía con lecho y todo, en términos que, si él fuera hombre capaz de asustarse alguna vez, hubiera dado al traste con la serenidad de su ánimo. «¿Adónde me llevan, Sancho?, dijo. Ven, y ve cómo te ases a las patas de esta máquina; cuélgate de ella, y no dejes que me arrebaten a las nubes». Oyendo hablar a su amo en las regiones superiores de la estancia, se puso a crujir de dientes el infelice Sancho, y aun pensó que subía el mismo por arte de encantamiento. «Señor don Quijote, respondió, juntos hemos llevado los palos y juntos hemos comido el pan de las aventuras: mire no me deje ir a caer en los abismos. —¿Luego a tu vez estás subiendo?, preguntó don Quijote; pellízcate, a ver si eres tú mismo; sacúdete por los cabellos por si no sea el tuyo más que un sueño. En cuanto a mí, me hallo ya muy arriba. ¿Quién sabe si al fin ha resuelto protegerme la sabia encantadora a cuyo cargo estaba mi destino? Ésta no es obra de enemigos, Sancho; suavemente voy subiendo y blandamente se me lleva. Como de estas cosas, suceden en el mundo de la caballería. La sabia Belonia se sirvió muchas veces del castillo de la Fama, para cargar en él por los aires con los caballeros a quienes protegía; y en una noche transpuso a don Belianís de Grecia de Persépolis a las montañas de Necaón. Si haces un poco de memoria, hallarás que Hipermea dio una prueba clásica de su poder, llevándose al emperador Arquelao de la prisión donde le tenían sus enemigos. ¿Qué mucho que igual prueba de amor me quiera dar a mí ésta, o cualquiera que sea la encantadora que ha tomado por su cuenta mi fortuna? Por mí no te inquietes, Sancho, y deja correr el influjo de las estrellas. Si andamos siempre hurtando el cuerpo, mal podremos acometer aventura que valga. Según anda este carrocín alado en que me llevan, no tardaré en llegar a alguna apartada montaña, a un alcázar donde me está esperando mi señora Dulcinea, conducida allá por un medio no menos maravilloso. —¿Las mágicas o hadas, señor don Quijote, preguntó Sancho, tienen en su ministerio la dependencia de urdir voluntades? ¿Digo si les es lícito echacorvear en pro de los caballeros y las doncellas andantes, resulte lo que resultare, o son casamenteras de ley que urden sus trazas en haz y paz de nuestra santa madre Iglesia? —Las mágicas o hadas, respondió don Quijote, son honestas por la mayor parte; y la que toman en los amores de sus protegidos, raras veces va fuera de un noble y justo propósito. Día llegará en que yo te haga palpar las entradas y salidas de este negocio. Dado y no concedido que tus razones estuvieren fundadas en la buena fe, todavía pudiera yo responder a ellas de modo que tocases con la mano la necedad de tus preguntas. La sabia Hipermea, Belonia, Urganda la desconocida, no pueden entrar en docena con la madre Celestina. Ándate a la mano, Sancho, en las travesuras de tu buen humor; que harto se me alcanza el hito adonde echas tus pasadores. —Sácame de aquí y degüéllame allí, replicó Sancho: vuesa merced no me perdona la vida el lunes sino para quitármela el martes. Sepa, señor don Quijote, que lo que tengo es miedo; si bien no acabo de persuadirme de que vuesa merced ande ya tan arriba como piensa. Si llegare a esa montaña, será servido decir a mi señora Dulcinea que su escudero Sancho Panza le besa los pies. —Cumpliré, Sancho, en deparándome la suerte el encontrarla. ¿O sucede más bien que los espíritus eternos quieren sacarme en vida de este mundo? Enoc fue arrebatado milagrosamente de la tierra que no era digna de poseerle. De no ser una de estas cosas, ¿qué significa esta ascensión extraordinaria? Nada hagas para detenerme; ni obrarías en mi servicio con salirme al camino en esta deliciosa carrera. —La sangre me hormiguea por el cuerpo como si me estuvieran picando gusanitos, señor don Quijote; y sería bien nos callásemos, por si en esta consistiere nuestra salvación. —Mientras te hallas a mi lado, dijo don Quijote, nada temas: por experiencia sabes si soy o no capaz de sacarte de los cuernos del toro. —Lo que es esta noche, respondió Sancho, más me hiciera al caso la protección de la Virgen y los santos; pero la memoria me niega alguna de las oraciones que cuadraran a la necesidad. ¿Saldría bien la de San Cristóbal? —Si la plegaria te sale del corazón, respondió don Quijote, cualquiera te aprovechará; si bien las diligencias del miedo no son, ni las más convenientes para con el mundo; ni las más eficaces para con el cielo. Di con todo esa oración: de pecar por corto, vale más pecar por largo. —¿Piensa vuesa merced que encaja bien aquí la de ese santo?, preguntó el escudero. —Todo puede ser, amigo; como no la sé, no puedo decirte el grado de favor que con ella alcanzarías. Echa tu jácara y veremos sus efectos.

—Cabecita, cabecita,
Tente en ti, no te resbales
Y apareja dos quintales
De la paciencia bendita.

—Sancho maldito, dijo don Quijote, este es un conjuto, y de los más virtuales, que usan las brujas en sus trapacerías. ¿Quién te mete a pronunciar palabras tan siniestras?». No debían de ser lo tanto, pues como los pillos de los monigotes se hubiesen partido, encantamientos, porrazos, narigadas, estornutatorias, todo cesó; y poco a poco Sancho Panza fue tranquilizándose, cogió el sueño, y bonitamente se durmió para toda la noche con grandísimo sosiego. Al verse solo don Quijote, se entregó en cuerpo y alma a su locura, y fue para el cierto y muy cierto que su maga protectora le estaba llevando por los aires a un palacio en cantado, donde le esperaba su señora Dulcinea. «Leandro, decía para sí, dejó la vida en el Helesponto, después de haber nadado cinco leguas por no faltar a la cita de su querida Hero: Medoro se expuso a la cólera de Rolando por el amor de Angélica. Gaiferos, el tierno y constante don Gaiferos,

Tres años anduvo triste
Por los montes y los valles
Trayendo los pies descalzos,
Las uñas chorreando sangre,

de puro buscar a Melisendra. ¿Y qué hizo Avindarráez por su mora Jarifa? ¿Y qué Diego Marcilla por la hermosa doña Isabel? ¿No cayó ese apasionado moro en manos del alcaide de Antequera, cuando a medianoche se iba en alas del amor desde Cartama hasta Coín? ¿Pues qué no hará este buen caballero don Quijote por la sin par Dulcinea?».

Ora se hubiese dormido y soñase de un modo conforme a sus deseos, ora la fuerza de su desvariada fantasía le presentase sus quimeras con aspecto de cosas reales, lo cierto es que don Quijote creyó haber llegado a la presencia de su dama, y como ella manifestase algún recelo de su dueño y señor, éste, para infundir confianza en ella, iba diciendo: «¡Oh dichoso Lanzarote! ¡Oh infelice Ginebra! ¡Oh Amadís triunfante! ¡Oh bella Oriana perdida!... Muchas veces, señora mía, en una hora cae por el suelo toda una vida de continencia y virtud, y de una dulce imprudencia suelen dimanar desdichas sin cuento. Pero vos, señora, no hayáis temor; porque si no soy menos enamorado y aventurero que Lanzarote y Amadís, soy más fuerte y respetuoso que ellos, y vos no correréis la mala fortuna de Oriana y Ginebra».

Era en don Quijote tan subido el punto de honra como el valor; y de estas y otras virtudes formaba su nobleza, de tal suerte que, sin la locura, hubiera sido verdaderamente el espejo de la caballería.

Capítulo XIV. De la entrevista que el enamorado don Quijote creyó haber tenido con su dama

No dejó de admirarse don Quijote cuando a la luz del día, que en largos rayos entraba por las rendijas de la puerta, se vio trincado al maderamen del aposento, que no tenía cielo raso, no a más de tres varas sobre el suelo, habiendo pensado hallarse en un palacio como el de la fada Morgaina o en el de la encantadora Melisa. A poco se cimbreó la tarima, y aflojadas las sogas con gran ruido de poleas, bajó rápidamente a tierra. Abriose la puerta de par en par, lo cual era ponerla franca y prevenir a los huéspedes que era tiempo de largarse. Mas por entonces no tenían éstos mucha prisa, y principió don Quijote su discurso matinal en los términos siguientes: «Pláceme hacerte relación de lo que me ha sucedido esta noche: la vi, Sancho, aspiré su aliento, me inebrié con las suaves y puras exhalaciones que toda ella despide como una planta del Indo o del país sabeo. ¿Cómo ponderar el conjunto de gracias que adornan su persona? ¿Cómo encarecer las sales de su espíritu? ¡Oh Sancho! Si antes de conocerla era yo su enamorado, mira lo que debo ser ahora que la conozco. —Dígame vuesa merced, preguntó Sancho, ¿se contentó con verla y aspirarla? O no estuvieron solos vuesas mercedes, o el diablo andaba lejos de allí en cosa de más importancia. —Solos, Sancho, solos como Adán y Eva en el paraíso. —Luego no estuvieron tan solos, señor don Quijote, por que allí hubo un tercero que todo lo echó a perder. Si la señora estaba tan zalamera como vuesa merced dice, algo había, en la trastienda. Can que mucho lame, saca sangre, señor. —No podría yo decirte, repuso don Quijote, si estuvimos libres de una inquietud gratísima; mas sí puedo sostener que ni el enemiga en forma de serpiente es capaz de batir en ruina el muro de pudor y vergüenza que se levanta entre esa señora y yo. Amadís de Gaula pagó el tributo a la flaqueza, es verdad, cuando tuvo encerrada a la sin par Oriana en el castillo de Miraflores; pero lo puesto en razón es que imitemos las virtudes y desechemos los desvíos del modelo que sirve de norma a nuestras acciones. Si supieras que Roldán, Reinaldos de Montalbán y otros famosos caballeros pasaron a mejor vida sin haber perdido la inocencia, no me preguntaras lo que me preguntas. —La ocasión es calva, tornó Sancho a decir; y más vale un toma que dos te daré. Cuando te dieren la vaquilla, corre con la soguilla. Debo no rompe panza, señor don Quijote. Oblíguela vuesa merced con uno de esos a buena cuenta que soyugan a las mujeres y las tienen blanditas hasta cuando se las corona emperatrices. Quien adama a la doncella, el alma trae en pena: vuesa merced está consumiéndose de aprensivo, con detrimento de su propia salud y conciencia. —¡Por vida de Barrabás!, dijo don Quijote, ensartas iniquidades que, si no fueran parto de tu sandez, te había yo de castigar tan ejecutiva como rigurosamente. ¿Qué a buena cuenta dices, libertino? El que procura gozar de un derecho que aún no ha adquirido, ha traspasado ya las leyes del deber. Tiempo oportuno en todo es el que llega por sus pasos. Con lo que es mío me ayude Dios: mis gustos son mis esperanzas; mis triunfos, los que obtengo sobre mis pasiones. Y pues no entiendes sino de refranes, paga adelantada, paga viciosa. —Al buen pagador no le duelen prendas, replicó Sancho. En siendo vuesa merced rey o arzobispo, ¿quién le impedirá que alargue la mano y diga: toma, hija, ya eres mi mujer, y ve si soy de los que dicen lo comido por lo servido? Pero muera la gallina con su pepita, que yo no he de vivir llorando males ajenos. Como he oído que la mujer de más provecho es la que da más hijos al reino, me pareció que mi señora Dulcinea, siendo tan principal en todo, no debía ser para menos en ese requesito. —Requesito vendrá de requeso, dijo don Quijote; aunque yo no conozco sino requesones. En lo tocante al punto mismo de la cuestión, sé decir al señor Panza que ya le llegará su vez a esa señora, y entonces será el preguntarle si a ella le había faltado lo que dice. Tú sabes que de Perión de Gaula nacieron tres famosos caballeros, y que de Amadís, uno de estos tres, derivó una larga sucesión de andantes. Siendo yo tan buen enamorado y tan buen caballero como Amadís, no he menester me andes recordando el tener hijos. En manos está el pandero, que lo sabrán bien tañer; y no digas mal del año hasta que sea pasado. Ya verás algún día si me siento a la mesa con mis cincuenta hijos, cual otro Príamo, y si Dulcinea le pide favor a Hécuba. Mas de tenerlos naturales no me hables, y mucho menos espurios».

«¡Señores huéspedes!, gritó el dueño de casa mostrándose de súbito, el día está inmejorable para camino. Harán mal vuesas mercedes si desperdician la mañana». Don Quijote advirtió al punto la intención de ese canalla, y dijo: «No le toca al dueño de casa dar estos avisos: la hospitalidad tiene aprensiones que han de ser respetadas como virtudes. En el que la ofrece ha de haber delicadeza; en el que la busca o la acepta, agradecimiento. Sin bondad ni decoro, la hospitalidad bastardea y viene a ser cosa digna de vituperio. Sé deciros que es todavía más reprensible la manera alevosa de que usáis conmigo, que si a palos me echaseis fuera. —No ha sido por despachar a vuesa merced, respondió el monigote; guárdeme Dios de semejante indignidad: como el día promete ser tan bueno, y como mañana ha de llover, me pareció oportuno hacerlo notar al señor don Quijote. —Indignidad, repuso el caballero; habéis dado con el término propio. Indigno es el que tiene por carga y molestia una de las más nobles y fáciles virtudes; indigno el que se juzga arruinado con el consumo de una persona en dos días; indigno el que se respeta así tan poco que, ni por la consideración que se debe a sí mismo, huye de hacer a los demás esos ruines agravios, que no envilecen a quien los recibe, sino a quien los irroga. El pundonor, la decencia y hasta el orgullo nos obligan a usar de miramientos con el forastero que nos hace el favor de llamar a nuestras puertas. Vámonos, Sancho; que donde la envidia se vale de la infamia para hostilizarnos, estamos mal y muy mal alojados». Sacudiose el cleriganso y dijo: «Ni hubiéramos deseado la llegada, ni nos afligirá la partida de pécoras como vosotros». Echó mano por su lanza don Quijote, y dio tras el monacillo, el cual hasta ahora está corriendo. Perdida la esperanza de alcanzarle, volvió, se vistió de sus armas defensivas, y alto el morrión, baja la visera, pendiente del talabarte la espada, el lanzón en la mano, salió seguido de su escudero a despedirse del cura y montar a caballo.

Capítulo XV. De la conversación que caballero y escudero iban sosteniendo mientras caminaban

Puestos en camino, sintió Sancho que se le refrescaba el pecho y que toda su parte moral se le bañaba en un fluido vivificador, con esos movimientos súbitos de felicidad que de tarde en tarde suelen favorecer misteriosamente hasta al hombre más infortunado: tanto como esto puede la naturaleza cuando ejerce su amable prestigio por medio de un cielo límpido, nubes purpurinas y doradas puestas sobre el horizonte como decoración del mundo; atmósfera benigna, aire tibio, sierras oscuras que asombran los valles, colinas alegres, prados floridos, todos los toques de hermosura con que esa grande seductora cautiva sin pensarlo aun a los que no la comprenden. «Si saliere fallida la esperanza del condado que vuesa merced me tiene prometido, dijo Sancho en tono de buen humor, ¿no pudiera yo venir a ser cardenal, o por lo menos obispo? —Por nuestra carrera no llegamos al capelo, respondió don Quijote, ni aun a la tiara. Tanto como eso no presumas, ni levantes la ambición más arriba de lo verosímil. Halagüeñas son las esperanzas que infunden las cosas posibles: tan alto picas a las veces, que das en visionario. Si estás lejos de la púrpura cardenalicia, te hallas a un paso de otra fortuna. —¿Habrá por si acaso vuesa merced resuelto hacerme duque?, preguntó Sancho. —De Sabioneta o de Alburquerque no te sentaría mal; y de adehala marqués de Rivadeo. Por marqués de Rivadeo, tendrías el privilegio de comer con Su Majestad el día de pascua de Reyes. Pero no es mi ánimo parar en eso. Tú sabes que Tirante el Blanco fue proclamado emperador de Constantinopla; mas lo que tal vez no sabe vueseñoría es que a la muerte de ese famoso andante; su escudero Hipólito casó con la emperatriz viuda y ocupó el trono. Reinaldos, Esplandián, Palmerín de Oliva, don Rocerín, don Olivante de Laura fueron reyes o emperadores, obrando la invicta espada. ¿Pues qué diremos de Florisán, que llegó a ser preste Juan de las Indias y señor de los Montes Claros? Esto de ganar un imperio, Sancho hermano, es cosa muy factible para los buenos caballeros. Figúrate lo que habrán sido los escuderos de esos grandes paladines, y mira los honores y las rentas que te esperan en cualquier encrucijada de las que tengamos que pasar. —A buen viento va la parva, dijo Sancho. ¿Pedro por qué atiza? Por gozar de la ceniza. ¿Por qué piensa vuesa merced que pongo en las aventuras mi parte de hambres y de costillas? Medrados estaríamos si después de tantos palos no hubiese imperio que regir. Cuando siembres, siembra trigo, que chícharos hacen ruido. Por falta de hombres buenos a mi padre hicieron alcalde, y ruin es quien por ruin se tiene. Esos tales escuderos se empuñaron en sus cetros; pues ya verá el mundo si el hijo de los Panzas es menos que Gandalín y si hay cabello que no haga su sombra en el suelo. ¿Procurará, señor don Quijote, que mi imperio no produzca menos que el de vuesa merced? —La gallina de mi vecina más huevos pone que la mía, respondió don Quijote. Tengan tus dominios rentas como tú echas refranes, y ahí sería el diablo si no superases a Salomón en las riquezas. Mucho hubiera sido que no te dijeses tu media docena en esta oportunidad. Ven acá, demonio, ¿no se agotará jamás esa mina de disparates que con nombre de refranes vienes derramando por todo el mundo? Emperadores tontos, emperadores brujos, emperadores llorones, de todo hemos visto; ¿mas qué emperador ha de ser un judío que en refranes hubiera puesto su parte en la pasión y muerte de nuestro Señor Jesucristo? —Palabras de santo y uñas de gato, dijo Sancho. Vuesa merced no me hace emperador sino para aruñarme. La cruz en los pechos y el diablo en los hechos. Recíbame vuesa merced a perdón, y caminemos; pues como dicen, dame pega sin mancha, darte he mozo sin tacha. —Si no te encastillas en el perdón que me has pedido, respondió don Quijote, con lágrimas de tus ojos pagaras aquí tus impertinencias. Ahora dime, follón, desvanecido y malandrín, ¿piensas que esa corona te viene por tus obras y no por las mías? Metes tu media pala en el negocio de las aventuras, y te das a entender que serás emperador po r tu propia virtud; ¿y aún quieres que tus estados no produzcan menos que los míos? Eso es meter aguja y sacar raja, logrero sin conciencia. —Y todavía hay otra cosa mejor, replicó Sancho; es a saber, que me hallo en potencia propincua de elevarme a la mano de mi señora Dulcinea del Toboso y reinar junto con ella. —¿De qué modo?, preguntó don Quijote. —A semejanza del escudero de Tirante el Blanco, que casó con la emperatriz viuda, respondió Sancho. —Eso se entiende si yo vengo a morir primero que ella, replicó don Quijote; y aún será cosa de averiguar si yo con siento en unión tan deslayada. —Como los muertos no tienen voz ni voto, señor, me bastará el beneplácito de la emperatriz heredera. —Lo das por hecho, dijo don Quijote; mas yo tengo para mí que Dulcinea no me habría de sobrevivir sino para verter lágrimas tales y tantas, que fueran excusadas las ajenas; y como el Cid Rui Díaz, pondría yo esta cláusula en mi testamento:

> Ítem: Mando que no alquilen
> Plañideras que me lloren:
> Bastan las de mi Jimena,
> Sin que otras lágrimas compre.

—De suerte que, dijo Sancho, mi señora Dulcinea ya no es Dulcinea, sino Jimena. —¡Eso no!, respondió don Quijote. Dulcinea no puede dejar de llevar su nombre; ni hay otro más suave, melifluo, almibarado que el suyo. La que se llama Dulcinea ¿puede aspirar a otra cosa? Carmesina, Briolanja, Florisbell; Doralice, ni la linda Magalona, ¿cuál se atreve a pronunciar su nombre al lado de *Dulcinea*? ¿No sientes que este divino vocablo se te pega en los labios como una hebra del panal hibleo? Di *Dulcinea* sin que la lengua se te quede olorosa, blancos los dientes, rojos los labios, cual si por ellos pasase el amor en forma de celeste llama. Música, pintura, poesía, ¿qué no hay en *Dulcinea*? Si el amor perteneciera al sexo femenino, se llamara Dulcinea; si las flores supieran su negocio, fueran *dulcineas*. ¿Y quieres trocármelo por Jimena a estas horas, hereje? —Yo no quiero eso, señor don Quijote: vuesa merced dice que le va a poner ese epitafio con Jimena, y mi deber es respetar sus voluntades. —No es epitafio, ¡zopenco!, dijo don

Quijote, sino cláusula testamentaria; porque no es ella quien se muere, sino yo. Si el Rui Díaz de otro tiempo dijo:

> Ítem: mando que no alquilen
> Plañideras que me lloren:
> Bastan las de mi Jimena,
> Sin que otras lágrimas compre;

¿qué habría sino que el otro dijese?:

> Ítem: Mando que no alquilen
> Que me lloren plañideras:
> Al llanto ajeno renuncio,
> Si me llora Dulcinea.

—Vuesa merced será dueño de pergeñar su testamento según la conciencia le dictare, dijo Sancho, como no ponga ningún paragarfio encaminado a entrabar la voluntad de la viuda. —No solamente paragarfio, sino también parágrafo, respondió don Quijote; y aun he de hacer codicilo prohibiendo expresa e irrevocablemente que la emperatriz contraiga segundas nupcias ni con el soldán del Cairo, menos con un simple escudero. ¿Piensas que, es lo mismo ser viuda de Tirante el Blanco que de don Quijote de la Mancha? Poco haría Dulcinea con abdicar la corona después de mi fallecimiento y acogerse a un monasterio; lo más puesto en razón y verosímil es que se había de dejar morir de pesadumbre; pues no es desgracia de las de por ahí el perder marido como yo. Sabes, por otra parte, que señora como ella, de tan elevados pensamientos, no había de ir a ponerlos en un villano como tú, aun cuando yo muriese más de una vez. —¿Y cómo piensa vuesa merced hacer rey a un villano como yo?, preguntó Sancho. —Porque todavía es menos ser rey que aspirar a la mano de esa princesa, respondió don Quijote; y antes te haría yo soldán o gran califa, que admitir, ni en vía de pasatiempo, que tú llegares a sucederme al lado de mi esposa. ¿Sabes quién es Dulcinea para haber dado cabida en tu oscura imaginación a la especie de venir a ser marido suyo en ningún tiempo? Yo mismo, con todos mis hechos de armas y mis nunca vistas hazañas, apenas he llegado a merecerla. Hay cosas inheredidables, Sancho temerario. Muy bien puedes tú ser un honrado y valiente escudero, y ella más imposible para ti que el ave Fénix. Conténtate con que yo te case con la confidente de mis amores, como es de uso en la caballería. Tristán de Leonís[8] premió a su escudero con la mano de la doncella Dinamarca; y ese mismo Tirante cuyo ejemplo invocas en tu favor, dio por mujer a su escudero Deifobo la bella Estefanía, hija del duque de Macedonia. Y aún eso se entiende si te comportares como Gandalín, quien siguió, alcanzó, mató y cortó la cabeza a la giganta Andandona. Si no haces cosas grandes y dignas de la posteridad, mal puedo recompensarte con merced tan señalada como darte por esposa una doncella de alta guisa. Las grandes recompensas forman los grandes valores, dicen: ya sabes que lo menos que te espera es una real infanta con un condado de dote. —¿Cuál sería, preguntó Sancho, la doncella que vuesa merced me destinase, caso de que yo me resolviese a hacer esas cosas dignas de la posteridad? —Sería Brianjuana, respondió don Quijote, Darioleta, Floreta o ¿qué sé yo?: todas han sido confidentes de sus señoras respectivas. A menos que te decidieses por la dueña Quintañona, quien lo fue de la reina Ginebra en sus amores con Lanzarote del Lago. ¿O prefieres a la viuda Reposada? No olvides que esta gentil pieza, lejos de favorecer leal y legalmente a sus amigos y señores, se llegó a enamorar hasta el meollo del amante de su reina, y todo se lo llevó el diablo. —¿Cuál de estas dos tiene más garabato, señor don Quijote, la viuda Reposada o la dueña Quintañona? —Eso va de gustos, amigo Sancho. La viuda Reposada fue mujer hermosísima, pero cuando menos acordó estuvo vieja. La dueña Quintañona, otra que tal, ni fue menos hermosa ni vino a ser menos vieja que la Reposada. —Pues desde aquí renuncio esas canonjías, dijo Sancho. Deme vuesa merced una de las muchachas, y andemos. Pero sí ruego a vuesa merced, y así tenga buena muerte, me cambie con obra más hacedera el pontazgo de cortar la cabeza a la tal Andandona. —Por no dar la cabeza de una gigantita, respondió don Quijote, has de perder la mano de una princesa. Yo sabré cómo, cuándo y con quién te caso: déjate de cavilaciones y vente callado. Tú me espantas la caza con este hablar sin término ni medida. ¿Quién sabe cuántas aventuras

---

8   [«Leonés» en el original (N. del E.)]

hemos perdido por venir engolfados en estas futilezas, las que en realidad nada son para con las grandes cosas que se deciden por la espada? —Yo supongo, dijo Sancho sin querer callarse, que todo esto es puro modo de decir; ¿pues dónde deja vuesa merced a mi mujer?, ¿hémosla enterrado por dicha? Quien bien quiere, nunca olvida, señor don Quijote: viva la pobre y vívame mil años. —Buena salutación le envías, ¡oh Sancho! «¡Rey, vive para siempre!», era la que los egipcios dirigían a su soberano. Manera grandiosa de manifestar amor e interés a una persona; como que ningún obsequio vale tanto como el de desearle a uno vida feliz y prolongada».

Capítulo XVI. De la casi aventura que casi tuvo don Quijote ocasionada por un viejo de los ramplones de su tiempo

Cuando esto decía don Quijote, echó de ver a un lado del camino un hombre entrado en edad que estaba haciendo hachar dos hermosos cipreses de un grupo que daba oscura y fresca sombra a un gran circuito. Parose y le preguntó por qué hacía derribar tan bellos árboles, destruyendo en un instante obra para la que la naturaleza requería tantos años. «Los derribo, respondió el viejo, porque nada producen y ocupan ociosamente la heredad. Estos y los demás, todos los echo abajo, y no son menos de catorce. —¿Hubiera modo, replicó don Quijote, de evitar este degüello? Si os incita el valor de estos cipreses, yo os los pago, y permanezcan ellos en pie. —Eso allá se iría con vender la tierra, y no es lo que me propongo, dijo el dueño; antes la estoy desmontando, no tanto por aprovecharme de estos árboles que no valen gran cosa, cuanto por dar a la labranza el suelo mismo. —Cortados no valen nada, replicó el caballero; vivos y hermosos como están, valen más que las pirámides de Egipto. Y así os ruego y encarezco miréis si os está mejor variar de resolución y hacer un obsequio a la madre naturaleza, la cual gusta de la sombra de sus hijos. —Toda sombra es nociva, arguyó el viejo sanguinario. La sombra nada me da; antes me quita lo que pudiera rendir esta heredad. Hoy la pongo como la palma de la mano, la aro en seguida, siembro lechugas y coles, y desde ahora queda vuesa merced convidado a festejarlas a su regreso. —Dejaos de chanzas, que no estoy para ellas, dijo don Quijote. Por última vez represento y pido lo ya representado y pedido, y andad por vuestras lechugas a otra parte. —Donosa representación, respondió el hombre, quien a despecho de los años había sido algo maleante, o ya la figura de don Quijote junto con sus pretensiones le movió a echar por lo ridículo: donosa notificación... Y caso de no venir yo en ello, ¿piensa vuesa merced apercibirme con su lanza? —¡Vos lo habéis dicho!, replicó don Quijote, y arremetió con el viejo, el cual, en vía de defensa, se dejó caer patas arriba de la piedra en que estaba sentado. —Convenid, gritó el caballero, teniéndole en jaque con su lanza, en que estos árboles queden ilesos; ofreced, prometed y aun jurad no tocarles ni a un pelo de la barba. —Me allano a cuanto vuesa merced mandare, respondió el burlón, viendo resplandecer esa punta amenazante. ¡Ea, amigos!, dejadme en pie esos árboles, y no se les ofenda con un hachazo más, supuesto que tal es la voluntad de este buen caballero».

No había cosa más urgente que salvar la vida, y después sería el averiguarse con el desagravio. Pero el andante dio de espuelas a su corcel, y tomó el largo sin añadir palabra, al tiempo que el vencido se levantaba con harta flema, echando pestes contra el loco que así le había puesto. Volvió luego don Quijote y dijo: «Esas muescas o heridas de los cipreses pueden serles fatales: llenadlas de cera al punto, y echad sobre ella una capa de tierra húmeda, que así no habrá riesgo de que se marchiten y perezcan». En esta sazón llegaban dos jinetes a los lados de un coche tirado por cuatro soberbias mulas ricamente enjaezadas y con altísimo plumaje. No era para uno como don Quijote dejar seguir adelante a nadie sin averiguación ninguna, y menos a comitiva que tanto olía a cosa de aventura. Echose a medio camino y dijo al postillón: «Buen hombre, parad y responded punto por punto: ¿quiénes vienen aquí?, ¿de dónde vienen?, ¿adónde y a qué van? —Es el ilustrísimo obispo de Jaén, respondió el postillón: viene de Madrid y va a su diócesis. —Norabuena, respondió el caballero. Ahora advertid al ilustrísimo obispo de Jaén que don Quijote de la Mancha desea llevar consigo algunas de sus episcopales bendiciones. —¿Quién es?, preguntaron de adentro del coche. —El señor don Quijote de la Mancha, quien desea saludar al señor obispo, respondió uno de lo hombres de a caballo. —¿Don Quijote de la Mancha?..., le conozco; el famoso caballero cuya historia anda por esos mundos. Pues yo me holgaría en verle. Decidle que, si es servido, se llegue a la portezuela».

Se apeó entonces don Quijote e hizo lo que el prelado deseaba, saludándole con una reverencia. «¿Es vuesa merced, señor caballero, el mismo don Quijote de la Mancha cuyos hechos ha puesto en las nubes el historiador Cide Hamete Benengeli? —No pienso que haya dos caballeros de ese nombre, respondió don Quijote gallardeándose. Al que se atrevió a sustentarme que había vencido en singular batalla a un cierto don Quijote, ya le probé que se engañaba, por no decir mentía. —Ese atrevido fue el caballero del Bosque, dijo el obispo. ¿Qué hace vuesa merced por estos mundos? Nosotros le juzgábamos en Trapisonda, y aun hemos oído decir que había pasado a la isla de Lipadusa a combatirse con quienquiera que poseyese la espada Durindana. —Tenga yo noticia de aquella famosa espada, respondió don Quijote, y pasaré, no digo a Lipadusa, sino a Estotilán o a Norumbeca; y para ganarla haré armas con el rey Gradaso, y aun con ese endiablado de don Roldán. —Una vez sometido a vuesa merced ese endiablado de don Roldán, volvió a decir el obispo, ¿qué obstará para que le quite, no solamente su espada, sino también su dama? De este modo, Angélica la bella vendrá como a suplantar a la señora Dulcinea. —No, señor, respondió don Quijote; Durindana y no otra cosa le he de quitar. ¿Ni qué habría yo de hacer de aquella damisela repulgada y veleidosa, que se va cuando se le antoja con un morillo mequetrefe, tan bisoño en guerra como en amores? Y diga vuestra ilustrísima, en desdoro de paladines como Roldán el encantado y Reinaldos de Montalbán. —Si no lo ha vuesa merced a enojo, volvió a decir el obispo, reitero mi pregunta: ¿qué negocio le trae a vuesa merced por estos mundos? —Ando en busca de las aventuras, respondió don Quijote. Si la casualidad no me encamina por acá, se consumaba ahora mismo un hecho de los que no sufre un caballero andante. Salga de su carrocín vuestra señoría ilustrísima, y vea con sus ojos si mi profesión importa al mundo, y si los que la seguimos perdemos el tiempo y ganamos la fama a poca costa».

Echose afuera el obispo, juzgando que realmente se hubiera intentado allí algún delito, y si aún era posible impedir una desgracia.

«¿Ve aquí vuestra ilustrísima esta pequeña selva cuyos árboles verdeoscuros se encumbran en forma de pirámides y derraman sobre el suelo esta densa y provocativa sombra? En verdad le digo que no iba a quedar rama sobre rama, porque este desalmado los echaba a tierra, si no llego yo aquí para librarlos de su hacha destructora». La forma bíblica usada por don Quijote le pareció bien al obispo, y dando en el hito, y por llevarle el genio, manifestó que le desplacía mucho aquel desaguisado, y se unió a él para encarecer el desalmamiento de quien así había querido matar esos hermosos gigantes de la creación. Hablaba quizás de buena fe el prelado, ya que todo pecho donde anidan los afectos nobles tiene con la naturaleza conexiones ocultas.

Un árbol que ha recibido lentamente la virtud misteriosa de los siglos, junto con la recóndita substancia de la tierra, es objeto que infunde respeto y amor casi religioso. Hay quienes destruyen en un instante la obra de doscientos años por aprovecharse de la mezquina circunferencia que un árbol inutiliza con su sombra: para la codicia nada es sagrado: si el ave Fénix cayera en sus manos, se la comiera o la vendiera. Cosa que no produzca, no quiere el especulador: para el alma ruin, la belleza es una quimera. Un menguado sin luz en el cerebro ni música en el corazón, no alcanza el poder de gozarla, ni su alma tiene los requisitos que se han menester para que den golpe en ella los portentos del universo. No se arrodilla ante el Parnaso sino el hombre delicado cuyo numen le tiene despierto de continuo, maravillándole con las obras del Omnipotente, apasionándole a las gracias de la naturaleza.

Capítulo XVII. Donde se ve si don Quijote era más discreto que un obispo, hasta cuando llegaba el instante de ser loco

Ya de miedo del uno, ya por respeto al otro, el viejo se excusó como pudo y se ratificó en la promesa de no llevar adelante una obra que en ninguna manera había juzgado digna de vituperio. «¿Y cómo no?, dijo el obispo; si no teníais necesidad imprescindible, no era nada católico destruir así, por puro gusto, un efecto tan hermoso de la virtud de nuestra madre tierra. —Tengo para mí, dijo a su vez don Quijote, que los gentiles eran en muchas ocasiones más piadosos que nosotros: esa veneración por los bosques sagrados, manifiesta un mundo de religiosidad en su alma. El bosque de Delfos, la selva de Dodona, eran templos para ellos. —No alegue vuesa merced la autoridad de los gentiles, volvió a decir el obispo; los patriarcas de la ley antigua rendían honores casi divinos a los árboles. Abraham plantó un ciprés, un cedro y un pino, los cuales por obra del cielo se incorporaron en uno solo; de suerte que ese árbol fue mirado como un prodigio y cosa verdaderamente destinada para la Divinidad; y así, se le cortó para el templo de Salomón. ¿Y qué dice vuesa merced de la famosa encina a cuya sombra ese mismo patriarca de quien acabo de hacer mención armó sus tiendas de campaña? El pueblo se inclinaba ante ella, y hacía romería a los llanos de Mambrea por ver ese testigo de tan grandes cosas. —Yo he leído, respondió don Quijote, que los japoneses, con ser bárbaros, respetan a los árboles tanto como a sus dioses. Plántanlos en dondequiera, y asombran con ellos los caminos; de modo que es un placer andar por esas vías frescas y verdes, en medio del Sol abrasador de esas regiones. —En algunos pueblos, dijo el obispo, se castiga con rigor a los que destruyen ciertas aves, como en Inglaterra, donde nadie puede matar águila, grulla ni cuervo. ¿Qué maravilla si los japoneses castigan al matador de un árbol? —Si no es permitido matar cuervos en Inglaterra, contestó don Quijote fervorizándose, no es por respeto a este animal, sino por no herir en uno de ellos al rey Artús, quien anda encantado por su hermana la fada Morgaina, y con el transcurso del tiempo ha de volver a su forma genuina y a reinar sobre los ingleses; pues no fue el ánimo de aquella mágica, cuando le encantó, aniquilar a tan gran príncipe y valeroso caballero, sino librarle acaso de un peligro y hacer que los días corriesen por sobre él hasta cuando conviniera reponerlo en su propio ser y persona. Vuestra señoría sabe que esto se hace sin inconveniente, por cuanto nada puede el tiempo sobre los encantados: mil años transcurren, y no por esto salen con una cana o una arruga más de cuando obró en ellos el encanto. —El rey Artús, dijo Su Ilustrísima, ¿no es el que instituyó la tan célebre orden de los caballeros de la Tabla Redonda? No es otro, señor obispo. La famosa Tabla Redonda, a la cual no podían pertenecer sino los caballeros probados que habían muerto quinientos y aún más enemigos y cortado la cabeza a tres o cuatro gigantes. Esto tiene de particular esa orden, que el caballero que sucede al que acaba de morir ha de ser más valiente que él: de modo que el valor va siempre a más en esa gloriosa cofradía. Lanzarote y Tristán de Leonís, Galerzo y el nunca bien celebrado Galbán fueron más acometedores, mal sufridos, terribles e indomables que los que les habían dejado el lugar, y aun estoy por decir más corteses y enamorados. —En lo de enamorados, replicó el obispo, tengo entendido que así Lanzarote como el señor Leonís se propasaron, el uno apasionándose a la mujer de su rey y compañero, el otro perdiendo el juicio de puro amor. Si ya no atribuimos estas irregularidades a las mañas y los artificios de esas pizperetas de la reina Yseo y Ginebra, y les echamos toda la culpa. —Ginebra y la reina Yseo, señor ilustrísimo, fueron unas muy altas y aguisadas señoras que no usaron ni podían usar de superchería ninguna, filtro, poción amatoria ni amuleto para hacerse querer de esos aventureros; y así sufriré se hable mal de ellas, como que se me eche un gato a las barbas. Vuestra señoría ilustrísima rectifique los términos en que acaba de hacer mención de esas princesas, y sufrague por la paz, o por Dios Todopoderoso que habremos dado al traste con ella. —No lo permita el cielo, respondió el obispo: si no es más que eso, pongamos *hermosas* en lugar de *pizpiretas*, y el Señor sea con nosotros. Yo pensaba solamente que no era muy de caballeros andarse en dares y tomares con la esposa del amigo que está haciendo por la fama en la guerra o las aventuras. —Guárdeme Dios, replicó el hidalgo, de aprobar ese desvío de Lanzarote: señoras de rumbo no le hubieran faltado: busque su dama entre las que no tenían deberes para con otros, y San Pedro se la bendiga. Pero vuestra señoría sabe que el amor es ciego, y sobre esto, malicioso. Ginebra fue mujer, reina además, y yo, como caballero andante, obligado estoy a volver por ella sin más averiguación. Respecto de Tristán de Leonís, no solamente le disculpo, mas aún le apruebo y aplaudo. Hizo bien de volverse loco. Yo mismo tengo determinado perder el juicio en obsequio de mi dama, y darle así una prueba de la pasión que no le cede un punto a la del dicho Leonís. ¿Qué piensa vuestra señoría que yo admiro más en don Roldán?, ¿la intrepidez en la batalla?, ¿la serenidad en el peligro?, ¿la fuerza y destreza en el manejo de las armas?, ¿su virtud de no poder ser herido sino por el talón? Si piensa que es algo de esto, se engaña vuestra señoría. Es el haberse vuelto loco de amor, con aquella locura admirable de arrancar encinas, desportillar los cauces de los ríos, quebrantar peñascos, y otras cosas no menos grandes que singulares. —Téngome por hombre de ruin memoria, tornó a decir el obispo, si vuesa merced no dio ya a mi señora Dulcinea la más relevante prueba de locura amorosa que enamorado loco puede dar, cuando hizo por ella en Sierra Morena, de medio arriba vestido y de medio abajo desnudo, las zapatetas y cabriolas que recomienda Cide Hamete. —Esas cabriolas y zapatetas, replicó don Quijote, no fueron sino un ensayo, o más bien el preludio de las grandes y memorables locuras que pienso hacer en honra y beneficio de la sin par Dulcinea; no locuras que duren la bagatela de tres días, como en Sierra Morena, sino de marca mayor y a la larga, hasta cuando ella me mande sosegar y comparecer en su presencia. —Convendría sí, dijo el obispo, que el señor don Quijote abriese un tanto el ojo, no fuese que, mientras él estaba haciendo esas locuras en un apartado monte, la otra estuviera imitando a la reina Ginebra. —Para eso, respondió don Quijote, fuese menester que antes me convirtieran en cuervo».

«¡Albricias, que ya podan!, salió diciendo Sancho Panza. Primero me han de convertir a mí en cigüeña que a vuesa merced en cuervo. Bonito es mi señor don Quijote para ave inmunda: pues admiremos en él ese alto vuelo. Dueña que arriba hila, abajo se humilla, señor. Mire no se deje volver eso que dicen, y si no puede rehuir el encanto, hágase convertir en gallipavo; que de hora en hora Dios mejora, y del mal el menos, y el viejo que se cura, cien años dura. Ahora deseo yo saber si me será lícito matar cuervos en lo adelante, o me debo abstener de esta dis tracción, a causa del rey Artús. —Si alguno matares, respondió don Quijote, cometerás quizás un regicidio; y quién sabe si yo mismo podré librarte de la horca. —¡Plaza, plaza, que el rey llega!, dijo Sancho; la horca allá con los ladrones. Tan rey soy yo en mi casa como el otro en su palacio. Con e l hombre de bien, nada tiene que hacer el verdugo, señor, jurado ha el baño de blanco no hacer negro. —Yo te impongo silencio so pena de azotes, gritó don Quijote con muy regular enojo, porque Sancho, a puras necedades, había trabucado la conversación de Su Ilustrísima. —¡Oiga!, dijo el obispo, ¿éste es el renombrado Sancho Panza, escudero de vuesa merced? ¿Conque éste es el famoso Sancho Panza que gobernó la ínsula Barataria? —Ese mismo, respondió Sancho: ese famoso escudero a quien, por honrarle, mantearon los perailes de Segovia; ese famoso escudero a quien dieron de palos, o más bien, de estacas los yangüeses; ese famoso escudero que anda muerto de hambre por encrucijadas y malezas; ese famosísimo escudero que tiene que darse tres mil y trescientos azotes por desencantar a una cierta señora Pirinea...».

Suspenso estaba don Quijote oyendo las ironías de Sancho, y después de un instante de sorpresa, dijo: «El que siempre anda poniendo por delante la parte mala de la vida y ocultando la buena, mucho se parece al ingrato, amigo Panza. Bienes y males, venturas y desventuras, placeres y sinsabores, de todo se compone el mundo; y lo puesto en razón es no lamentarse uno demasiado de la adversa, ni engreírse con exceso de la buena fortuna. ¿Hambre tienes en los castillos donde soy recibido? ¿Te mantean las princesas mis amigas? ¿Te dan de palos las reinas y señoras que se valen de mi espada para sus desagravios? Acuérdaste de los trabajos, pero de buena gana olvidas los triunfos que vienes alcanzando en junta mía. ¿Hasme oído una queja?, ¿has visto una lágrima en mis ojos en cuanto ha que me conoces? —En Dios y en conciencia no lo pudiera yo afirmar, respondió Sancho, salvo esas como garbanzos que dijo vuesa merced le manaban cuando el frailecito que nos vino con las pajarotas del puente de Mantible. Quien yerra y se enmienda, a Dios se encomienda; si en lo sucesivo me coge un ¡ay!, diga vuesa merced que no soy bueno para la caballería. La sangre se hereda y el vicio se pega: en mi abolengo debió de haber algunos Panzas cojijosos, los cuales me han pasado sus lloriqueos con la sangre. Si los vicios se pegan, se han de pegar asimismo las virtudes; y si hay en mí alguna viscosidad, en Dios confío que se me han de pegar las de mi señor don Quijote. —Eso no será tan fácil, Sancho amigo, dijo el prelado; los vicios suelen ser húmedos, pegadizos; las virtudes son secas por la mayor parte, y no tienen la fuerza de propagarse entre los hombres. Hay con todo en el corazón bien formado una pinguosidad fecunda que hace fructificar generosamente cuanta buena semilla se echa en él; y como el vuestro no es de los estériles, no será imposible os dejéis influir por las cualidades de vuestro amo y señor don Quijote». Gustó por extremo la delicadeza del obispo así al amo como al criado; y el uno con sumisas demostraciones de respeto, el otro con señoriles ademanes, le ayudaron a subir al coche y se despidieron como entre buenos se acostumbra. No omitió don Quijote el ofrecer su espada a Su Ilustrísima, ni éste el corresponderle con algunas bendiciones cuando las mulas arrancaban.

Capítulo XVIII. De la grande aventura del globo encantado en que venía la mágica Zirfea

Siguió su camino don Quijote, y ahora fue él quien habló primero diciendo: «Tienes del sexo frágil, Sancho, que no pierde: ocasión de soltar el trapo: ¿por qué metes tu cuchara en conferencias a que yo vengo con obispos y arzobispos? Donde habla el amo, calla el criado, Sancho incorregible; o por mejor decir donde el gallo canta... Ya me entiendes. —Si el escudero ha de ser mudo, respondió Sancho, ¿por qué en el acto de armarse los caballeros no le cortan o le pican la lengua? Así vuesas mercedes no se anduvieran dando de las astas con sus criados sobre si dicen esto y dicen lo otro. —Ya te veo, besugo, replicó don Quijote: si te cosieran los labios, hablaras por los ojos. Pues no se dirá que don Quijote de la Mancha dejó morir a su escudero por falta de paciencia para oírle. —Lo que dirían sería que lo asesinó, repuso Sancho: atar a uno atajándole el resuello, hendiéndole la mollera, o privándole del uso de la palabra, todo va a dar allá. Ahora digo a vuesa merced en verdad que desde chiquito he hablado, y que habrán de quitarme la vida para imponerme un silencio absoluto. —Sancho dichoso, dijo don Quijote, para ti el hablar es tan necesario como el respirar: ¡si te conozco!: permanecieras dos días en ayunas; una hora en silencio, no. Habla cuanto se te antoje, pero ten cuidado de tomarle el pulso a mi humor, que no siempre le podrás hallar como hoy, dispuesto a llevarte el genio». Hubiera seguido adelante don Quijote sus razones; pero una aventura que prometía ser de mucho tomo le incitaba a un mismo tiempo por otro lado, y así se apercibió para ella, resuelto a acometerla con mano armada. «En ese globo que llega rozando el suelo viene una encantadora, Sancho, dijo: de este modo viaja Urganda la desconocida; de este modo corre el mundo la mágica Zirfea. —Téngase vuesa merced y mire lo que hace, respondió Sancho, que todavía me está cimbreando el cuerpo de los palos de ahora ha poco. —Mucho miedo y poca vergüenza, dijo don Quijote. Encantador o encantadora, brujo o bruja, incubo o súcubo, aquí he de ver lo que me quiere; y aunque sea el diablo en persona, se ha de volver rabo entre piernas».

Era el caso que por el camino adelante venía una recua de mulas envuelta en una manga de polvo, trayendo al cuello la capitana un esquilón que resonaba en la oscuridad. «¿Quién viene aquí?, preguntó don Quijote en voz arrogante: ¿es gente de la común y pasadera, o de aquella cuya corrección y castigo incumbe a los caballeros andantes? —Dinero del rey, contestó uno de los guardas que allí venían. Hágase a un lado, hermano, y deje pasar la recua. —¿De dónde traéis ese dinero? ¿Adónde lo lleváis, cuánto es y a qué se lo destina? —Remesa de Indias, volvió a contestar el guarda, llegada a Sevilla por la última flota. Nos lo han entregado a bulto, las talegas vienen selladas, y no sabemos cuánto sea. En orden al uso que Su Majestad dé a esta bicoca, lo sabe el diablo. —Hablad del rey con humildad y respeto en presencia de un caballero andante, dijo don Quijote, u os hago ver en este punto quién es don Quijote de la Mancha. —Ahora viene este vestiglo, tornó a decir el guarda, a levantarme la especie de que murmuro de Su Majestad, y aún se propone castigarme de mano poderosa. Váyase el espantajo noramala, antes que yo pase con mis mulas sobre él y le deje proveído para cuatro meses de cama. —¡Para doce os proveeré yo, bellaco!», gritó don Quijote, y arremetió de manera que si el agredido no se hace a un lado muy a prisa y hurta el cuerpo, su grosería le diera mucho de que se arrepintiese. Errado el golpe, quiso don Quijote venir a tierra por el arzón delantero de la silla, y en cuerpo indefenso le dio el guarda media docena de palos tales, que los yangüeses no se alabaran de habérselos dado mejores. Dejole por no matarle, muy asido el pobre caballero con la cerviz de Rocinante, mientras Sancho llevaba de otras manos, y no menos hábiles para esas gracias. Siguieron los arrieros su camino, sin dárseles una chita de la mala obra que acababan de hacer: si del todo morían aquellos desventurados, ¿qué había sino decir que les quitaron la vida en defensa de las acémilas del rey? Don Quijote se enderezó como pudo sobre su caballo, y dijo en voz quebrantada y dolorida: «Tenga yo aquí el bálsamo que tú sabes, y estos huesos rompidos, Sancho, y estas heridas de que estoy acribillado no me dieran afincamiento. Dígote que de hoy para adelante, primero nos ha de faltar el pan en las alforjas que el bálsamo de Fierabrás. Con solo haber hecho mención de él, me siento mejor; y si alcanzara a olfatearlo, siquiera a frasco cerrado, yo me diera por, sano. —Repita vuesa merced esa palabra, y aquí echo el alma por la boca, respondió Sancho. —Será porque tú no has llevado lo que yo, volvió a decir el caballero: en sintiéndote molido, harto desearas el específico que ahora finges aborrecer. —¿Qué ha llevado vuesa merced?, preguntó Sancho; o yo se poco, o los míos fueron palos. —A mí me tocó una cosa parecida, respondió don Quijote. El mal estuvo en que a los primeros me invalidaron el brazo de la espada; de otro modo yo les diera a entender a esos malandrines quién es este a quien el mundo llama don Quijote. Ahora vengo a discurrir, hermano Sancho, que el héroe de esta hazaña, que para nosotros ha sido una desgracia, es Fristón. Entre ese en cantador y yo hubo siempre alongamiento de voluntad; mas y a providenciaremos lo necesario, y él verá si se le vuelve la al barda a la barriga. Vente conmigo, Sancho, y por la fe de caballero juro que antes de un día habré reparado con una hazaña de las mías el mal que nos ha cabido en esta aventura».

Se arrellanó Sancho en su rucio, y cuando iban caminando dijo: «¿Vuesa merced es perito en esto que llaman pecados, señor don Quijote? —¿En el cometerlos?, respondió el caballero, pecador soy yo a Dios; ¿a qué viene esa pregunta, Sancho in discreto? —Digo, señor, si vuesa merced sabe a ciencia cierta cuáles acciones tienen ese nombre, y cuándo incurre uno en ellos, y esto para que yo salga de un esprucu que me está carcomiendo las entrañas del alma. —Apuesto cualquier cosa, replicó don Quijote, a que quisiste decir escrúpulo. En este caso, puedes acallar la conciencia, cierto de que yo te lo quito de las entrañas del alma, y aun de más adentro, si la tuya se compone de muchos departamentos. Mas si ese esprucu es algún insecto, áspid, culebra u otro ente maléfico que se te ha adherido al alma, no me será dable sacarte de tu cuita. —¿No llaman esprucu, volvió Sancho a decir, esa incomodidad del espíritu que uno experimenta cuando no acierta a saber si ha obrado bien o mal? —Eso es escrúpulo, respondió don Quijote; y pues tan bien lo explicas, di luego el que ahora te roe el pecho. —Es el caso, señor, que cuando vuesa merced arremetió con el guarda, yo le tuve por muerto a esa buena pieza y pensé que el propio camino llevarían los demás; y así, juzgando lícito hacer mío el botín de guerra, resolví apoderarme del dinero de Su Majestad. ¿Es o no esto un principio de robo? —Cuando pensabas tomar el dinero del rey, contestó don Quijote, ¿era como quien iba a robar o como quien resolvía apropiarse de una cosa ganada en buena guerra? —Vuesa merced, replicó Sancho, tenga presente que yo jamás hago nada como quien roba: si acometo a las acémilas, hubiera sido a lo cristiano, sin mala intención ni daño de tercero. —Todavía es verdad que no obraste como bueno, dijo don Quijote: acudir al botín es cosa posterior y secundaria; y tú principias por echarte sobre él, dejando en pie al enemigo. Viste, por otra parte, que la batalla no se hizo sobre aquella remesa de Indias, la que, siendo del rey, era dos veces sagrada, sino ¡sobre si el bellacón del guarda se había de ir o no sin su merecido! Mas te arrepientes de tu mal pensamiento, y yo te doy por absuelto de la pena. Pon en la memoria, Sancho, que el fin de las venturas no es el hacernos de riquezas: podemos ganar un reino matando a su dueño en la batalla; pero no es del caballero andante pelear sobre simples bienes de fortuna. Más noble es mi profesión, buen Sancho, y más generosos y respetables estos que nos llamamos andantes. A esta ley te has de atener en lo sucesivo, sin que te sea prohibido hacer tuyos los despojos de los soberbios a quienes yo fuere derribando: regla que puedes poner en planta ahora mismo con esos que allí vienen».

Capítulo XIX. Donde se da cuenta de cosas que solo para Sancho Panza concluyeron como aventura

«Suponga vuesa merced, dijo Sancho, que no son sino unos buenos religiosos de San Francisco, y dígame por dónde les embiste que no quede excomulgado. O tengo pataratas en los ojos, o los gigantes que aquí llegan no son sino los frailecitos que he dicho. —Pataratas tienes en el alma y la lengua, respondió don Quijote; y pluguiese al cielo que tuvieras cataratas en los ojos, para que no vieses las cosas al revés. Lo que es ahora estás en lo justo, Sancho; pues o sé poco de frailes, o éstos son en efecto unos de San Francisco». Quiso la suerte de los viandantes que el caballero los tomase por lo que eran en verdad, y éstos no corrieron la de los monjes benitos con quienes nuestro hidalgo hizo lo que cuentan las historias. Eran los que venían tres sacerdotes de reposado y grave aspecto, uno de los cuales traía por delante una barriga veneranda asentada en el arzón, al abrigo de un sombrero bajo cuya ala pudiera sestear holgadamente el mejor rebaño de la Mesta. La cara abultada y sanguínea, los ojos comidos, las cejas blancas, los labios morados, el cuello corto, los hombros anchos, las piernas diminutas.

«Si vuesas paternidades no lo hubieran a enojo, dijo don Quijote después de saludarles, deseara yo saber ¿adónde van y cuál es la causa de haber dejado las ollas de Egipto por el polvo de estos campos? —Soy el guardián de mi convento, señor; respondió el monje de ceja blanca. Con motivo del capítulo, el nuevo provincial ha otorgado una semana de huelga, y voy con parte de la comunidad a una de nuestras posesiones, donde tomen descanso y se esparzan mis coristas y novicios. Media legua adelante los encontrará vuesa merced: háganos el favor de decirles que no se atrasen más de lo razonable. Heme separado de él los por no estorbarles el buen humor y no poner mi autoridad a riesgo de menoscabo». Y picando su mula, pasó el fraile junto con sus compañeros. Don Quijote y Sancho, por su parte, siguieron su camino, y a poco de haber andado en silencio dijo aquél: «Maravillado estoy, Sancho, de que por la primera vez en la vida no hubieses metido el pico en una de mis conversaciones. Esto me induce a pensar que mis consejos te van aprovechando. Si llegas a perfeccionarte en la ciencia de la discreción, le he de dorar los cuernos al diablo. —Yo esperaba, señor don Quijote, respondió Sancho, que vuesa merced hiciera voto de dorarme los míos. —El oro puro no se dora, replicó don Quijote: si los tienes, ellos son de buenos quilates, y así no han menester barniz, funda ni vaina, y te cumple traerlos altos y descubiertos. Y no me digas otra cosa, que aquí vienen nuestros religiosos».

«Ténganse vuesas paternidades, dijo como llegaban los frailes: estoy enterado de quiénes son, de dónde vienen y a lo que van; fáltame saber las circunstancias concernientes a vuestras reverencias; y así les ruego y encarezco satisfagan mi deseo, si es que no llevan prisa o no juzgan impertinente esta curiosidad mía, la cual puede muy bien estar fundada en cosa que mira a mi profesión». Habíase detenido la cabalgata, y los buenos de los religiosos se estaban ahí admirando de esa figura no menos que de esas palabras. «Vuesa merced especifique y puntualice, señor caballero, respondió el más listo, el objeto de su curiosidad, y prometo satisfacerle hasta donde alcancen mis conocimientos. —¿Cuáles de vuesas paternidades son de misa, cuáles de coro? —De misa, señor, venimos hasta diez en este pelotón de la comunidad. Aquí tiene vuesa merced a fray Emerencio Caspicada, este religioso cuyos pies van a toca no toca, con ser su caballo tan grande como él mismo. Puesto al lado de la Giralda, no se sabe cuál es la torre y cuál el padre. Para la misa del gallo, señor, es el sacerdote que se conoce: se lo embaúla con plumas y todo, y la cresta la ofrece por el bien de sus antepasados». Intentó fray Emerencio echar a malas el asunto; pero ni don Quijote ni su interlocutor hicieron caso de él, y la información continuó de esta manera: «Este que vuesa merced ve a la derecha es el padre Frollo: hace dos meses le tenemos diciendo misa en seco, y transcurrirán ocho sin que la diga en mojado. Cuando ha de trasegar el vino al cáliz, se lo bebe en las vinajeras a pico de jarro: tal es su habilidad para la clerecía. —¿Esas trocatintas las comete de ignorante o de distraído?, preguntó don Quijote. —¿Ignorante, señor? Hombre es que con cuatro días de anticipación sabe cuando ha de caer domingo, y pocas veces yerra. Ahora conozca vuesa merced a fray Damián Arébalo, este frailecito de ojos tanto cuanto desviados: la lumbrera del convento, Filósofo, humanista, crítico sin par. Corrige las pes y las tes mal hechas, con erudición y desenfado. —Envidia, envidia, señor, es la envidia que me tienen, dijo el padre Arébalo sacando la cabeza. No niego que haya censurado yo a cierto escritorzuelo, pero ha sido según todas las reglas del arte. Si viera vuesa merced las tildes que les pone a las eñes ese tonto, se destornillara de risa. ¿Y qué piensa vuesa merced que son esos cientopiés que ve allí estampados? Pues sepa que son las emes del famoso literato, cuyas efes asimismo parecen bayonetas. —Puedo yo desternillarme de risa a las extremadas sandeces de un majadero, respondió don Quijote; pero no me destornillo en ningún caso, porque mis órganos vocales no se componen de tornillos. Cuando un necio se ríe con mucha fuerza parece que se le rompe la ternilla de la nariz, y por eso decimos figuradamente que se desternilla de risa. Desterníllese, fray Damián, o destorníllese si le gusta; vuesa paternidad siga adelante en la relación que está haciendo de sus buenas cualidades. —Poeta además, siguió diciendo el cicerone de don Quijote, quien se llamaba padre justo. —¿De los de a caballo o los de a pie?, preguntó don Quijote. —De los últimos, señor. Sube a pie al Parnaso: *musa pedestris*. Y no por ser poeta de infantería es de los malos; que muchas veces en sus alforjas llevan un mundo los pedestres. Vuesa merced sabe que don Cleofás halló un gran demonio corchado en un frasquito. —Una arruga de la frente puede contener una epopeya, respondió don Quijote. Prosiga vuesa reverenda, y deme, si es servido, una muestra de las poesías del hermano Damián. —No hay cosa más fácil, señor caballero. Para encarecer la pesadumbre que le estaba aquejando una vez, dijo que era su pecho una

Densa selva de cruel dolor

por donde se paseaba él mismo

Dando unas voces tristes y muy nocturnas.

—Y esas voces tan nocturnas, preguntó don Quijote, las echaba de día el padre Arébalo? —Entre oscuro y claro, señor, respondió el fraile, y siguió diciendo: Este que ve aquí vuesa merced con su cara de cordero pascual, es el padre Deidacio, llamado entre nosotros *el invisible* a causa de la maña y sutileza con que se cuela rendijas adentro, y escudriña los menores rincones de la celda abacial, y sale sin dejar ni clavo ni estaca en la pared de cuantas golosinas envían al padre sus hijas de confesión y las monjas. —No lo tome vuesa merced en mala parte, dijo el padre Deidacio; esas curiosidades y golosinas que vienen del monasterio son tan bien condimentadas y llenas de guarniciones que, temiendo por la salud de mis superiores, les quito de los ojos la tentación, no sea que cuando menos acordemos les dé un patatús y quede la orden en acefalía. Pero yo no pruebo nada de eso; nuestro padre San Francisco sabe si estoy diciendo la verdad: satisfecho con preservar de un cólico miserere o de otro accidente aún más ejecutivo al reverendo padre provincial, otrosí, al guardián, reservo para los sopistas las gollerías que dice el hermano Justo. Sopistas son, señor, si a dicha no lo sabe, los pobres que a horas de comer acuden a las puertas del convento. —De esta manera, dijo don Quijote, el padre Deidacio es el ángel de la guarda de sus superiores. —Y aun de las alacenas, los cajones, armarios y escaparates», respondió el padre Justo. Y señalando con el dedo a un fraile de cara de ave marítima que estaba ahí riéndose a boca cerrada, prosiguió: «Éste no es otro que Pepe Castañas, conocido en el claustro y aun fuera de él con el dictado de *el argonauta*, porque se anda por los aires del convento a la calle y de la calle al convento, sin que haya pared que no salte, ni torre por donde no se descuelgue todas las noches de la semana. —Ponderación viciosa, dijo el padre Castañas: no es sino jueves y domingo, y eso por visitar a los enfermos. —Ahora mire vuesa merced, siguió diciendo fray Justo, un religioso que tenemos en vía de canonización, a quien a buena cuenta llamamos desde ahora *el santo*. Hablo de este que parece traer cilicios hasta en la horcajadura, según su dolorida y callada continencia. Es el hermano Valentín, señor. No hay tradición de que la ronda le hubiese hallado fuera de su cama, con ser que él no la ocupa sino cuando está indispuesto. Tiene un santo de su propiedad que le suple las faltas, y tan bien lo sabe acomodar en su humilde lecho, que el celador sale diciendo: «De Valentín no hay que temer». —Al que no está en la esencia de las cosas, dijo a su vez el padre Valentín, esto le pudiera sonar mal, señor caballero. La verdad del caso es que, atendiendo a mi quebrantada salud, mis superiores me han prohibido bajo santa obediencia hacer oración a deshora en el frío de la iglesia, según ha sido mi costumbre desde chiquito. Me valgo, pues, del inocente artificio de poner ese santo en mi triste lecho, como dice Justo, a fin de pasar yo la noche donde más conviene para la salvación de mi alma. —Mía fe, hermano Valentín, respondió don Quijote, de ese modo tiene vuesa reverencia ganado el reino de los cielos: temo solamente que en esos mundos no le halle la ronda en la cama, porque no ha de haber santo que le haga tercería, y será menester vaya a buscarlo... —En los infiernos», dijo el padre Justo.

En esta sazón, algunos frailecitos de menor cuantía andabas dando sus capeos al asno de Sancho Panza, de modo que la dicha alimaña estaba frunciéndose de las orejas al rabo, haciendo unos como pucheritos para corcovear, o digamos que daba indicios de no sufrir con paciencia las flaquezas de sus prójimos Sancho hizo desde luego algunas observaciones respetuosas acerca de lo peliagudo de esa broma; mas como viese que nada prestaba su buen término, se le fue la boca y dijo tres o cuatro desvergüenzas de a folio, y de las mismas echara una carretilla si el más tunante de los frailes no hubiera puesto punto a ellas Y es el caso que llegándose al mal mirado escudero, le asió por el collar del sayo y le tiró a una parte con tal gana, que cuando el jinete quiso abrazarse con el pescuezo del asno, era ya hombre caído en tierra, y se andaba a gatas por entre los pies de si buen compañero y amigo. Esta fue señal de partida para lo religiosos, pues se dispararon a

219

galope, despidiéndose al vuelo del caballero andante. Y eran cosas de ver, bien así la suspensión con que éste los miraba, como la cólera de Sancho cuando puesto ya en pie, se descosía en un maremágnum de bravatas e improperios. «¿Cómo que han dado al través contigo, Sancho el grande?, dijo don Quijote. —El grande, sí, respondió Sancho, el grandísimo bellaco y el grandísimo tonto que se anda tras un amo que muestra holgarse de cuantas lesiones recibe por amor suyo. Hazme la barba, hacerte he el capote, señor: vuesa merced me ha dejado arrostrar solo a esa legión de pantasmas, sobre esto se pone a darme soga. El amigo que no presta y el cuchillo que no corta, que se pierda poco importa. —Fantasmas Sancho, que no pantasmas, dijo don Quijote. —Ahora me libre Dios del diablo, replicó el fiero Sancho: éstos eran el día y la hora de enseñarme a decir fantasmas en lugar de pantasmas... Pues reniego del amigo que cubre con las alas y muerde con el pico, y manos besa el hombre que quisiera ver cortadas. —¿Tan poco te importa, Sancho, que acaben con tu señor sus enemigos, y tan menguada idea tienes de él, que le comparas con el cuchillo que no corta? Ahora digo por mi parte, que le hago salvo y perdonado al que te quite la vida, y que ya te pueden comer lobos, sin que yo experimente maldita la pesadumbre. Ven acá, mezquino: ¿por qué no saltas sobre el rucio, vuelas tras los frailes, los alcanzas, y haces en ellos el debido escarmiento, primero que estarte ahí hartándome de desvergüenzas».

Capítulo XX. Donde nuestro caballero se muestra muy juicioso, hasta cuando la aventura en que gana el cuerno encantado de Astolfo le hace mostrarse más loco que nunca

«Libertad e soltura non es por oro comprado»,

dijo don Quijote; y dando de espuelas a su caballo, salió del camino por ser de la caballería no seguirlo siempre, sino al contrario, ir por lugares sin senda, por despoblados, montes y valles oscuros, donde suelen toparse doncellas andantes, jayanes enanos, moros encantados y malandrines a quienes despanzurra en un santiamén. «Esto de salir uno cuando le viene en voluntad, amigo Sancho; entrar cuando está cansado, ponerse de nuevo en movimiento, ir y venir sin dar cuenta de sus acciones a nadie, es gran cosa para el hombre que gusta de gobernarse a sí mismo. Pregúntame cuál es el mayor de los males, y me oirás responderte: el cautiverio. ¿Cuál el más infeliz de los nacidos? El esclavo, el preso. La flor del viento, la luz matinal tomada en la campiña, son manjares que el alma saborea con ahínco; y hasta la verdura de los prados, la oscuridad de lo montes lejanos contienen un delicioso alimento para el espíritu y el corazón del hombre que puede gozarlos segura y libremente. Estos bienes son de aquellos cuyo precio no conocemos sino cuando por desgracia los venimos a perder: si te supones metido en un calabozo, privado del Sol y el aire, verás que el ir por estos campos, libre y sin cautela, caballero en tu jumento, es para ti la tierra prometida. —Vuesa merced, respondió Sancho, no es tan libre como todo eso, ya que no puede usar del camino real ni dormir en poblado. —Las leyes de mi profesión, replicó el caballero, no me prohíben los caminos, ni se las traspasa con dormir en poblado alguna vez. Puedo seguir el camino, pero conviene más a las armas ir fuera de él; puedo dormir bajo tejado, mas el cielo raso con su alta y anchurosa bóveda es el abrigo natural de los aventureros. Ahora dime, Sancho, ¿cómo vamos de municiones de boca? O yo se poco, a son más de las doce del día, según las advertencias del estómago. —Yo le hice ya un presente al mío, respondió Sancho, en tanto que vuesa merced hablaba con Su Ilustrísima. Las alforjas no están muy desmedradas; y a fe de escudero que yo las rellene en la primera coyuntura, porque soy o no soy mozo de buen recado. —En esto de la bucólica, dijo don Quijote, tú llevas la batuta. Cambises te hubiera hecho proveedor de sus ejércitos, como a uno que de la arena saca pan. Eres más listo que Cardona, Sancho; en tratándose de comer, tú no te andas en repulgos, y todos tus males se remedian con un cuarto de gallina. ¡Dichoso aquel cuyos sinsabores se endulzan con una empanada, cuyas lágrimas se enjugan con una bota de vino!».

Apeáronse en esta sazón, y sentados debajo de unos árboles, amo y mozo comieron lo que Dios quiso, dándole gracias por su misericordia. «Ten hambre, Sancho, dijo don Quijote, y no codicies la mesa del rico, pues tan bien te sabrá la carne sin condimento como un faisán lampreado. —No sé a lo que sabe el faisán, respondió Sancho: deme vuesa merced una uña de vaca o una costilla de carnero bien tostada, ítem pan frito y cebollas en caldo picante, y le hago donación entre vivos de cuanto faisán y gallipavo crían las Indias. —Con eso pruebas tu humildad, repuso don Quijote. Has de saber que entre la modestia y el orgullo, entre la sabiduría y la ignorancia hay más relaciones que nadie se imagina. El filósofo se contenta con lo que da de sí la naturaleza, y no anda importunando a la fortuna sobre que no le hace nadar en lo superfluo; exactamente como el campesino que se mira satisfecho con algunas pobres raíces y los granos que produce su diminuta heredad. —Y los santos, dijo Sancho, que lo pasan en ayunas, y si comen es un par de habas crudas o algunas hojas sin substancia. —Así va el mundo, respondió don Quijote: a la virtud acendrada casi siempre le cabe en suerte la miseria: los buenos lo suelen pasar mal. Pero el hombre superior se levanta en cierto modo sobre las exigencias de la materia y se ríe de la gula; lo cual no es pasarlo mal, si la temperancia es obra de virtud y no de necesidad. Si todos los que padecen escasez fueran superiores a los que rebosan en comodidades, la gran mayoría del género humano vendría a merecer la corona de Sócrates. Filósofos hay que lo son mientras no pueden otra cosa; pero si de repente les sonríe la fortuna, ya no piensan sino en holgarse. Come, Sancho, come lo que te ofrece Dios hoy día, que ya llegará tiempo en que presidas tus banquetes, si no de rey, por lo menos de grande de primera clase. —¿Entonces no será preciso ser humilde, señor don Quijote, y me mantendré como un marqués? —El decoro, respondió don Quijote, exige que cada cual acorte o alargue sus gastos según su calidad y puesto. La templanza es virtud muy avenidera con las riquezas: te es dado practicarla, sin que por esto se eche de ver mezquindad en tu servicio. Haz cuenta con la hacienda: si posees bienes de fortuna, un cierto rumbo gobernado por el buen juicio no te sentará mal; si eres corto de medios, ríndase tu orgullo a la humildad de tus haberes. Uno como resplandor ilumina también la pobreza, y es la decencia, el aseo, esa atildadura que tanto se hermana con la escasez como con la abundancia. El agua nada cuesta: mírate la cara en tus vasos, que este es el lujo del pobre. Si no te es dado sentarte a mesa cubierta con primoroso alemanisco que pregona el fausto de tu casa, procura que el barato lienzo esté resplandeciendo de limpio, sin mancha ni arruga; y si no tienes para darlo a lavar y aplanchar, lávalo y aplánchalo con tus manos. Hubo un antiguo que, por no valerse de nadie para nada, aprendió cuantos oficios se relacionaban con sus necesidades, y más aún por hacerlo todo con limpieza y esmero. Cocinaba sus alimentos, cosía sus vestidos, lavaba su ropa, siendo nada menos que miembro de una famosa escuela de filosofía: cocina, cose y lava, Sancho, primero que verte descuidado en tu persona y tus cosas. Llegando yo un día a casa de un amigo pobre, sucedió que no hubiese mantel en ella: ¿sabes cómo acudió la señora a reparar esa falta? Cubrió la mesa con hojas de verde, fresco plátano, y comimos cual pudieran las ninfas en sus grutas. Esta es la sabiduría de la pobreza. Personas aprensivas hay a quienes todo parece mal, y tan delicadas, que si las sábanas tienen costura, ya no duermen. —A mala cama, colchón de vino, dijo Sancho: si la mía tiene costuras, ¿qué habrá sino que yo me eche al coleto una buena porción de Rivadavia, y me deje caer a un lado o a otro? —Ves aquí que te emborrachas como príncipe, respondió don Quijote: sobre el Rivadavia empina el Alaejos, y duerme a tu sabor, Panza dichoso. No digo, prosiguió el caballero tomando el hilo de su discurso, que un grande para ser modesto haya de mantenerse como ruin: todas las cosas tienen modo: la sabiduría está en no salir de los términos de la moderación. ¿Qué dices de ese antiguo para cuya mesa se derribaban doce jabalíes diarios? —Digo que ese tal hacía bien, respondió Sancho, y que tenía buen gusto. Yo derribara veinticuatro si fuera antiguo. —Y no es todo, prosiguió don Quijote: si cuando estaba puesta la mesa no sentía hambre el personaje, se derribaban otros doce y se preparaba otra comida para más tarde. —En eso no convengo, dijo Sancho: cuando está la comida, yo siempre tengo hambre, y antes muchas veces. Para mí serían un desperdicio los segundos doce jabalíes, si yo no los guardase para la cena. —Tú eres, sin duda, más hacendoso, replicó don Quijote; y aun los guardaras para otro día. Pero te sé decir que el guardar las sobras para mañana es de cutres y canallas: ¿faltan criados, conocidos en tu casa?, ¿no tienes pobres a la puerta? Si eres noble, haz por que tu modo de proceder no empañe el lustre de tu alcurnia: la liberalidad, en el pobre, es carta ejecutoria; en el rico viene a ser decoro, pundonor. Mira si tú debes guardar para mañana los doce jabalíes que te sobran. —Afuera, caballeros que no respetan fueros, dijo Sancho: póngame vuesa merced en la cumbre que me anda señalando, y vea si soy la honra de mi casa. —Pláceme esta manifestación de los sentimientos de tu ánimo, repuso don Quijote. Ahora ve esotro que no quiere vivir sino de se sos de avestruz; y como esta ave los tiene más escasos que animal en el mundo, preciso es se mate un gran número de ellas para cada plato. —Pues yo le había de quitar esa maña, volvió Sancho a decir, con hartarle de avestruces un día, de modo que las asquee hasta el fin del mundo; y si no engulle cuanto le doy, menudito con él. —Imposible, replicó don Quijote; ese era un poderoso monarca, y cruel y sanguinario. —Pues haga lo que quiera, tornó a decir el bueno de Sancho: yo no me expongo porque él devore más o menos sesos. Tenga yo los míos en su lugar, y mátense cuantos jabalíes y avestruces hay en la Mancha. —¡En la Mancha no hay más avestruz ni jabalí que tú, pazguato!, gritó enojándose don Quijote. Alza estos manteles, y ponte a caballo. Según trasluzco, aventura tenemos».

Y era que había oído el son de un cuerno con que un pastor estaba llamando a sus puercos, y al punto le pasó por la cabeza que instrumento como ése no podía sino ser el cuerno de Astolfo. Habiéndole vencido él en singular batalla, cuando se le presentó con nombre de *el caballero del Bosque*, al vencedor le tocaba ese preciado despojo. Puesto a caballo, prestó el oído, y arrimando las piernas a Rocinante, se disparó por la campiña. El pobre ganadero se estaba por ahí embelesado en sus animalias, cuando vio asomarse aquel demonio que, tendida la lanza, le venía embistiendo desde lejos. Quisiera mirar por sí, mas ya era tarde, pues el diablo de Rocinante traía un galope tan estirado, que corría verdaderamente o poco menos. Si el porquerizo se encomienda a los pies, allí lo alcanzaba don Quijote: se quedó parado, acudió a la humildad, y tirándose de rodillas ofreció estar a lo que el caballero tuviese a bien mandarle. «Venid acá, dijo don Quijote, ¿cómo sucede que poseáis este cuerno y a qué título lo guardáis, sin inquirir por su legítimo dueño? Si no sois el ladrón Brunelo, sois el diablo, y en uno y otro caso, mi obligación sería pasaros con esta lanza, si no os mostraseis tan sumiso». Y arrancando de la mano el cuerno al angustiado pastor, lo embocó al punto y dio en él un sonido ronco e intercadente que le dejó de todo en todo satisfecho. Sin decir ni hacer otra cosa, se volvió al encuentro de Sancho, quien con harta moderación y cautela no le había seguido sino a cierta distancia.

Capítulo XXI. Que trata de lo que no sabrá el lector antes de que hubiese leído este Capítulo
«No habré yo menester otra cosa, dijo don Quijote cuando se vio junto a su escudero, y estaré del todo satisfecho si llego a poseer, según es mi intención, la espada Durindana, con la cual divido en cuatro de un solo golpe al más duro jayán o al más valiente caballero. —En cuatro podrá vuesa merced partir de tres golpes, respondió Sancho, con esa o con otra espada; mas no convengo en que un hombre caiga hecho añicos de un solo revés, o sea un tajo. —De uno solo, replicó don Quijote. —De uno solo se le echa a tierra en dos mitades, tornó a decir Sancho, y eso cualquiera lo hace; pero en cuatro... —¡En cuatro le parto, cautivo!, gritó don Quijote picado de la contradicción. —De Dios le venga el remedio al que vuesa merced embista, señor; pero salvo el parecer de vuesa merced, se contentará con caer en dos pedazos. —¡En ocho le parto, traidor! —Pero será de cuatro o seis espadadas señor. —¡De una sola, pícaro contumaz! —A menos que no sean cañutillos de vidrio, dijo el escudero, no alcanzo cómo nadie pueda echar por tierra en veinticinco fragmentos dos o tres gigantes, por quebradizos que sean. —Cañutillo de vidrio fue Alifanfarón de Trapobana, respondió don Quijote; cañutillo de vidrio fue Pandofilando el de la fosca vista; cañutillos de vidrio fueron todos aquellos que, viéndolo tú, han caído partidos, no digo en cuatro, sino en ciento, y a quienes he mandado presentarse a mi señora Dulcinea del Toboso. —Cañutillos de vidrio fueron los batanes, se puso a repetir Sancho; cañutillos de vidrio los yangüeses; cañutillos de vidrio..., seguía ensartando el maligno Sancho con una entonación que le sonaba muy mal a don Quijote. ¿De qué metal era esa espada que partía en cuatro de un solo golpe, señor?, preguntó por desviarle de la cólera. —La virtud está no solamente en la espada, respondió don Quijote, sino también en el brazo que la menea. Si por la espada, ahí tienes la de Brabonel, señor de Rocaferro; ahí la de don Duardos, padre de Palmerín de Inglaterra; ahí la de Celidón de Iberia; ahí la de don Belianís de Grecia; ahí la famosa Balisarda de Reinaldos de Montalbán. Todas estas eran espadas encantadas que, al primer golpe, hacían del enemigo diez pedazos. Si por el brazo que la mueve, mira allí al caballero del Cisne, a don Amadís de Gaula, a Félix Marte

de Hircania. Y Rugero ¿no hacía migas yelmos y corazas, hombres y caballos a cada golpe de los suyos? El Cid Rui Díaz, en la batalla de Alcocer, le dio tal espadada al moro que había herido al caballo de Alvar Fáñez, que cabeza, brazos y pecho vinieron a tierra, y quedaron jineteando las piernas, de la cintura para abajo.

> «Violo mío Cid Rui Díaz el castellano;
> Acostos' a' un alguacil que tenía buen caballo:
> Diol' tal espadada con el so diestro brazo,
> Cortol' por la cintura, el medio echó en el campo».

»¿Pues qué hizo el caballero del Febo con el moro que guardaba el castillo donde estaba encantado su padre, sino partirle de un fendiente en dos mitades, y echar la una al un lado, la otra al otro?».

Viendo que la abundancia de don Quijote en esta materia no estaba cerca de agotarse, Sancho Panza quiso doblar esa hoja y preguntó: «¿Y esa que acaba de ganar vuesa merced al porquerizo, qué arma es, señor, y qué se propone hacer de semejante pieza? —Esta es una pieza curiosísima, amigo Sancho: con ella te metes de hoz y de coz en medio del más numeroso ejército, y si el brazo te falta, das con este cuerno un estallido que espanta y pone en fuga a tus contrarios, quienes, traspasados de terror, se despeñan por derrumbaderos y precipicios. Este es el cuerno con que Astolfo libró de las mujeres homicidas a Marfisa, Aquilante y Sansoneto, cuando la sanguinaria Orontea había resuelto la perdición de esos andantes. Ahora mismo puede llegar la ocasión de utilizar este buen cuerno, si es que me falta la espada en la aventura que se nos viene a las manos. ¿Ves esa fortaleza de acero que se levanta sobre esa colina? Dígote, Sancho, que es un palacio donde alguna mágica poderosa tiene encantados a algunos caballeros muy principales; o quién sabe si no es más bien morada de esas gigantas maliciosas que tienen por costumbre encerrar en una torre para muchos años a los caballeros que se rehúsan a quererlas, y los mantienen con pan y agua hasta cuando blandean y se entregan. Si después de haberlas vencido les otorgo la vida, allí mismo las pondré yo, y las haré encanecer en sus propios calabozos. —¿Y eso será con el mismo fin con que ellas secuestran a los señores?, preguntó Sancho. —Yo no he menester esos artificios, respondió don Quijote; tú sabes si hay quien me quiera sin nada de eso. Por de pronto, veo allí a Gromadaza, esa giganta impía que está injuriando al cielo con los ojos llenos de cólera y venganza. El satisfacerla no mitiga su sed de sangre: cada veinticuatro horas hace sacar de sus mazmorras al rey Arbán de Norgales y al señor Angriote de Estrabaús, y en el patio de su castillo les da de azotes de modo que los deja por muertos. Yo haría con ella otro tanto, si al fin y al cabo no perteneciese al sexo femenino. Aprende, Sancho, a respetar a las mujeres, si son buenas; a perdonarlas, si son malas simplemente; pero también a castigarlas y refrenarlas, si son perversas y criminales. —Y a quererlas si son bonitas, dijo Sancho. —Eso corre de tu cuenta, respondió don Quijote, y se apercibió para la batalla que iba a tener con la giganta de la fortaleza, para poner en libertad a los caballeros que allí estaban encantados. —¡Qué giganta ni qué caballeros, señor don Quijote!: yo no veo sobre esa loma sino una parva y algunos caballos uncidos que van a trillar. —Si supieras, dijo don Quijote, que la fada Morgaina tuvo encantado por dos cientos años a Oger Danés, no anduvieras poniéndome dificultades. Y Urganda la Desconocida ¿no hizo lo propio con Esplandián, Florestán, Agrages y otros príncipes y señores, poniéndolos en la Ínsula Firme, sin que se le escapasen el maestro Elisabat, el enano Ardán ni el escudero Gandalín? —Si las encantadoras encantan escuderos, dijo Sancho, ¿pueden las enemigas de vuesa merced encantarme a mí? —¡Y cómo si no lo pueden!, respondió don Quijote. Pero no te dé cuidado, porque yo te he de desencantar y te he de sacar de nuevo a la luz del día, sin que te haya sobrevenido una arruga más de las que tuviste cuando te encantaron; aunque no podré oponerme a que te crezcan el pelo y las uñas. —No se exponga vuesa merced, replicó Sancho, por impedir que me crezcan el pelo y las uñas; pero no consienta por ninguna calidad en que me conviertan en cuervo, como al rey Artús, porque puede tocarme una saeta, o por lo menos una posta. Mas dígame vuesa merced, ¿piensa de veras que son príncipes encantados esos caballos que estamos viendo en esa loma? —La hechicera Malfado, respondió don Quijote, convertía en perros, puercos, asnos y otros animales a las personas que venían a pasar por las inmediaciones de su castillo. Por donde puede s ver si será imposible que otra de su propio linaje convierta en caballos a los caballeros que hubiesen concitado su ojeriza».

Vino a pasar en este punto un mancebo que se andaba por ahí a caza de codornices, al cual suplicó don Quijote en buenas razones que se le llegase un instante. «Sea vuesa merced servido de sacar de un error a este mi escudero Sancho Panza, le dijo: cree, sostiene y porfía que la giganta que está en esa floresta no es giganta, sino parva, y esos caballeros que están en su poder no son caballeros encantados, sino caballos». El mancebo echó de ver al punto el pie de que cojeaba ese buen hombre, y respondió: «¿El buen Sancho tiene la cabeza a las once, o se burla de propósito? Giganta es ésa como la madre que os parió, amigo Sancho Panza; y caballeros encantados esas bestias como el asno sobre el cual venís. —¡Sea todo por amor de Dios!, dijo Sancho a su vez: ahora veamos si vuesa merced conoce a esos caballeros, así como el señor don Quijote ha conocido a la giganta. —Si yo no he podido conocer a esos señores, respondió don Quijote, debe de ser a causa de que no son de los principales; en siendo famosos, yo te los nombrara de uno en uno. Don Polidolfo de Croacia, don Astorildo de Caledonia, don Artidel de Mesopotamia, don Lucidán de Numidia, don Fénix de Corinto, don Deliarte del Valle Oscuro, Palmerín de Inglaterra, Palmerín de Oliva, dime cuáles quieres que sean; y si no te los doy con todas sus señas, tenme por mal conocedor de la gente de modo. —Pues no son esos, dijo el mancebo: yo, como vecino, los conozco, y sé decir a vuesa merced que la maga que los tiene encantados no los encantó de envidiosa, sino de buena y justiciera. Mire vuesa merced ese asno bayo, de cara bonachona, que parece estar meditando en su canonización: es un Tartufo llamado Pinipín de la Gerga, hombre que tiene de perverso cuanto quiere mostrar de santo, de aleve cuanto aparenta de leal. Su virtud es la hipocresía: so capa de religión está vendido a Satanás, so color de amistad mil traiciones se agitan en sus negras entrañas. Jura no haber hecho una cosa, y la ha hecho; jura no hacer otra, y la hace mañana. —El peor de los hombres, dijo don Quijote, es el que siendo malo quiere pasar por bueno, siendo infame habla de virtud y pundonor. *Malum est cadere a proposito; sed pejus est simulare propositum.* ¿Vuesa merced ha sido estudiante? —Lo soy actualmente, señor, y de teología; por donde vengo a recordar que esa sentencia es de nuestro padre

San Agustín. —Así debe de ser, dijo don Quijote: hela hallado en mi memoria como cosa mostrenca o alhaja sin dueño; mas no por eso es verdad menos profunda y digna de hombre tan sabio como ese gran padre de la Iglesia. ¿En dónde estudia vuesa merced? —En Oñate, señor. —Bien se echa de ver, tornó a decir don Quijote, que vuesa merced tiene estudios. Continúe vuesa merced, y déme noticia, si es servido, de los otros encantados. —Todos son de una misma calaña, respondió el estudiante; *ejusdem furfuris*. La que los tiene encantados es una fada bienhechora llamada Felicia Propicia, amiga de los habitantes de esta comarca, por favorecer a los cuales ha recogido a sus enemigos y opresores y los ha puesto a buen recaudo. ¿Distingue vuesa merced ese rucio gordo, maduro, perezoso, de aspecto bonancible? Es un sabio historiador, señor caballero: se sabe la de su país como el Avemaría; pero no dice la verdad sino cuando ella conviene a su negocio; y como la verdad casi nunca les conviene a los bribones, sus obras históricas son una perpetua ocultación o desfiguración de los hechos y las causas que los han producido, mayormente cuando trata de sucesos casi contemporáneos».

«El que se dirige a las generaciones siguientes para engañarlas, respondió don Quijote, es mil veces más culpable que el que procura engañar a los vivos. Las razones que puede tener un hombre ruin para ocultar o pervertir los hechos, no existen para los siglos futuros. El historiador mentiroso es acreedor a la horca tanto como el monedero falso. La verdad es oro: pasar la mentira en relaciones escritas a los tiempos venideros, es falsificar la moneda sagrada que sirve para el cambio de ideas y la enseñanza de las gentes. ¿Qué es lo que le obliga a ese malandrín a disfrazar los acontecimientos? —El vil interés, señor, unas veces; otras el miedo. Reprendido una ocasión por un anciano de honradez acrisolada, respondió con gran cordura: «¿Y qué quiere vuesa merced? Si digo lo que todos sabemos, me matan esos pícaros». —¿Y ese se llama historiador?, preguntó don Quijote. No se tendrá sin duda por un Suetonio, ni por un austero Tácito. —Él dice que se parece a Tito Livio, respondió el estudiante, en eso de acomodar los acontecimientos de modo que formen un grandioso cuadro poético, aun con cierto perjuicio de la exactitud histórica. —Sin el fundamento de la verdad, repuso don Quijote, no hay obra maestra: la base de las grandes cosas es la moral: sin la verdad la moral no existe. Las inexactitudes de Livio no están sino en la forma, en esas oportunas y graciosas coincidencias con que el autor pergeña sus escenas trágicas; en lo tocante a la esencia misma de las cosas, Tito Livio es tan austero como Tácito. Sin este requisito no hubiera pasado a la posteridad. Tan noble, grande y respetable asunto es la historia, que Polibio, siendo hombre de mal vivir y muy desenfadado, no se atrevió a desfigurarla con supercherías, ni a envilecerla con la adulación; y ese sibarita, cuyas malas costumbres eran notorias, fue historiador casto, recto, y manifestó, como sacerdote del porvenir, inclinación violenta a la verdad y a la virtud. El historiador ha de tener muchas dotes y virtudes: sabiduría, rectitud, austeridad; discernimiento, criterio acendrado; osadía filosófica, olvido de sí mismo; valor a prueba de amenazas y peligros; sensatez, audacia, firmeza y disposición moral tan aventajada, que pase a caballo por delante las generaciones y los siglos, causando admiración y respeto. —¡Cuán bello modo de decir, señor, dijo el estudiante, esto de pasar el historiador a caballo por delante de las generaciones y los siglos! —Quintiliano insinuó ya, respondió don Quijote, que la historia anda a caballo, aludiendo a la grandeza, elegancia y rapidez que caracteriza su estilo. Ahora quisiera yo saber el nombre del famoso historiador de quien vuesa merced me ha dado noticia, por si me ocurre la oportunidad de darle una lección: —Es el gran Remingo Vulgo, señor caballero, dijo el estudiante; y no vaya vuesa merced a confundirlo con Mingo Revulgo, que éste es un cancionero de marras. —Yo sé quién es Mingo Revulgo, tornó a decir don Quijote: conténtese vuesa merced con haberme hecho conocer a Remingo Vulgo y no se meta en biografías que no vienen al caso».

Capítulo XXII. Que da a conocer la casa adonde fue a parar don Quijote después de la aventura en que ganó el cuerno de Astolfo

«Si la mágica Felicia Propicia hace la buena obra de tener secuestrados a esos malandrines, dijo don Quijote, me guardaré muy bien de pelear con los turcos que defienden su castillo». Y despidiéndose del joven cazador, picó su caballo y pasó adelante seguido de su escudero. No a mucho andar divisaron una casa entre jardines, arbustos y árboles corpulentos, en medio de un anchuroso valle. Una verde colina se levanta a un lado, y está hirviendo en lucios toros que suben y bajan rebramando lentamente; por otro se dilata una pradera, rompiéndola a lo largo un riachuelo cristalino en mil graciosas vueltas. A sus orillas crece la gayumba y esparce su olor por los contornos. Relincha el potro en la caballeriza, manoteando en las piedras con su herradura estrepitosa. Los perros ladran en el patio: las aves domésticas gritan en el huerto. El dueño de esta finca es un caballero principal llamado don Prudencio Santiváñez, hombre tan generoso como rico, tan excelente ciudadano como feliz padre de familia. Doña Engracia de Borja, su mujer, es por su parte la bendición de todos; en cuanto su propio bienestar y el que proporciona a los demás, provienen de las virtudes. La felicidad, para ser acendrada, pone por condición la virtud. Esas felicidades de la opulencia y el esplendor no son sino orgullo satisfecho, barniz reluciente debajo del cual gimen por ventura grandes llagas vivas. Casa donde habita la soberbia no tiene noticia del bien que trae consigo la serenidad de espíritu; y la donde se oculta el vicio, jamás saborea la dicha acendrada. Si el hombre justo y bueno es como un árbol a cuya sombra descansamos, la mujer virtuosa es fuente saludable, y los rasgos principales de su carácter son pudor, modestia, diligencia. Las hijas de esta madre serán a su vez felices, y la bendición de Dios se extenderá sobre ellas por largas generaciones. ¡Dichosa la familia que no tiene secretos! ¡Dichosa la que vive francamente a la faz de Dios y los hombres, sin temer el juicio del uno, ni correrse de las miradas de los otros! ¡Dichosa la pobreza misma, si no tiene de qué avergonzarse, y mil veces dichosa la riqueza, si enjuga las lágrimas de los que lloran y vive con Dios a un en medio de la opulencia!

Don Prudencio Santiváñez no tenía nada que pedir a la fortuna, pues en él estaban cumplidas las bendiciones del Señor: «Regocíjate, hijo del hombre, con la esposa que el cielo te depara: bebe agua de tu fuente, y el extranjero no perturbe el gozo de tu corazón: la castidad y terneza de la compañera de tu vida te fortifiquen siempre, y la aflicción no ponga los pies en los umbrales de tu casa».

Bienaventurados los temerosos de Dios en quienes se cumplen sus palabras; bienaventurados esos de quienes podemos decir: «Tu esposa es como una parra fecunda en el recinto de tu hogar: alrededor de tu mesa estarán tus descendientes como pimpollos de olivo: el Señor te bendiga para que contemples a los hijos de tus hijos y veas florecer la paz en tu morada».

La riqueza de ese buen cristiano consistía menos en fincas y dinero que en la admirable mujer que Dios le había dado, y en esos como pimpollos de olivo que se sentaban alrededor de su mesa, para hablar con la Escritura. Y tanto más dichoso, cuanto que ni en la edad florida había sucedido que la desconfianza le envenenase el corazón, ni que sus labios probasen la amargura. Decoro en el uno, honestidad en la otra, formaron siempre el armonioso concierto que fue la admiración de cuantos conocían esa familia afortunada. Sus ramas se dilatan al contorno, como los brazos de un árbol generador de un bosque. De todo hay en ella: muchachas de esas cuya sangre, fresca y pura, corre ardiendo por las venas en el fuego de los dieciocho y los veinte años; de esas que son deseo, esperanza, felicidad de los que tienen buena estrella; tormento, peligro, ruina de los que la tienen mala. Niñas de menos edad, que van bajando con un año, hasta concluir en una parvulita, desiguales como las cañas con que los pastores hacen sus zampoñas; adolescentes que se adelantan a la virilidad; mancebitos imberbes empeñados en pasar por hombres, y rapazuelos que producen el ruido del hogar, esa música de los niños que es el embeleso de sus padres y de los que, aun sin serlo, sienten por ellos una poética ternura. Los niños son en la tierra lo que las estrellas en el cielo, inocentes, puros, brillantes. Si así como distinguimos con la vista esos cuerpecillos luminosos que están estremeciéndose en el firmamento, oyéramos su voz, ¡cuán suaves, cuán delicados acentos fueran esos! ¿Lloran, ríen las estrellas en la bóveda celeste? Es la suya una melancólica alegría; pero cuando se las contempla despacio y con amor, parece que están saltando de placer en el regazo de su gran madre naturaleza. Así son los niños: si el hombre no pasara de cierto número de años, fuera quizás un ser tan puro y amable como el ángel. El vulgo piensa que el llanto de un niño ahuyenta al demonio: esta es una profunda malicia filosófica que atribuye a la infancia cierto poder de divinidad, el mismo que tiene aquel cuya mirada disipa las tinieblas. La casa donde no hay niños es triste, solitaria, casi lúgubre: si el crimen no habita en ella, desgracias y lágrimas no faltan. Un sabio dice que el hombre que se teme a sí mismo, o vive atormentado por las fantasmas de la imaginación, procure tener consigo un niño. ¿No es éste el ángel de la guarda? Nada puede en defensa nuestra un ente como ese tan ignorante desvalido; y con todo, en una vasta soledad, una densa oscuridad, yo no sintiera miedo teniendo un niño en mis rodillas.

Con los niños habita la inocencia en casa de don Prudencio Santiváñez, con los jóvenes el amor, y con los viejos la seriedad y el orden. Tras que la familia que mora bajo el mismo techo es numerosa, concurren los domingos los próximos parientes, esos medio hermanos llamados primos, que con frecuencia vienen a parar en hijos de la casa donde hay lindas muchachas; las primas, confidentes infalibles de las suyas, con las cuales así como llegan, se retiran a una ventana o un rincón y anudar el mil veces principiado y mil veces interrumpido cuchicheo. En la temporada del campo, la *villeggiatura*, como dicen en Italia, ve la familia redoblarse el número de sus miembros, en junta de los amigos íntimos se va a pasar en él algunos días En éstos se hallaba don Prudencio Santiváñez, y su casa llena de gente, entre la cual no pocos estudiantes y algunas señoritas, las inseparables de sus hijas, en quienes delira el buen señor. Córrianse novillos los días de fiesta en el patio del castillo: las noches eran, unas de música y baile, otras de juego, y otras, las de Luna, de paseo nocturno y navegación por un hermoso lago que surcaban en botes al son de la vihuela. La devoción no podía ser descuidada donde la persona principal era una señora tan piadosa como doña Engracia; pero de ninguna manera obligatoria, porque eso más tenía de bueno la matrona que su tolerancia era tan cuerda como eficaz su ejemplo. No se vio jamás que de los hombres concurriesen al rosario sino los maduros, esos que, a fuerza de no poder otra cosa, dan en camanduleros; o si había algún inocentón barbudo, más rezado que enamorado. Los jóvenes serían tal vez creyentes allá para sí; mas no gustaban de manifestar su piedad con interminables padrenuestros, y eran completamente libres de concurrir o no al oratorio, sino los días de fiesta, en que don Prudencio los hubiera reducido al gremio de nuestra santa madre Iglesia con el azote si fuera necesario. Mas nunca sucedió que le pusiesen en este duro trance, porque muy de buena gana concurrían a misa los tunantes, y se la oían entera, aunque sesgueando la mirada a cada rato hacia las hermosas, con perjuicio de la salud eterna.

Doña Engracia y sus hijas eran madrinas infalibles de cuanto niño nacía por los alrededores; en vez de la iglesia del pueblo, gustaban más los campesinos de que sus retoños se bautizaran en el oratorio de los amos, quedando siempre el nombre del nuevo cristiano a la discreción de la comadre: el cual nombre no podía dejar de ser católico de todo en todo, si pendía del arbitrio de la señora doña Engracia, a quien sonaban muy mal los raros y extravagantes. Y con razón, porque esto de llamarse un hombre Eufemides o Teodolindo, es haber nacido para maldita de Dios la cosa buena. Dichoso el que se llama Pedro, mondo y lirondo, y no anda tras dos o tres nombres de sobrecarga, con los cuales desvalora y oscurece el del apóstol preferido del Señor. ¿Qué más quiere el que se llama Juan? Nombre corto, suave: con un ay está pronunciado, y no hiere los oídos ni llama la atención por lo sonoro y retumbante. El amigo y el discípulo más queridos de Jesús se llamaron Juan. Cuando oían salir de sus labios este dulce vocablo «Juan», cierto era para ellos que serían con él en el paraíso. Ha de creer que tiene buen juicio el que, en medio de este prurito general por ganar en importancia con la pluralidad de nombres, se ha quedado de Juan limpio, mientras sus conocidos, al cabo de treinta años, se han puesto nombrazos de una vara, sin que con esto les hubiese crecido la inteligencia ni la sabiduría. Los príncipes reales suelen tener cuatro y aun seis; huyendo de imitarles, contentémonos con uno los que no conocemos más trono que el de la virtud. Doña Engracia no consintió jamás en que niño se llamase Pompeyo, ni Flora, Damia o Laida criatura del sexo femenino. Todas las hijas de Eva habían de ser Manuelas, Mercedes, Carmen, y cuando más, consintió en que a una se pusiese el de Nieves, contemporizando con sus hijos, quienes se empeñaban en que se llamase Niobe. Entre los varones la mayor parte eran Diegos o Santiagos, por ser san Diego el patrono de España y de la señora; pero del oratorio salieron algunos Josés y no pocos Antonios, si bien un número considerable de villanitos iba a crecer el gremio de los Manueles y Marianos, y doña Engracia estaba satisfecha.

El autor de esta crónica ha pasado por un pueblo donde no había zote que no se llamase Jeremías, Ezequías o Temístocles, y vio un majagranzas barbiespeso a quien decían «don Demóstenes». ¿Tanto les cuesta a estos descomulgados hacerse bautizar de nuevo y llamarse Miguel, Rafael, Melchor, Gaspar o Baltasar, si son negros? En una casa gritaban: «¡Holofernes!» a un criado, y «Judit» a una niña hermosa. ¡Bendito sea Dios! Ya vendrán los padres de moda a poner los nombres de Herodes y Pilatos a sus hijos, y a las hembras los de Atalía y Mesalina, enemigas de Dios y de los hombres. Llámese una mujer mil veces Urraca, Guiomar o Berenguela, como en tiempo de Witiza, antes que Jezabel, Herodías ni Pintiquiniestra. ¿Hay nombre más apacible, melifluo, numeroso que Dolores? ¿Puede una linda muchacha llamarse mejor que Antonia? ¿Y no tiene más de medio mundo ganado la que se llama Rosa? Ahora no habrá quídam devoto que no bautice de Rideas y Medoras a sus hijas, como si entre las once mil vírgenes no hubiera Piedad, Rosario o Luisa a quienes se encomienden. Hermano lector, si Dios te diere más de una, llámalas Juana, Clara, Teresa. Si en todo caso quieres no ser vulgar, ve aquí estas suaves y dulces denominaciones: Luz, Delfina, Laura, cuando no llamares Elvira a la mejor, para tener un lucero en tu casa. Desde la hija del Cid, la que se llama Elvira ha de ser bella y de tierno corazón. Hasta música encierra este hermoso nombre: «Elvira». Si hay ángeles femeninos, se llaman Elvira, Lida, Estela.

    Las hijas de doña Engracia tenían los más comunes, que justamente son los más cadenciosos y sonoros. Una era Isabel, otra Juana, ésta Ramona, ésa Adelaida; y por gran condescendencia, permitió una vez que la última tuviese el de Victoria, pero encerrándolo entre María y Purificación, a fin de cristianizarlo por todas partes. Uno de los varones acometió a ponerse *Romeo* sobre *Carlos*, con segunda intención el fementido: como hubiese por ahí una cierta Ana Julieta a quien se encomendaba, dijo para sí: «Llamándome yo Carlos Romeo, todo irá a pedir de boca». Esos enamorados tienen la letra menuda y son capaces de cogerle el pelo al huevo. ¿Que mucho que dé en el hito de llamarse Romeo el que ha llenado el ojo a una Julieta? Pero a éste se le fue el santo al cielo, pues cuando pensó haber dado en la mueca y haber hecho una cosa que su dama había de estimar sobre toda ponderación, consiguió a lo sumo que sus amigos le llamasen Carlos Borromeo; lo que le causó singular despecho, tanto más cuanto que, cuando quiso volver a llamarse Carlos a secas, ya no le fue posible.

Capítulo XXIII. Donde se sigue a don Quijote hasta la casa que él tuvo por castillo

Quiso la suerte que hacia esta familia se dirigiese don Quijote, entre la cual no era probable se le hicieran burlas pesadas porque en su dueño concurrían la circunspección y la bondad cualidades necesarias de un carácter elevado. Sea majestuoso el hombre, que esto vale mucho, y no halle placer en cosas que dicen mal con las circunstancias que le vuelven distinguido. Gran señor que se une a sus criados para matraquear a un huésped, no corresponde a los favores de la fortuna, ni sabe guardar sus propios fueros. Algo hay de indecoroso y reprensible en ese empeño con que hacemos por divertirnos a costa de los dementes o los simples: calavera puede ser un mozalbete casquivano; chancero es cualquier truhán; pesados son los tontos: el hombre de representación y obligaciones, por fuerza he de ser filósofo, a lo menos en lo grave y circunspecto. Puede mostrarse alegre la virtud, mas huye de parecer ligera y socarrona: la sabiduría suele estar muy distante de la mofa, y es propio de ella el sonreír benignamente. Don Prudencio Santiváñez era un filósofo, bien así de natural como de educación: si calidad de padre le aconsejaba además ese porte elevado y señoril, tan conveniente para los que lo son de una numerosa familia. Sobre esto era de suyo hombre muy bueno, incapaz de hacer fisga de nadie, y tan compasivo, que no hubiera tocado con la desgracia sino para remediarla, si le fuera posible, o por lo menos aliviarla. Pero como la casa estuviese hirviendo en muchachones vivos y revolvedores, algo le había de suceder en ella a don Quijote, aunque no aventuras de las que suele pasar en los caminos. Si no se hacía más que llevarle el genio, era darle gusto el proporcionarle ocasiones a su profesión, y excitarle a que tratase de ella con la verbosidad pomposa con que solía dilatarse en esa gran materia.

«En este castillo nos alojaremos esta noche, dijo a su criado: debe de ser su dueño gran señor que recibirá mucho contento de verme llegar a su casa. Ruégote, Sancho, que si hablas, sean discretas tus razones y te vayas a la mano en lo de los refranes, por que al primero de ellos no saques a relucir lo triste de tu condición y lo extremado de tu sandez. Quien bien quiere, bien obedece; y si bien me quieres, trátame como sueles. Sancho, Sancho, en la boca del discreto lo público es secreto; y no diga la lengua lo que pague la cabeza. —Medrados estamos, respondió Sancho: vuesa merced los echa a destajo, y los míos le escandalizan. Labrar y coser y hacer albardas, todo es dar puntadas, señor. Al cabo del año tiene el mozo las mañas del amo: vuesa merced me ha de pasar este mal de refranes, por poco que andemos juntos. —Una golondrina no hace verano, replicó don Quijote. Si a las veinte echo yo unillo es porque allí encaja; mientras que tú me hartas de ellos hasta en los días de ayuno. —Pescador que pesca un pez, pescador es, señor don Quijote: si vuesa merced me echa una golondrina a cada triquete, yo le he de echar un rábano, y tómelo por las hojas. —Tú me has de matar a fuego lento, hombre sin misericordia, repuso don Quijote; y te hago saber que tus trocatintas me escuecen más de lo que piensas; trocatintas en las cuales la sandez y la malicia se disputan la palma. ¿Qué dices ahí de rábanos, menguado, ni qué tienen que ver las bragas con la alcabala de las habas? Te has puesto a partir peras conmigo, y Dios solamente sabe en qué abismo te han de precipitar tu familiaridad y petulancia. Si tienes algunos otros refranes amotinados en el garguero, vomítalos antes que lleguemos al castillo, porque delante de gente no me será posible tolerarlos. —Boca con rodilla y punto a la taravilla, dijo Sancho: por la cruz con que me santiguo, que no me oirá vuesa merced cosa que parezca refrán, adagio ni chascarrillo. —La boca hace juego, respondió don Quijote; mira no salgas refractario. —Haré por cumplir mi palabra, señor. Mas dígame vuesa merced, ¿son tan malas mis razones, que así procura relegarlas a lo más oscuro de mis entrañas? —Por buena que en sí misma sea una cosa, como la dices fuera de propósito, viene a ser mala: sin oportunidad no hay acierto; y para el que siempre va fuera de trastes, el silencio es gran negocio. —Ahora bien, preguntó Sancho, ¿es castillo verdaderamente ése adonde estamos yendo?».

Mucho más le gustaba a este excelente hombre llegar a casas grandes, donde comía a su gusto, dormía sin cuidado y no se le manteaba, que a ventas donde los mojicones nocturnos menudeaban más de lo que él había menester. Buen cristiano era; mas que le persignasen con estacas, no tenía por sana doctrina. A las bodas de Camacho hubiera concurrido cada semana; de la mansión de don Diego de Miranda guardaba un dulce recuerdo; pero se dejara matar antes que volver a la venta de Juan Palomeque, ese demonio manteador para quien eran buena moneda las alforjas de los pasajeros, si éstos no le pagaban como príncipes su mala comida y peor cama. El chirriar de los capones en el asador, el bullicioso hervir de los guisados, el ruidecillo de las frutas de sartén eran música para su alma; y donde veía columnas de quesos, sartas de roscas, ollas a las que pudiera espumar dos o tres capones, allí era el paraíso de ese católico escudero. «Si el dueño del castillo adonde vamos, tornó a decir, es otro duque, desde aquí le tengo por mi amo y señor. ¡Ahí es nada echarse uno al coleto un buen lastre! Pues digamos que me llevará el viento, si me apuntalo con dos frascos de tinto. Lo que no viene a la boda, no viene a toda hora, hermano Sancho, siguió diciendo dirigiéndose a sí mismo la palabra; sepa vuesa merced, si no lo sabe, que la otra gran señora tuvo cartas con una cierta Teresa Panza, y que a voacé le tuvieron por allá en las palmas de las manos, y que de ese castillo no salió sino para la gobernación de una ínsula. —Todo el mundo sabe que has sido gobernador de una ínsula, dijo don Quijote interrumpiéndole; pues no lo repitas a trochemoche. La gracia estuviera en que después de haberlo sido, vinieses a ser digno de un condado, y siendo conde, aspirases a un reino y lo obtuvieses. Alega lo que eres, no lo que fuiste, acaso sin merecerlo; o no alegues nada, si deseas se te admire, cuando menos por la moderación y el silencio. —¿Cómo es esto?, respondió Sancho: si callo los honores que he alcanzado gracias a mi señor don Quijote, soy bellaco, ingrato, monstruo; si hago mención de ellos, no me escapo de ser vanaglorioso e impertinente. Vuesa merced hallaría de qué reprenderme aun cuando yo obrase como un santo, de qué corregirme aun cuando hablase como un catedrático. Sanan las cuchilladas, y no las malas palabras, señor; y si quieres matar al perro, di que está con mal de rabia. —Tras que la novia era tuerta..., replicó don Quijote: amontonas disparates y desvergüenzas y vienes a quejarte de agravios que no se te han irrogado. Por lo que tienen de graciosas tus últimas razones, te las perdono; mas en llegando que lleguemos al castillo, muertos son los refranes, ¿lo juras? —Sean estos señores de los que comen de lo bueno, tornó Sancho a decir, y podré pasar hasta dos días ayuno de refranes. —Tú llevas siempre la mira puesta en la bucólica: dígote ahora que estoy a punto de no entrar en este castillo y dirigirme a un yermo, donde no haya ni bellotas ni cabrahigos ni cosa con que cebes tu hambre diaria. En el mundo se ha de ver escudero tan amigo de su buen pasar: tú naciste para confesor de monjas antes que para escudero de caballero andante. Huélgate cuanto quieras, pero sabe que estoy en un tris de echar a noramala a un regalón como tú, que no quiere vivir sino de gullerías».

Entre estas y otras muchas razones que agregó Sancho, llegaron a la casa de campo, hacienda o castillo, en uno de cuyos corredores se estaba paseando el dueño de ella. Después de saludarse mutuamente de la manera más cortés, dijo don Prudencio: «Mi esposa se tendrá por favorecida en que se le haga conocer *de visu* el caballero a quien todos conocemos de reputación. Apéese vuesa merced, y esta su alfana tendrá en mi caballeriza el puesto que le corresponde. —No es alfana, respondió don Quijote, sino corcel. —Si vuesa merced no lo hubiera trocado con otro, este debe de ser el famoso Rocinante, dijo don Prudencio; y éste Sancho Panza, el criado de vuesa merced, añadió mirando de propósito al escudero, quien, apeado a su vez, se estaba ahí espiando la ocasión de dar puntada en la plática. —Humilde servidor de vuesa merced, respondió el dicho escudero, y de mi señora la castellana, a quien deseo los años de santa Isabel y más hijos que a nuestra madre Eva. —El Señor os los dé, volvió a decir don Prudencio: ¿en dónde acomodaría yo tanta descendencia, hermano, a menos que todo el mundo fuese mío? —Lugar no faltaría, respondió de nuevo Sancho: la tierra es grande y hasta los gusanitos tienen su manida, y los mosquitos del aire hallan una hoja donde albergarse; cuanto más que los estados de vuestra magnificencia deben de ser vastos; y como dicen, a más moros más ganancia; aunque dicen también: quien tiene hijos al lado no morirá ahitado, y los padres a yugadas y los hijos a pulgadas. —Calla, Sancho, calla, demonio, dijo don Quijote: no descubras tu fondo tan desde el principio. ¡Oh hilo de plata!, ¡oh hilo de oro!, mal invertidos en esta burda tela. ¿Te habré bordado de tres altos, Sancho, para que no pierdas ocasión de poner de manifiesto la bayeta negra de que eres hecho? Si empiezas con tus refranes, ¿en dónde quieres que te esconda, pues no he de ir a mostrarte a la señora de este castillo, la cual debe de ser de las principales y más bien criadas? —Vuesa merced puede tranquilizarse a ese respecto, dijo don Prudencio: a mi mujer le gustan de tal manera las ingeniosidades y los refranes de este buen escudero, que nunca ha sucedido que él llegase a fastidiarla en las mil veces que hemos vuelto a leer la historia del insigne don Quijote de la Mancha. Sea vuesa merced servido de venirse conmigo, para que yo le presente a mi familia, de la cual será parte principal mientras tenga a bien honrarnos con su presencia».

Capítulo XXIV. Donde se dan a conocer algunas de las personas con quienes tenía que habérselas don Quijote en casa de don Prudencio Santiváñez

Entró don Quijote con reposo y majestad imperial, y hecha la ceremonia de la presentación, el dueño de casa le guió en persona a los aposentos que le destinaba. «Aquí estará vuesa merced, le dijo, si no del modo correspondiente a su calidad, por lo menos con la holgura y las ventajas que ofrece el campo. Tan luego como se hubiere aderezado, holgaremos de verle con nosotros, para que nos sentemos a la mesa». Volvió a la sala el buen señor, y encareció con firmes razones que nadie hiciese burla de su huésped. «La hospitalidad, dijo, es la cosa más delicada del mundo, así como la desgracia es la más respetable, y en el caso presente se reúnen las dos, siendo el que tenemos en casa un hombre de los que, aun cuando se juzgan felices, a los ojos de los cuerdos deben pasar por desdichados». Todos prometieron respetarle, y acto continuo estaban violando la promesa los mozalbetes y las niñas con no dejar de reírse de la catadura y el pelaje del recienvenido. «Tú me vas a dar que hacer, dijo don Prudencio a un joven de rostro festivísimo que estaba ahí con una socarronería de desesperar a un muerto: cuidado, muchacho». No lo era tanto, pues frisaba con los veinticinco años, y a justo título pertenecía al gremio de los calaveras. Pariente próximo de doña Engracia de Borja, los hijos de ésta no podían vivir sin él, y aunque no con sobrada inclinación al campo, se venía con ellos, puesto que a la temporada concurriesen las señoritas de su gusto, que lo eran todas. Llamábase don Alejo Mayorga. Con alguna vanidad de su parte, hubiera muy bien podido titularse conde de Archidona, siendo como era tradición de la familia que sus antecesores habían dejado prescribir su título, porque no lo tenían en mucho, o porque llamándose Mayorgas no habían menester otra cosa. Era don Alejo el segundo génito, y como suele suceder, el ídolo de su madre: el libertino se lleva siempre la palma. Cuando éstos son de buena raza, no hay uno que no sea simpático. Ejerce el calavera un prestigio misterioso en los que tratan con él, y tanto, que a pesar de sus horribles travesuras, será querido en su casa con preferencia a sus hermanos, por juiciosos que éstos sean. De vivo ingenio, decidor, cuando se conseguía cogerle, era don Alejo el alma de la tertulia. Y estudiante de todo el noble mancebo: cursó jurisprudencia en la Universidad de Salamanca; pero al cabo de dos años echó de ver que su inclinación no era ésa, y estuvo a punto de seguir la carrera teológica, por complacer a la señora su madre, quien le rallaba por que se ordenase. La consideración del matrimonio, su idea primordial, le desvió de los proyectos eclesiásticos, y se entró de rondón en la milicia, su verdadera vocación. Y por Dios que fue militar gentil y valeroso, sin dejar en ningún caso ni tiempo de ser enamorado. Desde los diecisiete había empezado a querer casarse, y cada año renovaba su pretensión, siempre con otra novia, para tormento de su madre. ¡Qué de inquietudes, angustias, lágrimas, no costaba a la pobre señora ese adorado torbellino! Liberal, manirroto, jamás tenía un duro sino para echarlo por la ventana. Si detestaba los estudios serios, leía con vehemencia cuanta obra fantástica podía haber a las manos, como son novelas y libros caballerescos. Instruidísimo en cosas de poca monta, ejercitaba con sobrado calor la contenciosa movilidad de su temperamento, sin que hubiese punto de filosofía, humanidades, derecho, historia, artes ni oficio en que no diese su parecer y se remitiese a cien mil autores que no había leído.

Su hermano, mayor, don Zoilo de Mayorga, es vaciado en otro molde: joven asaz inteligente, su mérito principal consiste en juzgarse el primer hombre del mundo y en un filosófico desdén por la persona que está sobresaliendo y gozando de buena fama. Tiesierguido, el alma encambronada, todo lo decide con la autoridad del estagirita, cuando no es sino un pirrónico en cuya vida está campeando el egoísmo. El egoísmo, negra ausencia de los afectos nobles, los movimientos generosos del ánimo, que son la verdadera filosofía de los hombres de natural bueno y elevado. Llevarle la contra a este sumo pontífice es ser un tonto; saber algo uno es excitar su envenenada crítica, porque el no reconoce superior en ninguna materia, bien que la triste medianía le ha destinado a la indiferencia de los demás. Árbitro de las cosas, no hay nudo que no corte con la espada de Alejandro. Su elocuencia se ceba en el descrédito de los demás, y nunca tiene él más talento que cuando está haciendo ver palmariamente la inferioridad de sus amigos: parécele que no puede ser persona de viso, si ellos no son insignificantes: de la pequeñez de los otros saca su grandeza; y en esto no va fuera de camino, pues cuando nuestros méritos no descansan en las virtudes, preciso es que nuestra importancia derive de los defectos ajenos. El magnífico don Zoilo no piensa, pero dice que todos los hombres de talento viven atormentados por la más vil de las pasiones: habla de la envidia; y siendo él un sabio de primera clase en la difamación al disimulo, la grandeza de su alma le tiene lejos de ese feo pecado. Envidia, ¡oh!, envidia, amor de Satanás, gloria del infierno, de allí sales al mundo en ráfagas pestilentes, y enfermas y emponzoñas al género humano. Fada malhechora, vuelves negro lo blanco: hiere en las virtudes tu varilla siniestra, y las conviertes en vicios; cae en tus manos la inocencia, y se vuelve malicia. Tu lengua vive nadando en un fluido corrosivo; es larga y puntiaguda. Pasa la honra y la picas; huye de ti la austeridad y la alcanzas. Ves sin ojos; oyes sin oídos, vuelas sin alas: acuciosa eres, aprensiva. Los merecimientos, los triunfos de los demás, son injurias para ti; las buenas obras, provocaciones horribles; pero si te conviene el disimulo, disimulas: una de tus diligencias suele ser la hipocresía. Don Zoilo de Mayorga es víctima de la envidia, si bien el mismo no sabe lo que nadie pueda envidiar en él, o sus hechos admirables se han perdido en la ingrata memoria de las gentes. Para dar la última pincelada al carácter de este magnate, diremos que él no hubiera visto con indiferencia el título de marqués de Huagrahuigsa, y allá para su capote lo era en efecto, y por tal se tenía, desdeñando airadamente a los que no sintiesen correr por sus venas sangre de Braganzas.

Capítulo XXV. De cómo entró en conversación nuestro caballero con los señores del castillo

Desarmado el caballero, se presentó garbosamente en la sala, supliendo con el desparpajo lo que faltaba de adorno a su persona, e hizo de nuevo su mesura con la rodilla ante la señora, a la cual convino ofrecer la mano para pasar al comedor. Puestos a la mesa, dijo don Quijote: «Perdonad por indiscreto, y decidme, señores, vuestros nombres si gustáis. —El mío es don Prudencio Santiváñez, señor caballero; mi mujer se llama doña Engracia de Borja. —Criada del señor don Quijote, añadió doña Engracia. —¿Todos estos jóvenes de uno y otro sexo pertenecen a la familia de vuesa merced? La mesa de Príamo no fue más concurrida, ni más feliz la venerable Hécuba con sus cincuenta hijos. —No todos lo son de mis entrañas, respondió la señora; aunque sí mis parientes. Por el afecto, cuantos ve aquí vuesa merced son hijos míos. —Cuando el amor y la concordia gobiernan a una familia, dijo don Quijote, por el número de sus miembros se ha de medir su felicidad. Los antiguos patriarcas eran de suyo respetables, más por su numerosa descendencia, pues había casa de cien personas, o poco menos, como las de los jueces de Israel, Abdón, Jair. —¿Cuál es el estilo, señor don Quijote, preguntó don Alejo, entre los caballeros andantes respecto del tener hijos? ¿Tiénenlos en gran número, o hay tasa y medida para ellos? —Nuestros estatutos y ordenanzas, respondió don Quijote, no hablan de propósito en esta materia; mas como lo que abunda no daña, soy del sentir que los andantes se perpetúen para gloria de su raza en el mayor número posible de descendientes, a imitación de Perión de Gaula, cepa y origen de los mejores caballeros del mundo. Aunque, la verdad sea dicha, no sabría yo en qué emplearlos si pasasen de cuatro los que Dios fuese servido de darme. —¿En qué?, replicó don Alejo: los armaba caballeros vuesa merced y los enviaba en todas direcciones a desfacer agravios, enderezar tuertos y purgar la tierra de malandrines y follones. Y cuando no, puesto al frente de ellos, cerraba vuesa merced con el imperio del Catay y venía a coronarse emperador por obra de su brazo. —¡Dígamelo a mí!, respondió don Quijote: yo se cómo hace uno eso, y cuándo y en qué manera gana un imperio. Ganarlo entre cuarenta o cincuenta caballeros no es gracia: mi, negocio estará en ganarlo yo solo, matando con mi mano al emperador y sus capitanes, y sojuzgando a los que yo tuviere a bien el otorgar la vida. —¿Piensa vuesa merced matar así tanta gente, solo como anda?, preguntó don Alejo. —El rey Artús, respondió don Quijote, mató en una batalla cuatrocientos sesenta enemigos. Bradamante cortó la cabeza a trescientos moros en el campo de Marsilio. Obras son estas inhacederas para vuesas mercedes que viven entre flores, sabe Dios si bajo el prestigio de las Musas: todo corre por otro término en la órbita de la caballería, y las armas de los andantes encierran secretos que son milagros para los que no profesan el seguirlas. —La historia trae, dijo don Prudencio, que Aristómenes quitó la vida con su mano a trescientos enemigos, ni más ni menos que Bradamante, sin otra diferencia sino que ése los mató en tres combates y éste en uno solo. —No hay cosa inverosímil en las alusiones del honrado don Quijote, dijo a su vez un religioso de manso continente que estaba al lado de doña Engracia: vemos en las sagradas letras que cuando el rey David volvía de escarmentar a los filisteos, las hijas de Israel, coronadas de rosas, danzaban a su alrededor cantando a contrapunto:

¡Saúl ha matado mil guerreros!
¡David diez mil!

—Por donde se puede ver, repuso don Quijote, de cuánto es capaz un caballero bien armado. Morgante no hizo menos que David, pues justamente fueron diez mil los enemigos que puso fuera de combate en una batalla, con un badajo que pesaba dos mil arrobas. —¿Morgante mayor?, preguntó don Alejo: ¿no habla vuesa merced de *il Morgante Maggiore*? Morgante se comía un elefante en un almuerzo, sin sobrar sino las patas, y bien pudo matar cuarenta, no que diez mil». Don Quijote mostró hacer poco caudal de esta excepción y prosiguió: «Si aquel buen rey hebreo, con toda su índole benigna y la santidad de su carácter, mató diez mil personas, ¿qué maravilla que otro menos sufrido mate quince o veinte mil, sean o no filisteos, y entre por fuerza de armas en el Cairo y Babilonia? Ahora vamos a ver, ¿qué le ha movido al honorable eclesiástico a llamarme *el honrado don Quijote*? El que mata o puede matar en una batalla quince mil judíos, o sean moros, ¿es bueno para que se le llame a secas el *honrado don Quijote*? Nunca hasta ahora habíamos oído decir *el honrado don Grimaltos*, *el honrado don Brianges*, *el honrado don Tablante*. La cortesía manda y el uso requiere se nombre a uno *el caballero de la Muerte*, a otro *el de la Hoja Blanca*, a éste *el de la Sierpe*, a ése *el del Basilisco*, sin honrado, jabonado ni alforja. —Excuse y perdone vuesa merced a mi capellán, dijo don Prudencio: no ha leído sin duda la historia de vuesa merced, y no sabe que el señor don Quijote se llama *el caballero de los Leones*. —Y ¿quién no ha leído esa historia?, repuso el capellán. Sepan vuesas mercedes que la tengo de ocho vueltas y soy más familiar con ella que con mi breviario. Llámese honrado el señor don Quijote, séalo en efecto, y no tenga cuidado de lo demás. —Lo soy por naturaleza y costumbre, replicó el caballero: en cuanto a que se me llame así, es otra cosa. Apuesto a que cuando vuesa paternidad se oye llamar con cierto retintín *el honrado capellán* piensa que le han echado el agraz en el ojo. —Eso dependerá del retintín, dijo doña Engracia; mas creo yo que el reverendo padre habló sin trastienda ni punteo de ninguna clase. —No hubo sino tintín en lo que dijo, añadió el calaverón de don Alejo. Pero ésta no es cosa esencial, y sin reñir por tan poco, llamaremos al señor don Quijote como le guste. ¿Prefiere vuesa merced la significativa denominación de Quijotín el Nebuloso? La Providencia, que encadena los acontecimientos pasados con los que están por venir, ha sugerido este modo de llamarse al caballero a quien tiene destinado para la más singular aventura que andante acometió ni acometerá jamás. Si las estrellas no me engañan, leo claramente en ellas que, con el transcurso del tiempo, don Quijote de la Mancha ha de sacar a la luz del mundo aquel vasto país de Ansén, que por efecto de un poderoso encanto yace desconocido en medio de una niebla espesa que le circunciñe cual muralla impenetrable. —Esto es, dijo el capellán, en el continente asiático, en la Georgia. Y dicen que de esa niebla salen voces de gente, cantos de gallo, relinchos y otros ruidos, por donde los que los oyen vienen en conocimiento de que una nación ignorada habita esa tierra misteriosa. Nunca y nadie ha podido llegar a esa comarca con salir, como sale, de aquella densidad un caudaloso río, por el cual un denodado marino pudiera aventurarse a contracorriente. —No por otra cosa se llama nebuloso el señor don Quijote, repuso don Alejo, sino porque de esa nube ha de sacar esa nación y la ha de reducir a la fe de Jesucristo, bautizándola después de vencerla. —Esto ha sucedido muchas veces, dijo don Quijote, y es muy común en la caballería volver católicos a los paganos vencidos, cuando no se les corta la cabeza. Roldán hizo armas con los tres gigantes Morgante, Pasamonte y Alabastro: mató a los dos, y al primero, como al más comedido, le otorgó la vida y le convirtió al cristianismo. Cuadragante, señor de Sansueña, venció a su enemigo Argamante, le volvió cristiano, y aun camandulero; de suerte que el desaforado neófito se vino a Constantinopla con su mujer Almatrafa y su hijo Ardidel Canileo, donde peleó contra los gentiles mandados por el rey Armato. —¡Lo que pueden y lo que hacen los caballeros andantes, señor don Quijote!, dijo don Alejo en tono de profunda admiración, que halagó sobre manera la vanidad del infatuado hidalgo. —Veníos conmigo, noble mancebo, respondió éste; y aun cuando sea yo quien gane los despojos opimos en la guerra de Arsén, matando a su rey, emperador, soldán o como se llame, os otorgo desde ahora licencia para escoger entre esas damas la que fuere más de vuestro gusto, sin exclusión de la emperatriz viuda ni las infantas reales. —Puede vuesa merced adjuntar a su séquito a mi sobrino, dijo doña Engracia, y casarlo por allá, cierto de que no habrá hecho un menudo servicio a una ciudad entera con quitárnoslo de la vista. —Mi tía será la que más me llore, respondió don Alejo. Cuente vuesa merced conmigo, señor don Quijote, y árme caballero en la primera iglesia o capilla que topemos, a fin de que pueda yo acometer cualquier género de aventuras. —Ese cuidado será mío, tornó a decir don Quijote: en último caso bastará la pescozada, si sucediere que halláremos estorbo para las otras ceremonias. Cuando el armar un caballero ocurre en un palacio, con tiempo y comodidad se hace la armadura sin omitir requisito; pero tan armado queda uno con que una princesa le calce las espuelas, una reina le ciña la espada y el padrino le de el espaldarazo, como con el simple espaldarazo y la vela de las armas».

Se concluyó la comida, y levantándose todos, invitó la señora a don Quijote a volver a la sala, donde continuarían la conversación de sobremesa. Pasaron a ella en efecto; y bien acomodados, las señoras en el suelo sobre muelles cojines o alfombras, los hombres en anchas sillas de vaqueta, don Alejo la anudó de esta manera: «¿Conque no será circunstancia indispensable que una princesa me calce las espuelas? Vuesa merced tiene presente que en el acto de armarse caballero Rui Díaz de Vivar, hubo reyes y reinas e infantas y espuela de oro, y espada con empuñadura de diamantes, y Evangelios con pasta de nácar, sobre los cuales el Cid Campeador jurase. Y si no, ¿por qué la infanta doña Urraca le hubiera gritado desde las murallas de Zamora:

    Afuera, afuera, Rodrigo,
    El soberbio castellano;
    Acordársete debiera

> De aquel tiempo ya pasado,
> Cuando fuiste caballero
> En el altar de Santiago,
> Cuando el rey fue tu padrino,
> Y tú, Rodrigo, su ahijado.
> Mi padre te dio las armas,
> Mi madre te dio el caballo,
> Yo te calcé las espuelas
> Por que fueses más honrado?

—Esto es así, respondió don Quijote, y yo no digo otra cosa; antes abundo en los recuerdos de vuesa merced, y encareciendo sus ideas, añado que lo propio sucedió con el doncel Pedrarias a quien esa misma infanta doña Urraca ciñó la espada, para que saliera a combatirse con don Diego Ordóñez de Lara, según reza la crónica:

> El padrino le dio paz,
> Y el fuerte escudo le embraza,
> Y doña Urraca le ciñe
> Al lado izquierdo la espada.

»Cuando el rey de la Gran Bretaña hizo caballeros a los tres príncipes en la villa de Fenusa, Oriana, Brisena y otras de su misma clase todas reinas o emperatrices, les calzaron las espuelas y ciñeron las espadas. La princesa Cupidea hizo lo propio con Leandro el Bel, y la hermosa Polinarda con Palmerín de Inglaterra. Mas no se le oculte a vuesa merced que Suero de Quiñones, mantenedor del Paso Honroso, armó caballero a Vasco de Barrionuevo, sin más que darle con la espada en el capacete diciendo: «Dios te faga buen caballero y te deje cumplir las condiciones que todo buen caballero debe tener». Y al punto el novel se trabó en batalla con Pedro de los Ríos, uno de los mantenedores. Aquí no halla vuesa merced espuela ni espolín, emperatriz, reina ni princesa, y no por eso queda el señor Vasco en menos aptitud para las armas. Nuestro gran emperador Carlos V armó asimismo varios caballeros en Aquisgrán, cuando la ceremonia de su coronación, dándoles tres golpes con la espada de Carlomagno; y no hizo otra cosa el rey de Portugal don Juan I en el Procinto de la batalla de Aljubarrota, al armar caballeros a varios señores portugueses, entre ellos Vasco de Lobeira. Vuesa merced no se acuite, ni ande caviloso en esto de la princesa, pues no por falta de ella dejará de verificarse la armadura. Y cuando vuesa merced hiciere pie en esa formalidad, ¿qué habrá sino entrarnos por las puertas de un rey cual quiera y servirnos de sus hijas para esas menudencias que no hacen sino dar esplendor a la ceremonia? En caso que el rey ponga dificultades, peleo con él, le venzo, le mato, le corto la cabeza, y San Pedro se la bendiga».

Capítulo XXVI. De lo que trataron Sancho Panza y el intendente del castillo

Aquí deja la historia a don Quijote para seguir a Sancho Panza, no a la ínsula Barataria, sino adonde con la gente de casa comía, o había comido, pues ahora se le encuentra hablando de sobremesa. «Mi amo el señor don Quijote me tiene ofrecida una corona de conde, hasta cuando se nos venga a las manos un territorio de dimensiones tales, que se pueda llamar reino, de conde pase yo a ser rey. La paz está firmada con los emperadores vecinos: el dicho rey no tiene guerras, ni teme asalto ni anda vigilando ni escondiéndose de miedo de ser muerto, pues ya se entiende que es buen monarca, querido además por sus vasallos. Como hay aduanas, alcabalas, chapín de la reina, almojarifazgos, diezmos y primicias, las rentas de la corona son dignas de tal príncipe. Tras que éste se mantiene bien, no faltan algunas monedas curiosas que poner a un lado, y coro quien no dice nada, las reservas toman incremento, y al cabo de diez o doce años tienen vuesas mercedes un caudalito que no desmerece el nombre de tesoro. Esto es sin hacer mérito de las alquerías que corren de cuenta particular de la familia reinante, fincas y pastos donde se crían yeguas grandes como iglesias, que dan los mejores potros del mundo. En el natalicio de la reina, esta señora impetra de su augusto esposo indulto general para los delincuentes, y remisión de los pecados, con motivo de tan fausto acontecimiento. —¡Alto ahí, señor don Sancho Panza!, dijo el mayordomo, que presidía la mesa; eso de remitir los pecados es incumbencia de los sacerdotes, quienes los remiten uno por uno, si el pecador muestra arrepentirse; mas ¿cómo va a perdonarlos vuesa merced, cuando no es sino soberano temporal? Vuesa merced podrá otorgar salvoconductos, hacer excarcelaciones, eximir de juicio a un culpable, obrando a lo déspota, se entiende; mas le niego la facultad de conocer en esas acciones ocultas que se llaman pecados, y el derecho de darlos por remitidos. A menos que, ordenándose el rey, fuere a un mismo tiempo confesor y soberano, cosas que en cierto modo se contradicen. Lo mejor en vuesa merced sería acogerse a Iglesia, supuesto que son tan de su gusto la paz del mundo y la remisión de los pecados. Si bien se mira, el rey descrito por el señor Panza viene a ser indigno de la corona, por cuanto le quita el valor, prenda esencial en el caudillo de un pueblo, y le envilece con uno de los más feos defectos, cual es la codicia. —Nada menos que eso, señor maestresala, replicó Sancho: la codicia no da jamás, yo pienso dar a los pobres. Hasta corromperlos no les daré; mas tenga vuesa merced por cierto que en mis estados nadie se ha de morir de hambre. Economía no es avaricia; antes yo tengo por virtud aquel sabio guardar para los tiempos calamitosos, aun cuando no sea sino en consideración a los herederos. Cuanto al valor, no tenga cuidado vuesa merced; ni he dicho que no lo manifestaré cuando fuere del caso. Pero andar en busca del peligro, infatigable pretendiente de los hechos difíciles, no es de mi genio. Gloria vana, florece y no grana, señor mío. Después de esta vida alborotada y aporreada que estoy llevando en la profesión de seguir a un aventurero, me sentarán muy bien el descanso y la seguridad de mi casa. —Esto es ser canónigo, repuso el maestresala: a las nueve del día no amanece para vuesa merced, que aún está reposando dentro de un espeso cortinaje de damasco la venerable cabeza sobre dos almohadones de seda carmesí. El apetito y la abundancia le han dado buenas carnes: su papada reverenda se compone de tres pisos o planos, por donde baja lentamente la pereza junto con el sueño, fieles amigos del coro. Sobre eso de las diez del día, el ama de vuesa merced entreabre las cortinas para ver si conviene ofrecer la primera refección: mírala vuesa merced a medio ojo, como quien acepta el desayuno y quiere seguir durmiendo. Pide al fin las calzas, se pone los zapatos en chancletas, y muy arrebozado de un balandrán embutido, pasa a una butaca pontificia junto a la mesa, donde le está esperando una taza de chocolate, que se deja estar allí mientras vuesa merced le prepara el campo con un tercio de gallina. Y miren el desenfado con que extiende esa manteca sobre las planchas de pan candeal, sin dejar por esto de entretenerse con unos retacitos de longaniza, largos como un jeme, porquería que le gusta sobre modo. Almorzó vuesa merced: he ahí que llega el barbero de servicio, y en una jofaina donde cabe apenas la susodicha papada, le rae y pela y monda de tal suerte, que vuesa merced queda como si hubiera tomado siete baños en la fuente de Juvencio. Viene luego el vestirse, luego el salir majestuosamente por esas calles, con el chasquido tan marrullero de la seda, chis chas, pues ya se entiende que es de seda la sotana, y de fino azabache el cordón de botones que desde la quijada se suceden hasta la punta del pie. Llega vuesa merced al coro donde el capítulo está ya reunido, y se pone a cantar en voz respetable, interrumpida de cuando en cuando por una tos madura y no muy limpia, la cual da a conocer que sale de un reverendísimo vientre y pasa por un velludo pecho. En las solemnidades capitulares y las procesiones, vuesa merced parece un cometa por la sublime cauda que va arrastrando. Ahora, ¿qué diremos si de racionero sube vuesa merced a chantre, de chantre a arcediano, de arcediano a deán, y de aquí pasa a obispo por no decir arzobispo de una vez? Tengo para mí que la capa magna le había de sentar de perlas al señor don Sancho, y que sin más averiguación se le había de conceder el capelo, o digamos el cardenalato. —Mi amo el señor don Quijote, respondió Sancho, dice que por la carrera de las armas no alcanzamos la púrpura cardenalicia. Siendo, por otra parte, necesaria la viudez para los honores eclesiásticos, hemos resuelto ganar la cumbre de los civiles. Hágame vuesa merced estas reflexiones en tiempo hábil, esto es, cuando podía yo ordenarme, y nadie me quita que al presente me besaran vuesas mercedes la esposa. —¿Es joven?, preguntó el maestresala. —¿Qué diablos pregunta ahí vuesa merced?, dijo Sancho: ¿se figura por si acaso que a estas horas he de ir a ofrecer a nadie mi mujer a besar? Hablo de la sortija episcopal, que se llama esposa. —Dispense vuesa merced el *quid pro quo*, repuso el intendente, maestresala o mayordomo, que para Sancho Panza no hay necesidad de mirar mucho en estas ligeras variedades; dispense vuesa merced, y siga adelante en su plática. —Digo, continuó Sancho, que con haberme ordenado a tiempo, me hubiera ahorrado además las desazones y cuitas del matrimonio. Cuando uno ha sufrido veinte años a una mujer, señor intendente, esto de venir a ponerse en capacidad de recibir las órdenes eclesiásticas, debe de ser trance además gustoso y acomodado a las inclinaciones del hombre.

> —Homes, aves, animalias, toda bestia de cueva
> Quieren según natura compaña siempre nueva.

dijo el intendente, quien era por ventura aficionado a Juan Ruiz el arcipreste de Hita.

Capítulo XXVII. De lo que pasó entre Sancho Panza y la viuda que en este Capítulo se presenta

«No digan tal vuesas mercedes, dijo a su vez una señora que estaba también a la mesa: cuando sucede que dos almas viven juntas tanto tiempo, benditas serán de Dios; y lejos de tenerlo a desgracia, lo hemos de regular por mucha felicidad. Todavía está el alcacer para zampoñas, respondió Sancho. ¿La gracia de vuesa merced? —Me llamo Prudenciana Sotomayor para servir a vuesa merced. Antes era de Calvete; pero desde la muerte de mi esposo, hasta su nombre he perdido junto con la mitad de mis bienes de fortuna. El criado de mi difunto no quiere servirme ni ayudarme, si no toma su lugar; y así tiene puestos el pensamiento por las nubes y las manos en la cintura. Si vuesas mercedes me dieran un consejo, estimaría yo el favor. Si no me caso, pierdo lo poco que me queda; si me caso, temo que de sirviente se convierta en opresor y tirano de su mesma benefactora. —Aquí encaja, respondió Sancho, lo que se de una vecina mía, viuda tan reverenda como vuesa merced, de cuya historia puede tomar ejemplo. Quejábase la dicha viuda al cura de su lugar de que ya no podía vivir sola, porque sus asuntos y dependencias iban de mal en peor: la casa llena de goteras; las tapias del corral, caídas: todo una pura confusión desde la muerte de su marido. Contole en seguida que tenía un criado peritísimo en los quehaceres del difunto, propenso de suyo a reemplazar a su patrón, bien así en las ventajas como en los trabajos del matrimonio. El cura, que a dicha era uno de esos hombres prudentes que responden siempre según el deseo de los que los consultan, dijo:

«¿Y por qué no toma vuesa merced a su criado? —Porque temo, respondió la señora, que de criado venga a ser amo, y quién sabe si verdugo de su mesma benefactora. (Palabras de vuesa merced, como vuesa merced ve, señora doña Prudenciana.) —Abundo en ese temor, repuso el cura. No hay que tomarlo. —¿Y cómo puedo vivir así tan sola, en medio de tantos negocios y peligros, señor cura? —¿No?, pues ahí está el criado. —Aunque cuando esa gente humilde se echa el alma a la espalda, ¡avemaría, señor cura! —Todo se debe temer. ¡A un lado el criado! —Bien es verdad que su índole no es de las peores: hasta aquí no tiene en contra suya sino algunas niñerías. —Si no es más que eso, venga el criado. ¿Cuáles son esas niñerías? —Se alzó una vez con la honra de una doncella de mi servicio; otra, nos vendió a furto algunas reses gordas. —¡Abrenuncio! Nada de criado. —Pero hubiera visto vuesa merced aquel arrepentirse, aquel morirse de pesadumbre cuando, tirado de rodillas, nos pedía perdón y juraba no volverlo a hacer. —Buen muchacho: venga esa mano. ¿No volvió a daros en qué merecer, esto ya se entiende? —Una ocasión empezó a flaquear, adhiriéndose a una dueña muy honrada, a pesar de sus tocas blancas. —¡Hum!... ¡Alto ahí el criado! —Pero es el hombre que se conoce para los menesteres de la casa, los del campo, sufrido, vigilante, afectuoso. —Todo le perdono. ¡Arriba el criado! —Señor cura, en puridad, le gusta pillar un lobo de cuando en cuando. —¿Borrachos?, no en mi reino. —Aunque es cierto que lo desuella inmediatamente. Digo que se echa a dormir, y en cuanto está durmiendo es un cordero. —De éstos quisiera yo para mis sobrinas. Casarse, casarse sobre la marcha. —Tiene un defectillo, señor cura: es algo inclinado al tablaje. —Diga vuesa merced más claramente al juego. ¿Conque le gusta el juego?... —El naipe le distrae, los dados le embelesan. —¡Buena alhaja! Hombre que juega no le quiero ni para prójimo, menos para marido de una hija mía. —Pero no roba para jugar, señor. —Rara virtud. Si no roba para jugar, no se difiera el matrimonio. Y cuanto al genio, ¿qué tal? Debe de ser un San Buenaventura. —¡Pues!, un San Buenaventura; fuera de que cuando su buen humor se corta, y se le suele cortar como la leche, el demonio que le aguante, señor cura. —Pues que se case con el demonio. Ni he de ir yo a sacrificarle una parienta y amiga mía, aconsejando a ésta que se una para toda la vida a pécora como él. —Ese estado de efervescencia no le dura: cuando le pasa la cólera, bebe lo que le dan y come de todo. —¡Hombre generoso! ¿Conque come de todo y bebe lo que le dan? ¿Quién no le ha de querer? Ahora dígame vuesa merced, ¿mientras está con cólera, guarda cierta moderación y dignidad? —¡Qué, señor!, reniega de Dios y sus santos, y echa maldiciones que se cimbrea la casa. —¿Esas tenemos? ¡Afuera el criado! —Pero se confiesa, y queda limpio, y se reconcilia con nuestra santa madre Iglesia para mucho tiempo. —Es un grande hombre. ¡Oh si todas las mujeres honradas pudieran hallar de estos!... —No ocultaré, señor cura, que cuando se emborracha niega que se ha confesado, llama a diez o doce santos, los mete en el sombrero y baila sobre ellos. —¡Tu tu tu tu tu! El chico promete. ¿Con luterano como ése quiere vuesa merced casarse? —Me ha prometido no volverlo a hacer. —Esa es otra cosa. Se le puede aceptar.[9] —Como la viuda cargase la mano, y viese el cura que en todo caso quería arrancarle una opinión acomodada a sus deseos, le aconsejó éste prestar atento oído a las campanas, las cuales le dirían sin mentir lo que debía hacer en conciencia. Cuando ellas sonaron por la mañana, la viuda oyó claramente que decían: «Cásate con tu criado, cásate con tu criado». Tuvo entonces por evidente que su matrimonio corría por cuenta del cielo, y la boda fue de las más bien surtidas y alegres».

    —Dios nos hace ver su voluntad de varios modos, dijo doña Prudenciana: lo que por su querer hacemos, bien hecho está. —¿Piensa vuesa merced, señora, hacer lo mismo que la otra?, preguntó el maestresala. Como la lengua de la iglesia son las campanas, el aviso que ellas dan, debe de ser el puesto en razón. —No digo que no, respondió la viuda, cuando y como el Señor me lo diere a entender. ¿Ese matrimonio fue dichoso, se supone señor escudero? —Tanto como lo sería el de vuesa merced, señora viuda. Vuelto marido el criado, se puso a jugar, beber, jacarear y andar a la greña con chicos y grandes. Quiso la señora los primeros días calzarse las bragas, y gobernar su casa, y tener cuenta con la hacienda: el belitre de su marido llovió sobre ella en forma de lenguas de palo, de tal modo que más de una vez la dejó

---

9   Hasta aquí, la idea es de un cuento antiguo de Raulin. La Fontaine lo ha puesto en verso. Yo la he desenvuelto y amplificado como se ve. La segunda parte no consta ni en Raulin ni en La Fontaine. (N. del A.)

por muerta. Viendo la infeliz que sus palabras, buenas o malas, eran siempre contestadas con las manos, se limitó a salvar la vida, dejando que todo fuese manga por hombro en el hogar. Tan buena cuenta dio de sí aquel bellaco, que a la vuelta de un año no tenía la pobre señora ni una perla en el cofre, ni una cuchara en el escaparate. En tal manera se vio desheredada, robada y tronada, que hubo de humillarse a la rueca para ganar el pan de cada día. Industria que no duró mucho, porque la sin ventura pasó a mejor vida, muerta de pesadumbres, hambre y golpes, todo junto. Pero esto, no antes de que hubiese vuelto a su confesor en busca de cómo atribuirle su desgracia, echándole en cara su consejo. «Tengo para mí, respondió el cauto sacerdote, que vuesa merced trasoyó el decir de las campañas, y trabucó el sentido de sus expresiones. Torne a consultarlas, y vea lo que realmente le aconsejan hoy, que será sin quitar ni poner, lo mismo que le aconsejaron ya». Volvió en efecto a la consulta, y oyó y vio que decían: «No te cases con tu criado, no te cases con tu criado».

Mohína quedó la viuda al oír esto, y tan declarada fue la aversión que Sancho le inspiraba con el fin, como la buena voluntad que le había infundido con la primera parte de su historia. «Vuesa merced, dijo con cierta rigidez, no haga de cura donde le faltan feligreses, ni hable como campana hallándose tan abajo como se halla. Dios sabe lo que hace, y cada cual lo que le conviene. No todos los hombres son unos: así hay entre ellos tahures y corrilleros, como personas amigas de su deber. En una palabra, lo que mi marido hace, yo lo hago; y cada uno es dueño de su voluntad y su casa. Vuesa merced es algo maduro y pasado, por no decir rancio de una vez, para que tenga en su punto los sentidos. No se meta por tanto a dar consejo al que no lo ha menester. —Hay una cierta juventud, respondió Sancho, que, renovándose diariamente, nos pone en capacidad de sindicar de viejos a los demás y tenerlos por decrépitos y desvanecidos: la mano de estuco que hoy le vuelve a vuesa merced niña de veinte abriles, la pone en condición de mirarme como a un Matusalén. —¿Quién sois vos, motilón embustero, replicó la viuda, encendida en cólera, para que me vengáis con esas indirectas? Yo no tengo que dar cuenta de mi edad a nadie, aunque sí de mis pecados a Dios. Si me caso o no, es cosa mía; si mi marido es bueno o malo, nada os importa. Ocupaos de vuestras cosas, y no agucéis el ingenio hasta despuntaros de malicioso. —Mal me quieren mis comadres, porque digo las verdades, tornó Sancho a decir. No le queda a vuesa merced lugar a quejarse de ofensa gratuita, ni puede llamarme entremetido, supuesto que me pidió mi parecer, acogiéndose a mi experiencia. Tenga por cierto la señora doña Prudenciana lo que he dicho, sin que por eso hayamos de venir a las manos. Comida hecha, compañía deshecha, y Dios nos ayude a todos».

Capítulo XXVIII. De los razonamientos que los dueños de casa y su huésped iban anudando, mientras Sancho Panza hacia lo que sabemos

No quiso la familia dedicar esa noche al juego, al baile ni cosa de éstas, sino oír a don Quijote, quien deliraba a destajo en tratándose de caballerías, y era entonces tan del gusto de la gente casquivana, como agradable para los formales y juiciosos cuando la conversación rodaba sobre asuntos de real importancia. «Vuesa merced sea servido de esclarecer una duda, señor don Quijote, dijo don Alejo de Mayorga: el caballero andante no puede pasar sin dama; mas no se me acuerda que los pláticos en las aventuras hubiesen tenido un amigo con quien gozar de la alegría de los triunfos y compartir el dolor de los reveses. ¿De dónde proviene que los andantes sean así tan solitarios, que más parecen ermitaños andariegos que hijos de la asociación civil y parte de ella, como deben ser? Solo anda Amadís de Gaula, y para mayor aumento de soledad y melancolía se viene a llamar Beltenebrós, retirándose a la Peña Pobre. Solo anda don Belianís por montes y valles; solo va el señor don Quijote, solo vuelve, y en sus nunca vistas hazañas no se sabe que brazo ajeno le ayude ni voz extraña le anime. Toda sensación comunicada con personas queridas produce su beneficio, ya con incremento de alborozo, si es de las gratas, ya con diminución de pesadumbre, si de las dolorosas. —No se le pase por alto a vuesa merced, respondió don Quijote, que habiéndoles unido la casualidad en su viaje al Oriente a Marfisa, Aquilante y Sansoneto, a poco de haber andado juntos echó cada cual por camino diferente, porque no se dijese que dos paladines y una doncella andante no podían andar juntos sino de miedo de andar solos. El caballero andante no ha menester compañía, porque en sí mismo tiene lo necesario para vivir como fuerte y para morir como bueno. —Si el señor don Quijote, dijo a su vez don Prudencio Santiváñez, no lo llevara a mal, le haré presente que ni el valor, ni la constancia en la guerra se oponen a ese vínculo suave con que los héroes se unen, tanto para valerse en los peligros, como para holgarse en la paz honestamente. —Los hermanos de armas, respondió don Quijote, están desmintiendo esta aprensión o error de vuesas mercedes, de pensar que los lazos de la amistad le son prohibidos a los caballeros. Ni el padre, ni la madre, ni la esposa, ni el hijo, nadie es primero que el *hermano de armas*. Pero no me hablen vuesas mercedes de compañeros de casualidad, ni de amigos vulgares: un hermano de armas a quien me una con la sangre de mis venas, no digo que no. A falta de esto, don Quijote de la Mancha se irá solo por el mundo. —¿No ha oído vuesa merced, señor caballero, dijo por su parte el capellán, que la soledad es cosa mala? Nuestro Señor Jesucristo nos dio una lección divina de amistad con la que profesó a su primo San Juan: si este elevado, profundo afecto no tiene cabida en el corazón del caballero andante, menos sentirá éste las emociones que dirigen al hombre a la gloria celestial; y mucho me temo que de puro valiente no alcance sino las penas eternas. —Este es asunto de la jurisdicción divina, respondió don Prudencio, y muy ajeno de conversaciones como la nuestra. No ensanche desmedidamente el reverendo padre la órbita de esta plática familiar, por cuanto no hay cosa más ocasionada que esto de discurrir en materias de religión, quebradizas de suyo, y mucho más a causa de la intolerancia que en ellas solemos emplear. Tanto podría salvarse el señor don Quijote siendo un buen religioso capuchino, como el honorable capellán siendo un renombrado aventurero. Hay muchas moradas en la casa de mi padre, dice el Señor. Y no haya más, capellán. Si algo tiene que decir en este negocio sin condenar a nadie, le oiremos de bonísima gana». Riose el capellán con placidez y mansedumbre que no acostumbran los de su clase cuando se trata del cielo y el infierno. Sobre su buena razón, era de genio pacífico y avenible; y no siendo, por otra parte, extraño a la cortesanía, se acomodaba a las circunstancias, blandeando con mucha gracia, aun cuando hubiera propuesto de primera entrada una especie rigurosa. Echó luego a burlas la severidad de su propio dictamen, y con bondadosa modestia repuso: «Yo no pienso de otro modo, señor don Prudencio; vuesa merced me conoce. Y puesto que de la amistad íbamos hablando, no negará el señor don Quijote sus ventajas, las que puedo certificar con sucesos verdaderos, si vuesas mercedes me dan licencia para referir un pasaje». Rogáronle que lo dijese, y muy particularmente doña Engracia, quien gustaba por extremo de las narraciones de su capellán; narraciones que, sobre ser de mucha substancia, tenían cierto corte adecuado para la conversación.

«Amigos..., dijo el capellán, ¿los hay de veras? —El amigo fiel es un resguardo poderoso; el que lo tiene, tiene un tesoro, dice el *Eclesiástico* de Jesús, hijo de Sirah. Es el caso que un hombre tenía dos amigos, tan ricos ellos como pobre él: el día de morir, testó de la manera siguiente: «Lego a Juan el Bueno la obligación de mantener a mi madre, y atenderla en todas sus necesidades. Cuando ésta venga a entregar el alma a Diosa honrará su cadáver con exequias iguales a las que hizo a la su ya propia. Ítem: Lego a Marcos de León el deber de dotar a mi hija del modo correspondiente a su calidad, y proporcionarle, si es posible, un matrimonio ventajoso. En caso que uno de éstos viniese a fallecer antes que mi madre y mi hija, le sustituyo al uno con el otro». Los que tuvieron noticia del testamento no acabaron de reírse; mas los testamentarios aceptaron gustosos sus legados respectivos, con asombro de los que de ellos habían hecho fisga, llamándoles herederos. Uno de éstos siguió las huellas de su difunto amigo al cabo de cuatro días; llegada era la contingencia de la sustitución, y al sobreviviente le tocaba uno y otro legado. Juan el Bueno se declara hijo de la anciana, padre de la niña. Abrumó a la una con el amor filial, a la otra con el paternal. Después de algunos años, enterró a la primera decorosamente, casó a la segunda ventajosamente, habiéndola dotado con veinticinco mil ducados, de cincuenta mil que eran sus bienes de fortuna. Los otros veinticinco los reservó para su hija propia».[10]

Al fin de este relato, doña Engracia tenía los ojos llenos de lágrimas: virtud es de las mujeres manifestar la exquisita sensibilidad de su alma con esa tierna y sencilla expresión de la naturaleza. No dijo nada la señora: su esposo que la estaba observando preguntó: «Y las vidas de testamentarios semejantes no se hallan en el santoral? En esa acción veo un mundo de

---

10 Pasaje de la historia griega. Las personas genuinas se llamaban: Eudamidas, el testador; Charixeno y Areteo, los testamentarios. El primero era de Corinto, los dos segundos de la ciudad de Cycione. (N. del A.)

virtudes. —Tengo para mí, señor capellán, dijo a su vez don Quijote, que ese testamento debe insertarse en la Sagrada Biblia, como un hecho proveniente de moción divina, pues no a otra cosa hemos de atribuir los efectos de la ardiente caridad de un corazón bien formado. ¿Sabe otros sucesos de este género el señor capellán? —Las horas son cortas para tan bellas anécdotas, dijo doña Engracia; apoyando a don Quijote, mayormente cuando son referidas con tanta gracia. —Favor de vuesa merced, respondió el capellán. No tanto por el gusto de referir, cuanto por el que vuesas mercedes manifiestan en oír, recordaré otro caso que ha llegado a mi conocimiento. Murió hace poco un señor opulentísimo, dejando todos sus bienes de fortuna al segundo de sus hijos, en perjuicio y mengua del primogénito, a causa de la mala e incorregible conducta de este joven. El desdichado sintió el peso del agravio, y lejos de empeorar de costumbres, irritado de tan odiosa preterición, se apartó de los vicios y dio tales pruebas de arrepentimiento, que vino a ser modelo de hombres justos y virtuosos. «Hermano querido, le escribió entonces su hermano, allá va el testamento de nuestro difunto padre. He puesto tu nombre en lugar del mío, por cuanto si él hubiera tenido tiempo de verte reformado, a ti te hubiese instituido su heredero y tuyas hubieran sido las riquezas que me dejó en menoscabo de tus derechos. Tuya es, pues, la herencia, de la cual no me puedo aprovechar mejor que transmitiéndola a quien ella correspondía por la ley de la edad, y a quien corresponde hoy por la buena conducta y los merecimientos».[11]

 —No siga adelante vuesa merced, dijo don Quijote interrumpiéndole, sin enterarnos de lo qué hizo el desheredado. —¿Qué había de hacer?, respondió el capellán; se fue para su hermano con los brazos abiertos, las lágrimas de uno y otro corrieron juntas, y luego la herencia fue dividida en dos partes iguales, de las que tomó cada uno la suya, alabando a Dios, que los bendecía, y honrando la memoria de su padre. —¿En qué tiempo se daban estas comedias, señor capellán?, preguntó el marqués de Huagrahuigsa: debe de ser allá, cuando el rey que rabió, pues tales consejas tienen sabor y rancidad de pajarotas antediluvianas. —¡No digas eso!, respondió doña Engracia con disgusto notorio: ¿qué tienes tú para andar siempre poniendo en duda lo que huele a virtud, cuando siempre estás listo a dar asenso a lo

---

11 Pasaje histórico. *Essais*, de Montaigne. (N. del A.)

que desacredita a los hombres? —Esas son pamplinas, replicó el marqués: nadie tira su herencia por la ventana, y si la tira es un loco, o por lo menos un tonto. —¡Muchacho!, gritó don Prudencio, ¿llamas tontería o locura el que uno se divida con su hermano los bienes paternos? He aquí tu filosofía, de la cual nos tienes hartos. Siempre estás con estas cosas, y te afirmo que nos causas pena. ¿Quién te ha dicho que dureza de corazón, indiferencia por el mal del prójimo, desprecio de las virtudes, bajo interés, egoísmo, codicia y los demás defectos de las almas innobles son filosofía ni proceden de ella? El cinismo, mi querido Zoilo, es negación de la parte celestial del hombre». Era el marqués propensísimo a la cólera, fenómeno que en él producía el de atajarle de razones, al tiempo que la sangre se le agolpaba al rostro, inflamándole la vista. Quedábase él con su rabia, los otros pasaban adelante, y cuando él creía merecer y ocupar el primer puesto, se fue hundiendo poco a poco en la oscuridad, y acabó por desaparecer en la indiferencia de los que no le estimaban lo suficiente para sostenerlo con el odio.

«Las afecciones son en mi hermano más sanas que las ideas», dijo don Alejo, pronto siempre a volver por él. Ha leído por demás, y tiene trastrocados los sistemas filosóficos. —Sí, respondió don Prudencio, yo sé que él llama filosofía ese modo de pensar, cuando la filosofía verdadera es justamente lo contrario, si ella tira a la mejora del hombre y se empeña en elevar el espíritu hasta la divina Substancia. Los mejores filósofos son los que practican sin saberlo esa noble ciencia; y los aciertos de la filosofía no pueden ir nunca fuera de la grandeza del alma y la bondad del corazón. ¡El egoísta, el avariento, el canalla, no son filósofos! No lo digo por ti, mi querido Zoilo; mas, por desgracia, tú malbaratas tu capacidad intelectual, don precioso de la naturaleza, que debemos usar con moderación, cuidando no lo echemos a mal cuando menos lo pensamos».

Don Quijote había oído en silencio estas recriminaciones; y como de suyo era inclinado al bien, luego se puso de parte del juicioso tío, apoyando sus ideas con otras no menos firmes y sensatas; cosa que ingirió vivo rencor en el pecho del marqués, pues se daba éste, por su genio, a aborrecer mortalmente a los que tenían en poco su modo de pensar y no hacían mucho caso de sus resoluciones absolutas.

Capítulo XXIX. Del ímpetu de coraje que tuvo don Quijote al saber lo que a su vez sabrá el que leyere este Capítulo
Como la noche estuviese muy entrada, se retiró don Quijote a su aposento, acompañándole don Alejo de Mayorga y un gran amigo suyo llamado Ambrosio Requesén, barón de Cocentaina, tan calavera y maleante el uno como el otro. «Miren vuesas mercedes, dijo don Quijote llegándose a la ventana, cuán grande y silencioso el mundo se dilata entre dos inmensidades, el pasado y el porvenir, incomprensibles partes de la eternidad. Las estrellas que con su luz infantil están plateando la noche, contribuyen sin saberlo a embellecer el misterio de la creación. —Lo que vuesa merced acaba de decir acerca de la noche y esos luminosos brotes del firmamento, respondió don Alejo de Mayorga, proviene de una cierta disposición de espíritu y de una fineza de sentidos que descubren primores en que no repara el vulgo. —El pecho delicado, replicó don Quijote, abriga esa disposición; y cuando el amor está resplandeciendo dentro de él, lo fecundiza de manera extraña y hace brotar esas flores que se llaman poesía. —Tenía yo creído, volvió a decir don Alejo, que las armas eran opuestas a las Musas, y que Marte y Apolo se miraban con ojeriza. —Las letras humanas, repuso don Quijote, pueden muy bien hermanarse con las armas, según nos lo da a conocer el emblema del valor y la sabiduría, encarnado en esa gran divinidad que ora se llama Palas, ora Minerva. Las abejas del Hibla, dicen los antiguos, depositaban su miel en los labios de Jenofonte, uno de los mayores capitanes de los griegos. Y nuestro Garcilaso, ¿no fue tan buen poeta como guerrero?

> —Entre las armas del sangriento Marte
> Hurté de tiempo aquesta breve suma,
> Tomando ora la lanza, ora la pluma,

dijo el barón de Cocentaina, quien picaba en poeta y gustaba de adornar la memoria con algunas medidas y sonoras cláusulas. Y el otro que se tenía

> Armado siempre y siempre en ordenanza,
> La pluma ora en la mano, ora la lanza.

—Ese es don Alonso de Ercilla, respondió don Quijote; Ercilla que, si no es épico, no por eso deja de ser poeta, como que ha hecho una muy hermosa relación donde el sentimiento, o digamos espíritu poético, se desenvuelve en verso, magnífico muchas veces. ¿Y qué dicen vuesas mercedes de Jorge Montemayor, que fue músico, soldado y poeta, y no de los de por ahí? Si sucede que yo me entregue de propósito algún día a componer obras poéticas, ya sean heroicas, ya pastorales, he de imitar a Montemayor en esa admirable malicia con que celebra a su dama tras el velo de la heroína del poema. Iba diciendo a vuesas mercedes que el ingenio y el valor, las armas y las letras, de ningún modo se excluyen. ¿No es esto lo que nos dan a entender los bardos cuando nos muestran a Aquiles pulsando la cítara y cantando amorosas endechas en las horas de sosiego? Los más renombrados caballeros andantes fueron tiernos músicos y amables trovadores: ya los ven vuesas mercedes mano a mano con un desemejado gigante, ya asidos a su arpa de marfil tañendo de manera de hacer perder el juicio a las señoras y las doncellas del castillo donde llegan a pasar la noche.

—Viene muy al caso, dijo don Alejo de Mayorga, el que los poetas sean a un mismo tiempo gente de guerra: pues yo sé poco, o ahora es cuando le conviene al señor don Quijote saber más de espada que de pluma. —Dígame vuesa merced, ¿de qué se trata?, preguntó don Quijote. —Nada menos, señor don Quijote, que de afrontarse con dos paganos que viven fortificados aquí, en el monte vecino. Ningún aventurero ha podido someterlos hasta ahora, porque no juegan limpio en la batalla y se valen de estratagemas por medio de las que, si no con la honra, se quedan siempre con la victoria. Llámanse Brandabrando el uno, Brandabrisio el otro; mas yo no sé por qué fusión, aligación o arte infernal, las dos personas vienen a ser una cuando les da la gana, logrando llamarse Brandabrandisio el bellaco del gigante. —Bueno es el gigantillo, respondió don Quijote con una risita de desprecio entre natural y fingida, y se acomoda a traer y llevar un nombre de una legua. Yo le quitaré la mitad del cómo se llama, y veremos si queda Brandabrán a secas o Brisio pelado. ¿Es éste su único delito? —¡Cómo, señor!, repuso don Alejo; cada día los comete mayores, y su profesión principal es el rapto a mano armada. Dicen que tiene la fortaleza llena de las más hermosas damas, porque así como otros son aficionados a hurtar bestias, éstos tiran por largo, y cargan con cuanta señora o doncella pueden haber a las manos en una vasta extensión de territorio. Ahora mismo está dando estampida en todo el reino una de sus proezas, y de las más atrevidas y difíciles; es a saber, el rapto de una princesa de la Mancha, que, según parece, se criaba para ceñir imperial diadema». Se le fue el color a don Quijote, el cual, confuso y balbuciente, dijo a su escudero: «Sancho, Sancho, ahora es cuando vas a manifestar la agilidad de tu persona y la sutileza de tu ingenio. Monta en el rucio y vuela al castillo donde se me quedó de olvido la ampolla del bálsamo prodigioso, esa mano de santo que vamos a necesitar dentro de poco; pues, según se me trasluce, feridas tendremos. Y como ahora no haces otra cosa, despáchame esta comisión en dos por tres. —Mientras descansas, machaca esas granzas, respondió Sancho. Porque no me ocupo en otra cosa, quiere vuesa merced que haga lo que no haría para ganar la salud eterna. Al bobo múdale el juego. Bien está San Pedro en Roma; y quien bien tiene y mal escoge, por mal que le venga no se enoje. En justos y en creyentes, señor don Quijote, no pienso hacer ese viaje, porque no le tengo ningún amor a la manta. —¡En justos y en verenjustos lo harás, don monedero falso de refranes!, gritó don Quijote saltando de cólera. Si no los falsificases, no los tendrías para echarlos por la ventana. No es a vuesa merced, señor Panza, a quien toca decidir en mis cosas; y esto os lo probaré ahora mismo con una docena de palos que os ablanden la mollera y os infundan más buena voluntad de la que mostráis en mi servicio. —Vuesa merced me ha cogido entre uñas, replicó Sancho, y se anda a buscarle el pelo al huevo. —¡Qué pelo ni qué huevo, largo de uñas!, dijo don Quijote más y más exasperado: lo que sucede es que has dado en levantarme el gallo, contando con la impunidad. —Cada gallo canta en su muladar, señor don Quijote; y el bueno, en el suyo y el ajeno. Aunque de mí no se dirá que me hago el gallo, pues sé muy bien que al gallo que canta le aprietan la garganta. El gallo y el gavilán no se afanan por la presa, señor. Yo voy a escucha gallo, por rehuir el enojo de vuesa merced, y esto de nada me sirve, pues a cada vuelta de hoja me está cantando: Metí gallo en mi gallinero, hízose mi hijo y mi heredero. Al primer gallo, señor mío, uno está más para dormir que para ir por enjundias milagrosas; y la orden de vuesa merced, me llega entre gallos y medianoche.

Si otro amo yo tuviera, otro gallo me cantara. Mas no apuremos la cosa, que como dice el refrán, daca el gallo, toma el gallo, se quedan las plumas en la mano. —Hay también, replicó don Quijote, uno que dice: escarbó el gallo, y descubrió el cuchillo. —Viva la gallina, y viva con su pepita, dijo Sancho, temiendo haberse propasado. —¿Ahora principias con la gallina, hijo de Belcebú? Sarraceno, ven acá; ¿tienes entendido que me has de moler, me has de jorobar, y no has de morir? —El bálsamo a que aludió vuesa merced, dijo el barón de Cocentaina echando allí el montante, se le podrá traer mañana; ¿pero cómo quiere que el bueno de Sancho se ponga en camino a estas horas? Por valeroso que sea este escudero, si da con una banda de ladrones, ha de pagar con la vida la obediencia. —Que no vaya Sancho por los motivos que vuesa merced expone, respondió don Quijote, anda con Dios; mas por temor de que se le mantee de nuevo, es mala fe consumada. Él sabe si le basta nombrarse y anunciarse como criado mío, para que todo el mundo le respete y aun le de la mano en sus comisiones». Salía don Quijote más y más de sus quicios, y echando de repente mano a la espada, se iba sobre los gigantes, sin esperar tiempo ni auxilios mágicos; y de hecho se hubiera ido, a no habérsele opuesto bien así don Alejo de Mayorga y el barón, como el escudero Sancho Panza. «Las cosas se han de hacer en buena sazón, señor don Quijote, dijo don Alejo, guardando el temperamento necesario para que nuestras obras no vengan a parecer efectos de locura, sino resoluciones del ánimo sereno que encomienda al brazo el desagravio. Repórtese vuesa merced hasta cuando a la faz del Sol pueda libertar a la princesa. Mas le hago saber que esos belleguines obligan a los que suben a su roca a pagar todo género de contribuciones, impuestos, sisas, gabelas y alcabalas; pontazgo, almojarifazgo; trabajo subsidiario, renta de sacas; moneda forera, castillerías y hasta chapín de la reina. —Yo les impondré todas esas y muchas más», respondió don Quijote. Y como le viesen rendido a las súplicas y al poder de su criado, se fueron a la cama don Alejo y el barón echando la llave a la puerta.

Capítulo XXX. De las lamentaciones que hizo nuestro buen caballero don Quijote y de las temerosas razones en que se declaró su resentimiento

«¿Has visto, Sancho, suerte más desdichada que la mía? ¿Has oído de amante que más hubiese hecho por su dama y más tristemente hubiese llegado a perderla? Por la fuerza de mi brazo derroco esa fortaleza y liberto a la hermosa prisionera; ¿mas quién sabe lo que habrá sucedido, y si ella tendrá valor para mirarme cara a cara? —Como servidor de mi señora Dulcinea y su futuro esposo, respondió Sancho, vuesa merced debió haberse asegurado con tiempo, y no anduviéramos hoy con estos gemidicos y estos lacrimicos. —¿Se usará de tanto rigor con los andantes, ioh amigo!, repuso don Quijote, que ni en las ocasiones más aflictivas se les ha de conceder un tierno desfogue a su dolor? Si no encomiendo el remedio a la venganza, tenme, Sancho, por hombre muerto y por caballero perdido para el mundo. —Si vuesa merced la hallare viva, replicó Sancho, ¿qué razón habrá para dejarse morir? Libértela sin pérdida de tiempo, y no deje para después el casarse, sin miedo de lo que haya podido suceder. Lo que no es tu año, no es en tu daño, ni hay miel sin hiel, señor. La puerta abierta al santo tienta, y a puerta cerrada suceden las cosas malas. —En buenhora sea todo, Sancho de Lucifer; habré de venir en cuanto desatino propusieres, como pongas punto final a tus refranes. ¿Mas qué dirá ella de este infiel que así ha dejado se la arrebaten y sufre su cautiverio en manos de esos malandrines?».

Sancho Panza, habiendo cogido el sueño, oía poco estas razones, y no oyó del todo las otras muchas que siguió ensartando el enamorado caballero, el cual pasó la noche bajo el poder de los más tristes pensamientos. Llegado el día, se cubrió con sus armas, y vuelta saña su tristeza, iba a salir con ánimo de no postergar ni un instante la libertad de su señora. Cuando halló cerrada la puerta, empezó a sacudirla y dar golpes en ella con tal furia, que hubo de despertarse don Alejo y volar a abrirla. En llegando cerca, oyó que don Quijote acusaba al castellano de complicidad con los raptores, jurando escarmentar a todos, o más bien no dejar alma viviente en ese circuito, ni animales en pie, ni árboles sobre sus raíces, ni arroyos que no enturbiase, ni fuentes que no cegase. Dudó un instante don Alejo si abriría, temiendo que la salutación de don Quijote fuese con su lanza; mas como el estrépito subiese de punto, vio cuán imprudente sería echar leña al fuego, y al tiempo que torcía la llave, se iba expresando de este modo: «¿Tengo cara de alcahuete, señor don Quijote, o ha visto en mí algo por donde venga a sospechar tan indignos tratos? Vuesa merced se ha dado un madrugón en balde; ni debe ignorar que castillos y fortalezas no se abren sino muy entrado el día. Por mucho que le insista el deseo de libertar a la cautiva, no lo podrá sino dentro de algunas horas; y habiendo tiempo para todo, no está puesto en razón que vuesa merced se deje ir tras esa injusta cólera». Dijo esto, y abrió de par en par la puerta. «Vuesa merced excuse mi impaciencia, respondió el caballero, y dispénseme si algún término malsonante ha salido de mis labios. Al verme bajo llave, tuve por cierto que ésta era una superchería de mis enemigos, y me dejé ir, como vuesa merced ha dicho, tras una injusta cólera. —De uso y costumbre es, repuso don Alejo, que los portones de las ciudadelas no se abran de mañana, ni se levanten los puentes levadizos. Le sobra tiempo a vuesa merced para, tomada la primera refección, llevar a debido efecto sus intentos. —¿Qué dice vuesa merced de refección?, preguntó don Quijote. ¿Caso es el presente de pensar en almuerzo ni merienda? Antes me propongo no comer ni beber, ni hacerme la barba, ni peinarme, mientras no haya restituido a la emperatriz a la luz del día y castigado a los raptores. —En esto no hace vuesa merced sino irse con la corriente de la caballería, tornó a decir don Alejo: otro tanto se propuso el marqués de Mantua hasta cuando hubiese vengado la muerte de Baldovinos, que se la había dado a traición el hijo de Carlos Mainete. ¿Y el conde Dirlos no juró sobre un misal

        Jamás se quitar las armas,
        Nin con la condesa holgare,
        Hasta que hobiese cumplido
        Toda la su voluntade.

»Pero no veo que algún caballero se hubiera abstenido del sustento, como cosa tan necesaria para la vida, que sin él, ni aventuras ni hazañas fueran posibles. Antes suelen alimentarse a toda prueba los andantes cuando tienen entre manos una de las de primer orden, a fin de endurar el pulso y dar fuerza al corazón. Así pues, todo lo que sufriría la conciencia, sería que vuesa merced no se afeitase, ni holgase con la condesa, para imitar al conde Dirlos. —Vuesa merced no está en lo cierto, dijo don Quijote; la usanza en la caballería es ayunar las vísperas de la batalla, y aun confesarse y recibir el cuerpo de Cristo; lo cual pudiera probar yo con infinitos ejemplos a cual más autorizados. Basta por ahora el de Beltrán Duguesclin, quien, desafiado por Tomás de Cantorbery, recogió el guante, haciendo saber al mundo que hasta cuando hubiese concluido el duelo no comería sino tres sopas en vino, en honor de la Santísima Trinidad. —¿Pues qué espera vuesa merced para tomar esas tres sopas?, repuso don Alejo. Y todavía yo soy de parecer que sean cuatro. —Dios pague a vuesa merced tan caritativas indicaciones, dijo Sancho sacando la cabeza: si antes nos proporcionaran una cosa de sal, como, verbigracia, una ración de tocino, ya podremos esperar con paciencia el almuerzo. —Habrá de todo, hermano Panza, respondió don Alejo: ¿qué tal os sabrían unos pastelitos de carne y unas empanaditas de queso? —¡Mi padre!, exclamó Sancho; ¡si no hay cosa que más me guste! Mi amo el señor don Quijote es algo melindroso; pero no haya miedo que su escudero se ande con morisquetas. —No haga caso vuesa merced de este tragamallas, dijo don Quijote: lo que ahora me importa y conviene es montar a caballo, dejando para la vuelta el festejarme».

 Don Alejo y los demás perillanes tenían concertado hacerle una burla caballeresca, para lo que necesitaban algún tiempo, habiendo ocurrido a la ciudad por ciertos enseres de caballería, como son armas y armadura, y además un mazo de barbas y un hábito talar con que se pudiese componer un ermitaño. «Como la batalla que hoy se ha de hacer, dijo don Alejo, será de las principales, natural es que la haga vuesa merced con todos los requisitos de las grandes aventuras. Si del desayuno se priva, no omitirá, me parece, el confesarse y comulgar, a semejanza de los famosos caballeros que ya pusieron por delante esta diligencia. —El toque está en que yo dé con un ermitaño, respondió don Quijote: ha de ser ermitaño el confesor para que la imitación sea perfecta. En no pudiéndolo hallar, se podrá uno servir de un buen fraile de San Francisco, o sea un capuchino. Ermitaño fue el que confesó a Frorambel de Lucea para la aventura del Árbol Saludable; ermitaño aquel a quien se llegó don Floricer de Niguea en el procinto de la batalla con el rey de Gaza. Tristán de Leonís se confesó con un ermitaño; de el recibió la eucaristía, y encomendándose al Redentor y a su dulce amiga Yseo, embistió al enemigo. En defecto de ermitaño, dos religiosos de San Francisco oyeron a Tirante el Blanco y Tomás de Montalbán, cuando estos caballeros iban a combatirse, no me acuerdo por qué causa. Y aquí es de notar que, no habiendo pan consagrado, se comulgó a estos paladines con pan bendito, sin que de ello resultase perjuicio ni para el sacerdote, ni para los penitentes. —Por falta de pan no quedará vuesa merced en ayunas, dijo el barón de Cocentaina; aquí lo tenemos bendito y por bendecir, ázimo y con levadura. En caso de apuro, se le podrá comulgar con una rueda de molino al señor caballero. —Con ruedas de molino se comulga a los tontos, respondió don Quijote, mirándole despacio; y veo aquí uno que no me huele a Salomón». No era don Quijote de los que tascan el freno: cuando no se remitía a las manos, sus razones herían a los descomedidos como su lanza. Quedose de una pieza el barón, riéronse sus amigos, siguió paseándose el caballero, Sancho Panza se fue a rodear sus animales, y don Alejo de Mayorga se andaba por las puertas de las bellas, invitándolas a salir con esta cancioncita:

> A coger el trébol, damas,
> La mañana de San Juan,
> A coger el trébol, damas,
> Que después no habrá lugar.

Capítulo XXXI. De la desventura del bueno de Sancho Panza y los reproches que hizo a su señor, con la vehemente respuesta de este fogoso caballero

Entre llevarle al huerto, hacerle ver la caballeriza y otras distracciones, llegaron las doce, hora en que el aventurero, puesto a caballo, se partió. Era su ánimo ir, acometer, vencer a los paganos, cortarles la cabeza, libertará su dama, y volver a pasar una noche más en el castillo. Esta esperanza comunicaba algún vigor a Sancho, quien de bonísima gana se hubiera quedado hasta cuando su señor volviera. No vino en ello don Quijote, si bien no faltó por su criado el insinuárselo. «Para hecho tan principal, dijo, no le estaría bien ir sin su escudero, cosa que aún pudiera dar ocasión a que se mur-

murara de su calidad». Y afirmándose en la silla, estiradas las piernas, como quien montaba a la brida, el yelmo de Mambrino en la cabeza y el cuerno de Astolfo al cuello, salió al camino embrazando su rodela y empuñado de su lanza. Sancho, para quien que daba casi siempre lo peor, no fue tan feliz; porque un perro que estaba a guardar la puerta, tirándosele de repente encima, le dio un susto de dos mil demonios, aun cuando no le mordió de veras. Una vez recobrado el buen hombre, principió por maldecir a don Quijote, quien no tenía noticia de lo ocurrido, pues andaba ya muy adelante; siguió maldiciendo a la caballería y los caballeros; se maldijo a sí mismo, maldijo su linaje, el día en que nació, la hora en que entró al servicio de ese loco, y maldiciéndolo todo en este mundo, cerró con el rucio a mojicones, como si el hubiera tenido la culpa; montó y desapareció fuera del castillo. «Tú más necesitas de espuelas que de freno, le dijo don Quijote cuando sintió que llegaba: ¿por qué diantre tardas, Sancho? Si vienes con pie de plomo, se malogrará el influjo de las estrellas; y te afirmo que hoy nos corre del todo favorable. —Vuesa merced me dejará comer de lobos, sin volver la cabeza, respondió Sancho. Puesto que vuesa merced se aloje bien, cene bien, duerma bien, las estrellas son buenas, y cargue con el escudero una legión de diablos. Si a vuesa merced no se le da un ardite de mis enfermedades, mis necesidades, mis heridas, estoy aquí como entre enemigos, y me voy a mi pueblo. A carrera larga, nadie escapa. Muerto el hombre, muerto su nombre, señor: vuesa merced será el primero en olvidarme, o conozco poco el mundo. Hambre, manta, palos; esto es lo que saco de las aventuras. Vuesa merced lleva el gato al agua, pero la retaguardia a mí me la pican, y la manguardia a mí me la soplan. La mujer honrada, la pierna quebrada y en casa. Esto se ha de aplicar ansimismo al hombre de bien, porque en ninguna parte está uno mejor que en la propia, y cada cual sabe dónde le aprieta el zapato.

—¿Qué quieres, salteador?, respondió don Quijote, prendido en ira; ¿de qué te quejas, malandrín?, ¿en qué cavilas, truhán?, ¿por qué lloras, apocada y meticulosa criatura? Comes hasta no más, y hablas de hambre; bebes como un zurrón, y te aflige la sed; eres señor de ínsulas, y llamas leonina nuestra sociedad. Pues ¿qué decir cuando me imputas dejadez en tus negocios, indiferencia por tus cuitas, corta solicitud en el remedio de los golpes y las heridas que conmigo vienes recibiendo? ¿Qué ha sucedido y por qué traes esa tirria, embelequero perdurable? Para cada refrán un disparate, para cada disparate un refrán. Te sé decir que me estomagas con ellos y que no estoy lejos de poner yo mismo en ejecución tu sempiterna amenaza, dándote pasaporte para tu aldea o para los infiernos. La gracia que te hago en preferirte a los que se tuvieran por marqueses con solo ser mis escuderos, no es para que tú andes echándomela a las barbas de día y de noche. Toma el portante cuando quieras, monstruo de ingratitud y malicia, aparador de mentiras, bodega de maldades. Para manifestarte cual eres, has escogido este día, esta hora, los más solemnes de mi vida, en que voy a pelear por la más santa de las causas. Si no ha de ser sino para distraer mi cólera de este grande asunto, ¡no vengas, ladrón! Ni los quebrantos de tu señor y compañero te sensibilizan, ni sus desdichas te duelen, ni sus peligros te asustan, ni su cariño te ablanda, ni sus bondades te cautivan, ni sus mercedes te ganan la voluntad; luego esos condados, esas coronas que te tienes en tu casa, puesto que soy yo quien te las promete, vienen a ser adquisiciones subrepticias, y mis dádivas se tornarán contra mí, si es verdad aquello de: «No dé Dios a nuestros amigos tanto bien que nos desconozcan». Si desde ahora me desconoces, ¿qué será cuando te veas en tu castillo, rodeado de tus vasallos? Entonces me has de declarar la guerra y has de invadir mis Estados en correspondencia de mis beneficios. ¿Qué retaguardia te pican, ni qué manguardia te soplan, pedazo de bayeta negra? Si no fueras un salsa de perro, se te pudiera poner quizás alguna vez a la vanguardia: pero a la manguardia no irás ni al purgatorio; porque eso más tienes de bellaco, que no eres el primero en morirte, ni aun cuando sabes que con ello hicieras una obra de misericordia».

Durante esta invectiva del caballero, el escudero había tenido tiempo de apagar su cólera: viendo que en efecto su señor ni por asomos venía a ser culpable de su última aventura, echó por el atajo confesando en buenos términos el motivo de su impaciencia, y dijo cómo le había salido la lengua de madre sin voluntad ni intención que mereciesen el trepe con que acababa de ser castigado. «¡Voto al demonio!, replicó don Quijote; ¿por qué te andas con rodeos y no dices buenamente lo que te sucede? Cuando un perro se te viene encima, no ocurre sino lo que rezan estas palabras; pues no me levantes torres sobre tan livianos cimientos. Tirante el Blanco de la Roca Salada peleó con el alano y le venció; y tú vienes a morirte de miedo de un pachoncito. —No fue tan pachoncito como vuesa merced piensa, dijo Sancho, sino un dogo como un tigre que no hubiera hecho de mí sino dos bocados. Pero ahora que hemos hecho las paces, señor don Quijote, dígame: ¿adónde y a qué vamos? —¿No lo sabes? Voy a pelear con dos gigantes que tienen cautiva en su fortaleza a mi señora Dulcinea del Toboso. —El año de la sierra no lo traiga Dios a la tierra, dijo Sancho: de estas alturas no hemos de sacar sino desventuras. Acuérdesele a vuesa merced lo de los yangüeses y no se le olvide lo de los batanes. —¿Qué duda te ocurre ahora acerca de mi valentía?, respondió don Quijote; ¿qué indicios tienes para temer el éxito de la batalla? Échame al brazo los siete capitanes que debiendo haber sido reyes por sus hazañas no lo fueron, y si en menos de un *per signum crucis* no te los devuelvo capados de barbas, di que soy mal paladín y caballero de docena. Aquí no hay sino dos enemigos, y tú sabes si estoy acostumbrado a vencer de cuatro para arriba. La dificultad no está en el combate, sino en que esos paganos se resuelvan a pelear conmigo. Por lo demás, no temas, hijo; antes alégrate y da gracias a la fortuna: los jayanes de aquí arriba son riquísimos: sus tesoros están esperando al caballero que los ha de vencer y matar. Toma para ti cuanto quieras y te guste, Sancho desinteresado; que yo con las armas de mis enemigos me contento. —Eso será cuando vuesa merced hubiere entrado en la fortaleza, dijo Sancho; ¿mas qué hago yo mientras se declara la victoria? —Te entretienes en recoger pepitas de oro de las que deben de abundar por estas sierras. Cuida, sí, de no extraviarte, y ten el oído pronto a las voces con que tu señor te llamará a tiempo.

Capítulo XXXII. Que trata del santo hombre de ermitaño que don Quijote encontró en el cerro, con lo cual su aventura iba a ser de las más acabadas
Seguía el caballero monte arriba, dándose a todos los diablos de no descubrir la fortaleza, cuando al voltear de un recodo vio un hombre de aspecto venerable, sentado sobre una piedra a la entrada de una gruta. Don Quijote de la Mancha tuvo por bien averiguado que esta aventura se la deparaba el cielo mismo, cuando le ponía por delante el ermitaño con quien se confe-

sara, a fin de que ella fuese a todas luces grande y caballeresca. Oía poco el solitario, o no quería oír nada: ni al tropel del caballo, ni al ruido de las armas del caballero, alzó la vista, embebido en su lectura. Parose don Quijote y se estuvo a contemplarlo un rato, sin saber cómo llamaría la atención del santo hombre. «¡Reverendísimo padre!», dijo. Levantó la cabeza el ermitaño, sin mostrar sorpresa ni alegría, y respondió: «*Pacem relinquo vobis*. Mi perro no ha dado señales de llegar gente, aunque le tengo velando desde por la mañana para que me encamine a los extraviados. ¿Sois uno de ellos, hijo mío? ¿Venís a mí como penitente, o desengaños y tribulaciones os impelen al desierto en busca de la paz de Dios? Venid, y seréis de los escogidos: la soledad abre los brazos a los desgraciados: al través de ella columbramos lo infinito, como que el silencio desenturbia los ojos del espíritu, predisponiendo el alma para los misterios de la inmortalidad. Sus tres enemigos no tienen cabida en estas regiones: miserias y pesadumbres se han olvidado aquí, que en cien años no se hubieran olvidado allá. El corazón y la fantasía son terrenos abonados para esas plantas venenosas que se llaman amores y placeres, celos y liviandades, sacrificios e ingratitudes, ambiciones y desengaños, soberbias y abatimientos. Queremos lo que nos perjudica, desechamos lo que nos salva: acordámonos constantemente de lo que nos conviniera olvidar, olvidamos lo que debiéramos tener delante de los ojos. Si habéis hecho un favor a uno de vuestros semejantes, guardaos de él, porque él será vuestro enemigo. Si tenéis entregados corazón y hacienda a una de esas que llamáis hermosas, ella os causará las grandes amarguras de la vida. Si sois ricos, dais en soberbios; si pobres, renegáis de lo divino y de lo humano. Si sois poderosos, abusáis de vuestro poder en toda forma; si humildes y desvalidos, la adulación y la vileza son vuestra parte. Aquí, en esta soledad, este monte, le quebrantamos la cabeza al enemigo; cada uno de nosotros somos el arcángel que tiene a sus pies a la serpiente. ¿Sabéis lo que la serpiente simboliza? Serpiente es la soberbia, serpiente la avaricia, serpiente la lujuria, serpiente la ira, serpiente la gula, serpiente la envidia: la pereza no es serpiente, porque no pica; es animal inmundo que duerme en su fango su sueño perpetuo. Ved cuántas de esas fieras bestias os promete expeleros del cuerpo el aire celestial de este retiro. La humildad arrulla aquí como paloma sagrada; la largueza no es necesaria, pues no tenemos qué ni a quién dar nada; la castidad es la flor sobresaliente de nuestros jardines; la paciencia nos habla al oído como genio invisible; la templanza nos da salud y vida larga; la caridad nos teje la corona con que nos hemos de presentar en el empíreo; la diligencia..., la diligencia del alma, hermano; la del cuerpo no es de nosotros: donde el espíritu trabaja, los miembros del cuerpo están descansando. Pensar, orar, llorar, todo es salvarse. ¡Venid, mortal dichoso! A la derecha, si quisiereis; a la izquierda, si gustareis; más arriba o más abajo, ayuso o deyuso, como decían nuestros mayores, hallaréis ermitas desocupadas, que ya las habitaron varones justos. La de fray Atanasio puede conveniros, aunque está algo caediza; pero tiene un corralito para gallinas y aun os será permitido engordar dos o tres puercos, a pesar de que muchos y muy crueles enemigos frecuentan estos lugares: lobos, lobas, jabalices, jabalizas, y otras salvajinas. —Diga vuesa paternidad jabalíes, y ande la paz entre nosotros, dijo don Quijote. —¿Por allá abajo la gente del siglo no llama jabalices a esos abejorros?, respondió el ermitaño. —Jabalíes o jabalices, volvió a decir don Quijote, no pertenecen estos animales al género de los abejorros; ni ha de ir vuesa paternidad a decir jabalizas, a título de que no sabe las cosas del mundo. —Nosotros por abejorros los tenemos, señor caballero. A veces los clasificamos entre los crustáceos, y no estamos del todo libres de reputarlos sabandijas. Como la lenidad de nuestro carácter nos prohíbe las armas de fuego, tenemos sobre nosotros la pensión y el pontazgo de aguantar esas alimañas. Los sitios elevados, señor, son lobosos y jabalizosos por la mayor parte. —¿De manera, preguntó don Quijote, que si toros infestaran las posesiones de vuesas paternidades, ellas vendrían a ser torosas? —Por de contado, respondió el ermitaño, y prosiguió: hago vos saber que no os conviene ese vestido para la vida eremítica en que entráis de cabeza desde hoy día. Deponed ese atavío bélico: si no venís prevenido para el efecto, no faltarán por aquí una túnica propia de vuestro estado, ni cilicios con que os gocéis en el Señor, ni disciplinas con que os azotéis y doméis, ni garfios en que os suspendáis para dormir. La carne, hijo mío, es bestia fiera que nos devora el alma: por sus ardientes tragaderos pasan quemadas las virtudes, en sus vastas y lóbregas entrañas cae y se hunde nuestra felicidad. Tened esto presente de día y de noche, y ved como no os pongáis en mi presencia ni en *articulo mortis*, porque no hay ermitaño perfecto si la soledad no es su única compañera. ¿Por dicha sois perito en esto de vivir entregado a los santos suplicios del arrepentimiento? ¿Habéis subido alguna vez a Monserrate? Al corazón os tocan, ya lo veo, esas ruinas venerandas que os hablan de los bienaventurados sus habitadores de otros tiempos, y os convidan con las delicias de sus apacibles soledades. Los campos de la fértil Cataluña se dilatan a la vista florecientes y risueños: el Llobregat se va por ellos desenvolviéndose en grandiosas vueltas, y embelesa con sus lejanos relumbrones. Ese que allá se mira, es el puente del Diablo: dicho puente no es más grueso que un hilo de araña: en él se agolpan las almas de los hombres cuando, roto el estambre de la vida, nos engolfamos en las formidables regiones de lo desconocido. Los justos lo pasan sin balanza; a los réprobos se les va el pie y ruedan al abismo».

¡Válgame Dios, y cuál no era la impaciencia de nuestro caballero a la interminable plática del solitario! «Los caballeros andantes, dijo don Quijote, no somos de tela de ermitaños; somos aventureros, y no tenemos lugar fijo, ni residencia conocida. ¿Cómo puedo yo estrechar la órbita de mis obligaciones a los mezquinos términos de una cueva, y convertirme en animal inútil para mí mismo y para mis semejantes, no viviendo yo para ellos, sin que nadie viva para mí? Otro es el objeto de mi venida; y sé decir a vuesa paternidad, que el encuentro que me parecía ordenado por la Providencia ha sido pura obra del acaso. Algunos caballeros se llegaron al tribunal del confesor antes de la batalla; pero otros no menos famosos no tuvieron por necesaria esa demostración, y no por eso fueron menos cristianos, ni salieron menos vencedores. Ermitaño, ¿para qué? ¿Para que me cargue el diablo el día menos pensado? Dirigir las pasiones, convertirlas en virtudes, si es posible, tal es el empeño del filósofo, mi reverendo padre. Luchar uno consigo mismo, destruirse, anonadarse sin ventaja para el cielo ni la tierra, es frustrar de sus derechos a la naturaleza, es cometer un delito enorme so pretexto de virtud. Amor nos da Dios para que amemos, caridad para que valgamos a nuestros semejantes, ambición para que aspiremos a la gloria. Déjese vuesa paternidad de esta sandez del ermitismo, y véngase con migo a correr el mundo en busca de las aventuras. Vuesas paternidades trabajan sin provecho en esto de honrar la ociosidad, o más bien cometen un grave pecado. Y no hay esto solamente, sino que muchas veces, después de veinte años de solitarios, bajan y se van a hacer piratas o a vivir renegados entre turcos, si una buena noche de Dios no les da en su cueva un patatús y se van a despertar en los infiernos. No debe de ser vuesa paternidad el previsto para oír mis culpas: écheme su bendición o no me la eche, yo me voy». Y sin gastar más prosa, picó su caballo y se alejó del ermitaño, el cual le seguía con la voz, diciéndole en una muy elevada: «¡Mirad, hijo, que ésas son sugestiones del demonio! ¡Deteneos, extraviado! ¡Volveos, réprobo! ¡Ven acá, mostrenco, alma de cañamazo!». Nada oía el aventurero, y estaba ya a buena distancia, cuando el santo hombre de ermitaño, arrancándose de cuajo su almacén de barbas, dio la vuelta a la gruta, y con más prisa de lo que hubiera sufrido su ayunado cuerpo, voló cerro arriba por un desvío, junto con otros varones justificados que por ahí salieron, de modo que había de llegar a la cumbre muy antes que don Quijote.

Capítulo XXXIII. De la notable contienda del bravo don Quijote con el caballero del águila, y de otras cosas no menos interesantes que divertidas

No a mucho de haber andado, oyó don Quijote el son de una bocina y tuvo por cierto que el atalaya le había visto desde las almenas y daba la señal de llegar caballero a los señores del castillo. Requirió sus armas, y puesto el yelmo, baja la visera, a buen paso se fue acercando a la fortaleza. Un barranco altísimo de piedra blanca, que entre la verdura del monte se le ofreció a la vista, fue para él la dicha fortaleza. «Si la del mago Atlante en los Pirineos era de acero rebruñido, iba diciendo, ¿por qué ésta no ha de ser de plata maciza, como ya las hubo en otras partes?». De allí para abajo se venía un caballero cubierto de todas armas, cuyo peto resplandeciente y morrión negro le conciliaban aspecto gentil y marcial. Montaba este caballero un soberbio morcillo con ricos jaeces; un cobertor amplísimo adorna al noble bruto desde el nacimiento de la crin hasta la raíz de la cola. El jaquimón es de cuero oloroso de Marruecos, con rollos y chapetas de la más pura y reluciente plata. El jinete trae caída la babera, y sobre su yelmo se levanta un pendón de plumas rojas. La empresa del escudo es un león rendido a una águila; el mote: *Aut Dulcinea aut nihil*. «Pelearé con vos, le dijo don Quijote cuando se vieron a tiro de pistola, no como quien pelea de igual a igual, sino como quien castiga y escarmienta a un raptor y ladrón. —Moderaos, caballero, respondió su adversario, y sabed que el caballero del Águila no sufre agravio chico ni grande mientras empuña la cuchilla. ¿Rapto llamáis la obra de la voluntad y el mutuo consentimiento? ¿Rapto llamáis un hecho consumado a la luz del Sol? Si vos sois don Quijote de la Mancha, sabed que la princesa a quien servíais ha pasado a ser mi dama por el libre querer de esa señor a quien ha sometido a la mía su voluntad y su hermosura juntamente. —Mentís, replicó don Quijote, y mentiréis cuantas veces afirméis una cosa tan contraria a la verdad y hasta al buen discurso. —Remítase a las manos este asunto, dijo el caballero del Águila; que no es de bien nacidos la soez contumelia, ni de valientes el reñir a injurias. Que la sin par Dulcinea del Toboso tiene puestos en mí sus cinco sentidos, es tan evidente como os lo va a probar Cortacabezas. Así se llama mi espada, a semejanza de las tan famosas que se llamaron Durindana, Fusberta y Balisarda. —Si la mía tuviese nombre especial, repuso don Quijote, se llamaría quizá *Joyosa del bel cortar*; pero si no lo tiene sabe su deber, como lo vais a ver acto continuo».

El encuentro de los dos caballeros había sido en una meseta o grada del monte, escogida con este propósito por el truhán que había ideado esta aventura. Pudieron por consiguiente los dos paladines tomar distancia, y como volviesen a encontrar se lanza en ristre, tirado el cuerpo hacia adelante, un puente que cubría un zanjón ancho y profundo se alzó como por ensalmo, dejando interpuesto entre los combatientes un obstáculo insuperable. «Alevoso caballero, dijo don Quijote, ¿son éstos los hechos de armas de que blasonáis? ¿Qué tramoya es ésta, Maudén Fulurtín traidor? —Yo estoy por creer, respondió con mucho sosiego el del Águila, que el famoso don Quijote de la Mancha es un cobarde y astuto caballero que se vale del arte mágica para evitar la espada de sus enemigos. Ahora se me acuerda haber oído que el dicho don Quijote hacía la corte a una cierta piruja llamada Leocasta, con la condición y el pontazgo de que ella había de estorbar por cualquier medio la batalla donde él pudiera correr peligro inminente de la vida. Fada aquella de segunda clase, pero a quien no se le ocultan los medios de librar de la muerte a su protegido. Esta vorágine, este puente levadizo no son de mi fortaleza, ni jamás los han visto mis ojos; el espejo de la caballería me hace un reto, y no me reta sino con un estorbo sobrenatural por delante. Si él me ha llamado Maudén Fulurtín, yo, con más fundamento, le he de llamar Fraudador de los Ardides, y por tal le he de tener; no por el verdadero y genuino don Quijote de la Mancha, caballero realmente valeroso y sin reproche. —El mismo soy, replicó don Quijote; el genuino y verdadero, cosa sobre la que tendréis entera convicción, así como pueda obrar mi espada. Mintió por la gorja el que dijo que yo obsequiaba a esa doncella, y no ha oído campanas el que la tiene por mágica de segunda clase: es muy de las principales y de mucha pro y fama, aunque nunca ha dispensado su protección a éste que el mundo conoce con el nombre de don Quijote de la Mancha. Aparejaos a ver por el suelo vuestra cabeza si al punto no reconocéis y confesáis que la sin par Dulcinea no se halla por su libre albedrío en vuestras manos y que la sabia Leocasta no es ni puede ser piruja, ni que el susodicho don Quijote le hace la rueda, como dijisteis». Pero como el puente levadizo no cayese, pidió el caballero de la Mancha que las cosas permaneciesen *in statu gano ante bellum* hasta cuando cesase el encanto que imposibilitaba la batalla; y acordes en el volver a buscarse los dos paladines, se partieron, el uno hacia la fortaleza, el otro hacia el que él tenía por castillo.

 A fuero de leal, Sancho Panza había seguido a su amo y aun presenciado a medio rebozo la escena del ermitaño. Hallábase bajo un árbol cuando vino a pasar don Quijote mohíno y caviloso. «El diablo me lleve, señor, dijo, si el jayán del puente y el solitario de allá abajo no son una misma persona, y si no estamos sobre una red donde caeremos a pocas vueltas. —¿Cómo puede ser eso?, respondió don Quijote: ¿el solitario y el jayán una misma persona? —¿Conoce vuesa merced un ermitaño que se descuaje las barbas, replicó Sancho, y quede igual a uno a quien he visto en el castillo de mi señora doña Engracia? Yo pienso que aquí hay gato encerrado. —Pensar no es saber, dijo don Quijote: el jayán es un desaforado ladrón, sin Dios ni ley: el ermitaño un pobre diablo a quien se le ha pasmado el caletre a fuerza de ayuno. Tú verás esto por tus ojos cuando yo hubiere cortado la cabeza al primero, y reducido al segundo a mejor vida, llevándole a entre cristianos, donde se le quite lo solitario y lo selvático. —El hábito no hace al monje, señor, volvió Sancho a decir. La confianza sin tasa, empobrece la casa; y donde el bobo ve dorado, tal vez no hay sino salvado. —¿Qué va de las necedades que estás ensartando, a la aventura que traigo entre manos?, preguntó don Quijote, mirándole despacio. —Las canas son vanas, señor, repuso Sancho, y no siempre viene con ellas la experiencia: hay quienes viven cincuenta años y no saben la jota ni la ge. Pero dice el refrán: ni fía ni porfía ni entres en cofradía; primero son mis dientes que mis parientes; y primero mi pellejo que esa piruja Leocasta, por quien vuesa merced va a exponer la vida. Mas no dirán que por la boca me pierdo: yo sé que palabra y piedra suelta no tienen vuelta, y me callo». Don Quijote anduvo torcido con Sancho más de una hora, hasta que al desembocar en el valle, casi a oscuras, oyó una voz meliflua, de persona que cantaba apasionadamente en una ventana, que para él fue finiestra de un alcázar, y aun vio las torres y los balcones de plata, de tan soberbio edificio, no siendo ello, en verdad, sino una lechería vieja, triste, de paredes negras y ventanillas tenebrosas. Parose don Quijote al tiempo que decían:

¿Dónde estás, mi caballero,
Que no te duele mi cuita?
Tú corriendo a los placeres,
Yo gimiendo aquí cautiva.
Non es manera aguisada,
Nin nobleza que se diga,
Olvidar los tus amores
Por otros de mala guisa.

No era esto lo que jurabas
Cuando, echado de rodillas,
«Juro por Dios y mi acero
No olvidarte», me decías.
Y agora que en esta torre
Contemplo correr la vida,
Sin Sol ni luz, secuestrada
Por obra de felonía,
No precias mis desventuras,
No te afligen mis desdichas,
Y cuando a la fe te llamo
Tus juramentos olvidas.

> No demanda compasione,
> Tu cariño solicita
> La triste que en esta cárcel
> Llorando vive cautiva.
> Si vienes, ven por tu gusto;
> Si por lástima, no sigas:
> Tu amor una vez negado,
> Muerte es mi sola valía.
> Por ti la existencia guardo,
> Mi seno por ti respira,
> Vivo yo mientras la fácil
> Esperanza en él anida.
> Mas no quiero libertade
> Si de tu afecto me privas:
> Deja que triste en la torre,
> Llorando muera cautiva.

—¿Ahora qué dices, Sancho?, preguntó don Quijote así como hubo callado la sirena. ¿De quién pueden ser estas voces sino de mi cuitada señora, que me recuerda la fe que le debo y me llama a libertarla? Ésta es, sin duda, una sucursal del castillo roquero; una fortaleza más propia para el efecto de tener escondida a tal señora, pues hasta la crueldad amaina ante lo venusto de esa doncella incomparable. Lo que debemos suponer es que sus opresores, no queriendo exponerla a los fríos cierzos de las alturas, la han puesto aquí al resguardo de algunas dueñas y gentiles hombres. Sancho, hijo, ¿viste el rostro de la mujer divina? ¿No te deslumbró el fuego de esos ojos, no te admiró la blancura de ese cutis, no te inquietó la rubicundez de esos labios entreabiertos? ¿Viste cómo tenía el brazo puesto sobre el barandaje, brazo de Elena, brazo de Hermione, que cual un verso ropálico va subiendo desde la delgada muñeca hasta la más suculenta gordura? ¿Viste esa cabellera, derramada sobre ella a modo de negra capa? ¿Viste ese porte real cuán poético y elegante se mostraba en su donosa posición de estar apoyado sobre el travesaño de oro? Deja, amigo, déjala presentarse de nuevo: la solicitud en que anda no es para que se contente con una sola tentativa. El amor suele ser un adorable porfiado. —Por la salvación de mi alma, dijo Sancho, juro que nada he visto sino el trapo que está columpiando en esa ventanilla negra como boca de horno. Tras él me parece que se halla una persona, la cual no sé si tendrá las propiedades numeradas por vuesa merced. —Como no estás habilitado para estos prodigios, buen Sancho, bien puede ser que a tus ojos no se presenten las cosas como son. Si tocaras la verdad desnuda, admiraras en lo que tienes a la vista lo hermoso, lo suntuoso, lo gracioso; y rendido a la evidencia, confesaras al fin lo que te empeñas en poner en duda. Si no ves, oye a lo menos; quizás el oído sea en ti más sincero que la vista».

¿Dónde estabas, caballero,
En aquel infausto día?
En vano mis tristes voces
Asordaban la campiña.
Los traidores me arrebatan;
A toda rienda venían.
Caballero, caballero,
Me acorredes en mi cuita.
El brazo por la cintura,
Me levanta como a niña:
Sobre el caballo me ha puesto:
Al galope el moro se iba.
El rogar nada me sirve;
El gritar nada podía:
Desmayéme, y recobrando
La razón, me vi perdida.

Mi esclavo el raptor se llama;
El feroz humilde se hinca;
Jura non se levantare
Hasta que el perdón consiga.
A malas solicitudes
Mueve la lengua atrevida;

> A sus labios ha llevado
> De mi vestido la fimbria.
> «¡Villano, non me toquedes!
> ¡No apuredes la perfidia!
> Consiento en morir mil veces
> Antes que en mi honra mancilla».
> «A tu voluntad, señora,
> Tu amoroso esclavo aspira»,
> Dijo el moro, y se reviste
> De moderación ficticia.
> Y viendo que en mis desdenes
> Se estrellaban sus caricias,
> Me ha encerrado en esta torre
> Donde moriré cautiva.

Capítulo XXXIV. Del alborozo que nuestro enamorado caballero sintió al topar de manos a boca con su dama

«Este es el caso de don Gaiferos y Melisendra, dijo don Quijote. Melisendra, robada y encerrada en una torre, sale una noche a llorar su cuita en la ventana, cuando ve a dicha un caballero que va a pasar.

> Con voz triste y muy llorosa
> Le empezare de llamare:
> Por Dios ruego, caballero,
> Queráis os a mí llegare.
> Caballero, si a Francia ides,
> Por Gaiferos preguntade:
> Decidle que la su esposa
> Se le envía a encomendare.

»Gaiferos responde al pie de la torre:

> Soy el infante Gaiferos,
> Señor de París la grande,

Amores de Melisendra
Son los que hasta aquí me traen.

»Dulcinea está allí, yo aquí; robada y encerrada ella, errante y desconsolado yo. Y para que todo sea uno, pienso no entrar la fortaleza por fuerza de armas, sino, como el otro sutil enamorado, hago que mi dama se descuelgue sobre mí, y puesta horcajadillas a las ancas de mi caballo, que me sigan Hipógrifo y Rabicán. —¿Cómo quiere vuesa merced, respondió Sancho llevarse a mi señora Dulcinea a las ancas y montada a horcajadillas? —Así se llevó don Gaiferos a Melisendra, Sancho. Cargue yo con la mía, y eso me da que sea a horcajadas o a mujeriegas. Lances tan ejecutivos como éste no exigen que estemos parando en niñerías. Y aun sé decir que hay cierto sabor caballeresco en llevarse uno de ese modo a su amiga, sacándola de una fortaleza por astucia. Vuelve a cantar la prisionera: oye, oye Sancho».

Elevado firmamento,
Astro que el mundo iluminas,
Se acabó para esta triste
El placer de quien os mira.
Montes, cerros y florestas,
Fuentes de agua cristalina,
¡Ay!, la triste prisionera
Ya no alcanza vuestra vista.
Ríos, árboles y flores
Que la tierra poetizan;
Verde puro de los prados
Que esperanza simboliza,
Son recuerdo las bellezas
Del mundo para quien gima
En el negro cautiverio
Que muerta me tiene en vida.
¿Dónde estás, mi caballero,
Que no me oyes? Tu rendida,
Tu constante Dulcinea,

>¿Nada sobre ti podría?
>Dueño mío, en mi socorro
>Mueve la tu espada invicta.
>¿De miedo no llegas pronto?
>¿Desamor te desanima?
>Derroca esta fiera torre,
>Sácame a la luz del día;
>Quebrántame estas cadenas,
>Que aquí no muera cautiva.

Para gran satisfacción de don Quijote y asombro de Sancho, mostró la cabeza una mujer y dijo: «Señor mío, señor mío, ¿conoce por ventura vuesa merced al famoso caballero don Quijote de la Mancha? Debe de hallarse a la hora de esta en Trapisonda, en donde, según pregona la fama, se ha coronado emperador. Si allá fuere vuesa merced, será servido de decille que su esposa Dulcinea se le envía a encomendare, y que era ya tiempo de venir a sacarla de esta torre». Como el aventurero se diese a conocer y le provocase a descolgarse sin miedo, la dama se ingenió de modo que en dos por tres estuvo sobre don Quijote, quien, tirado de rodillas, la esperaba con los brazos en alto, habiéndose desmontado para el efecto. El crepúsculo no se había aún rendido a la noche, y a su luz agonizante se distinguían los objetos en mirándolos de cerca. Vio don Quijote cara a cara a su señora: si la sorpresa y, el asombro fueron grandes, no fue menor la indignación que en su pecho sobrevino. Habiéndose aproximado Sancho Panza, vio unas narices tales, que las del escudero del caballero del Bosque entraran en ellas como en vaina, y aun se zarandearan, por demasiado holgadas. Las trenzas de la hermosa eran dos colas de bueyes mulatos, que venían elegantemente caídas sobre los hombros. Una boca formidable apuntalada en solo dos colmillos, como la de Asmodeo; y unos ojos que, por lo grandes, más parecían anteojos. Sancho se puso a temblar de la cabeza a los pies; ni don Quijote decía palabra, hasta cuando la suspensión hubo dado lugar a la cólera; y como no era hombre con quien pudiese el miedo, «¡Fementido aborto!, dijo: tú no eres ni puedes ser la señora a quien yo sirvo: huye de mi presencia, soez demonio, o aquí me has de pagar esta superchería». Y como

diciendo y haciendo tirase por la espada, la divina incógnita, al ver su amor tan mal correspondido, echó por esos mundos, de modo que no la alcanzaran cuatro don Quijotes. Sancho Panza que, viendo alejarse el peligro, se había repuesto medianamente, pudo ver que la fugitiva llevaba calzones debajo de las faldas, y como iba ella dando trancadas tales, que ni descuartizado él pudiera llegar a la mitad de una, sacó en limpio que la visión no era del género femenino, y preguntó: «¿Estas son las Dulcineas de vuesa merced, señor don Quijote? Vuesa merced tiene el alma en su palma, y puede hacer lo que le guste; y o, ni aunque me dieran una reina encima, me casara con ese vestiglo. Pero dice el refrán: ir a la guerra y casar, nunca se ha de aconsejar. Si a vuesa merced le gustan esas narices, Dios le prospere.
—Sandio eres por demás, respondió don Quijote: solo en tu embrollada imaginación puede caber la extravagancia de pensar que ese engendro es la verdadera Dulcinea. ¿No estás viendo, menguado, menguadísimo, que ésta es obra del mago mi enemigo, y que solamente uno como Fristón es capaz de semejantes transmutaciones? No te atengas a lo que a ti te parece; atente a mi penetración en orden a las cábalas y manipulaciones de aquella estirpe de sabios y sabias que ora nos persiguen, ora nos favorecen, según que despertamos en ellos repulsión o simpatía. Y si no, ¿para qué piensas que son las Urgandas, las Morgainas, las Ipermeas, las Ardémulas, las Tarantas, las Linigobrias, las Almandrogas, las Melisas, las Zirfeas? ¿En qué piensas que vienen ocupados los Artidoros, los Artemidoros, los Merlines, los Alquifes, los Atlantes, los Silfenos y el nigromante sin rival que vive en la temerosa Selva de la Muerte, digo aquel Fristón que me persigue de su particular ojeriza? Allí tienes al encantador Arcalaús, mortal enemigo del famoso Amadís de Gaula. Otros magos y magas se ocupan, al contrario, en proteger a los caballeros andantes y en librarlos de las redes que les tienden sus envidiosos. Mira ese carro que viene por el aire, envuelto en esa nube: mira cómo la nube se abre de improviso y deja ver en medio de ella una señora: mira cómo la señora salta abajo, toma por el brazo al caballero que en gran peligro se halla combatiendo con doce gigantes, le mete en su fusta, se eleva y desaparece. Pues fue Belonia, señora de las Montañas Desiertas, que se llevó por los aires a don Belianís a curarle las heridas en un castillo conocido por ella solamente. De este modo los magos y las

magas nos siguen los pasos a los caballeros andantes, cuándo con buenas, cuándo con malas intenciones. —Cada uno quiere llevar el agua a su molino, dejando seco el del vecino, respondió Sancho. El rey es mi gallo: yo sé quién se ha de salir con la suya, porque allá van leyes do quieren reyes. Si digo a vuesa merced que ese monstruo no es ni será jamás mi señora Dulcinea transmutada ni por transmutar, sino un perillán que se ha propuesto darnos soga, ¿qué dirá vuesa merced? —En persona no fue ni podía ser Dulcinea, repuso don Quijote: lo que digo, y torno a decir, y lo iré diciendo hasta el fin del mundo, si no me lo quieres abonar, es que en la caballería suceden cosas increíbles para quien no está iniciado en ella, pero lisas y de cada rato para los que se andan averiguando con esta gloriosa profesión. Y si no, dime, ¿cómo sucede que una espantable sierpe está riñendo con don Artidel de España, huye de repente, se tira a un lago, y vuelta una hermosa joven sale nadando a la orilla? ¿Qué significa convertirse en el viejo Torino la estatua de bronce con la que tiene batalla el príncipe Lepolemo? ¿Qué dices de la sabia Ipermea cuando la ves venir en forma de grifo, tomar en sus garras a los jayanes que llevan a mal andar a su protegido don Olivante de Laura, elevarse con ellos y soltarlos contra el suelo desde arriba? Por aquí puedes sacar lo que hay de real y verdadero en los sucesos que me atañen. Cree y calla, Sancho; economiza dudas importunas y vente tras mí».

Los señores del castillo estaban esperando a don Quijote en la puerta, y le recibieron haciéndose de nuevas de los sucesos que acababan de ocurrir. Dijo don Quijote lo que había en el asunto de la batalla, y les hizo saber que al día entrante, muy por la mañana, estaría de nuevo a caballo para concluirla. «El enemigo ha levantado el campo, como vuesa merced puede verlo por sus ojos, respondió don Alejo de Mayorga». Y enseñando a don Quijote el cerro, le hizo notar una humareda rojinegra, en medio de la cual una llama angulosa echaba sus puntas a las nubes. «Allí tiene vuesa merced la fortaleza del soberbio Brandabrando en cenizas: la ha prendido fuego con sus manos, para que no sea ocupada por su enemigo. En cuanto a la cautiva, yo me inclino a creer que todo ha sido jactancia de ese baladrón, y que no tuvo en su poder a Dulcinea chica ni grande. Su costumbre suele ser andar echando plantas y alabándose de que es dueño de las más renombradas princesas, cuando, bien averiguada la cosa, sus conquistas no pasan de una que otra pelandusca que se le entregan de propósito. Acalle la zozobra de ese pecho, señor, y véngase luego con nosotros a hacer algo por la vida, que el hambre sube ya de punto. —En eso, repuso don Quijote, puede haber más verdad de lo que vuesas mercedes alcanzan a imaginar. Al Toboso he de ir o he de enviar a mi escudero, y tengan por cierto vuesas mercedes que me ha de dar buena cuenta de su embajada. —Es mucho hombre éste, dijo don Alejo, mirando al citado escudero: ¿conque vuesa merced le confía despachos y comisiones de tanta delicadeza? —Es para más, replicó don Quijote. Si su majestad el rey le hubiese mandado hacia el Gran Tamerlán, habría salido mejor que Rui González de Clavijo. Pero vamos a lo que vuesa merced propuso: si algo se de lo que pasa en mi persona, me haría muy al caso una ala de pollo». Comieron luego, y pasaron a saludar a las damas, quienes, reunidas en la sala, estaban esperando a su gran huésped.

Capítulo XXXV. Donde se da cuenta del grave asunto que trataron algunos de los personajes de esta historia

Hablose de puntos varios, y de uno en otro vinieron a parar en el tan ameno de las letras humanas, como que el marqués de Huagrahuigsa tiraba siempre a esa materia. Sin ser poeta era humanista; su profesión, aunque no su talento, la crítica literaria; y él, tan prolijo, tan sumamente prolijo, que en lo hondo del mar cogía un infusorio. Es propia de los malos críticos la habilidad para descubrir los defectos insignificantes, y propio de los escritores vulgares y ruines el odio por los que gozan de más consideración que ellos. El mérito de los demás es una deuda para el envidioso: en cuanto a las bellezas de la obra que tiene entre manos, se niega a verlas, y quién sabe si de buena fe no las descubre porque la envidia se las aparta de los ojos; y como le gobierna un vil propósito, cual es el descrédito del autor, no hace mención sino de las fealdades, echando tierra sobre los primores. O bien le falta el brío del ingenio y aquel aliento largo y poderoso que necesitamos para divisar y coger las perlas en el centro del Océano. El alcornoque, la algaova y las impurezas del mar están flotando hacia la orilla a la vista y a la mano de cualquiera.[12] Estaba el marqués en lo fino de zarandear a Garcilaso,

---

12 Errors, like straws, upon the surface flow:
He who would search for pearls must dive[12.1] below.

mondando y escardando sus églogas, como él mismo solía decir, cuando su tío don Prudencio Santiváñez, hombre de juicio recto, no lo pudo sufrir y respondió con irónica mansedumbre: «He oído que para juzgar de las obras ajenas necesita uno tres cosas: ciencia, benevolencia y osadía. Nadie puede hablar acerca de los grandes autores sin reconocerse de hecho investido de la sabiduría que para tan arduos juicios requerimos. Ciencia igual o superior a la del autor. ¿Cómo de otro modo juzgar de sus aciertos o sus errores? Conviene mucha circunspección, dice el maestro en las humanidades, cuando hablamos de los grandes escritores; no sea que por ignorancia vengamos a condenar lo que no entendemos; y por falta de penetración, agrego yo, a reírnos de lo más primoroso de una obra. Y aun por esto viene a ser indispensable el otro requisito, la osadía, que presupone ciencia, sin la cual todo atrevimiento es declarada sandez y locura. Yo pienso que no hay profesión más complicada y difícil que la del censor literario, por cuanto es maravilla dar con uno en quien se hallen reunidas estas tres excelsas propiedades, ciencia, benevolencia y osadía. Un sabio bondadoso y arrojado que poniendo las cosas en su punto sabe guardar el temperamento con el cual convence de error, sin escarnecer al que lo ha cometido, debe ser hombre de los nada comunes. —Y justamente, respondió don Alejo, la crítica es la ciencia más fácil y acomodadiza: la ciencia, digo, de fiscalizar a nuestros semejantes y condenarlos, que sean buenos, que sean malos, si les tenemos aversión; salvarlos y declararlos superiores, si son de los nuestros. Principios morales, políticos, literarios; maneras, conducta, todo cae debajo de la jurisdicción de la ignorancia. Nosotros, los doctos sin título ni autoridad, damos un corte en lo más intrincado, y la luz salta a los ojos del mundo. —¿No has visto, repuso don Prudencio, cómo no hay quien no dé puntada en la medicina? Ponte malo, y ni viejo ni vieja te perdonan su remedio. Otro tanto sucede en lo moral, en lo político: los necios, los ignorantes son los más resueltos: nunca se quedan en chiquitas».

Dryden
(N. del A.)
12.1 [«drive» en el original (N. del E.)]

«Tío, dijo el marqués de Huagrahuigsa, con cierta rigidez, si tengo o no derecho para resolver dificultades, yo me lo se, y a vuesa merced no se le oculta que paso la vida sobre los libros. —No lo dije por tanto, mi querido Zoilo, replicó el buen tío. Yo sé que eres joven de provecho; pero mi estimación por ti subiría de punto, si te oyese hablar con más respeto de los hombres a quienes el género humano ha consagrado, en cierto modo, y no pusieses tan en olvido la modestia. Ni los sabios ni los maestros pronuncian esas sentencias sin apelación que tú no vacilas en pronunciar todos los días. La cordura, la sabiduría suelen decir «me parece», «juzgo», «presumo», y otras expresiones de este linaje, con las cuales no despiertan e irritan la ojeriza de nuestros semejantes, dispuestos por la mayor parte a aborrecernos si ven en nosotros superioridad innegable, a motejarnos y reírse de nosotros si nuestros méritos están en duda. Tus aptitudes son evidentes; mas puesta siempre la mira a las obras ajenas, eres continuo averiguador de sus defectos, dejando de aprovecharte de tu capacidad intelectual. En tantos juicios como estás formulando cada día verbalmente de poetas, sin haber compuesto un verso; de prosistas, sin haber escrito una página digna de la posteridad; de filósofos y hombres de estado, héroes y gobernantes, con perdón sea dicho de tu buena índole, no tengo noticia de que jamás hubieses alabado nada en nadie, si no es justamente aquello que desechan la sana razón y las buenas costumbres. Pues tal no es el encargo del crítico imparcial: así se ocupa éste en lo bueno como en lo malo de las obras ajenas y nunca da de mano a lo excelente, sin incurrir en la tacha de envidioso ocultador del mérito. ¿Cuál es el fin de la crítica? Es, me parece, la enmienda de las faltas, la corrección de los errores, la tendencia al perfeccionamiento, y por aquí, a la belleza. La parte más difícil de la crítica es la favorable: para notar las gracias de un autor se ha menester buen gusto declarado: para exponerlas a la vista del público, benevolencia y buena fe. Los primores de la inteligencia son como los de la naturaleza, no se hallan en la superficie ni a los alcances de todo el mundo: el oro está en lo duro de la roca, el diamante debajo de la tierra. Así los grandes y bellos pensamientos requieren inteligencia y atención de parte de quien los lee, porque no vienen sobrenadando como espuma. La profundidad es indispensable para la solidez, la solidez para la duración: sin profundidad, pues, no hay verdadera hermosura: la hermosura ha de ser sólida para ser grande y perpetua. ¿Y quién duda que en lo profundo reina siempre una oscuridad respetable? El dar con los defectos es muy fácil; más fácil todavía el reírse de ellos: la risa es la sabiduría de la ignorancia, el arbitrio de la malignidad y la tontera.

—Tío, replicó el marqués, si hablo de los antiguos, raras veces me propaso; mas los poetillas actuales y nuestros escritorzuelos menguados ¿por qué me han de inspirar ese respeto que dice vuesa merced? Solo en un pueblo tan sin luces como el nuestro pueden pasar por hombres superiores, necios como aquel que, sabiendo apenas leer y escribir, tiene asegurado su nombre para la posteridad. El que uno de su propia calaña haga suyo el encargo de inmortalizarle no significa sino que en lugar de un tonto hay dos. —No te mueras por eso, tornó a decir don Prudencio; la opinión ajuiciada no sanciona los decretos cuyo fundamento no es el mérito, ni hace caudal de los encomios que propenden, no tanto a dar realce al héroe de la apología, cuanto a deprimir al ingenio que los historiadores inicuos o incapaces y los críticos envidiosos aborrecen. La mala fe tiene su política: para la envidia, un perro es más que un león; y verás a los malintencionados e ignorantes ir alabando sin término a un pobre diablo para que de allí resulte la inferioridad del que les quita el sueño. —Abundo en ese modo de pensar, dijo a su vez don Alejo de Mayorga, tanto más, cuanto que esas cábalas de la malevolencia las estamos viendo hoy mismo: ingenios eminentes tras de comunes y acaso ruines escritores. Nadando éstos en la fama y las riquezas, víctimas los otros de la oscuridad y por ventura de la inopia. Estas son injusticias, atrocidades de los hombres, los cuales tienen por necesario algo de que arrepentirse, si aún es tiempo, o una gran reparación que legar a los venideros. Nunca es tarde para el desagravio, pero dudo que algo le aproveche su estatua de bronce al que en la vida fue infeliz, y con todo su talento y su grande alma devoró el hambre, acosado por la maledicencia. Echadas bien las cuentas, díganme vuesas mercedes si los tardíos honores que los pueblos suelen tributar a los hombres preclaros descuentan de ninguna manera las tribulaciones y amarguras de que les hartaron en vida. La tumba es templo oscuro, impenetrable: la luz, el ruido del mundo no tienen entrada en ella: los muertos no ven sus mausoleos, sus bustos, sus estatuas; no oyen los panegíricos que pronuncian los oradores; no sienten alegría ni placer a las oraciones en que se les alaba. Bueno, justo y aun necesario es honrar la memoria de los varones esclarecidos con esas demostraciones con que los hijos descuentan la maldad o la indiferencia de sus padres; ¿mas no sería también conveniente mirar por un hombre ilustre cuando vive y necesita el apoyo de sus semejantes, sin esperar su muerte como condición indispensable de nuestra bondad y justicia?

—Este mal de la indiferencia por los seres privilegiados, respondió don Prudencio, ha envilecido al género humano desde su cuna. Digo indiferencia, por no decir persecución. La suerte es enemiga mortal de la naturaleza: destruir los dones de esta buena madre no lo puede; pero tiene el arte de hacer de ellos ocasión y motivo de desdicha. Esto es así, mi querido Zoilo. Ahora dime, ¿por dónde has venido a descubrir que esa buena madre naturaleza ha envuelto a todos tus compatriotas en un injusto desheredamiento, por colmarte a ti solo de sus favores? Mayorazgo de derecho divino, nada dejas para tus hermanos. Si hay algo que nos eleve suavemente sobre los de más, es la modestia. Tú has cultivado el ingenio con las lecturas livianas, poniendo en olvido a filósofos, historiadores y moralistas; y filosofía, historia y moral son manantiales donde bebe el corazón y mejoran los afectos. Has bañado tu alma en ese fragante arroyo que se llama poesía; pero atiende a que no siempre la Castalia es la fuente de la vida: Anacreonte, Safo, Catulo envejecieron antes de tiempo en sus aguas. El fuego de los sentidos puesto en obra es corrupción: la corrupción envejece y mata. En una palabra, hijo mío, y este consejo te lo da la experiencia, tienes que rectificar tu instrucción y enderezar tus propensiones. No me disgustaría ver cómo te echases en las llamas, impelido por un noble sentimiento del ánimo; ¿pero qué es esto de tirar siempre a lo peor y tenerse por el mejor? La liberalidad no te halla, la generosidad no te conoce; tu filosofía es el cinismo, tu dueño el interés: he aquí la grandeza de tu alma. ¿Podrías contar las obras de virtud que te vuelven acreedor a la veneración de tus semejantes?, ¿los actos de valor con los cuales granjeas su admiración? Ninguno, ninguno; ¿pues cómo, buen amigo, te tienes por venerable y admirable? Y e se flujo maldito por murmurar de todo, esa vengativa pequeñez con que todo lo censuras...».

El marqués de Huagrahuigsa era el afín con el cual don Prudencio Santiváñez no comía en un plato: las índoles de estos sujetos no se tocaban por ninguna parte; y esta disparidad de temperamentos hacía que reinase entre los dos una cierta afección que bien puede llamarse antipatía. Disgustado de las ideas, harto de las impertinencias de aquel su sobrino, espiaba el buen señor una coyuntura para descargar su pecho y dar al empalagoso mancebo una lección. Se la dio y buena. El respeto debido a tan sagrado parentesco refrenaba apenas la ira del marqués; o era más bien que la perturbación de su espíritu en estos casos y el entorpecimiento de su lengua le coartaban las palabras, mudo y trémulo de pura soberbia. Orgullo no era el suyo; su alma no se iba por las elevadas regiones de esta afección o pasión que tiene mucho de noble. El orgullo puro y limpio no se opone a la modestia, no hace sino defendernos contra la humildad que, si no es la cristiana, se llama bajeza. El orgullo es un cierto conocimiento de la importancia propia, es deseo de corresponder a la naturaleza o al Criador, con un porte digno de sus favores. Traspasados ciertos términos, el orgullo es soberbia; mantenido en cierto grado, es una prenda del corazón y el espíritu. Puesto el orgullo en el lindero de las virtudes y los vicios, no llegan a él sino los hombres superiores, los capaces de las grandes cosas. Cuando éstas son obras del bien, se llaman virtudes; cuando del mal, crímenes. No hablo de los que comete el vulgo; esos son delitos, vilezas: hablo de las atrocidades grandes, de esas que llaman la atención de los pueblos y les obligan a admirarnos, aunque nos aborrezcan.

El marqués no alcanzaba fuerzas para el orgullo; se quedaba atascado en la vanidad, defecto que pone en claro las ineptitudes del corazón. Alabar a alguien en su presencia, era causarle tedio; no darle en todo caso el puesto de honor, agravio que le corría a lo hondo del pecho. En inteligencia no mal librado, de instrucción asaz provisto, el carácter malo, ajeno a las virtudes, incapaz de acciones generosas, y canalla en la menor oportunidad. Lástima de organización en la cual faltó el nervio de la generosidad, indispensable para la elevación del alma, aquella celsitud con que prevalecen los hombres realmente grandes, quienes a la vez suelen ser buenos, porque la bondad es parte esencial de la grandeza. Doña Engracia de Borja estaba aprobando en silencio el discurso de su marido, las señoritas escuchaban con respeto, y don Quijote, que todo lo había oído callando, sin recostarse una mínima a la causa del marqués, tomó la palabra y dijo: «Si vuesas mercedes me dan licencia, echaré aquí mi jácara; una que viene al pelo del asunto». Diéronsela, unos de viva voz, otros otorgando de cabeza, y nuestro hidalgo, que fuera de la caballería era muy cuerdo, habló como sigue: «Han de saber vuesas mercedes que un famoso crítico, habiendo reunido en más de cuatro años todos los defectos y las faltas de un autor, los presentó a Apolo en una linda colección. Aceptola el Dios con una cortesía; y para corresponder el regalo según el genio y la calidad del personaje, le puso a los pies un saco de trigo con pelaza y todo, ordenándole separar del grano la paja, y hacer de ella un montón aparte. El crítico, alborozado con una comisión tan de su gusto, no ahorró trabajo ni prolijidad, y la cumplió cual convenía a tan advertida y minuciosa inteligencia. Una vez hecho el encargo, Apolo le adjudicó la paja en premio de su habilidad».[13]

Había el loco acertado en la coyuntura. Mientras todos estaban mirándolos suspensos, tanto a él como al marqués, juraba éste allá para sí odio inmortal a don Quijote y la más cruda venganza que en su mano estuviera.

Capítulo XXXVI. Donde se enumeran los caballeros que han de concurrir al torneo de don Alejo de Mayorga en honra de las damas

Para mudar de conversación acometió don Alejo a encarecer el torneo que debía verificarse, dijo, al otro día en uno de los patios del castillo, y propuso a don Quijote ser de los campeones. Eso era echar el pez al agua. Cogiendo al vuelo la invitación el caballero, preguntó quienes eran los justadores que acudían al palenque. «Acuden los más notables de España, respondió don Alejo, y aun de los otros reinos. Aquí tendrá vuesa merced a Gonzalo de Guzmán y Pero Vásquez de Sayavedra, a Juan de Merlo y Alfarán de Vivero, a Mosén Diego de Valera y el renombrado Gutierre Quijada, a cuyas manos murió Suero de Quiñones. —Gutierre Quijada, repitió don Quijote, señor de Villagarcía. Éste es el que, en junta de su primo Pero Barba, llevó una empresa a Borgoña, requiriendo a los bastardos del conde de San Polo, para que se presentasen a combatirse con ellos. Como las armas que hizo

---

13 Fábula de Bocallini. (N. del A.)

Gutierre fuesen muy de notar, el duque le envió una vajilla de treinta marcos de peso y otros ricos presentes, con lo cual se partió aquel buen castellano.

—Pues también estarán aquí, dijo don Alejo de Mayorga, no menos que Juan de Bonifaz y Juan de Torres. Ahora, si hablamos de los extranjeros, tiene vuesa merced a Miser Jorge de Vouropag, caballero alemán que hizo lides en Castilla, adonde trajo una empresa, requiriendo a don Fernando Guevara. —Olvidado me lo tengo, respondió don Quijote. Prosiga vuesa merced y nómbreme uno por uno todos los paladines con quienes tenemos que haberlas. —¿Conoce por ventura el señor don Quijote a Mosén Luis de Falces? —El que hizo armas en Valladolid con el señor de Torija, respondió don Quijote. El rey don Juan les tuvo plaza e mandó poner, como rezan las crónicas, dos ricas tiendas para los campeadores. Las armas se hicieron a pie y a caballo; y sin embargo de que el castellano llevase en ambas lides lo mejor, el rey, no queriendo que Mosén Luis fuese para menos, les envió a uno y a otro ricos vestidos de brocado de oro con aforros de marta cebellina.

—Vuesa merced tiene en la punta de la lengua la historia de los aventureros, dijo don Prudencio; ¿sabrá, por tanto, quién es Miser Jacques de Lalain, ése que allí se presenta junto con Roberto, señor de Balse? —Sí, por cierto, respondió don Quijote: los tales caballeros hicieron armas con don Juan Pimentel, conde de Mayorga, Lope Destúñiga, Diego Razán y otros ricoshombres y señores de la casa del Condestable de Castilla. —¿El conde de Mayorga, ha dicho vuesa merced?, preguntó don Alejo. Sepa el señor don Quijote que yo soy su próximo pariente, y aun tengo derecho a su título. Pero esto no hace a mi propósito; lo que hace es aquel paladín que llega cubierto de todas armas, baja la visera por no ser conocido antes de tiempo. Con todo, vuesa merced ha columbrado ya su nombre y sabe que es Jacques de Xalau, señor de Amabila, el que tocó la empresa que don Diego de Valera había llevado a la corte de Borgoña. Este Diego de Valera se combatió en seguida con Teobaldo de Rougemont en el Paso que el señor de Charní mantuvo con tanto brío. —¿Cuál es el mote de la empresa sobre la que hacemos armas?, preguntó don Quijote. —El mote será éste: *Soyez hardi*. Y no extrañe vuesa merced que vaya en francés; el del Paso Honroso era: *Il faut délibérer*. —Eso es lo de menos, repuso don Quijote: lo que importa es saber por qué y por quién se hace la batalla y con qué condiciones. —El Paso, señor mío, lo mantiene un insigne campeador, en desagravio de su dama, quien no se da por satisfecha de unos ciertos celos con menos de cuarenta lanzas rotas por el asta. Los amigos del dicho campeador son los mantenedores: los carteles se han repartido por todas las naciones caballerescas, y los aventureros acudirán en gran número. De Francia vienen Pierre de Brecemonte, Jacobo Lalain y el famoso Beltrán Claquin, el que tomó parte con don Enrique de Trastámara contra el rey don Pedro. Vuesa merced se acuerda del pasaje: el bastardo, mostrándose en el umbral de la puerta, alto, soberbio, como si él fuese el soberano, en voz arrogante dice: «¿Dónde está el hideputa que se llama rey de Castilla? —El rey de Castilla aquí está, respondió don Pedro: hideputa es el bastardo».

—¡Qué expresiones son esas, Alejo!, gritó don Prudencio. Las de la historia, tío; constan en el Padre Mariana. Lo que anda impreso con licencia de la Santa Inquisición ¿será malo para dicho? —Los autores, replicó don Prudencio, pueden alguna vez usar esas franquezas con el público, para exactitud de la relación. Hay cosas que quizá se dicen a todos y no son permitidas entre pocos. —El fraile tiene la culpa, tío. Ahora pregunto yo: vuesa merced me manda leer algunas páginas en plena familia una de estas noches; llego a esos pasajes, topo con esas maneras de decir, ¿qué hago? —Pues como a buen muchacho, hábil y previsor, replicó don Prudencio, te viene una tos en ese instante, o se te trabucan los renglones, y pasas por el fuego sano y salvo. —Ya, dijo don Alejo: en lo sucesivo, cuando se me ofrezca decir algo con hi, he de decir hideperro. Pues dijo el rey: «El hideperro es el bastardo»; y tomándose a brazos los dos príncipes, se echaron a rodar por aquel suelo, como dos galopines. Don Pedro se halla encima; Claquin se llega, y diciendo: «Ni quito ni pongo rey, pero ayudo a mi señor», le pone debajo: evolución con la que tiene el bastardo comodidad para envasarle a su hermano bonitamente la daga hasta la empuñadura. —En esto no fue hidalgo el señor Claquin, dijo don Quijote. Con más aire se presenta cuando, hallándose prisionero en Londres, fija él mismo su rescate en una suma tan crecida que no la pudiera pagar un príncipe. Reconvenido por semejante extravagancia, contestó que Beltrán Duguesclin no valía menos; ni sería él quien diese su rescate. La reina de Inglaterra se suscribió, en efecto, en primer lugar para el rescate de su prisionero. Las damas de Francia pusieron lo demás:

—Y el amigo Duguesclin era feo como un oso, ¿de dónde provenía que fuera tan bienquisto con las damas?, preguntó el marqués de Huagrahuigsa, serenado ya en medio de tan amena conversación. —Privilegio es del valor, respondió don Quijote, conciliar hasta belleza al que lo posee y ejercita. El valor no infunde envidia como el talento; el valor tiene ancho camino hacia los corazones. El valor cuenta con el respeto general, se hace admirar de los buenos, temer de los malos, y esto más tiene de favorable, que no aborrecen al valiente ni los mismos que le temen, siempre que lo sea en el círculo de la justicia y la moderación. El valiente es el más feliz de los mortales cuando le adornan también las gracias del espíritu. Beltrán Duguesclin era tan feo como atrevido, tan atrevido como cortés, tan cortés como enamorado; ¿qué mucho que las mujeres se fuesen tras su prestigio?

—Pues también estará aquí, volvió a decir don Alejo de Mayorga. De los ingleses vendrán el lord Jeremías Oberbory, gentilhombre de Su Majestad, y Sir Odo Bolimbroke. Ahora eche vuesa merced la vista sobre Linsay de Byres, y vea como llega cubierto con sus armas, arrastrando el largo sable. Ni la manopla le falta: miren vuesas mercedes esos dedos de fierro, cada una de cuyas falanges puede servir de falleba a las puertas de un palacio. Este es el último de los insulares: tras ellos vienen los teutones. Miser Jorge de Vouropag, como ya dije, y Alberto de Austeriche. Los señores Bouqueburgo y Exterteine; los de Rostrappa Magdesprungo y Genrode Suderode; los de Bamberinguen, Bamberinga y Trevemunde, caballeros de los de lanza en ristre, pistola al cinto y espuela de platina. De Portugal no vienen sino el gran Prior de Mafra, Late Jiménez de Oporto y el señor de Tras os Montes. Desde ahora advierto al señor don Quijote, que es artículo de torneo el confesarse para entrar en la estacada; pues aun cuando no viene el físico sabidor en medicina, Salomón Setení, tenemos un fray Antón, no menos escrupuloso que el del Puente del Órbigo. Escuche vuesa merced y oiga los nombres de los paladines italianos que han de concurrir a nuestra justa: los Ventivoglio y los Picolomini: Giovanni Bombicini y Teodoro Rondinelli: el conde Domo d'Ossola y el barón Ornobasso di Caprino: Luigi Mezzatesta, señor de Camerlata: Hugo Fóscolo Tremezzo, gran síndico de Santa María degli Angeli: Andrés Palavicini, señor de Servelloni: Francesco Eremitano Pietrasanta: Miquele Papadópoli, señor de la Puente de la Motta: Gaudencio

Calderara Mussolungo: Rebbio Lurate Malamocco, primer inquisidor de San Marino: Cerusso Chivassio di Cortona, gran preste y capellán de Sinigaglia: Timoteo Ghirlandayo Montelupo: Castrato Plomatto Misolonghi, archipámpano del Jura: Canossa Marzabotto, y el Príncipe Fulberio de Santoña. Los asiáticos y los africanos están ocupados actualmente en el sitio de Albraca, donde tienen asediada a Angélica la Bella, y no vendrán sino con el fiero rey Gradasso, poseedor de la espada Durindana, y el invencible Mandricardo.

—Si viene el rey Gradasso, dijo don Quijote, me ahorraré el trabajo de ir a buscarlo en Lipadusa. Al mantenedor del Paso no se lo ha citado por su nombre; estimaría yo de vuesa merced nos lo mentase. —¿No lo dije?, respondió don Alejo; es un cierto don Alejo, conde de Mayorga, quien ha hecho jura sobre un libro misale de non comer pan a manteles, nin hacerse la su barba, nin con la condesa...». Aquí se detuvo, y mirando de reojo a su tío, prosiguió: «Ha jurado, digo, no quitarse las sus arenas hasta cuando hubiese vuelto a la gracia de la señora de sus pensamientos. Así como el mantenedor del Paso Honroso traía todos los jueves una argolla de fierro a la garganta en señal de servidumbre, así yo traigo cada viernes un cilicio al brazo en vía de penitencia amatoria hasta cuando hubiese recobrado el amor sin mácula de la sin par Zolidea de Rimbaude. ¿El señor don Quijote prefiere ser de los mantenedores, o viene como aventurero a disputarnos el prez de la victoria? —Por lo visto, respondió el hidalgo, a mí me conviene ser de los aventureros; tanto más cuanto que por aquí he oído llamar sin par a esa señora Zolidea. Se me ofrece un reparo, señor mío; es a saber, que a la mayor parte de los paladines mencionados los come la tierra ha más de un siglo: vuesa merced va a mantener su Paso, no con los vivos, sino con los que han vivido. —Como el torneo se abra a la hora citada, respondió don Alejo, eso me da que sean sombras o gente de carne y hueso los que hagan la batalla: cuanto más que no hacemos sino tomar los nombres de esos caballeros, a fin de ennoblecer el Paso y dar buena presa a la fama. Vuesa merced no piense que el señor de Vouropag ni Mosén Enrique de Remestán han de sacudir el polvo del sepulcro para tener la dicha de combatirse con nosotros. Esta es más bien una lid simulada, un deporte caballeresco en honra de las damas.

—Por Dios, Alejo, dijo doña Engracia, no metas a las damas en ese embolismo que estás formando. Juego de manos, y tú sabes lo demás. Ve cómo aplacas de otro modo a tu señora, si es de las que no exigen sangre para sus desagravios. —A los trabajos de Hércules me sujetaría yo, respondió el mancebo, si ella me lo mandase. ¿Qué son para un buen caballero cuarenta lanzas rotas? Aquí no hay sino una cosa peliaguda, y es que el invencible don Quijote de la Mancha prefiere ser de los aventureros. Pero, *Deo volente...*». Sonriose don Quijote, y dijo: «Si con mi lanza cuenta el conde de Mayorga para volver a la gracia de la señora de sus pensamientos, la hermosa Zolidea de Rimbaube se quedará enojada para toda la vida. Sea vuesa merced servido de ponerme al corriente de las condiciones del combate, el cual, aunque simulado, no deja de ser una demostración bélica. ¿Será a pie? ¿Será a caballo? ¿Habrán de acometerse uno a uno los campeones, o será ello una escaramuza general de bando a bando? —La pelea será a caballo, respondió don Alejo; las armas, arnés completo, exceptuando la babera porque iremos con celada borgoñona. El reencuentro no será cabeza por cabeza, *singuli* o uno a uno, sino una arremetida y confusión general, donde cada combatiente hará lo que pueda. —Soy contento de esas condiciones, dijo don Quijote. Sé decir a vuesas mercedes que, en caso de combate singular, yo provocaría a Juan de Merlo, a causa de sus grandes y numerosas hazañas. Este llevó empresas a todas partes: sostúvolas en Arrás contra Pedro de Brecemonte; en Basilea contra Mosén Enrique de Remestán. En Valladolid se halló, y esto es más, en las justas de don Álvaro de Luna, donde, combatiéndose con el rey don Juan, tuvo la honra de que su soberano rompiese en él una lanza. Acudió después al Puente del Órbigo, en cuyo Paso hirió a Suero de Quiñones; y finalmente murió en la demanda, siempre como bueno». Dijo esto el caballero; y despidiéndose de la tertulia se retiró a su aposento, donde su escudero Sancho Panza le esperaba sepultado en un profundo sueño.

Capítulo XXXVII. De la batalla nocturna que el invencible don Quijote estuvo a punto de perder y no ganó del todo

Habíase acostado don Quijote y estaba entre si se dormía y no, cuando se abrió la puerta de su cuarto. Vuelto con el ruido a sus cinco descabalados sentidos, vio entrar dos gigantes y una dama (que tales le parecieron), armados los primeros de pies a cabeza, con celada de encaje, tras la cual mantenían el incógnito. Eran estos dos gigantes el marqués de Huagrahuigsa y el barón de Cocentaina, quienes tenían un pico pendiente con don Quijote. La dama no era otra que la de las trovas de antaño, esta graciosa figura la hacía el socarrón de don Alejo. La señora acometió a una butaca, y arrellanándose en ella, dijo: «Supuesto que en este artículo me ponedes, caballeros, sea luego la batalla, y sepa yo a quién he de pertenecer; si por la fuerza, como esclava, a los que supeditan mi persona, o de mi libre albedrío como esposa, al dueño de mis pensamientos. —Nunca es tarde para reñir entre buenos, respondió don Quijote al que le estaba provocando ejecutivamente: nada habrá perdido vuesa merced con darse a conocer, a fin de que yo arregle mis hechos a la calidad de mi enemigo. —La señora aquí presente, replicó el incógnito, está pregonando mi nombre: vuesa merced sabe ya que Brandabrando es quien le provoca y estrecha. Déjese mi rival de evasivas y moratorias so capa de urbanidad, porque estoy resuelto a no dejar escaparse a uno cuyo valor está, parte en su lengua, parte en los pies de su caballo».

Había de sobras para sacar de quicios a hombre como don Quijote. «Don Quijote de la Mancha, respondió éste, tiene por buenos cualquier tiempo y lugar cuando se trata de las armas. Esto lo vais a ver sin más tiempo que el que he menester para vestirme. Dadme acá esas calzas, y atacaos bien las vuestras. —Para nada soy menos que para lacayo o ayuda de cámara, respondió Brandabrando. Sepa vuesa merced que he desdeñado el título de señor de los Camareros, y aun el de Montero Mayor de Su Majestad. Tome sus trebejos y vístase como pueda, sobre la marcha, que ya es exceso de paciencia en mí sufrir semejantes dilatorias. —Lo político no quita lo valiente, replicó don Quijote. ¿Trebejos llamáis al ajuar de un caballero? Yo os haré ver que el trebejo sois vos, y que a lo menguado unís lo montaraz». Diciendo esto alargó un brazo de tres varas, seco, amarillo, velludo, sobre la ropa que había puesto en una silla al acostarse. A tiempo que iba a cogerlas, Brandabrando pinchó esas calzas con la punta de su florete, y dijo: «Para que conste al mundo que vuestra desnudez no me intimida y que así os rindo vestido como en cueros, habéis de pelear sin calzas». Don Quijote echó mano por los zapatos: repitió el otro su operación y dijo: «Para que las gentes vean si os temo más descalzo que calzado». Fue don Quijote por el jubón, sin decir palabra: hurtóselo del mismo modo su contrario: «Esto más de ventaja para vos, que habéis de reñir conmigo sin el empacho de esta pieza ridícula». Le ahogada ya la cólera al caballero andante: en un pronto echó de sí las frazadas para tirarse al suelo, dejando ver unas piernas como solo don Quijote podía tenerlas. Arrojó un grito la señora Dulcinea, y cubriéndose el rostro con una reja de dedos, se puso a suplicar al mundo entero que viesen modo de hurtar su persona a espectáculo semejante. Vuelto en sí don Quijote a esos reproches, se cubrió velozmente y dijo: «Aun cuando fueseis una de las Euménides, tendría yo cuenta con vuestro sexo y me hallaría lejos del menor desacato. La ocasión de lo que ha sucedido achacadla a vuestro *cavalier servant*, y tened por cierto que vuestra gazmoñería es mayor que mi desenvoltura. —A vuesa merced le consta, replicó la dama, que en nosotras el pudor es tan obligatorio como en los hombres el valor. Si vuesas mercedes ponen de manifiesto la superioridad de su naturaleza con el atrevimiento bien empleado, nosotras hemos de cubrirnos con la timidez y poner nuestro conato en guardar pura la vergüenza. —¡Eh, buen hombre o buen demonio, dijo don Quijote, traedme acá esas calzas y al punto soy con vos en batalla! —Ya os he dicho que no tengo cara de sacabotas, respondió Brandabrando; os he dicho también que habéis de pelear en camisa; y despachaos, so pena de incurrir en un castigo de escuela...». Saltó abajo don Quijote, como un tigre, y sin que la cólera le diese tiempo para echar mano a la espada, le asió con entrambas del gaznate al pobre marqués, con tal furia, que si el compañero de éste no acude en su socorro, al cabo de cinco minutos le hubiera dejado de enterrarlo. Brandabrisio cogió a su vez por el pescuezo a don Quijote, y poniéndole zancadilla le obligó a soltar presa y dio con él en el suelo. Viendo Sancho como tiraban a matar a su señor, embistió con el enemigo, y menudeó tan bonito sobre ellos, que los puso como nuevos con más de seis mojicones en las narices. Don Quijote, enderezándose cuan largo era, tomaba ya su lanza; mas los invasores salieron por la puerta de los perros, bien así por temor del escándalo, como de la furia de ese loco. La señora Dulcinea, que no había hecho sino reír desencajadamente, sin moverse de su sillón, fue la primera en ponerse en cobro cuando vio que las cosas pasaban a mayores, y a trancos más abiertos de lo que permitía su follado. Quisiera el caballero andante perseguir a los fugitivos, pero no lo consintió su espinazo, que le dolía como de ciática. «Síguelos, Sancho, dijo a su escudero, y tráeme las cabezas de esos follones: cada una de ellas te importa una provincia agregada a tus Estados. —Está en un tris que yo lo verefique, respondió Sancho, no por el huevo, sino por el fuero. Mas vuesa merced ha oído: al enemigo que huye, puente de plata. No firmes cartas que no leas, ni bebas agua que no veas: yo no sé quiénes son esos demonios, y si no me esperan con un refuerzo de treinta o cuarenta de los suyos. Al seguro llevan preso, señor don Quijote. Mato a los ladrones, le traigo a vuesa merced sus cabezas, dejando la mía en manos de ellos, probablemente: pues la hazaña será de mi amo. Pelean los soldados, el general dio la batalla; vencen los soldados, el general es el triunfante; mueren los soldados, seguro el rey, y gran señor en todo caso. Pues a otra puerta, que ésta no está abierta: y cien años de guerra y no un día de batalla. Cuando me dan el consejo, denme también el vencejo: vuesa merced no hace sino ponerme entre la cruz y el agua bendita, y allá de yo de hocicos con el diablo. Sancho, esos yangüeses; Sancho, esos gigantes; Sancho, esos leones. Se van los amores, señor, y quedan los dolores: los humos de esta victoria se subirán al cielo; las costillas sumidas, en mi cuerpo han de quedar. El que en pie se halla, mire no se caiga. —Al diablo sea ofrecida la utilidad que saco de tu ayuda, maldito Sancho, respondió don Quijote: si algo haces de bueno, al punto lo echas a perder con ese desbarrar sin término, ese desfigurar las cosas más palmarias. Ven acá, apóstata, ¿qué gigantes mataste?, ¿qué leones domaste?, ¿a qué yangüeses venciste? ¿Dónde están los trofeos de tus victorias, dónde las coronas que has ganado con tus proezas? ¡Conque tú provocaste a los leones, y yo te mandé provocarlos! ¡Tú embestiste a los yangüeses y los apaleaste a tu sabor! ¡Tú atropellaste y desbarataste los ejércitos de Alifanfarón de Trapobana! Susténtamelo en las barbas, insigne pícaro; róbame mis hazañas. Cuando te saquen con los pies adelante será el arrepentirte de tus fechorías: todas las has de pagar allá donde no se dice *verefique*, ni valen refranes mechados de tontera. ¿Es posible que ni después de una batalla dejes de vomitarlos como un endemoniado? ¿Así procuras mitigar el dolor de esta caída? Un huevo, y ese huero: la única vez que has acertado a mostrar coraje, resolución y fuerza juntamente, lo estragas todo con una extemporánea cobardía, negándote a seguir el alcance al enemigo, divertido en esa hablilla refranesca que me ha de matar de desesperación. Puerco fiado, gruñe todo el año: si algo te debo, no me cobres con romperme la cabeza, y hazme firmar un pagaré, ya que te atienes al refrán que dice: callen barbas y hablen cartas. Cumplido el plazo cogerás, no solamente tus salarios, si no me sirves a merced, pero también recompensa, gratificación, pre, honorario, subvenciones y cuanto más te dé la gana; pero no hables más de lo necesario. A puerta cerrada el diablo se vuelve, y en boca emparejada no entran moscas. ¿No has oído decir: herradura que chacolotea, clavo le falta? ¿Qué han de pensar de ti los que te oyen despotricar a lengua seca, haciendo rosarios de adagios y proverbios, sino que eres un bendito animal, insufrible para los que tienen la desgracia de estar oyéndote de día y de noche?

—A puerco fresco y berenjenas, ¿quién tendrá las manos quedas, señor?, respondió Sancho. La ocasión hace al ladrón; y no dirá vuesa merced que yo hablo sin ella, ni que vuesa merced me da ejemplo de sorbidad de palabras, ni aun de refranes. —Sorbidad, replicó don Quijote, vendrá de sorber; sobriedad viene de sobrio. Esta es virtud que hemos de practicar, no solo en el comer y en el beber, sino también en el hablar; y por ventura más en esto que en lo otro. Quien guarda la boca guarda el alma, y no vayas a pensar que éste es refrán; sino sentencia de la Biblia, donde habla Salomón. El exceso en el comer te causa disgusto y enfermedades, la demasía en el beber te entorpece y envilece, y no puedes dormir más de lo justo, sin cometer uno de los pecados mortales, cual es la pereza. Todo esto es malo, pero nada es peor que el abuso de la lengua. Si la palabra es plata, el silencio es oro: la preciosa liga que resulta de estos elementos es la piedra filosofal de la prudencia. Hablar con juicio y medida; discurrir en cosas de substancia, sin apartarse de la verdad y la modestia, esto es ser sabio. Yo no pretendo que de cuando en cuando no salpiquemos la conversación con una de esas sentencias populares que en pequeño volumen encierran mucho y exquisito condumio; ¿pero qué es esto de echar refranes a dos manos, como quien traspala trigo? El bobo que es callado, por sesudo es reputado; llévate de esta regla. —No es regla, sino refrán, contestó Sancho. Vuesa merced los ha echado en este discurso como si hubiera hasta para tirarlos por la ventana, y le parecen insípidos los mihuelos. Entre bobos anda el juego, y cuando nace la escoba nace el asno que la roya. A uso de iglesia catedral, cuales fueron los padres los hijos serán, y cuales son los amos los criados son, señor. Éntrome acá, que llueve. Dice el refrán: de tal barba, tal escama; vuesa merced es la barba, yo soy la escama; y en lo de los refranes corremos a puto el postre. —Puede ser, repuso don Quijote: de esto mismo tú tienes la culpa, y has de pagar el mal que viene resultando. Te has acercado tanto a mí, que ya la distancia del caballero al escudero es ninguna, con harto perjuicio de la orden que profeso y mengua de mi decoro. Las malas mañas, como ciertas enfermedades, son pegadizas: pásame tu sandez, pásame tu pusilanimidad, pásame tu bellaquería, pásame todo; pero no me comuniques esta sarna perruna que te infesta, con nombre de refranes. Y lo peor es que muchas veces me echas tus venablos escondidos en ellos. El que te dice la copla, ése te la hace. Si de tarde en tarde me viene un refrán a los labios, es bien ocasionado, no oficioso e impertinente como los tuyos. Y todavía has de confesar que muchas veces no los digo sino por darte a entender que te propasas en ellos. Cuando no son refranes, son diminutivos de tu cuño: mihuelos... ¿Qué entiendes por mihuelos, pazguato? ¿No sabes que los pronombres no admiten diminutivo? De *mío* no puedes hacer *mihuelo* ni *miíto*, así como no puedes hacer *miote* ni *miazo*. Pero doblemos esta hoja, Sancho, y dime lo que piensas de la singular aventura de esta noche. —Pienso, respondió Sancho, que esos desalmados nos han puesto a dos dedos de la sepultura, y que yo les he remachado las narices a puñadas, y que vuesa merced le sacó una vara de lengua al compadre Brandabrindo, y que la señora Dulcinea es el demonio, y que me deben dar licencia para dormir, y que mañana se puede averiguar lo demás».

Capítulo XXXVIII. Del grave, raro e inesperado suceso que le fue revelado a nuestro buen caballero don Quijote de la Mancha
No bien habían cerrado los ojos don Quijote y su escudero, cuando volvió a abrirse la puerta con dos humildes golpecitos, entrándose por ella un hombre, fantasma o duende, que de todo tenía, envuelto en una enorme capa y con un sombrero bajo cuya ala pudiera acampar un ejército. «¿Nadie nos oye?, preguntó llegándose a la cama de don Quijote: mire vuesa merced que no cabe ponderación en el secreto que habemos menester; y así le

ruego limpie de todo animal viviente esta morada. Lo que ahora ocurre no es para oído ni por los mosquitos del aire, ni por los gusanitos de la tierra». Ya se moría don Quijote por ver la cara del hombre misterioso; cosa imposible como no fuera de la nariz abajo, en cuyas regiones predominaban un bigotillo a la chinesca, largo y angosto, que parecía pintado, y una pera de escasa población, si bien de asombrosa longitud. «Yo me llamo, continuó diciendo, don Benedicto Rochafrida. Vuesa merced sea servido de mandar a este hombre salir, porque de otro modo no podría yo exponer las cosas de la manera como deben llegar al conocimiento de vuesa merced. —Para con mi criado no tengo secreto, respondió don Quijote. Si le perdonamos una cierta comezón de ensartar refranes, es tan discreto como inclinado a valer a los que pueden poco. Vuesa merced suponga que no le oye ni un mosquito, y haga sus entradas. —Esa comezón no empece, dijo el fantasma: si no es más que eso, puede quedarse. ¿Hay confianza absoluta, bien así en su reserva coleo en su buena voluntad? Las paredes oyen, señor caballero; por las rendijas de las puertas se salen las palabras y se entran las desgracias. —¡Voto al demonio!, exclamó don Quijote, ¿grave es en tanto extremo lo que vais a revelarme que sea preciso calafatear puertas y ventanas? —¿Vuesa merced es casado?, preguntó don Benedicto. —¿Conviene a vuestro asunto saber si lo soy o no?, respondió don Quijote. —Tanto, que sin este preliminar me vería atascadísimo en mi narración. —Pues sabed que no lo soy. —¿Pero tendrá a lo menos eso que llaman amiga, querida o concubina? —Los caballeros andantes, replicó don Quijote, no tienen nada de eso; lo que tienen es dama o señora de sus pensamientos. Y tengan lo que quieran, vos sois un atrevido bellaco. —Pierda cuidado, volvió a decir don Benedicto. Una vez que vuesa merced tiene dama, sabe quizás lo que es estar encinta una dama. En sabiendo lo que es estar encinta una dama, sabe sin duda lo que son en ella los antojos. —Sí, por cierto, dijo don Quijote; y los suelen tener muy extravagantes. La reina Romaguisa tuvo el estrafalario antojo de hacer adobes. —¡Cristo crucificado!, exclamó don Benedicto Rochafrida, ¿Y qué hizo el infeliz marido? —El infeliz marido era un gran príncipe; hizo moler dos quintales de perlas finas, y con unos cuantos barriles de leche, dio rienda suelta a la pretensión de su muy amada consorte. —Dichosa señora, tornó a decir don Benedicto. No es lo mismo que la que descolló en su embarazo por el deseo vehemente de comerse crudas y de balde las orejas de un puerquecito que al paso vio derribado en una tienda. —La puerquecita era ella, dijo Sancho Panza: ¡y miren si no las quería de balde! —Ahora ¿qué piensan vuesas mercedes, repuso don Benedicto, de la otra que en la Luna de miel se puso a morir de melancolía porque su marido se negaba a satisfacer su antojo? —¿Cuál era ese antojo?, preguntó Sancho. —Quería ser azotada, y muy de veras, de modo que la sangre corriese en hilos por la blancura de esas carnes. Como anduviese rallando a su marido de día y de noche, y suspirando y llorando y quejándose de su mala voluntad, cogiola éste el rato menos pensado y le dio gusto de manera que aseguró su buen genio para algunos meses. —Algo valen cabezadas oportunamente dadas, dijo Sancho. ¿Y adónde va a parar vuesa merced con estos cuentos? —A que unas desean ser azotadas, y otras azotar: unas quieren de balde orejas de lechoncillo, otras orejas de escudero, y no muy caras. Mi mujer os ha visto, y se muere ya de ganas de mordéroslas y de asentaros dos o tres docenas de azotes en lo limpio». Sancho Panza, lejos de mostrar indignación, largó una carcajada y dijo: «Vuesa merced trueca los frenos; lo que ella quiere es ser azotada por un escudero de fama».

Sin hacer caudal de esta impertinencia de Sancho, don Benedicto Rochafrida, dirigiéndose a don Quijote, dijo: «Doce azotes, señor caballero, ¿qué son para uno que tiene que darse tres mil y trescientos por otro negocio? El que tiene dos orejas puede muy bien, me parece, dar a morder la una, sin mengua de su decoro ni cargo de conciencia». Don Quijote, que había estado escuchando atentamente, dijo a su escudero: «Cosa es de considerar despacio, Sancho hermano, y no tan digna de risa como piensas. Figúrate que ese párvulo intrauterino estuviese destinado a ser un famoso caballero andante, ¿no sería el *non plus ultra* de la inhumanidad y la cobardía dejarlo morir antes de nacido, porque un santo hombre llamado Sancho Panza se ahorrase doce miserables azotes? —Hasta los gatos quieren zapatos, respondió Sancho. Que me los dé yo por mi señora Dulcinea, cuando tenga tiempo y comodidad, no quiere decir que sea hombre de tocarme a un pelo por este alma de búho. ¡Arre allá, diablo!, escuderitos tenemos para todo: encantan a la señora Dulcinea, Sancho, azótate. Se les olvida el bálsamo de vomitar, Sancho, anda por él, ponte en manos de Juan Palomeque el zurdo, quien no hará sino mantearte. Ahora viene este zanguango con su pata de gallo: Sancho..., Sancho... Como a vuesa merced no le duele, anda poniendo mis carnes a la disposición de todo el mundo. —Cálmate, buen Sancho, dijo don Quijote; de algún tiempo acá has levantado tu carácter, y todo lo vuelves pendencia, como si hubieras nacido para dar de comer al diablo. ¿A qué me traes el bálsamo de Fierabrás, el encanto de Dulcinea y otras cosas pertenecientes a nuestra historia? ¿Qué tienen que ver Juan Palomeque con don Benedicto Rochafrida, ni los mil trescientos con los doce que ahora te proponen? Si consientes en recibir los últimos, es cosa tuya: si has de cumplir tu obligación respecto de los primeros, cosa mía. Veremos si prevalece mi voluntad o la vuestra, señor jurisconsulto. Os llamáis a la corona antes de tomar el hábito; pues yo os haré ver que vos surtís mi fuero, y dejándome de contemplaciones apretaré la mano y se os volverá la albarda a la barriga».

Sancho vio la mar alta, pero no estuvo en su poder callar del todo. «A cuentas viejas barajas nuevas, señor don Quijote, dijo; y cuenta errada, que no valga. Mas diga vuesa merced: tras tantos azotes, palos, mantas y bálsamos endiablados, ¿cuándo será el ganar el reino que me tiene prometido? —¿No me ves con la mano en la masa?, respondió don Quijote. ¿Para qué piensas que es todo aquello sino para ganar ese maldito reino que te ofrecí en mala hora? Dormiré, dormiré, buenas nuevas hallaré: te estás ahí empollando huevos, y quieres que los reinos vengan a dar aldabazos a tu puerta. Tirante el Blanco de Roca Salada no hizo rey a su escudero Gandalín sino después de muchas y grandes pruebas de buena caballería. Muéstrame tú los gigantes a quienes has matado en mi servicio; cuéntame las cartas que de enamoradas señoras me has traído. Gandalín no fue señor de la Ínsula Firme sino después de haber salvado la vida a su amo y cortado la cabeza a la giganta Andandona. ¿Dónde están las Andandonas a quienes has cortado la cabeza? ¿Cuáles son las reinas Falabras a quienes has seguido lanza en ristre por volverme a la libertad? Allí te tienes cien años encantada a mi señora Dulcinea, asqueando, por hacerte el melindroso, esos tres mil trescientos pobres azotes, y quieres que en un día te haga yo gobernador, emperador y todo. Te cubrirás de Grande de España en tiempo oportuno; luego serás Clavero mayor de Santiago, y de allí pasarás a la corona. —Grano a grano hinche la gallina el papo, dijo Sancho: si para ser rey no tengo sino que matar algunos gigantes, desde aquí pueden mis vasallos saludarme de Alteza.

—Ahora entro yo, dijo a su vez don Benedicto Rochafrida. ¿En qué quedamos respecto de la merced que al señor don Quijote tengo pedida? —Hermano advenedizo, respondió don Quijote, ¿estáis cierto de lo que debe ser, *luce meridiana clarior est*, para exigir en razón de ello actos extraordinarios y aun sacrificios de quienes no os conocen? Desde luego conviene saber si de veras sois casado; en seguida es preciso ver si los antojos de vuestra esposa provienen de la enfermedad sublime que constituye a la mujer madre del género humano, o son veleidades y regodeos de dueña antojadiza, cuyo gusto es atormentar y arruinar a su marido. Por último, conviene resolver si los antojos no satisfechos ocasionan el parto prematuro. ¿Creéis vos que si vuestra mujer amanece un día con gana de comerse el Ave Fénix, estáis obligados a ir por la posta a la Arabia Feliz? —Hasta mañana, hermano Benedicto, dijo el escudero. Vuesa merced sabe que de Dios nos viene el bien y de las abejas la miel. Nada es imposible en este mundo: allá lo veremos todo cuando el Sol nos amanezca. —Si cumplís tan buenas intenciones, respondió don Benedicto, Dios os lo pague; si no, os lo demande». Y haciendo la mesura con la rodilla a don Quijote, salió sin añadir otra cosa. Tirose a la puerta Sancho Panza, echó la llave, apagó la luz, volvió a tientas a su cama, y quedó dormido.

Capítulo XXXIX. De cómo se armó para el torneo el famoso caballero de la Mancha

Las nueve serían de la mañana cuando se oyó en el patio del castillo un gran tropel de caballos cuyas herraduras hacían en el empedrado marcial y alegre ruido. Eran los recienvenidos ocho o diez mancebos que acudían al torneo de don Alejo de Mayorga, jóvenes de esos en quienes está hirviendo la sangre, capaces de acometer la conquista del imperio del Catay, puesto que el fruto de la victoria sea una Angélica. Ninguno de los campeadores llega a los treinta años, andando como andan todos entre los veinte y los veinticinco, edad en que las pasiones descuellan y se levantan en forma de lenguas de fuego, consumiendo lo que tocan con ese dulce corrosivo que en la locura de los verdes años se suele llamar felicidad. Don Quijote salió como un brazo de mar y saludó a los estudiantes, inquiriendo con la vista cuál pudiera ser Pedro de Brecemonte, cuál Juan de Merlo, cuál el Señor de Bouropag, y así los otros caballeros a quienes pensaba mandar vencidos a presentarse a su señora Dulcinea del Toboso, como prendas vivas y testigos intachables de sus altos fechos y grandes caballerías. Pero a quien más buscó fue al rey Gradaso, porque tenía jurado desde muy atrás quitarle la espada Durindana, para lo cual era resolución en el pasar a la isla de Lipadusa, si faltaba aquel circaso a las justas del castillo. Andaba el caballero pompeándose entre la retozona muchedumbre, cuando sus pecados hicieron que se le fuese el botón, cordón, gafete, o lo que haya sido, con que se atacaba las calzas, si no eran más bien agujetas. Flojo y desvencijado, se escabulló con menos tono y se fue a su aposento a ver de remediar la avería. Halló en el por fortuna a su escudero, a quien dijo: «¿Tienes un con qué peguemos este maldito corchete que ha esperado el mejor instante para irse? Encomendada sea al diablo la holgura que nos ofrece este desgracioso vestido con el que los pueblos cristianos han querido desfigurarse. En esto de comodidad y elegancia los turcos valen más que nosotros, y de buena gana dejara yo este feo aparejo por el hermoso manto de los árabes. ¿Por qué, noramala, nuestros padres, que todo lo tomaron de los romanos, desdijeron tanto de ellos en el traje y la compostura, tan nobles entre los antiguos, como varoniles y oportunos? Mira el casacón de armas imperial, llamado paludamento, cuánta gracia y majestad comunica a la persona del monarca: el manto de púrpura de los generales, cuando éstos lo tercian elegantemente por debajo del brazo: el laticlave de los senadores y magistrados, esa túnica magnífica cruzada por una banda de grana en la cual resplandecen gruesos nudos de hilo de oro. El péplum, hijo, el péplum, ese vestido admirable que concilia a las damas presencia y majestad de emperatrices. Todo tan amplio, tan garboso, tan señoril, que aun a la vista es ése el pueblo rey. Y nosotros metidos en estos veleros menguados, con botoncitos, ojalitos y otras jarcias ridículas. ¿Qué hubiera sido de mí ahora ha poco, si así como hacía de persona particular me viera en el furor de la batalla, o asido con una dama en un baile de corte? Malditos sean mil veces los inventores de los gregüescos, y llévenme a la moda en la cual nada había que ajustara ni se arrancara. ¿Tienes, digo, un con qué se pegue este demonio?

—Si las hilas y el ingüente, respondió Sancho, no han de faltar en las alforjas, hebra trae el advertido en donde puede». Y diciendo esto sacó de su boina, gorra o chapeo, que no lo sabe distinguir el historiador, si bien está por sospechar que lo que traía Sancho en la cabeza era caperuza; sacó, digo, un agujón enorme, especie de sacafilásticas que asombró a don Quijote. «¡Bendito seas!, dijo el hidalgo: en caso necesario este instrumento te podría servir de arma ofensiva y mangonear de espadín, si no de espada. Oye, Sancho, no me digas *ingüente*, y manos a la obra, que según entiendo, debo ya proceder a revestir las armas para el torneo. ¿Eres curioso en esto del pegar y el remendar? —En manos está el pandero que lo sabrán bien tañer, respondió Sancho: despójese vuesa merced de esos buenos gregüescos y verá si entiendo o no del arte. —No es cosa, replicó don Quijote, de ponerse a sacárselos en este instante, que poco más o menos es de apuro. Llégate a mí y ve cómo te amañas a la operación, y despacha. —Soy del parecer, dijo Sancho, que la obra es imposible si no se me ponen en las manos esas buenas calzas. —Sea como quieres», respondió don Quijote. Y desenvainando esas pernezuelas, quedó el más bello de los mortales, al tiempo que una reverenda dueña, de tocas, se mostraba en los umbrales y huía incontinenti dando voces, escandalizada de lo que habían visto sus traidores ojos. «¡Yo te lo había dicho!, dijo don Quijote. ¿A qué me traes aquí esa dueña, guardacoimas sin honor? ¿Me haces desnudar a traición para ponerme en presencia de una mujer, la cual, por humilde y entrada en edad que sea, es hija de Eva en todo caso? ¿Qué noticia va a difundir por el castillo sino que me ha visto de los pies a la cabeza? —No dirá que hale visto a vuesa merced como le parió su madre, señor don Quijote; pues no habrá vuesa merced nacido con jubón de camusa, o yo se poco. —De tus obligaciones sabes poco, respondió don Quijote; de mentir y bellaquear sabes más de lo que piensas. Ande vuesa merced, señor Panza, con esos gregüescos, o juro por quien soy que la fortuna le ha de correr mal hoy día. —Iglesia me llamo», repuso el escudero dándose prisa, cuando se oyó hacia el patio el pregón de los farautes:

> Afuera, afuera, afuera,
> Aparta, aparta, aparta,
> Que entra el valeroso Merlo,
> Cuadrillero de unas cañas.

Don Quijote, echando mano por su lanza, se disparó en un como furor guerrero, mientras Sancho le gritaba: «¿Adónde va vuesa merced de ese modo, señor don Quijote? Mire que allí hay señoras que no gustarán de verle medio cuerpo en cueros». Advirtiolo don Quijote, y volviéndose confuso, arrancó sus calzas de manos de Sancho, quien por dicha había acabado de reparar la lesión de esa elegante pieza. «¡Cómo en estos conflictos me pones, desleal escudero!, dijo. Los campeadores van a pensar que me doy largas; y aún han de decir que el preciado don Quijote se hace el enfermo cuando se le espera en la estacada. —No ha que morirse, señor don Quijote: como vuesa merced llegue a tiempo, ya verán por allí quién es mi amo. Si se cumplen mis deseos, no ha de quedar vivo uno solo de todos esos palafrenes. Abeja y oveja y parte en la egreja quiere para su hijo la vieja. —El diablo es de intrincado tu refrán, dijo don Quijote: no me los eches tan escabrosos, y menos en ocasiones tan peliagudas como ésta. No hay abejas ni ovejas, ni yo mato palafrenes, lego incapaz de todo aprendizaje. Esos a quienes voy a retar, acometer, vencer y rendir, no son palafrenes, sino paladines, com alguna vez me has oído. Tu memoria es un ruin depósito de ideas; los vocablos salen molidos y descuartizados, pervertidos y enmascarados por tu boca. Palafrén se llama el caballo manso pero bueno; tranquilo, pero airoso, de montar damas y princesas: paladín es el caballero probado en la batalla. Conque mira si voy a matar palafrenes o paladines». Vestíase y armábase, caballero al mismo tiempo que hablaba de este modo, y cuando estaba bregando con cierta hebilla traidora de sus escarcelas, faraute repetía en el palenque:

> Afuera, afuera, afuera,
> Aparta, aparta, aparta,
> Que entra el valeroso Merlo,
> Cuadrillero de unas cañas.

Capítulo XL. Donde se da cuenta del famoso torneo del castillo
Cubierto de sus armas se echó afuera don Quijote, mandando a su escudero ensillar sobre la marcha a Rocinante. Una vez a caballo el valeroso manchego, se le vio comparecer en la liza, alto el morrión, calada la visera, gentil y denodado como el doncel de don Enrique el Doliente. Hallábanse ya los justadores en la arena, y el rey de armas les repartía el Sol y el campo, divididos en dos cuadrillas, todos a cara descubierta. «Quien quiera que seáis, caballero, dijo el juez del torneo a don Quijote, obligado estáis a descubriros, porque tal es la condición de la batalla. —Soy contento de ese capítulo», respondió don Quijote; y alzando el encaje puso de manifiesto su rostro largo y enjuto, con aquel su bigote sublime que consistía en ocho pelos de más que mediana longitud. Echó en torno suyo una mirada soberana y fue reconociendo sucesivamente a los campeadores. El primero que se le ofreció a la vista fue Gaudencio Calderara Musolungo, caballero milanés, montado en un soberbio alazán que con ojos sanguíneos y feroces estaba pidiendo entrar en combate. Vestía este caballero calzas atacadas, jaqueta de grana sobre el jubón, ostentando en las vueltas un camisón de bordados primorosos. De su cinto pendía una larga vaina de metal blanco, que chacoloteaba contra el estribo en sonoros, marciales golpecitos. Mostrósele en seguida Jacques de Lalain, uno de los más preciados justadores franceses; y luego el más preciado de todos, Beltrán Claquin, Guesclin o Duguesclin, que todo es uno. Gobierna éste un bridón castaño oscuro, de canilla negra y ancho casco, crin revuelta en pomposo desorden, cola prendida en el anca a modo de penacho, atusada militarmente; jaquimón, petral y grupera de grandísimo precio por las chapetas de oro con que están taraceados. El broquel del señor Duguesclin trae empresa y mote, cual conviene a los caballeros provectos, con las armas de Francia, pues el dicho caballero representa a esta nación en el torneo. Sobre su calzacalzón de raja se descuelgan las faldas de la loriga, cuyas láminas están despidiendo mil diminutas centellas, según que varían de viso con los movimientos del belicoso caballo.

Vio luego al inglés Jeremías Oberbory, rígido caballero que manifiesta su adustez, bien así en la persona propia como en la montura, sin más adornos que los de la sencilla naturaleza, la cual enamora de suyo y prevalece cuando es fuerte y grandiosa. Reconoció después a los alemanes Boukebourgo y Exterteine; a los españoles Alfarán de Vivero y Mosén Diego de Valera; al portugués Late Jiménez de Oporto, gran señor que llena la plaza con su entono, haciendo quiebros sobre un cuatralbo hermoso. Las armas de este lusitano son sinoples, sinople igualmente su vestido, sin más que una pluma azul en el capacete a modo de graciosa disonancia.

Ofreciose luego a la vista de don Quijote Juan de Merlo, caballero en un corcel de mediana alzada, no muy gordo, negro como la cola de armiño, cuyos ojos despiden llamas. Este paladín se encontró de vista con el de la Mancha, y al ojo se concertaron los dos para combatirse.

Vio en seguida un moro a la jineta, arrogante por demás en su apostura, que todo lo miraba como señor natural de vidas y haciendas. Es el rey Gradaso, quien trae a Durindana colgando de un talabarte de cuero de lobo marino. El soberbio pisador de este pagano es blanco: sus ancas desaparecen bajo una gualdrapa carmesí, paramentada de argentería morisca, y gruesas borlas de entorchados de plata bajan hasta los corvejones. El jinete lleva sobre los hombros un capellar sujeto al cuello con un gafetón de oro, y está sofrenando a la continua a su fogoso animal que solicita la batalla con grandes manotadas que da en el suelo, resoplando belicosamente.

El barón Ornobasso de Caprino hace armas con nombre de «El caballero de las Tinieblas»: dos alas negras, abiertas sobre el escudo de fondo azul con veros blancos, son la empresa. El mote: *Muor mentre se lieto*.

Timoteo Ghirlandayo Montelupo tiene parte en la jornada bajo el nombre de «El caballero de la Esperanza». Verdes son sus armas; la empresa de su escudo, un árbol con gruesos pomos amarillos; al pie del árbol, una zorra que está mirando hacia arriba. El mote dice: *Eh, quando sia quel giorno!*

Francesco Eremitano Pietrasanta, alboñés de pro, monta un caballo árabe, cuyo cuello está erguido como el de la jirafa. Nació este noble bruto en los campos tartéseos de una yegua de esas que conciben del céfiro y dan hijos veloces como el viento. Francesco Eremitano Pietrasanta se denomina «El caballero del Triunfo». Sus armas son gules; su broquel tiene por empresa un león que está sesteando a la sombra de una palma; el mote reza: *Sodi tu che vinci.*

Entre los caballeros franceses reconoció además don Quijote a Jacques de Xalán. Las armas de este paladín son jaldes como las de Laucareo, esto es, amarillas, el color de los celos y la desconfianza: la empresa, una ninfa de dos caras: el mote: *Bien fol est qui s'y fie.*

Alfarán de Vivero y Mosén Diego de Valera montan cada uno un gran tordillo cuyo pecho tiembla cual provocativa cuajada. La cerviz forma un arco robusto; la crin, repartida en dos mitades, cae a un lado y otro, larga y abundosa; las manos son negras hasta las rodillas; el casco, limpio, ancho; la cola, crespa, larga hasta la tierra. Los dos españoles hacen armas con una misma empresa, dos gemelos unidos por un vínculo de oro. El mote es: *Honni soit qui mal y pense.*

Otros señores había en el palenque, pero don Quijote no se detuvo a mirarlos, satisfecho de tales adversarios cuales había visto uno por uno. El rey de armas y los mariscales dividieron los bandos, mantenedores aquí, aventureros allí, arrostrados con silencioso denuedo hasta cuando se oyese la señal de acometer. La señora doña Engracia de Borja y don Prudencio Santiváñez habían hecho lo posible por evitar semejante juego; pero don Alejo y sus amigos se empestillaron en que se había de llevar adelante la demostración guerrera, y no hubo forma de cambiar el reporte con otro menos peligroso. Cuando don Alejo de Mayorga quería una cosa, la quería fuertemente, como Marco Bruto. Sus pretensiones se mostraban a sus padres o sus tíos con ruegos y caricias, pero ruegos y caricias de consistencia tal, que no dejaban resquicio a la contradicción. Doña Engracia había propuesto se dispusiese un sarao en vez del torneo: su sobrino resolvió el sarao tras el torneo. No hallando modo la señora de frustrar ese temible alarde, puso a lo menos el artículo de que ninguno de los justador es había de usar de sus armas propias, sino de las que ella les proporcionara. Mandó, pues, hacer unos rejones que sirviesen de lanzas, y aun esos con zapatilla, a fin de evitar el derramamiento de sangre. Las señoritas tomaron sobre sí el adorno de las armas, y las adornaron efectivamente con cintas de colores varios, distinguiéndose cada una según la solicitud de su corazón y la osadía de su voluntad. Hallábanse todas en un tablado construido al propósito, y a cual más puesta en orden, servían de estímulo al valor de los combatientes.

«Caballero, dijo el rey de armas, llegándose a don Quijote; no es de buena caballería servirse de armas superiores a las del enemigo: tenido sois de arrimar la vuestra lanza formidable y proveeros de una igual en un todo a la de los otros campeadores. —Así es la verdad, respondió el hidalgo: no se dirá que don Quijote de la Mancha salió con la victoria merced a la superioridad de las armas. Rugero echó en un pozo el escudo encantado que le había servido para vencer a tres andantes; no usaré yo, por tanto, de esta mi buena lanza. A ver acá la que se me destina, que para el buen campeador todas son unas». Y tomando el rejoncillo que se le presentaba, lo requirió despacio, y dijo: «Por mi vida, caballeros, gran ridiculez y mengua será que tales hombres cuales aquí nos vemos depongamos nuestras armas por estos bolillos de vieja. Echadme acá una almohadilla de salvado por escudo, y las gafas verdes para complemento de la armadura. ¿Vamos a correr sortija o a dar una batalla?

—Para el buen paladín toda arma es buena, respondió el rey Gradaso. Yo juro por Mahoma y su alfanje de dos hojas llamado Sufagar, envasaros con este que llamáis bolillo de vieja, de tal suerte, que entrándoos él por los espacios intercostales, os salga media vara por las espaldillas.

>—*Passa il ferro crudel tra costa e costa,*
>*É fuor pel tergo un palmo esce di netto,*

dijo Michele Papadópoli, señor de la Punta de La Motta, y añadió: Yo hago el mesmo juramento, con la adehala de sacarle uno de sus riñones en la punta de mi bolillo. —A mí me bastará un mondadientes para sacaros todos los vuestros, respondió don Quijote. No gastemos prosa y vengamos a las manos, si no sois malos y falsos caballeros».

Aventose el rey Gradaso sobre don Quijote, diciendo en alta voz: «¡Don follón y mal nacido, pagar heis con la vida esta insolencia!». Juan de Merlo se interpuso y dijo: «Nadie sea osado a usurparme lo que a mí solo me pertenece y atañe: tengo ofrecida al diablo el alma de don Quijote, y mi promesa he de cumplir aunque huya él y se esconda en las rendijas del infierno.

—¡Deteneos, paladines!, gritó Brandabrando, tirándose adelante. Desde muy antes de ahora me debe la vida este caballero, que se la vengo perdonando diariamente por pura conmiseración. Mas llegado es su día y acaban todas las cosas para él, que ya es demasiado compadecer a tan mortal enemigo.

—Eso sería donde no estuviese Duguesclin, dijo éste abalanzándose a la lid. De fuero se me debe la batalla, pues nada más corriente que el restaurador de la caballería francesa las haya con el de la española. Os intimo, caballeros, que os hagáis atrás dejándome barba a barba con tan poderoso contrario. —En buenhora sean venidos todos éstos, dijo don Quijote, a quienes, si no fuera amenguar mi acción y aplebeyar la victoria, llamaría de cobardes y alevosos.

—Yo solo he de castigar este desaguisado, dijo Late Jiménez de Oporto, echándose al centro de esa belicosa muchedumbre. No estoy hecho a sufrir semejantes alusiones, y así me hieren los insultos comunes como los personales. ¡Oh, mi señora Rosinuña de Lisboa, agora me amparad y me acorred y me creced el corazón, para que yo saque a la luz del mundo la sandez y e atrevimiento del que no reconociere y confesare la supremacía de la vuestra fermosura! Mirad por vos, mal caballero, o sois muerto sin confesión.

—Vos sois quien la necesita», respondió el manchego, y abrió la batalla con un tajo tan desmedido, que si el arma fuera un alfanje, allí quedara el portugués para la huesa. En esta sazón los farautes soltaron las bridas y gritaron: «¡*Legeres aller, legeres aller, é fair son deber*!». Y rompiendo las trompetas en una entonación guerrera, principió esa escaramuza, que no le fuera en zaga a las más famosas de los tiempos caballerescos. Hacía mucho que don Quijote de la Mancha tenía olvidado que todo era puro simulacro, y se andaba por ahí en medio de la folga repartiendo golpes a Dios y a la ventura, con tal ardimiento, que iba sacando de sus quicios a los mantenedores, los cuales principiaban a volver palo por palo, y muy de veras. «¿Dónde está ese rey Gradalso?, decía; y vos, hermano Papadópoli, ¿por qué os metís entre los vuestros? ¡Mostrad la cara, Juan de Merlo, vencedor en tantas justas!». Y menudeaba fendientes y reveses tan bien asentados, que más de cuatro paladines tenían ya sus burujones en la cabeza, a pesar del yelmo, si bien éste era de la propia fábrica y hechura del de don Quijote. Los más estropeados, que eran Late Jiménez de Oporto, Juan de Merlo, el rey Gradaso y Michele Papadópoli, empezaron a mostrar su cólera, arremetiendo y parando con enojo manifiesto. El juez del torneo vio que la cosa olía a chamusquina, saltó al palenque, y echando el bastón a la arena, declaró concluida la batalla. Como en don Quijote nada podía más que los usos y reglas caballerescos, fue el primero en contenerse. Bien quisieran los otros asentarle algunos porrazos de adición; pero como ya él no mostraba acometer, todo golpe hubiera sido caer en mal caso y en una nueva cólera suya. Paráronse los campeadores sofrenando a los corceles que bailaban cubiertos de espuma en un bélico jadear muy del gusto de don Quijote, quien tenía por suya la victoria. Es evidente, por lo menos, que ese día repartió muy buenos palos, llevando también algunos de primera clase. Apeados todos y retraídos en sus aposentos a descansar y curarse los chichones, doña Engracia envió a nuestro caballero una chaquetilla de terciopelo verde con briscados de seda y una escarcha de plata muy bien distribuida. No regocijó tanto al noble manchego esta fineza, cuanto el presente que después le trajo una doncella cuyo embozo dejaba ver apenas la pupila rutilante. Era el obsequio un pañuelo no más grande que un lavabo, con bordaduras, en medio de las cuales se estaba exhibiendo un corazón herido de una flecha. Al pie de este hermoso emblema, en caracteres rojos, el nombre de su dueña: «Secundina». Tuvo el trapo don Quijote por pañuelo de finísima batista, y llevado del agradecimiento buscó en la faltriquera una onza de oro con qué regalar a la joven Quintañona; pero ni él la halló, porque no la había guardado, ni la muchacha diera tiempo, según huyó veloz por esos corredores. «Mira si nos quieren bien, Sanchito, dijo a su escudero, y si nos envían corazones heridos de saetas». Sancho Panza admiró escandalosamente la buena fortuna de su amo, y le enteró de que el castillo estaba rebosando en sus alabanzas.

Capítulo XLI. De las razones y las contradicciones que amo y criado tuvieron después de la batalla

«Ignoras quizá, dijo don Quijote a su escudero, aludiendo al regalo de doña Engracia, que el propio honor alcanzó Gutierre Quijada después que hubo hecho armas con Miser Pierres, señor de Habourdín, bastardo del conde de San Polo. Pagado de su gallardía el duque de Borgoña, juez de la justa, le llevó a comer, le puso a la derecha, y luego le envió a su aposento un vestido de muchas orfebrerías aforrado de pieles de garduña. Otro tanto hizo el rey de Bohemia con don Fernando Guevara, cuando éste venció en la ciudad de Viena a Miser George de Bouropag: enviole un joyel de gran precio «y dos trotones muy especiales», como lo puedes ver en la Crónica de don Juan II, donde más largamente se contiene. Unas veces ofrecen los reyes mantos de púrpura a los vencedores; otras, túnicas de brocados de tres altos; otras, vajillas de oro de muchos marcos. El toque está en merecer cualquiera de estos regalos, amigo Sancho Panza. ¿Has visto cuál puede ser esa amable Secundina? Según pienso y entiendo, después de Dulcinea, no hay otra más hermosa en el mundo. Fíjate en esa mano, en la cual no sabe uno lo que admirar más, si la pequeñez, si la blancura, si la suavidad, si la gracia con que se mueven y juegan esos dedos coronados de sonrosadas uñas. —La de mi señora Dulcinea no era tan mona, respondió Sancho, sino como un aventador y más que medianamente carrasposa. Los dedos gruesos, pero no muy largos: en la uña del pulgar se pudiera ver la cara un gigante, sin la roña que la cubría. —Tú sabes, replicó don Quijote, que Dulcinea estaba encantada cuando la encontramos: aunque por dentro era ella, por fuera parecía una grosera labradora. ¿Mas cómo dices eso cuando el encanto no obraba sino para mí y tú la viste en su propia forma, puesto que la conociste? —Para mí no estaban encantadas sino las manos, señor don Quijote, habiendo querido el maligno encantador echar sobre el amo toda su malicia, y sobre el criado una parte de ella. —Tus jocosidades no siempre tienen la sal en su punto, maleante y sofístico escudero, dijo don Quijote: al que le encantan le encantan de pies a cabeza, con manos y todo; y al que le apalean le apalean sin poner aparte ninguno de sus miembros, según lo puedes ver por tus ojos y sentir por tus costillas. ¿Ni en las ocasiones más propias para demostrarme el respeto que me debes, has de dejar de ponerme por delante tu necedad o tu superchería? ¿Quieres que las uñas de mi señora Dulcinea sirvan de espejos donde se miren gigantes, como Polifemo, cuya cara no alcanzaba a reproducirse sino en el mar? ¿Y su mano es ancha como un aventador, monigote fementido? ¿Y áspera, no carrasposa, baratero? ¿Y sus dedos rehechos y ñudosos, espía de ladrones?

¡Yo os haré ver que el ancho, ñudoso y carrasposo sois vos, señor tunante».
Y le hizo ver, en efecto, eso y algo más con un gentil porrazo en la cabeza.

El bueno de Sancho estaba muy hecho a llevar palos; pero cuando se los daba su señor, venía como a resentirse, con decir que de ese modo le pagaba sus servicios, Sancho Panza era humilde; su amo, de buen natural y generoso: de amo a criado nunca hubo más de palo y medio, y cuando más llegaron a dos. Era de condición el caballero, por su parte, que, pasada la culera, de buena gana hubiera abrazado a su escudero, y en haciéndole un grave daño habría vertido lágrimas. Hay hombres que se inflaman y caen sobre los que los irritan: la pólvora no es más violenta; pero son capaces de resarcir con la camisa de sus carnes los golpes que acaban de dar. Me atengo al hombre volado que se enciende a cada instante, y no al aborrecedor sombrío que oculta la cobardía tras la calma y está haciendo fermentar la venganza debajo de la paciencia.

«Murmura de mí, bellaco, dijo don Quijote; omite el cumplimiento de tus deberes; escóndete el rato del peligro; reclama el botín de guerra como cosa tuya; mas no pongas tu lengua viperina en la señora a quien yo sirvo, porque te he de matar. ¿No sabes, mal nacido, que las damas de los andantes, por fuerza han de ser conjuntos de perfecciones, mujeres aparte, creadas *ex profeso* para ser queridas y servidas por estos que nos decimos y somos andantes caballeros? ¿Quieres que la principal, la llamada sin par por antonomasia, tenga las manos y las uñas que dices, cuando nada pone más de manifiesto lo ilustre de la sangre que esa nobilísima parte del cuerpo humano? Ahí tienes a Oriana, ahí a Carmesina, ahí a Polinarda, ahí a la reina Bricena, ahí a la linda Magalona: mira si son manos de aventadores las suyas, o manecitas admirables, azucenas por el color, jazmines por la pequeñez, terciopelo por la suavidad, y saca por ahí lo que deben ser las de Dulcinea. Cuando se las viste como dices, no estaban ellas encantadas, sino tus ojos oscurecidos con telarañas, basura y otras inmundicias. De hoy para adelante, señor bueno, so pena de la vida, habéis de pensar y creer que no hay en toda el haz de la tierra princesa, reina o emperatriz que tenga mano más pulida, limpia y graciosa, ligera y bien proporcionada, que Dulcinea del Toboso. —Más vale mala avenencia que buena sentencia, señor don Quijote, respondió Sancho: con vuesa merced no tengo pleito. Pensaré y creeré de bonísima gana lo que vuesa merced dice; pero llanamente, como a mí se me entienda, y no por antimonasia ni otros rodeos, porque todo lo echaré a perder. Cosa del diablo fue el haber yo visto así a mi señora Dulcinea: prometo verla en lo adelante con mano de azucena, pie de lirio, boca de alabastro y más finezas concernientes a las señoras andantes. —La belleza requiere que los labios sean sonrosados, volvió a decir don Quijote; cuando se te ofrezca delinear un difunto, puedes servirte del alabastro para la boca. —Y cuando a vuesa merced se le ofrezca poner en alguna parte el cabo de su lanzón, no busque la persona de quien le quiere bien, para echarlo ahí como si lo hiciera adrede. Sin haber sido del torneo he sacado mi ración en la cabeza, mi aflicción en el corazón. —Y guárdate de la quitación, respondió don Quijote, la cual puede ser de más consideración, por la sencilla razón de que un baladrón como tú, que no pierde ocasión de manifestar su mala intención respecto de la dama de su patrón, trae la cabeza en continua disposición de recibir sobre ella el asta de mi lanzón. Tú eres gente de ración y quitación... Pero no haya más; y desdoblando la hoja, dime: ¿Se te trasluce cuál de las infantas del castillo es la que ha puesto en mí los ojos? Corazón herido de saetas, corazón apasionado, Sancho. A tales arbitrios suelen acudir las doncellas de pro, a fin de insinuarse con los caballeros cuya imagen tienen en el pecho; y la mensajera es parte esencial de los amores: testigos, la dueña Quintañona, Darioleta, Floreta, Placerdemivida, la viuda Reposada y otras. Ayúdame a descubrir a esa misteriosa enamorada, si bien ella misma tendrá buen cuidado de darse a conocer, pues amor que da la seña no tardará en llegar. Esta pasión sublime obra como el fuego, Sancho: su alimento es el aire, tira siempre hacia la luz; y aunque a veces arde escondida, no hace sino tomar cuerpo en la oscuridad; luego se la ve romper hacia afuera y esparcirse en grandes llamas. Los ojos son ventanas del alma, dicen; son también tirabuzones, amigo Sancho: como vea yo reunidas a las princesas, de una mirada le arranco su dulce secreto a esta bella Secundina. —Una vez descubierta, ¿qué piensa hacer vuesa merced?, preguntó Sancho. —Nada, respondió don Quijote: ¿parécete que sería digno de mi lealtad ponerme a sacar en limpio secretos de doncellitas melindrosas? Bueno fuera andar correspondiendo a todas, cuando con ser sabedor del achaque amoroso de esta divina incógnita me parece que ofendo y pospongo a la sin par.

Dulcinea. Lo que ahora ocupa mi ánimo no es la cuita de esa doncella, sino el acabar de una vez con el rey Gradaso y hacer del todo mía la deseada Durindana. ¿Qué suerte habrá corrido el moro? Si mal no me acuerdo, le descargué encima tal mandoble, que será maravilla no le haya dividido hasta el suelo, con caballo y todo. —Él fue, respondió Sancho, el que viendo por tierra su cabeza se agachó, la tomó y la besó, con mucho amor, en la mejilla. Las baladronadas del jayanazo, señor, nos daban mucho que temer por la vida de vuesa merced; pero, como dicen, gato maullador, nunca buen cazador. Bien muerto está: ni me debe, ni le debo. Duerme Juan y yace, que tu asno pace; y el muerto a la fosada y el vivo a la hogaza. —Mal ajeno de pelo cuelga, Sancho, dijo don Quijote: sigue adelante en tus refranes; camino llevas de agotar, no solamente la colección de don Íñigo López de Mendoza, sino también las de Mosén Dimas Capellán, el Racionero de Toledo, y el Pinciano o sea el Comendador Griego. No olvides los retraeres del Infante Juan Manuel, ni los adagios que las viejas dicen al huego, del Arcipreste de Hita. Si en vez de ese hormiguero de adagios y refranes te hubieras metido en la cabeza algunos preceptos relativos a la caballería andante, el día de hoy te hallaras en potencia propincua de ceñir la corona real. Pero yo tengo mis barruntos de que con tu modo de hablar estomagas y enojas a los encantadores, quienes están retardando cuanto pueden el fausto acontecimiento de mi propia coronación. Ahora dime, pedazo de estuco, ¿se te entiende cachiforrarme con la pamplina de la cabeza de Gradaso? Deja que yo te eche al suelo la tuya, y como aciertes a besarte tú mismo en la mejilla, aquí te armo caballero, y de camino te doy el título de sumiller de la Cava, sin contralor que revea tus actos ni te llame a residencia. Si estoy en lo cierto, San Dionisio fue quien tomó del suelo su cabeza y la besó, después que un esbirro se la hubo echado abajo. Tú no has oído campanas, y aplicas mal y por mal cabo a los acontecimientos actuales tus confusas reminiscencias. Déjalas dormir en el endiablado revoltijo de tu memoria y no me batanees con tus necedades. Si a dicha tiene aún el circasiano la cabeza sobre los hombros, nada habrá perdido por haber esperado».

Salió don Quijote en demanda de Gradaso, cuando ya no había más Gradaso que don Alejo de Mayorga, quien se andaba por ahí hirviendo entre los suyos. «Caballeros, preguntó, ¿sabréis decirme en dónde para aquel soberbio rey del Asia con quien me combatí ahora ha poco? —El señor Gradaso barruntó, sin duda, las nuevas intenciones de vuesa merced, respondió el conde de Mayorga, y se ha puesto en cobro a pesar de sus heridas. Una de a jeme en el pecho, señor; otra en la cabeza, abierta por la comisura, desde la orilla de la frente hasta el occipucio, pasando por el sincipucio. Otra en la garganta, por donde podía entrar y salir un cocodrilo. —¿Hacia dónde y cómo huyó el moro?, volvió a preguntar don Quijote. —Hacia el Oriente, señor, en una jirafa que hendía el aire como un sacre. Creo yo que la fuga la tomó por su cuenta una sabidora llamada Zirfea, quien se lo llevó a curarle las heridas en los montes de la Luna. —Esta es la costumbre de los encantadores que me persiguen, dijo don Quijote: hurtarme el enemigo a quien tengo a punto de muerte, Pero ya veremos si el señor Gradaso muere o no a mis manos, con jirafa y todo. Ahora sepamos lo que mandáis, señores, que me parto. —No diga tal vuesa merced, respondió el conde de Mayorga: las damas no tienen otro empeño que el de festejar a vuesa merced. esta noche con un baile que para el efecto están disponiendo. Verá aquí la flor y nata de la caballería, portentos de hermosura y prodigios de habilidad en la danza. —¿Eso hay?, volvió a decir el caballero: no quiera el cielo que don Quijote de la Mancha falte a la cortesía, rehusando el obsequio de tan hermosas y principales señoras». Y se quedó una noche más en el castillo, para satisfacción de Sancho Panza y gusto de los estudiantes.

Capítulo XLII. Donde se da cuenta del baile de Doña Engracia de Borja, y se delinean algunas de las damas que a él concurrieron

Las damas del castillo, con todos sus alfileres, estaban fulgurantes esa noche; los jóvenes, de tiros largos, y don Quijote de la Mancha metido en sus gregüescos, secas, estiradas las piernas, y un tanto quebradizas; con una cara de santo por lo flaco, de vista en cuchara por lo prolongado, de emperador por lo grave y señoril. Buena cuenta con no reírse tenían las señoras; pero así como el hidalgo volteaba las espaldas, no había contener la que les atormentaba el pecho. Graciosas e invencioneras las muchachas, no les faltó arbitrios para ilusar a don Quijote, tomando, a imitación de los justadores, nombres altisonantes y caballerescos que halagase n sus oídos.

Alda de Sansueña es una joven de singular hermosura, que llama la atención, por la cabellera especialmente, rara en el color como en el caudal, y por el donaire con que la trae derramada sobre los hombros y la espalda en gruesos chorros. Nuestra madre Eva no cultivó más linda mata de pelo, ni con el suyo se hubiera rodeado y cubierto los blancos miembros tanto como esta Alda de Sansueña, la cual en verdad no se llama sino Elena Cabanillas.

A su lado está Lippa de Boloña, oscureciendo a su compañera con la luz de esos ojos que resplandecen cual dos carbunclos negros. Ésta lleva traje de raso blanco con largos torzales de hilo de oro, salpicada la chaqueta de estrellitas azules; la chaqueta, por donde quieren escaparse las dos gordas palomas retenidas apenas en su cárcel. «Elena, dijo a su amiga a media voz, ¿te casaras con don Quijote? —No digo que no, como tú te casases con Sancho: así vendrías a llamarte Jóvita Ponce de Panza. —¿Y el de León dónde me dejas? —Ponlo al fin y serás Jóvita Ponce de Panza de León. —No suena tan mal como de burro, ni tan bien como Elena Cabanillas de la Mancha», concluyó doña Jovita, y se echaron a reír las dos hermosas.

Lida Florida, señora de Cambalú, sigue a Lippa de Boloña en ese coro de ángeles femeninos. En otra cosa consiste su belleza que en lo vivo de la mirada y en lo activo de las maneras: sus ojos son azules, cargados de tan poética melancolía que harto dan a conocer una tierna pesadumbre. Deslumbrara la blancura de su tez, si no acudiera la sangre a sus mejillas y las pusiera como bañadas de rosa. Cuando se ruboriza esta joven, una llama divina desciende del trono de las Gracias y la hace arder en las más delicadas sensaciones.

Viene en seguida Oliva de Sabuco, niña tan alegre y picotera como apacible y silenciosa la enamorada Lida. Mas a su izquierda tiene una buena pareja, porque en el reírse, el moverse y el hablar no le cede una mínima la señora Chimbusa. ¡Chimbusa! ¡Y cómo le hacía bailar en la uña al mal aconsejado que se llegaba a requebrarla! Solo don Alejo de Mayorga tiene el aguante necesario para no sucumbir a esas carcajadas en las cuales resuenan el desdén, la fisga, el sarcasmo, porque la tal Chimbusa es de las que hacen algunas víctimas antes de serlo ellas mismas, y Dios sabe de qué tonto! No es tan tierna que no debiera tener un cariño, por no decir dos; pero se había propuesto no amar a nadie, y hasta entonces se estaba saliendo con la suya, bien por dureza natural de corazón, bien porque el capricho labraba cierta insensibilidad facticia que la mantenía en sus trece. ¡Pobre Chimbusa!... El amor tardío suele mostrarse de repente con toda su madurez: en llegando su fermentación a lo sumo, revienta sin dar lugar a nada. Estas pasiones son las temibles: toman de sorpresa, exigen, ejecutan y muchas veces dejan en tiempo limitado tristes despojos de la que se prometía larga edad florida. Mejor es amar desde un principio, poco a poco, si puede ser, para ir acostumbrándose a la enfermedad de los dioses, sin hurtar el cuello al yugo de ese pequeño rey absoluto, a cuyo imperio no hay quien se sustraiga.

«Marqués, dijo la señora Chimbusa al de Huagrahuigsa, que se asomaba por ahí, gustaría yo de ver bailar a don Quijote. Oliva se ofrece a darme esta satisfacción sirviéndole de pareja. Sea vuesa merced servido de transmitir este deseo al caballero andante. —¡No hay tal!, respondió doña Oliva de Sabuco; Petra es la empeñada en bailar con él: yo no quiero sino ver un pie de jibado a estos dos elegantes. Don Quijote y Chimbusa, el uno para el otro». Y soltó una sonora argentina carcajada, que llenó de armonía la sala. El marqués se tuvo por muy dichoso de hallar pronta escapatoria, so pretexto de ir por el hidalgo, pues le huía a esta Chimbusa como a Judas. Y no porque no le tuviese notable afición, siendo como era la bellaca fea de tal naturaleza que se la hubiera llevado sobre cuatro bonitas. El marqués tenía para sí que era correspondido con usura; mas satisfecho de ser amado a la distancia, y vivamente deseado por la dama, dejaba para mejores tiempos el coronar su dicha (la de ella).

La linda Magalona y Floripés estaban juntas, y ante ellas don Quijote, hincada una rodilla en tierra, empeñadísimo en aludir a los amores caballerescos de estas enamoradas princesas.[14] «Güi de Borgoña, dijo a Floripés, ha sido siempre un buen caballero, tan digno de ser esposo de vuesa merced, como amigo mío, por la constancia y el valor con que defendió la torre donde fue acogido por vuesa merced, junto con los otros pares de Francia. ¿En dónde para el día de hoy tan famoso caballero?

---

14 En tiempo de don Quijote las señoras se sentaban en el suelo sobre alfombras, y los caballeros doblaban la una rodilla para hablar con más comodidad. Véanse los comentarios de don Diego Clemencín. (N. del A.)

—Nos hemos reconciliado con mi padre el Almirante, respondió Floripés; mi marido y señor se fue no ha mucho a verse con él en Guirafontaina, de donde le esperamos antes de un año. Si vuesa merced nos favoreciese con permanecer unos once meses en este castillo, el señor Güi, mi esposo, tendría mucho gusto de conocer al tan nombrado don Quijote de la Mancha. —Once años me quedara, replicó el caballero, por estrechar en mis brazos a tan famoso paladín y tan buen enamorado, si las obligaciones de mi profesión no urgieran por la partida». Aquí rompió la música, y los jóvenes se tiraron al centro, cada cual con su compañera. Loco era don Quijote y muy loco en ciertas cosas; advertido, empero, hasta sabio en otras: no bailó ni le pasó por el pensamiento el buscar pareja, y se rehusó con vigor a las excitaciones de los pisaverdes. La gravedad de su estado, la circunspección de su edad le hicieron mantener un porte digno; y mientras bailando a todo su poder se hacían pedazos los mancebos, él se dejó estar en una esquina de la sala, grave, alto, casi adusto.

Cintia de Guindaya, señora de elevada estatura y admirables proporciones, no se manifiesta visiblemente gorda; pero la imaginación de los que la contemplan sabe si son redondos, maravillosamente torneados esos miembros, cuya rubicundez no se detiene sino en el blanco leche de ese divino cuerpo. Cintia baila como Diana, garbosa y púdica, con empeño, pero con modestia. De ella no hubiera dicho el antiguo poeta latino: «Sempronia baila mucho mejor de lo que conviene a una mujer juiciosa y honesta».

Cintia de Guindaya pasó a la vista de don Quijote, deslumbrándole como un relámpago; y en efecto, era tan bella, que el bueno del hidalgo estuvo a pique de tenerla por su señora Dulcinea del Toboso, cuando no era sino una cierta Estela Montesdeoca.

Tras ésta vino Prusia Fincoya, morena de infernal hermosura, que había dado en qué merecer a más de un pretendiente a su mano. Digo infernal, porque se la amaba de prisa y con furor, sin esos preliminares de las pasiones comunes, afición, tristeza, vaga esperanza y más afectos indecisos que el corazón experimenta cuando se ha de amar con mesura. Agravio hubiera sido para la tal Fincoya quererla de ese modo: ella prende un vivo fuego en el cual es preciso consumirse. Súplicas fervorosas lágrimas ardientes, pasos inconsiderados; celos, iras, desesperaciones, locuras y suicidios: tales son las ofrendas que se han de depositar en las aras de ese ídolo tan perverso como hermoso

Capítulo XLIII. Donde se prosigue la materia del Capítulo anterior

Vueltas las damas cada una a su lugar, se vio a don Quijote ir discurriendo entre ellas por dar quizá con la apasionada Secundina. Una de sus interlocutoras le dijo ser Lindaraja Salahonda, princesa de Chanchirico, para servir a su merced. No demuestra ser muy honda la princesa, antes parece hallarse en camino de salvación, según lo flaco y amortiguado del rostro. Desentendida de sus años, ésta, que pudiera ser dos veces madre, se entromete con las jóvenes, escogiendo siempre las más frescas y bonitas. Gusta de traerse bien y dar la moda, sin perder ocasión de mostrarse a los caballeros para tener el gusto de desdeñarlos con mil dengues de buen tono. Los enamorados que han pasado por sus horcas caudinas son un juicio; sus novios, todos los elegantes y hombres de consideración; mas pedir su mano es poner una pica en Flandes. Pasó don Quijote sin deshacerse en cortesías, y llegó adonde estaba otra morena hirviendo en la movilidad de su temperamento. Esta es la bella Pecopina, cuyo influjo sobre sus amigas es igual, por lo menos, al dominio que ejerce sobre la gente masculina. Si el amor se encarnara en cuerpo de mujer, tomara el suyo de los pies a la cabeza. Chiquita, no hasta ser defectuosa; desparpajada, no hasta la desenvoltura; viva, parlera, no hasta la importunidad: ni bella ni bonita, sino de las que se llaman donosas, esto es, mujer en quien prevalece la gracia, aunque no puede jactarse de la perfección de sus facciones. Gracia, la tiene Pecopina para derramarla a chorros: junto con esto la exquisita sensibilidad de corazón y la delicadeza de los afectos la vuelven una de las mujeres más amadas del mundo. Su cuerpo, eso sí que es primoroso: pecho alomado, dividido en dos redondas prominencias hombros tan atrevidos que están forzando el escote; brazo anticatólico, brazo de Venus, en el cual la blancura, la gordura, la redondez se dan la mano. Se ríe la bella Pecopina, mas no es feliz, ni es fácil que lo sea una de naturaleza como la suya, compuesta del fuego de la imaginación y el de la sangre, poesía en forma de lava hirviente, que está pasando y repasando sobre el alma. Le pareció bien la damisela a don Quijote, y llegándose a ella con muestras de suma cortesía, le preguntó si era de la que tenían a su devoción un caballero andante. «Holgárame de haber conocido a cierto paladín ahora ha diez años, respondió la hermosa, y no me estuviera consumiendo en el desamor. Exasperose don Quijote al verse en esta nueva ocasión con perjuicio de su dama, y como quien no cae en la cuenta pasó adelante, mientras la señora Chimbusa, gran amiga de la bella Pecopina, se vino para ella y le preguntó: «¿Qué arrumacos te hizo? Desde allá oí sus chicoleos. Debes de estar muy satisfecha. —Tanto como la que más, respondió la bella Pecopina; pero con celos de una cierta Dulcinea, llamada Petra Padilla o señora Chimbusa. —No tengas cuidado, repuso Chimbusa: guárdate tú don Quijote, que aún no parece el mío». Y risa que se morían.

Pidieron los mancebos la gallarda, al paso que las señoras se decidieron por los gelves, ofreciendo que después se bailaría la Madama Orleáns y aun la pavana. Onoloria del Catay, antes que todas, se echó a la arena; y por el Dios Cupido que bailó como para embeleso de los inmortales. Presta, leve, aérea, iba y venía agitando el piececito en mudanzas varias, concorde todos los miembros en sus graciosos movimientos. La mariposa que está volando y revolando sobre las flores, iluminada por el Sol matinal, no es más vivaz y alegre ni presenta a la luz con más ufanía los matices de sus alas. Baila Onoloria, la sangre se le encrespa al ejercicio, y el vaivén del corazón le anima el rostro, de tal manera que en el bermejor celestial de esas mejillas pueden arder los serafines. Encendidos sus labios, prenden fuego en el pecho de sus admiradores, fuego que corre al centro y hace dulces destrozos. Esta Onoloria del Catay es bella como una Gracia, honesta como una Musa, y en faltándole un punto al respeto debido, terrible como una Gorgona. Su nombre es Isolina Benjumea; cuando le tocó ponerse uno caballeresco para el sarao, tomó el de la dama de Lisuarte, añadiendo el del famoso imperio del Catay, por que le sonase mejor a don Quijote.

Doralice Blancaflor no es menos que su *a latere* ni en hermosura de cuerpo ni en delicadeza de corazón: no hay sino que ésta no es como Onoloria, bondadosa y afable, casi humilde en el mirar y el hablar, con esa humildad empapada en amor, debajo de la cual dormita la fiereza de la virtud; Doralice pone la monta en dominar a los hombres por el señorío, cuando no tira a matarlos con el desdén. Alta, grave, la sonrisa no se le presenta en los labios sino en forma de menosprecio; y cuando habla es como dueña de vidas y haciendas. La Doralice del baile, en su casa y fuera de ella, se llama Dolores Fernán Núñez.

Ahora viene Olga, viene y baila, y el cadencioso movimiento de sus miembros cautiva hasta el oído, siendo así que el dulce error de la afición es creer que de esa persona embelesante brota una suave música. Olga baila y todo el mundo la contempla seducido, admirándola las mujeres, adorándola los hombres, sin que la aborrezca nadie. Privilegio es de la inocencia no despertar envidia ni en las que presumen de bellas y no sufren competidora en la hermosura.

Concluida esta danza, acometió don Quijote a felicitar a las señoras, y de una en otra se llegó a una muy bien puesta que estaba ahí en voluptuosa sofocación dejando evaporar el cansancio. Díjole ésta que era Doñalda, con lo cual prendió el fuego en la imaginación del caballero andante, pues ese nombre le reducía a la memoria las hazañas y las desdichas de uno de los mejores paladines. «Si vuesa merced es Doñalda, dijo, ¿será la mujer de Roldán el encantado, dueño de la insigne Joyosa del bel cortar? —Soy la misma, respondió la dama. Vuesa merced me ve aquí llena de indignación por hallarse entre nosotras esa pizpereta de Angélica la Bella, quien trae a mi marido, de algún tiempo a esta parte, fuera de sus casillas. ¿Pudiera vuesa merced hacer que mi esposo volviera a quererme? Aquí tiene vuesa merced a mi amiga la infanta Lindabrides, a quien un caballero andante ha enderezado el tuerto que le hacía Claridiana, su rival, con hacer que su amante vuelva a sus primeros amores. —Éste es el caballero del Febo, repuso don Quijote, quien tenía el mal gusto de desdeñar a la hermosa infanta Lindabrides por esa ojinegra de Claridiana. Lo que es hacer que el ingrato don Roldán vuelva a querer a vuesa merced, no está en las atribuciones de la caballería ni en la fuerza de mi brazo. —¿Luego vuesa merced no tiene una maga protectora, dijo Doñalda, de esas que poseen el secreto de prolongar y renovar el amor, mediante ciertos filtros, pociones o bebedizos de que solo ellas tienen conocimiento? Urganda la Desconocida hace que Amadís de Gaula viva gimiendo a los pies de Oriana, y le prolonga la juventud, a fin de que la venturosa Oriana le tenga siempre en sus fuertes años. —Urganda la Desconocida, respondió don Quijote, la sabia Ardémula, Melisa, la reina Falabra, Dragosina, amiga de Esferamundi, Camidia, la maga Filtrorana, la dueña Fondovalle y otras muchas han poseído esos filtros, pociones o bebedizos que vuesa merced recuerda; pero de esto a que yo le reconquiste el corazón de su infiel caballero, no va poco. Lo que se podrá haces será que yo le busque, desafíe, mate y corte la cabeza. —¿La cabeza? ¡Oh, no señor! ¡Oh, no señor!», estaba diciendo Doñalda cuando ya don Quijote había pasado adelante, y un grupo de caballeros proponía que se bailara un Rey Alfonso. Rompió la música, tiráronse al centro señores y señoritas, bailaron hasta no más, se cansaron otra vez, y se acabó la fiesta.

Capítulo XLIV. De la despedida que de los señores del castillo hizo nuestro aventurero

Rocinante y el rucio, aderezados ya, estaban a la puerta del castillo, y Sancho Panza averiguándose con las alforjas, las cuales, gracias a doña Engracia, las tenía rebosando de pollos, cecina, bizcocho y otras curiosidades muy del gusto de ese buen escudero. No había para el ocupación más grata que la de acomodarlas, ni rato más alegre que el de abrirlas. De gula, no comía, pero no le desagradaba mojar un mendrugo en un caldero de gallinas; y en viniéndole a la mano un tercio de capón, daba tan buena cuenta de él, que no había cuándo porfiar que lo concluyera. «Si el buen Sancho, dijo don Prudencio Santiváñez, no tuviese algún motivo especial de amor a su rucio, se le podría trocar dicha alimaña con un cuartago de no mal talante y mucha fortaleza que tengo en mis caballerizas. Según entiendo, el rucio viene a hacer una como disonancia con el tan poderoso caballo de su amo; cosa impropia, además, de la profesión caballeresca. Aún sería de reflexionar si no se le diese una adehala por servir a escudero tan principal. —Con la adehala me contento, respondió Sancho. Lo que en el capillo se toma, con la mortaja se deja, señor: el rucio es mi hermano de leche, juntos hemos crecido, juntos hemos vivido, juntos hemos de morir. No porque ayer fui gobernador y mañana he de ser conde, me he de poner a repudiar a mi compañero. Con mi rucio me entierren, señores: si algo quieren darme, agradeceré la merced. —Advierta el gran Sancho, dijo el marqués de Huagrahuigsa, que al es cuerpo de un don Quijote de la Mancha no le conviene ir en tar humilde caballería como un asno: yo soy de parecer que se lo cambie, a pesar suyo, con el cuartago consabido, pues nunca se ha visto que personas de tanta pro y fama como él anden el borricos. —Vuesa merced no está en lo justo, respondió el capellán, quien se hallaba también presente: «El rey pobre, el rey pacífico, el rey salvador entrará en Jerusalén montado en un asno», predijo Zacarías. Y montado en un asno entró en Jerusalén el rey pobre, el rey pacífico, el rey salvador. ¿Ha de ser cabalgadura despreciable la autorizada y preferida por el Rey de mundo? Calle vuesa merced, y deje que este hombre siga su camino sobre su jumento, aunque no sea sino por lo que tiene de humilde y cristiano. —Por lo que tiene de cristiano, sea, replicó el marqués; mas por lo de aventurero, ha de montar en caballo ¿Dígame vuestra reverencia las personas de alto lugar que han ido a jumentillas, ni entre los antiguos, si no fue nuestro Señor Jesucristo, y eso únicamente por darnos ejemplo de humildad. —De nuevo se engaña vuesa merced, volvió a decir el capellán el asno ha sido caballería de corte, lujo y boato en los mejores tiempos. ¿Pues veamos en qué montaban los jueces de Israel. Los cuarenta hijos de Abdón y sus treinta nietos iban delante de él, caballeros sobre setenta asnos gordos, lucios, vivos, cuyo: escarceos no podían ser mejorados ni por los corceles de Mesopotamia. Jair, junto con sus treinta hijos, señores de otras tanta: ciudades, montaban en burros soberanos, como puede verle vuesa merced en la Sagrada Escritura. ¿Pónganseles herradura: de plata a esos buenos pollinos, gualdrapa de púrpura sobre el pelo negro, y díganme si un magnate puede andar mejor montado? —Vuesa paternidad lo afirma, y aun cuando sea *ex fide aliorum*, así debe de ser, contestó el marqués. Mas todavía querría yo que el buen Sancho, que no es Abdón ni Jair, anduviese de hoy para adelante en un rocín mediano, porque no viniese a rivalizar con los jueces de Israel y perderse por la soberbia. —Para mi santiguada, respondió Sancho, que no he de ir a echar en tierra de una embestida las costumbres de mis mayores, quienes no montaron nunca sino en burros. —Pues yo soy de parecer, dijo a su vez el conde de Mayorga, que no solamente se le debe cambiar su rucio a Sancho, sino también su Rocinante al señor don Quijote. ¿Qué dice vuesa merced de una buena cebra, animal que se traga cien leguas por hora, adecuadísimo, por tanto, para las aventuras que requieren velocidad? Y no se piense que semejante vehículo sea desautorizado en el mundo caballeresco: tienda vuesa merced la vista y vea cómo

>«Por las sierras de Altamira
>Huyendo va el rey Marcín,
>Caballero en una cebra,
>No por falta de rocín».

No por falta de rocín; luego los más famosos caballeros han preferido la cebra al caballo. —Tan lejos está el rey Marcín, respondió don Quijote, de ser famoso caballero, como de ser preferible al caballo aquel animalucho que menciona vuesa merced, el cual en resumidas cuentas no pasa de silvestre; alimaña notable tanto cuanto por la graciosidad de su cuerpo y aquel ordenado artificio con que la madre naturaleza quiso hermosear su piel, dividiéndola en fajas negras y amarillas. Mas dígame vuesa merced ¿cómo una cabalgadura buena solamente para la huida ha de convenir a ese cuyo asunto es acometer, pelear a pie firme y vencer? Si alguna vez me encontrase yo en el peligro de haber de retirarme, mandaría barrenar mis naves y darlas a la banda, como ya lo hicieron Agatocles y nuestro esclarecido Hernán Cortés. Digo que mataría con mi mano a Rocinante, a fin de que no me pasase por la cabeza la idea de huir ni retirarme. El que Marcín se hubiese encomendado a la velocidad de una cebra, no es ejemplo que puede seguir un caballero. —Si yo insinué esa especie, replicó don Alejo, fue porque me pareció digno de un paladín como vuesa merced el montar un animal raro, casi fabuloso; bien como la reina Falabra andaba caballera en un lobo sin cabeza, y como otros grandes y famosos caballeros han montado en grifos, unicornios, hicocervos, jirafas y otras maravillas. Mire vuesa merced al gigante Mordacho con cuánta gallardía y gentileza va a horcajadas sobre «un oso guarnido con unos cueros muy duros, que él puesto encima parecía más fiera cosa de ver y más espantable que el infierno. En la cabeza lleva el citado Mordacho un yelmo hechizo con agujeros enormes por los cuales saca las orejas. Su armadura es de huesos y costillas de sierpe, más fuertes y difíciles de hender que el acero mejor templado. El oso es muy grande y desemejable; y cada vez que el jinete le pone en los ijares las uñas de león que lleva por espuelas, da tan grandes saltos y bramidos, que a todos atruena y pone susto». Por aquí puede ver el señor don Quijote cuan natural sería que su merced jineteáse una linda cebra de los desiertos del África, si ya no prefiriese el lobo sin cabeza de la reina Falabra. —Yo sé por dónde veo las cosas, respondió don Quijote; a mí me incumbe y atañe el saber lo que prefiero. Ni el oso de Mordacho, ni el lobo de la reina Falabra, ni el camello de la mágica Almandroga, ni cuantos hicocervos, jirafas, grifos, hipogrifos y demonios hay en el mundo, le llegan al tobillo a este mi buen compañero y amigo. Vengan los Alejandros sobre sus Bucéfalos, los Julios Césares sobre sus corceles de uña partida y cara de toro, los Rui Díaz sobre sus Babiecas, los Rugeros sobre sus Frontinos, los Astolfos sobre sus Rabicanes; vengan todos juntos: aquí está don Quijote de la Mancha sobre Rocinante. —Ese corcel, dijo el barón de Cocentaina, debe de provenir de un enlace y cruzamiento extraordinarios, para que sea tan singular por su origen como por sus prendas. Estos grandes e ilustres caballos suelen tener su genealogía propia y diferenciarse de los demás esencialmente. Bucéfalo, aquel gran Bucéfalo que vuesa merced acaba de nombrar, ¿cómo y de quién nació?

> —«Fízolo un elefant por muy gran aventura
> En una dromedaria, cuemo dis la escriptura:
> Venial de la madre ligerez por natura,
> De la parte del padre frontales é fechura».

Si el mío fuese hijo de una dromedaria, sería dromedario, respondió don Quijote: como descienda del más poderoso semental de los cotos de Andalucía y de la más fina yegua cordobesa, estoy contento. Y ahora sí que es la de vámonos, señores: mandar y adiós». Al tiempo que montaba a caballo, como las damas del castillo estuviesen por los corredores, se llegó don Quijote al señor de Mayorga y en tono de reserva le dijo: «Vuesa merced sea servido de indicarme la que entre esas hermosuras se llama Secundina. —¿Secundina?, respondió el conde; ahí la tiene vuesa merced». Y le enseñó una moza entre los pinches de la casa, que agrupados por ahí estaban a ver partir a los andantes. Era la tal una mujer baja de cuerpo, achaparrada, que traía a cuestas una muy buena joroba y metí a hasta no más el un ojo en el otro. Atónito la estaba mirando don Quijote, al tiempo que el señor de Mayorga alzó la voz y dijo: «Secundina, el señor don Quijote de la Mancha se te encomienda, y aun desea le hagas la gracia de llegarte luego para un asunto de importancia». Entre pasmada y obediente echó a andar la moza. Como don Quijote la viese aproximarse cojín cojeando, arrimó las espuelas a su caballo y se partió.

Capítulo XLV. De lo que les sucedió a don Quijote y Sancho Panza, mientras andaban descaminados por Sierra Morena

Dos días habían andado los aventureros sin que les hubiera sucedido cosa digna de memoria, y se hallaban por las faldas de Sierra Morena, solos y sin camino. Don Quijote se figuraba ver dentro de poco, ya una doncella andante puesta a mujeriegas sobre un león, ya un jayán que se llevaba consigo una princesa, ya un enano que le traía una embajada amorosa. «¡Por las cinco llagas de Nuestro Señor Jesucristo y los Dolores de María Santísima, dijo por ahí una voz cascada y muerta de hambre, una caridad a este pobre ciego!». A Sancho Panza se le fue la sangre a los zancajos: las palabras no podían ser más católicas; pero en nada confiaba cuando se hallaba en semejantes despoblados. Un hombre, acurrucado al pie de un árbol, con un perrito pastor a los pies, era quien había pedido la limosna. «Sancho, dijo don Quijote, la ocasión de hacer un bien es siempre un buen agüero: las obras de misericordia son préstamos que hacemos al Señor. Abre esas alforjas y provee para quince días a este desdichado. —Le daré, respondió Sancho, mas no para quince días. Si de hoy a mañana no salimos de estos andurriales, en Dios y en mi ánima que tengamos nosotros mismos que hacer de ciegos. —Tan buena cuenta has dado de la repostería, Sancho? Haces bien, amigo: el día que hay, come a tu sabor, y no te dure un mes lo que alcanzaría apenas para una semana. Da lo que puedas a este ciego; no manda otra cosa la ley de Dios; pero lo que des, dalo de corazón. Sin buena voluntad, no hay caridad: los que dan por fuerza, labran para el demonio; los que por orgullo, están condenados». Sancho estaba ya en tierra abriendo las alforjas con loable empeño, y mientras desperdigaba una gallina, dijo a su amo: «Yo no doy por orgullo ni por fuerza; mas no doy para quince días. Tome este cuarto, hermano ciego, y este jirón de cecina: cómalos a nombre del escudero Sancho Panza, encomendándole a la Virgen. —Ella os lo pague, mi buen señor, respondió el mendigo recibiendo a tientas lo que se le ofrecía: si las oraciones de un pobre pueden con el cielo, allá irán a parar vuesas mercedes. —Miren si discurre bien el esguízaro, dijo Sancho: comed y rezad, hermano, y no hagáis como los que maman y gruñen. ¿En dónde habéis aprendido tan buenas razones?

—No vale el azor menos
Por nacer en vil nío,
Ni los decires buenos
Por los decir judío.

respondió don Quijote. Puede uno ser pobre y ciego, y hablar como don Santos de Carrión. —Como don Santos, sea, dijo Sancho: ¿ahora qué dice vuesa merced si en este pradecico, al lado de este bienaventurado, les diésemos nosotros también un tiento a las alforjas? —No dices mal, respondió don Quijote, ¿pero tendremos agua por aquí? —Y pura y dulce, dijo el ciego: ¿no la oye vuesa merced a cuatro pasos?». Don Quijote puso el oído y alcanzó un blando susurro que de entre unos árboles salía. Es un arroyo, dijo: el licor más saludable del mundo. —Y el más barato, repuso Sancho. Pero no me hubiera resentido con mi señora doña Engracia de Borja, si nos hubiera acomodado con unos dos frascos de Alaejos y dos de Rivadavia. En verdad que uno viene como a convertirse y santificarse con una copa de Valdeiglesias tras un bocadillo astringente como esta longaniza. —No te aficiones a la bebida con tal fuerza, tornó a decir don Quijote, que vengas a emborracharte sin beber, como si realmente hubieras bebido. ¿Qué más da que uno robe o viva deseando robar? ¿Serás menos libidinoso si vives muriendo de día y de noche por la mujer de tu prójimo, que si de veras vinieres a corromperla? De este modo, tan borracho eres si andas siempre con la mira puesta al beber, como cuando efectivamente bebes. Y no te resientas; tú sabes el refrán que dice: A mozo roncero, amo severo. —Vuesa merced me fiscaliza los pensamientos, dijo Sancho, y me condena por ellos como a pecador conflicto y confeso. —Si eres conflicto, replicó don

Quijote, serás también conflexo: si eres confeso simplemente, pecador de ti, te habrás de allanar a ser convicto. Sancho, Sancho, ¡y qué bien dicen: El hijo de la cabra, de una hora a otra bala! ¿Cuando yo te creía perito en nuestra lengua, como efecto de las lecciones que te vengo dando, salimos con que la cabra tornó a balar el día menos pensado? Hijo malo, dicen, más vale doliente que sano. Pero como también se suele oír por ahí: Al hijo de tu vecino límpiale las narices y métalo en tu casa, yo te limpio las tuyas y te meto en mi casa. El pie del dueño, estiércol para la heredad: sírvante de estiércol estas mis razones: fecúndate, da un fruto de bendición, gallego viejo. —Acertádole ha Pedro a la cojugada, que el rabo lleva tuerto, dijo Sancho. ¿Dónde están las lecciones que vuesa merced me viene dando? Lo que hace es acomodarme ropa limpia de cada lunes y cada martes, y buscarme la lengua para los... batanes. El hijo de la gata, ratones mata, señor; y quien tuviere hijo varón, no llame a otro ladrón. ¡Y son pocos los refranuelos que nos ha echado el señor don Quijote! Vuesa merced se lo lleva en el pico a este escuderillo en esto de los refranes. El hijo del asno, dos veces rebuzna al día: pícame, Pedro, que picarte quiero. El viejo desvergonzado hace al niño osado. Y ¡montas! si yo tomo de memoria las lecciones de mi señor. Quien con lobos se junta a aullar se enseña. Hijo fuiste, padre serás; cual la hiciste, tal la habrás. —En día infausto hube de nacer, dijo don Quijote interrumpiéndole, para verme hoy bajo la influencia de tu genio fatídico; y en hora menguada me vino a los labios eso del pie del dueño, que fue a remover en tu cabeza el montón de sabandijas que tú llamas refranes. Si me los quisieras vender a carga cerrada, sin reservar ni uno solo para tu uso, te diera yo por ellos todos mis bienes de fortuna, y con gusto me quedara en la calle. —Los hijos de Marisabidilla, cada uno en su escudilla, tornó Sancho a decir; nosotros somos esos hijos; pues cada uno en su escudilla y a su casa; que como mi hijo entre fraile, mas que no me quiera nadie. —¿Vuelves a los hijos, don hijo de tu madre?, gritó don Quijote. Quemadas sean tus palabras, Sancho siete veces brujo. ¡Oh, y cuándo será el día que yo te vea con el palo codal, arrepentido de tus refranes! Cuenta y razón conserva amistad: ven acá, Sancho: aquí hemos de formular, firmar y acabar un contrato de los que nacen de estos principios: Doy para que des, doy para que hagas; hago para que des, hago para que hagas; y sírvanos de testigo este buen ciego. Tú das el no decir expresión proverbial, adagio o cosa que huela a refrán, ni en artículo de muerte, aun cuando sepas que has de entregar el alma al diablo. Yo doy el redoblarte tu salario, el hacer condesa a Sanchica, y además una de las tres pailas grandes que heredé a mi señora madre. —Póngase una nota, respondió Sancho, y séllese y rubríquese; es a saber, que si mi alma viniere a verse en peligro de condenación, he de echar cuantos refranes fuere menester para salvarla. —Cuando tus pecados te llevaren a ese trance, los dirás, repuso don Quijote; pero no tantos ni tan escabrosos que a causa de ellos recaigas en la cólera divina. —Vieja escarmentada, arregazada pasa el agua, dijo Sancho. Venga esa pieza del doy para que des, y fírmese. Pero ha de haber otra excepción: cuando vuesa merced me hurgare la memoria y me incitare el apetito con alguno de esos refranillos que suele aflojar como quien no dice nada, doy por rota la escritura y vuelvo de hecho al uso corriente de mis refranes. Cuando uno venga de perilla, lo he de soltar también. —¡Que no te dé una fiebre pútrida, judío!, dijo el caballero exasperado. Si todos los casos en que te puede venir el vómito de refranes los pones fuera de la regla, ¿qué dejas para tu compromiso? —Paso por todo, respondió Sancho; no se hable más. He oído, señor don Quijote, que para que el testamento sea macho son necesarios siete testigos; y no tenemos sino dos: el ciego y su lazarillo o su perro. —¡Aquí no hacemos testamento macho ni hembra, zopenco, zopencón!, dijo don Quijote. Para la friolera en que nos hemos concertado, con uno hay de sobra. —A la buena de Dios, repuso el escudero, y que vuesa merced no olvide el aumento de mi salario, ni el hacer condesa a Sanchica. —Es cosa mía, respondió don Quijote, y añadió: La caridad descuenta las culpas de la codicia: mira, Sancho, el pobre ciego, que está como si no hubiera pasado bocado por él: favorécele con media docena de bizcochos y una lonja de tocino, que no te serán negados el día del finiquito. Lo que das al pobre, no lo echas en el agua: semilla es que produce en abundancia. O más bien, en el agua lo echas; pero, según las divinas letras, allá abajo, cuando menos acuerdes, lo volverás a coger. No digas al pobre: ya te di; el hambre no pasa sino para volver, y en su rotación dolorosa va gastando las ruedas de la vida. La limosna es credencial para con el Señor, documento de que Él hace mucho caso. Si tienes un pan, da la mitad al pobre; si dos, dale uno entero. —¿Si tengo veinte panes, dijo Sancho, le habré de dar los diez al ciego? ¿Y mis hijos? —Yo sé muy bien que la caridad principia desde casa, respondió don Quijote; pero sé también que en este axioma hacen pie los avarientos y egoístas para fomentar su tacañería. Tus hijos serán hijos de judas, si llevan a mal que socorras con un pan al indigente. —¡Sanchica de mi alma!, exclamó Sancho; y levantándose conmovido: Tomad, hermano, dijo al ciego, estotro bocado; y no se os olvide pedir a Dios por los caminantes. Mirad para vuestro perro este osecillo no tan limpio. —Dos días no hemos yantado, respondió el pobre: nada de lo que me proporcione la misericordia divina por mano de vuesas mercedes, será por demás. La muquición es la vida, señor. —¿Eh?, preguntó don Quijote; ¿la muquición? —Así llamamos los pobres al pan de Dios, respondió el ciego. —Así lo llaman los ladrones, dijo Sancho; y al comer llaman muquir. ¿Sois de la pega, hermano? —Como hay Dios que soy hombre de bien; ¿ni cómo he de robar con estos ojos anochecidos? —¿Y qué diablos hacéis por aquí?, preguntó don Quijote. Estos parajes no son ricos en caridad: para vivir y para morir, el hombre necesita de sus semejantes, y más uno como vos. El camino real, un puente, la puerta de un mesón os convendrían primero que estas soledades. —Venga a las ancas de mi rucio, hermano, dijo Sancho: yo le dejaré en sitio tal, que sobre el pan le caigan algunos cuartos, si no son reales. Ahora dígame vuesa merced, señor don Quijote, si este ciego tiene derecho a mis diez panes, ¿no puedo, por la misma razón, traspasarle algunos centenares, y aunque sean millares, de ciertos tres mil y trescientos que tengo que... darme? —De ninguna manera, respondió don Quijote: Merlín el encantador previno que fuese cosa exclusivamente tuya. No me hables de esto, si no quieres dar al traste con la paz que hemos firmado, y ve por agua, que harto la he menester».

Sancho Panza, hallando mal templada la guitarra, puso punto en boca y se internó en la espesura. Siguiole don Quijote hasta cierta distancia, y arrimándose a un árbol se quedó a esperarle, tomado de sus pensamientos caballerescos. El ciego se alzó pasito, con mucha cautela y diligencia se llegó al asno, se apoderó de las municiones de boca, con alforjas y todo, y sacando de la faltriquera una botellita, le vertió su contenido en las orejas. Viendo que no había otra cosa manual con que cargar, se retrajo pian pianino, y luego se disparó por esos campos, de modo que no le alcanzara la Santa Hermandad si de propósito dieran tras él todas sus cuadrillas. Tardó Sancho en volver, hasta el punto de enojar a don Quijote, cuyas meditaciones no suelen ser muy tenaces; se puso el caballero a darle voces, cuando el escudero asomó inundado en gozo, con un animalejo en los brazos, cual si trajera una maravilla. «¡Maldito seas de Dios y sus santos!, le dijo don Quijote. ¿Qué traes ahí, un corvezuelo? —¡Corvezuelo! ¡Mi padre!, respondió Sancho: es un animalito nunca visto, que venderé como una raridad en el primer pueblo adonde lleguemos. ¿Quién no me dará ocho o diez reales por esta piedra preciosa? Mírelo y remírelo vuesa merced, y dígame si en los días de su vida ha visto cosa más linda. —Apuesto diez contra uno, dijo don Quijote, a que te has pillado un zorro, y zorro es el que estás apretando contra el seno, cuando te figuras poseer el animal del carbunclo o el ave del Paraíso. Suelta ese asco, villano, y huye de mi presencia: tú no tienes ni la sal ni el agua del bautismo». Tras que el pobre escudero estaba cubierto de un hedor mortal, tomó su lanza don Quijote y le asentó los dos mejores garrotazos que en su vida hubiesen dado el uno y recibido el otro. Mohíno y corrido Sancho, acudió a las alforjas, las que solía cubrir con un gabán de remuda, para ver de cambiarse lo apestado. «¡Que me maten, gritó, como el ciego no haya sido ciego fingido, de los que roban con el nombre de la Virgen en los labios, y asesinan encomendándose a los santos del cielo! ¿Dónde están las alforjas, señor don Quijote? ¡Mal año en mí y en toda mi parentela, y que me vea yo comido de perros! —Que te veas comido de perros, dijo don Quijote, no me parece mal: ¿cómo discurriste para traerme aquí tu animalito maravilloso, Sancho pagano, Sancho moro? A fe que primero que se te vaya esa ambrosía, te habrás de quitar la escama y todavía has de quedar como una junciera. —Si no quieren desesperarme, no se hable más de esto, respondió Sancho: he de vivir mil años, y no he de acabar de maldecir mi suerte. ¿Dígame vuesa merced cómo nos desayunamos hasta cuando Dios sea servido ponernos en una venta o un mesón? —Decir pudieras castillo o palacio, replicó don Quijote; por lo demás, no te dé cuidado: en defecto de pollos rellenos y roscas de Utrera, nos han de sobrar por estos campos raíces comestibles y hierbas saludables. Si la necesidad apura, ¿qué hay sino tomar una infusión de verónica y quedar reanimados y entonados para muchos días? Llora menos por tus alforjas y monta sobre el rucio. —¿Cuánto va a que el bellaco del ciego le ha puesto azogue en los oídos a mi burro?, dijo Sancho. Mire vuesa merced la vivacidad con que se está haciendo el brioso, como si fuera un corcel de guerra. —La cosa es muy factible, respondió don Quijote; esa suele ser maña de gitanos».

Capítulo XLVI. Qué fue lo que don Quijote y su escudero hallaron al salir de un bosque

No a mucho andar cerró la noche. Vívidas las estrellas estaban guiñándose amorosamente, repartidas por el firmamento en espléndido desorden. Estas amables solitarias gustan de vivir lejos unas de otras; pero se comunican entre ellas por medio de esa mirada inocente con que se insinúan con el poeta, cuando él las contempla en sus gratos y a un mismo tiempo melancólicos devaneos. Recién nacida la Luna, apenas si hacía figura en el cielo con sus cuernecillos untados de luz, visible como un recorte de uña, descendiendo al horizonte. Habíase don Quijote engarabatado más de una vez en las ramas de los árboles; Sancho Panza traía por su parte el un ojo no tan católico, de un pasagonzalo con que una de ellas le saludó muy atentamente. El miedo tan solo podía contrarrestar la impaciencia del escudero; y su impaciencia era, en cierto modo, oposición a su miedo. La oscuridad, la soledad se lo comían vivo; y de la cuita de su alma no le sacaban instantáneamente sino los tropezones del rucio, los papirotazos de las ramas, los golpes que iba recibiendo en los troncos de aquel bosque o selva feroz, que allá para sí él calificaba de infame. «No hay forma de pasar adelante, dijo don Quijote, aun cuando estaba lejos de reconocerse mortal: de nada nos sirven esos altos luminares en medio de esta espesura endemoniada. Apéate, Sancho, y veamos cómo nos abarracamos por aquí hasta el reír del alba. —Al puerco y al yermo mostrarles la soga, respondió Sancho. No digo nada, señor, sino que me estoy muriendo de miedo, y que voy a encomendarme de todo corazón a nuestro Señor Jesucristo. Te acuerdas de Santa Bárbara mientras dura la tronada, volvió a decir don Quijote. No hace una hora que te encomendaste a todos los diablos del infierno, y ahora te vas a encomendar a Jesucristo. Cuando de veras te pones en manos de Dios, ten por cierto que Él te las alarga; pero si te acoges a su misericordia tan solamente urgido por el miedo, tus plegarias caen en vacío: su voluntad no se rinde a una dedada de miel, ni a Él se le enquillotra con marrullerías fingidas. Él ve en medio de la oscuridad, oye el silencio, te escudriña las entrañas y te saca viva la intención. Si haces la seráfica en tanto que dura el peligro, y vuelves a las andadas, serás el portugués que le hacía ofrenda de su burro hasta cuando pasaba el río».

Habíanse ya desmontado los andantes. Puesto el freno del caballo al arzón, libre de sus aparejos el rucio, dejáronlos que ramoneasen por el bosque, mientras ellos ganaban la sombra de una encina y se sentaban muy de propósito. «Si no estás en estado de gracia, continuó diciendo don Quijote, toda oración el por demás: irás un año con la cruz a cuestas sin que el Señor dé señales de haberte oído. No podrás pensar hoy en cosa de más provecho que en hacerte un poco allá, y como quien no dice nada, darte una buena mano a buena cuenta... —Durillo soy para ese negocio, tornó Sancho a decir; pero fuera peor que no tuviera en donde recibirlos; y vuesa merced sabe el acioma de «más da el duro que el desnudo». —A trueque de no dejarte pasar el axioma, dejaré pasar esta falta a nuestro contrato. El que acabas de proferir no es acioma ni axioma, sino refrán mondo y lirondo. Ahora ven acá, don Jácaro; ¿de cuando acá se te ocurre salir poniendo dificultades en el asunto de los tres mil? ¿No es materia admitida y consentida, y aun pasada en autoridad de cosa juzgada? Pero tú eres de los que no ocultan en la noche sus proezas, y llaman al Sol para testigo de sus obras, También yo soy de ese gremio, amigo Sancho; y así no te constriño por ahora, como te ratifiques en la promesa de solventarte lo más pronto que pudieres. —Cuando he menester el brazo para cosas de más importancia, repuso el escudero, no me azoto ni de día ni de noche. —Cosas de más importancia que ésa no hay, dijo don Quijote: si la deja a un lado porque a él le parece baladí, yo le haré ver al señor disertador que primero es el azotarse que el hablar, primero el azotarse que el comer, primero el azotarse que el dormir. Si andas tan moroso en el cumplimiento de tu deber, me veré en la necesidad de añadir mil y quinientos al principal, a título de daños y perjuicios. *Additum supra pacti pretium.* —El amo bravo hace al mozo malo, señor don Quijote. Podrá vuesa merced entrarme a sangre y fuego; pero si me se acordar, los azoticos de por fuerza no tienen virtud ninguna en el doy para que des, que vuesa

337

merced sabe. Gota a gota el mar se agota, señor; y poco a poco hila la vieja el copo. Cinco me tengo dados, cinco me daré mañana, cinco cuando Dios quiera; y cuando vuesa merced menos acuerde, tenemos a nuestra señora Dulcinea haciendo pinicos delante de nosotros. Al año tuerto el huerto, señor; al tuerto tuerto, la cabra y el huerto; al tuerto retuerto, la cabra, el huerto y el puerco. El año es tuerto retuerto para vuesa merced, y vuesa merced no quiere acudir a la cabra, al huerto ni al puerco. —¡El tuerto retuerto y el puerco repuerco eres tú!, gritó don Quijote con mucha cólera. ¿Dónde están las estipulaciones que hemos firmado, mohatrero? ¿Es ta es tu palabra nunca desmentida, farandulero? ¿Así cumples tus compromisos y contratos, embustero? Con estos refranes de judas has de hacer al fin un mal público, obligando a Su Majestad a dar una pragmática por la cual se los prohíba en todo el reino. ¡Maldito seas tú, y lo sea toda tu descendencia, Sancho fariseo, y que yo te vea pidiendo limosna! Te has echado el alma a la espalda, y por detrás de tus feroces inextricables refranes te subes a mayores. ¿Por qué motivo se nos había de presentar Dulcinea haciendo pinicos en forma de una mamoncita que estuviera empezando a dar los primeros pasos? Eres un trasgo, Sancho; pero el día que quieras echarme una albarda, ha de ser el último de los tuyos. Duerme, bendito, duerme y no hables. Por huir de tus necedades y embustes me fuera a dar a las antípodas andando para atrás, a fin de que no pudieras seguirme por las pisadas».

Sancho creyó ver en estas expresiones algo más que un remusguillo de amenaza, y sin chistar ni mistar, duerme, Sancho, duerme, niño, cogió el sueño de tan buena gana, que se llevó la noche hasta cuando los pajaritos empezaban a llenar de música la frondosidad de los árboles, gorjeando a modo de saludar al Creador, que comparecía en el horizonte, ataviado con los colores de la aurora. Don Quijote de la Mancha había también dormido su poco, después de un largo velar en sus pensamientos: sintiéndose recuerdo, rió que por entre la espesura de las ramas se iban filtrando lentamente los rayos de la luz matinal, mientras la noche, medio desvanecida, se retiraba de la tierra. Aquí fue donde Sancho Panza abrió los ojos, por la primera vez sin que su amo le despertase, y en un largo, escandaloso desperezo se puse a cantar unas como seguidillas picarescas que sabía de muy atrás. «¿Villancicos tenemos?, dijo don Quijote; ¿son éstas tus plegarias, Sancho? —Al abrir los ojos, señor, digo lo que hallo de pronto en mi memoria, y hago cuenta que me encomiendo a Dios. —¿Así pues, cuando amaneces dándote al demonio, replicó don Quijote, haces cuenta que a Dios te encomiendas? —Eso no, señor; al diablo no me doy sino bien entrado el día: de mañana tengo fresca el alma, claro el entendimiento, y la cólera no se atreve a salir de su caverna, porque la frescura y la inocencia de la madrugada se le oponen. ¿Quién ha de llamar al enemigo al reír la aurora por engangrenado que tenga el corazón? —Sancho admirable, repuso don Quijote, tu árida inteligencia es a las veces florentísima y da frutos lujuriantes. La cólera no se atreve a salir de su caverna porque la frescura e inocencia de la mañana se le oponen: sin más que esto serías coronado en Roma, cual otro Francisco Petrarca. Echa el freno a Rocinante, apareja tu jumento, y vamos al encuentro del día, que debe ser cabal fuera del bosque».

Aderezó Sancho las caballerías, montaron amo y mozo, y a buen paso salieron al campo libre, dejando atrás el que de noche había parecido lóbrega desmesurada selva, cuando no era sino un manchón de árboles achaparrados. De buen humor venía Sancho; pero ¡oh instabilidad de las cosas del mundo!, toda su animación, su placer espontáneo se vinieron a tierra con el espectáculo que de súbito se les mostró a la vista: era un cuerpo humano colgado a toca no toca en un árbol y muchos cuervos sentados en las ramas vecinas. Sancho se quedó medio muerto, y hubiera dado al través consigo si la voz de su amo no le reanimara diciendo: «Este, sin duda, fue un bandolero a quien la Santa Hermandad colgó y asaeteó donde le echó mano, sin que fue se necesario llevarlo a Peralvillo. No te mueras, Sancho, y mira lo que Dios y el rey hacen de los malvados. El varón ínclito tiene desnudo el brazo hasta el hombro: si no me engaño, son letras esas que están trazadas en el pellejo. «Ignacio Jarrín»: su nombre. Tal suele ser la costumbre de estos señores: unos se puntean en el cutis el nombre de su coima; otros, como éste, el suyo propio. Vente tras mí, Sancho; de estos objetos, los menos». Echó a andar don Quijote, su escudero a las espaldas, desapareciendo este buen cristiano debajo del montón de cruces que iba haciéndose en el cuerpo unas sobre otras. «El pobre del hombre, dijo don Quijote, muere como ha vivido. ¿Piensas, buen Sancho, que ese miserable habrá sido el espejo de las virtudes? Los vicios, los crímenes hicieron en su alma los mismos estragos que las gallinazas han hecho en su cuerpo. Asesinato, robo, traición, atentados contra el pudor son bestias feroces que devoran interiormente a los perversos. Ignacio Jarrín... O yo sé poco, o éste es aquel famoso ladrón que dio en llamarse Ignacio de Veintemilla. En el primer lugar adonde lleguemos nos darán noticia de este ajusticiado».

Comentario
Don Quijote encontró ya un bandido colgado en un árbol. En las varias ocasiones que he repasado estos Capítulos, he cambiado o suprimido todo lo que pudiera parecer imitación de otras escenas de Cervantes: ahora no me es posible; y sin ánimo de imitar, dejo en pie este pasaje, por fuerte necesidad de la justicia. Tenía yo que imponer a ese malandrín un castigo digno de su vida, y nada más puesto en razón que hacerlo ahorcar. La Santa Hermandad estaba facultada para la ejecución inmediata de los delincuentes excepcionales en donde los echara mano, sin llevarlos a Peralvillo, que era el ahorcadero general. «Le perseguiré más allá de la tumba, decía sir Philipp Francis, hablando de un ministro perverso, y le cubriré de infamia en la eternidad misma». Sir Philipp Francis tenía en la memoria la ferviente recomendación que Polibio hace a las generaciones venideras, de no dejar un instante en reposo la sombra de Marco Antonio e ir agarrochándola hasta el fin de los siglos. Vayan estos ejemplos para los que, probablemente, pensarán que me propaso en la aplicación de las leyes inmortales de la moral y la justicia. Como quiera que sea, el criminal se queda en su picota, y ésta no es imitación directa del Quijote, pues ahorcados en árboles se hallan muchos en las novelas clásicas españolas de los siglos decimosexto y decimoséptimo. En el Persiles, de Cervantes mismo, vuelve el lector a tropezar con un ahorcado en un árbol. Los autores, jueces terribles, a las veces, suele castigar a los malvados con infamia perpetua: cosa justa y debida.

Capítulo XLVII. Donde se ve si le faltaban aventuras al bravo don Quijote
Andado habían hasta las doce, sin encontrar alma viviente, hora en que desembocaban en el camino real. Los primeros con quienes toparon fueron una vieja, dos muchachas y un mozo hercúleo, muy listo y despierto. No

hubiera sido posible que don Quijote dejara de preguntarles quiénes eran y adónde iban. La vieja respondió que la necesidad de sus negocios la llevaba con su hijo y sus sobrinas a un pueblo a cuatro leguas de allí. Mientras don Quijote estaba hablando con las mujeres, Sancho se había desmontado sin decir palabra, y arremetiendo con el mozo le asió por el pescuezo y se echó a gritar: «¡Favor al rey! ¡Aquí de la Justicia!». El hombre, que se vio tratar así de un bonachón como ése, le tomó por los fondillos, y volteándolo patas arriba holgadamente, dio con él de cabeza en el suelo. Como don Quijote embistiese lanza en ristre al enemigo de su escudero, mostró el perillán las herraduras con tal presteza, que ni sobre hipogrifo le alcanzara el valeroso manchego. Con todo, apretó el caballero las espuelas, y se iba tras el fugitivo, cuando sus pecados, o los de Rocinante, hicieron que éste se fuese de bruces, dando con el jinete por las orejas en el polvo. Como el barragán no anduviese a gran distancia, volvió sobre el caído y se puso a darle mil vueltas sobre el mismo, poniéndole, cuándo boca arriba, cuándo boca abajo, en rotación asaz curiosa y divertida, y se alejó sin gran miedo de esos valerosos señores. Don Quijote le estaba llamando y desafiando en muy fuertes razones: «¡Non fuyas nin te escondas, cautivo! ¡Conoce tu pecado, malandrín!». Alcanzó a ponerse en pie, después de mucho trabajo, montó como pudo, y con gentil continente, lleno de valor y poderío, se fue para donde habían quedado la vieja, su comparsa y su buen escudero. Hallolos asidos a una maleta, mochila o fardel, bregando las mujeres por defender esa quisicosa, y Sancho por arrancársela, con la más extraña porfía. «Sepamos de lo que se trata y lo que significa este concurso de manos, dijo. —Este hombre, respondió la vieja, o más bien este demonio, quiere hacerse pago con nuestro ajuar de no sé qué alforjas que le han robado el año de cuarenta. —«Ningún home, dijo don Quijote, con los estatutos de la caballería, faga algravio a viuda, dueña ni doncella fijodalgo, aunque ellas estén contra él; ca non es de los fuertes el fascer sentir su poder a esos seres débiles y para poco. Las hay que son a las veces ariscas; mas por ende non ha el caballero de tornar en tiranía lo crescido de sus fuerzas». ¿De qué proviene, Sancho, que a un Panza en gloria como tú, le halle yo tan belicoso? ¿Es batalla campal? ¿Es asalto de ladrones? —No es sino rendevicación de mi hacienda, respondió Sancho. —La justicia, replicó don Quijote, es siempre muy buena cosa en sí, e de que debe el rey siembre usar. Admírame que tan en olvido pongas las Siete Partidas de nuestro sabio don Alfonso. No reivindicas, sino rendevincas tu hacienda: vaya en gracia; mas no es justo que lo que te robó el gitano paguen las gitanas. Suelta esa joya y vente luego adonde tendrás en abondo objetos harto más preciosos que éste por el cual suspiras. —Deme vuesa merced licencia, volvió Sancho a decir, para hacer cala y cata del contenido, o aquí me caigo muerto de resentimiento. —Si tanto puede la curiosidad contigo, haz lo que deseas; ni será tan egoísta esta buena señora que se rehúse a satisfacerte a costa de tan poco. —Primero me han de ver el cuerpo que registrar mi argamandijo, respondió la vieja. Bonita soy yo; y ¡montas!, que el caballero nos lo manda. —¿Esas tenemos?, dijo don Quijote: manifestad al punto las entrañas de ese mueble, señora vieja, so pena de ir cortadas las faldas por vergonzoso lugar». Una de las muchachas tuvo miedo al ver cómo se enojaba esa estantigua de don Quijote, y con mucho despejo y desenvoltura intervino diciendo: «Por amor a este caballero, hágase lo que él manda. Ese gesto es de persona de mucho modo. Ni será dicho que nosotras en vida o en muerte negamos el gusto que nos piden, o que llevamos cosas robadas dentro de esta maletilla. —En un corazón estamos, agregó la vieja; eso pido, y que estos señores vayan contentos. Abre, hija, abre; no tengas vergüenza de nuestros bienes de fortuna; que ama las hadas, malas bragas».

Abierta aquella bolsa, lo primero con que dio Sancho fue un mazo de barbas que le admiraron, así por la longitud como por el color. «A las barbas con dineros, honra hacen los caballeros, dijo. ¿Cuánto le producen a vuesa merced estas barbas, señora madre? —¿Producir?, respondió la vieja; me cuestan un ojo de la cara. —¿Pagáis por ellas?, preguntó don Quijote. ¿A qué género de contribución o pontazgo están sujetas? —Qué más pontazgo que las lágrimas que me hacen derramar cada vez que las miro, señor caballero. A falta de tierras, títulos ni bienes de otra clase, mi marido, que en Dios descanse, el rato de morirse las arrancó a posta por que no se dijera que nada me había dejado. —¿Son benditas estas barbas?, preguntó Sancho a su vez. —Lo serán, hermano, respondió la gitana, tan luego como topemos un sacerdote que nos las bendiga. —Nada menos merecen, repuso el escudero, que bendición episcopal». Y echándoselas a las quijadas vio que le sentaban de perlas; y sin más averiguación se las guardó en el bolsillo. «Ahora veamos, dijo, lo que contiene este bote. —Son mudas o afeite de rostro, buen hombre. Afeita un cepo y parecerá un mancebo. No seréis vos quien meta la mano en este sagrado; yo iré sacando cosa por cosa, y vuestra curiosidad será satisfecha. Peines, pinzas para los vellos impertinentes, cejas de repuesto, carmín para los labios, espejo de camino. Este cajetín es de lunares, para cuando convengan: leche de vieja, agua de perfecto amor, enjundia de avestruz, sebillos, vinagrillos... —La hermosura de estas doncellas, dijo don Quijote interrumpiéndola, bien merece estos adminículos: ten qué ocasión los benefician, señora madre? —Esto es lo que sobra, señor; a lo menos ellas no pueden decir que por mí falta para que vivan contentas. —Ya comprendo, volvió a decir don Quijote: vos sois la aguja que las guía en el maremágnum de sus bailes, sus donaires y aun embustes. ¿Qué otra cosa contiene esta caja de Pandora?». Sancho Panza metió los cinco dedos y sacó un frasquito rojo. «Sangre de drago, dijo la vieja. —De murciélago, corrigió Sancho, y siguió haciendo la revista: un jeme de soga de ahorcado; un cabo de cera verde; un envoltorio de ceniza de romero, ¿o son los polvos de la madre Celestina? —¡Jesús!, respondió la vieja, ¡yo polvos de la madre Celestina!... Esa muñequilla es el cisquero de mis hijas, de la cual se sirven para sus dibujos. No se hagan malos juicios, y déjennos estos señores con nuestras chilindrinas». Diciendo esto echó la llave a la que don Quijote había llamado caja de Pandora, y le pidió su bendición para seguir adelante. «Buena manderecha, dijo el caballero: mirad como no topéis con el Santo Oficio, y haced que os llame Dios, buena mujer. —Como él me venga a ver, la puerta estará franca», respondió la vieja; y haciendo una cortesía, así ella como las muchachas, se alejaron a paso menudo y aprisa. No habían andado quince varas cuando la señora mayor volvió al mismo trotecillo a don Quijote, y dijo: «Si vuesa merced fuere curioso de saber su porvenir, mis hijas se lo dirán de pe a pa: en la uña tienen el arte de leer lo futuro, y por Dios que no se yerran. —Vengan luego, respondió don Quijote: ¿cuál es el ramo de adivinación que profesan?». Llegáronse las muchachas, y la vieja prosiguió de este modo: «Supongo que vuesa merced tiene una mano; que esta mano tiene líneas, que estas líneas ocultan un secreto: pues ahí está el *quid*, señor caballero. —¿Mediante qué suma o cantidad?, preguntó don Quijote. —Veinte reales, respondió la vieja. —Oiga, señora madre, las doncellitas profesan la quiromancia... ¿No entienden también de onirocrítica, de metoposcopia y especulatoria? Mira, Sancho, cómo das a esta buena madre diez reales de los veinte que necesita. Yo no he menester que nadie me diga la buena ni la mala ventura, porque tengo creído que más presta para la tranquilidad la ignorancia que el conocimiento de lo venidero. Id con Dios, buenas mujeres, y no busquéis al diablo con estas trapacerías que harto huelen a Zugarramurdi».

De mala gana, pero obedeció Sancho; ni había poner dificultades cuando las órdenes de su señor eran perentorias. Tomaron las aventureras la limosna de don Quijote, y entre cuitadas y agradecidas siguieron su camino. Hizo lo propio don Quijote, a la voluntad de Rocinante, por donde y al paso que a este su buen amigo se le antojase. Mientras iba andando dijo el caballero: «Estas bolinas y pendencias, Sancho, dejan conocer la poca elevación de tu alma; ni es de valientes el buscar mujeres para sus hechos de armas. Si en todo caso quieres combatirte con gente femenina, ahí está Pentesilea, reina de las amazonas; ahí Alastrajérea, ahí Pintiquiniestra, ahí la joven Marfisa. Pero como quien hace gala de su villanía, huyes de una triste giganta Andandona, y buscas alcahuetas o adivinas para tus zipizapes, y aun de ellas te dejas pelar las barbas. —¿Las barbas?, respondió Sancho, sacando las que había hecho olvidar a la hechicera; éstas son las que me pelan, señor don Quijote. —¿A qué título te has quedado con ellas?, preguntó el caballero: ¿compra, fideicomiso, donación entre vivos? Ahora veamos de qué te sirve este vellón de lana, a menos que tengas resuelto dar en ermitaño. —¿De qué me sirven, señor don Quijote? Me las encajo, quedo que no me conoce la madre que me parió, llego de improviso a mi casa, como quien pide posada para una noche... Vuesa merced adivina lo demás. —Reinaldos de Montalbán, respondió don Quijote, se negó a llevar a los labios la copa encantada cuya virtud era descubrir los secretos más íntimos de la mujer del que la apurase. Reinaldos procedió con gran cordura. La prueba del agua amarga, amigo Sancho, puede causar inmenso daño, si es adversa, en el hombre inconsulto que la hace; si es favorable, nada ha ganado y se ha expuesto sin necesidad al mayor disgusto de la vida. ¿Por qué vas a buscar secretos peligrosos atrás de la honestidad de tu mujer? Si los hay, deja que se pierdan en tu ignorancia, y vive satisfecho de tu virtud presente. Ya un celebérrimo poeta expresó este concepto en lengua cuando dijo que esa prueba *potria giovar poco e nocer molto*. Sírvete de esas barbas para otra cosa, y no para labrar tu desventura. Lo mejor sería que volvieses hacia la hechicera y se las entregases como hombre de bien. No porque una cosa se llame barbas, te has de apoderar de ella a mano armada. No vayas todavía y dime lo que te movió a embestir con el malandrín que te puso patas arriba. —¡Oxte!, respondió Sancho: ¿vuesa merced tuvo el alma dormida que no reconoció al cien de las alforjas? —¡Conque era el bellaco del ciego!, volvió a decir don Quijote; avísamelo con tiempo, y allí me las pagaba todas. Ahora mismo estoy por irme sobre él y sacarle del santasantórum, si allí se hubiere metido. Pero no se dirá que don Quijote de la Mancha se tomó con un perillán de su ralea, por el triste objeto que tú sabes».

Capítulo XLVIII. De lo que pasó entre amo y criado, y de quiénes eran los señores que toparon con don Quijote

Molidos los caminantes, adelantaban despacio, no menos muertos de hambre caballeros que caballerías. Eran las tres de la tarde cuando entraron por fin al camino real. Largo había sido el silencio: no habiendo qué comer, Sancho juzgó deletéreo el hablar; y para no debilitarse más con el uso de la palabra, hizo de necesidad virtud, ofreciendo a las ánimas benditas la obra de misericordia de venir callado. «¿Qué te parece, Sancho, dijo por último don Quijote, si en este prado nos diésemos una hora de reposo, y algo que pacer a nuestras caballerías? —Mire vuesa merced, respondió Sancho, esas nubes que van como de fuga, y ponga el oído hacia la Mancha de Aragón. —¿Ese trueno apagadizo que va trotando por lo bajo del cielo te intimida?, repuso don Quijote. Echa pie a tierra aquí, a un lado del camino, y obedece a tu señor. Si algo se de lo que pasa en mí, ahora es cuando tu repostería me hará muy al caso: acomódame con una ala de pollo, y regálate por tu parte como quieras. —Vuesa merced toma las cosas por donde queman, dijo Sancho. Haga fisga de mi cara de caballo, pero no de mi necesidad. A la moza con el mozo, señor, y al mozo con el pan. Bonito soy yo, añadió desmochándose el colmillo con la uña del pulgar: a quien dan no escoge, a quien no dan no come. Más cura la dieta que la lanceta; más desmejora el hambre que el calambre. Adiós, que me voy». Don Quijote estaba hinchándose de cólera, y con falaz sosiego reiteró la orden de servirle. Sancho siguió respondiendo con ironía; insistió el uno, porfió el otro, y el fin de la oposición fue írsele don Quijote encima y darle tal soplamocos que la sangre corrió a borbotones de las narices del pobre escudero. Aquí fue al zar el grito el malaventurado Sancho: la injusticia, el resentimiento hicieron que se fuese en lágrimas y en tristes recriminaciones. El decoro le mantuvo todavía a don Quijote en una indignación facticia, alto y severo delante de su criado; mas cuando éste le redujo a la memoria que las alforjas eran propiedad del ciego, más de un año hacía, no estuvo en su mano reprimir su enternecimiento: arrepentido y bondadoso le echó los brazos al cuello con efusión tal, que el bueno de Sancho se tuvo por indemnizado y plenamente satisfecho. En pasándole el ímpetu que con frecuencia le daba de irse a su casa, estaba siempre resuelto a seguir al fin del mundo a señor tan noble y franco. Empezó, con todo, a maldecir al ciego, y los maldijo una y mil veces a él, a la madre que le parió y a toda su parentela, considerando los ayunos y desmayos que iba a pasar en el camino. «Según comprendo, dijo don Quijote, es hambre lo que tienes: esto debe de provenir de que no has comido todo el día. ¿Tan poco se te entiende de achaque de cocina? El maestro Joachim, cocinero de Carlos V, no necesitaba sino dos horas para disponer, cocer y servir la mejor comida. —Pecador de mí, dijo Sancho, deme vuesa merced los rudimentos necesarios, y le preparo tal guiso que en su vida ha de querer comer otra cosa. —Guiso de rudimentos, respondió don Quijote enderezándose; para mis barbas que no ha de ser cosa de golosinas. Quisiste decir berros, espárragos o cosa de éstas. —No quise decir sino rudimentos, señor don Quijote; esto es, los principios, los útiles de los manjares. —Eso se llama elementos. Los tendrás así como se nos desencapote el cielo de la fortuna».

En esta sazón tendió la vista por el camino y añadió: «No dirás que no es una algarada o pelotón de gente enemiga esa que por allá se nos viene aproximando. Veremos lo que nos quieren y si somos hombre que se amilana porque vengan entre ciento». Apercibiose don Quijote a la pelea, y esta ocasión tuvo a bien esperar a pie firme al enemigo sin írsele al encuentro como era su costumbre. Puesto el yelmo de Mambrino, empuñó su rodela, y apoyado en su lanzón, se estuvo a esperar que llegasen los que a él le parecían gente adversa y bando contrario. Su seco, largo rostro, tostado por el Sol y lleno de polvo, era tan singular como su porte y su armadura. Los que llegaban serían hasta ocho jinetes, la mayor parte de ellos en mulas. «Amigo, preguntó el que venía adelante, ¿sabréis decirnos si la venta del Moro se halla lejos de aquí? —Un caballero andante no es amigo, respondió don Quijote. El que se llama don Quijote de la Mancha sabe a cuáles preguntas responde con la boca, a cuáles con la espada. Aunque si he de juzgaros por vuestra catadura, primero sois notario que hombre de armas. —Y de los más honrados, replicó el de la mula. ¿No es amigo éste que debe ser Sancho Panza, puesto que vuesa merced es el afamado don Quijote de la Mancha? —¿Me conocías antes de hoy?, preguntó don Quijote. —¿Y quién no conoce al caballero cuya historia anda en todas las manos y todas las lenguas? ¡Ea, señores, apearse y descansar en compañía del valiente con quien nos topa la fortuna! Soy del parecer que en este verde sitio hagamos una comida ligera, proporcionada a la hora y a la necesidad». Apeáronse los pasajeros a instancias de don Quijote, vuelto una seda con las adulaciones del escribano; y desenfrenados caballos y mulas para que se aprovechasen de la hierba del campo, se sentaron todos o se recostaron, conforme les pedía el cuerpo. La cabalgata podía llamarse judicial, y su asunto era una vista de ojos respecto de cierta litispendencia entre dos comunidades que se disputaban los términos de una heredad: alcalde, notario, jurisconsultos y peritos. Era el alcalde uno de esos que nunca rebuznan de balde, admiten regalos de ambas partes contendientes, y todo lo sujetan a la ley del encaje. Magistrado sin sabiduría, juez sin rectitud, hombre sin conciencia, y de imponderable cargazón, nacido para alcalde de pueblo, o más bien, alcalde de nacimiento. Nunca es uno sobrado tonto e ignorante para la profesión del Sabio.

El escribano por su parte merecía ser el preboste de su gremio. Hombre de malas carnes, por comido de remordimientos, si remordimientos caben en pecho de escribano; gafas verdes, patillas sin bigotes, peluca y lo demás. Hombre de esos que oyen misa todos los días, comulgan por Pascua florida y de Resurrección, asisten a la escuela de Cristo, suplantan firmas, esconden escrituras, forjan documentos, rezan su rosario por la noche y cenan su chocolate, poniéndolo todo a la cuenta de Dios y el Papa. San Antonio por la castidad, San Buenaventura por la humildad, San Vicente por la caridad, es un fardo de pecados con el cual Satanás no carga todavía por falta de fuerzas. De los jurisconsultos, el uno es un grande hombre que, si a dicha sabe leer, no sabe otra cosa. Semejante a esos que, no siendo buenos para ninguna profesión científica, se gradúan en varias ciencias y son doctores en jurisprudencia, teología y otras hierbas: así éste, en casa ya la fama de buen jurista, echó por el camino de la elocuencia parlamentaria y dio en la política puntadas de tal magnitud (con aguja de amortajar suegras), que vino a ser el terror del gobierno y el primero de los oradores, aunque decía la testiga en sus discursos, y su retórica era ponerse la mano en la bragadura y herir con los pies el pavimento. *Eloquentia corporis*. Este viene por la una de las partes litigantes, caballero en una alfana, grande y soberbio como don Jaime el Conquistador. Cide Hamete afirma que este personaje se llamaba Absalón Mostaza. No es vaciado en el propio molde el otro jurisconsulto, el cual frisa más bien con el escribano, por ser de su misma escuela: devoto, codicioso, flaco y feo como judas, es buen abogado y viene por la parte contraria. Su nombre, Casimiro Estraús; pero generalmente es conocido con el de Estradibaús, por ciertas nubes de astrólogo y adivino que le bañan la conciencia, sin perjudicar un punto a su acendrada ortodoxia. Sus parientes y amigos le llaman Extra, corto, aludiendo a esa su distinción y superioridad, que hacen de él la flor o crema de la especie humana; y como él se juzga el más feliz de los mortales, todo está dicho con llamarle Extrafeliz, según le llaman, en efecto, los que más le quieren y admiran. Los peritos eran cualesquiera: el historiador no se para a describirlos, y sigue adelante a referir lo que sucedió entre los señores jurisconsultos y los aventureros.

Capítulo XLIX. De cómo rodó la conversación en el festín campestre

Puestos los manteles, don Quijote fue invitado con muy corteses razones por el escribano y los demás, fuera del jurisconsulto Mostaza, quien sin decir palabra ganó la que a él le pareció cabecera de la mesa. El primer puesto en todas partes se le debía de fuero; y cuando no se lo ofrecían, él se lo tomaba con las maneras de un macho. Como todo sabio, tenía mal estómago; pero comía más que dos ignorantes. Su colega el doctor

Extradibaús tenía también mal estómago; el tenerlo malo, así es de los virtuosos y santos, como de los estudiosos y hombres de talento, en los cuales el calor digestivo se arrebata a la cabeza, a fuerza de meditación y atención a los principios sublimes. No hay menguado presumido de inteligente, ni pícaro cuyo tráfico es la virtud ficticia, que no haga sus morisquetas en la mesa y no finja temer los manjares indispensables para nuestro sustento. Observadores hay que dan por indicio vehemente de hipocresía la abstinencia exagerada, y aconsejan ponerse en guardia contra los que aparentan comer menos de lo necesario. Nadie come más que el que no come nada: veis allí ese poeta filósofo que anda emplastado de por vida, cuya salutación es el quejarse de sus enfermedades y padecimientos. Tiene para sí que en la mala salud está el numen poético, y que no hay manera de ofrecerse a la admiración de los demás, como el andar hipando y dando noticia de sus indignidades secretas. La salud cabal, fresca, pura, es inteligencia y valor: el que carece de ella ha perdido media vida, y en esa porción preciosa se han ido sus mejores facultades intelectuales y morales. El que no tiene salud, invéntela, róbela; y si la tiene, no la niegue, porque esa es impiedad como el negar a Dios: Dios es salud eterna. ¿Quién es ese que viene con más cara y más cerdas que un jabalí? Es otro poeta condenado a mal sin esperanza; y tras ese barbaje negro, aborrascado y feroz, los genios del amor y la elegía están revolcándose abrazados con las toses, las expectoraciones y las sabandijas de las enfermedades incurables. Pero ¡santo cielo!, el Parnaso nunca ha sido un hospital, ni las musas viven ocupadas en echar clister y poner cataplasmas pectorales a los poetas. Soneto va, soneto viene, y tosa usted de fingido y gargajee, que esta es la manera de ser más que los que gozan de buena salud. El alma falsa, en realidad, es cama de inmundicias. Hace bien de aferrarse a esos gusanos que tienen por nombre mentira, envidia, alevosía, odio cobarde, murmuración, y están rompiendo por esos ojillos de animal selvático, redondos, sanguíneos, al través de los cuales no se pueden divisar las regiones de la inmortalidad, porque no son vidrios graduados para ver la gloria. Poesía, ¡oh, poesía!, si alguna vez cayeras en manos de uno de esos arrastrados, murieras de disgusto, bien como el armiño que no ha podido huir del lodo. Tú eres verdadera, limpia, noble: tú eres belleza, y la belleza no ha menester hechizos artificiales; eres inocencia, y la inocencia no se apoya en la malicia; eres pureza, y la pureza fulgura sin arte, agrada sin empeño, cautiva sin mala intención. El pecho del poeta es un templo luminoso; su corazón, un instrumento angélico: arde y sueña el hombre feliz que siente en su alma esa divinidad invisible. ¡Poesía, oh poesía, esencia de las pasiones, música de la inteligencia!

El doctor Mostaza impugnaba victoriosamente sus palabras con sus obras, comiendo de cuanto había, a un mismo tiempo que se estaba quejando de su estómago y diciendo que el comer era para él un sacrificio. Extradibaús se abstenía de veras; apenas si humedecía los labios en un hollejo de dátil. El uno era hipócrita consumado; el otro tonto y vanidoso. Don Quijote de la Mancha, hombre sincero, no estaba a su sabor allí. Quiso, con todo, desentenderse de la represión que estaban mereciendo esos histriones, y habló más bien del oficio de ellos que de sus prendas personales. «Verdaderamente, dijo, la profesión de vuesas mercedes no puede ser más honrosa y necesaria, como que sin justicia no hay sociedad humana, y sin ministros u oficiales de ella no puede haber justicia práctica. En los primeros tiempos, cuando los hombres recién salidos de manos del Criador tenían el alma pura, sin esta roña de la codicia, no había más que una heredad de la cual gozaban todos. Pero uno cercó una porción de tierra, y dijo: «Esto es mío». No quiso ser para menos su vecino, cercó a su vez una porción de tierra, y dijo: «Esto es mío». La propiedad nació de una advertencia de la naturaleza: a la propiedad siguió el derecho, que es el justo título para poseer las cosas y disfrutar de sus producciones y sus rentas. Una vez que cada persona se vio en la necesidad de señalar lo que le pertenecía, reglas fueron necesarias para las adquisiciones, posesiones y enajenaciones. Llamáronse leyes esas reglas; y como éstas no podían ser del dominio general, ni estar a los alcances de todos, algunos debieron dedicarse a estudiarlas, a fin de que valiese el derecho; otros, investidos de la autoridad de todos, las aplicaron y volvieron efectivas».

Por aquí seguía don Quijote discurriendo en dicción remontada y numerosa, cual era la suya cuando hablaba acerca de materias esenciales. Pero el doctor Mostaza no pudo sufrir se hablase de una manera razonable, y bien por prurito de contradicción, bien porque los puntos elevados no fuesen de su reino, interrumpió diciendo: «Vuesa merced discurre a lo Platón, y diserta a lo Papiniano. Deje de hoy para adelante la carrera de las armas, vista la toga, y arrebátenos con su elocuencia en el foro, después de haber asombrado al mundo con sus altos hechos. *Melior est sapientia quam arma bellica*. Sancho Panza puede oponerse a una escribanía, y Rocinante correrá por cuenta del Estado hasta el fin de sus días, a semejanza de los caballos y mulos que trabajaron en el edificio del Partenón». Hablaba el reviejuelo con un retintín que le sonaba muy mal a don Quijote, el cual templando su enojo, respondió: «¿Paréceos, señor bueno, que he dicho desconciertos? Necesaria puede ser vuestra profesión; la mía no es inútil. Si el abogado tira a poner las cosas en su punto, desentrañando la verdad de la confusión de oscuras circunstancias por medio del interminable proceder de las tramitaciones jurídicas, el caballero andante la pone de hecho en limpio y concluye en un verbo los asuntos más intrincados. Muchas veces los de vuestra comunidad hacen consumir la vida de un hombre en un proceso; los de la mía andan más aprisa, como que no han menester sino cuatro varas de tierra en campo libre, en plaza o patio de castillo, para que un punto cualquiera quede dirimido. ¿Qué sería de la viuda menesterosa si a vosotros hubiese de acudir para el remedio de su cuita? ¿Qué de la doncella ofendida si a vuestras armas pidiese el desagravio? ¿Qué de un príncipe afligido si de vosotros se fiase? Y esto más, que los caballeros andantes no peleamos por cosas injustas o ruines, mientras que no todos los abogados son oficiales y ministros verdaderos de la justicia. Del rábula inicuo, el leguleyo rapaz, al jurisperito ilustre, va tanto como del malandrín al caballero andante. Según os presentáis vos malhablado y malmirado, con harto fundamento se os pueden negar las consideraciones que son debidas a las virtudes y la sabiduría. —No sois vos, dijo el doctor Mostaza, quien me ha de dar lecciones. —Ni estáis en edad de recibirlas, replicó don Quijote. Si no lecciones, serán demostraciones rigurosas que os enseñen a ser comedido, a lo menos con los que pueden castigaros».

Don Absalón Mostaza era uno de esos que no pierden ocasión de tentar el vado por medio de la insolencia: si dan con uno más vil que ellos, salen airosos y pasan plaza de valientes: si se encuentran con el alcalde de su pueblo, agachan las orejas y ganan el rincón rabo entre piernas, sin que sufra menoscabo su importancia. Al ver a don Quijote prendido en justa cólera, el valeroso Mostaza se echó a decir mil vaciedades acerca del duelo y su inmoralidad, se pasó de ingenioso, y propuso sutilezas que rayaban en disparates. Oyendo alzar la voz a don Quijote, Sancho Panza, que estaba comiendo con los criados en otro grupo, se había acercado a los señores, y echando de ver que el jurisconsulto se pasaba la mano por la calva, pensó que era melindre juvenil, y dijo: «Lo que la vejez cohonde no hay maestro que lo adobe». Por baja que fue la voz de Sancho, no dejó de oírlo el doctor Mostaza, y con mucha cólera respondió: «¿Quién os manda meter aquí vuestra cuchara, pazguato? —Sancho infernal, dijo don Quijote, tú eres el hijo del diablo. Blasco de Garay ni Sorapán de Rieros hubieran echado aquí un refrán que más encaje. Ven acá, demonio, ¿tienes dentro de ti una gusanera donde nacen y se reproducen estos reptiles que sueltas a cada vuelta de hoja? Temo fundadamente que con ellos te desagües y vengas a enflaquecer de modo que no te conozca la madre que te parió. ¿No sabes que ningún flujo constante deja ileso al que lo padece? ¿Qué ha de ser de ti, menguado, si de día y de noche estás despidiendo refranes, sino que dentro de poco has de quedar vacío y escurrido? —Gracias a estos señores, respondió Sancho, el desgaste de hoy está remediado con lo que me han dado de comer. —Tomad, hermano, esto más, dijo el doctor Casimiro Extrafeliz, ofreciéndole dos o tres orejas de abad, y comedlo también por amor de Dios. En pago de este don, ayunad el viernes, que la Virgen eso pide, y no refranes y pendencias». Recibió Sancho la caridad con sumo agradecimiento y juzgando por sus cristianas palabras que ése era todo un hombre bueno, le pasó por la cabeza la idea de contarle la pérdida de sus alforjas, por si tan liberal caballero remediase su desgracia con darle una parte de las suyas. «Tengamos alforjas en el alma, respondió Extrafeliz, que las otras nos perjudican más que nos aprovechan. Sufragad para las ánimas benditas del purgatorio, y dejaos de alforjas. —Alforjas en el alma, dijo don Quijote... ¿Serán las bolsas en que los malos cargan los pecados, a semejanza de las en que la civeta tiene la algalia? —La paridad no corre a cuatro pies, respondió Extrafeliz, formalizándose: la algalia huele bien, es agradable y medicinal; nuestras culpas no tienen tan buen olor, ni son tan provechosas como a vuesa merced le parece. —¿Cómo ha de oler mal, dijo Sancho, una morena de buena cara, ojos negros, mejillas sonrosadas, boca grande con dientes blancos y algo separados unos de otros, labios gordos y encendidos, pecho tirado hacia adelante, y esotros primores por donde discurre loca la imaginación? —¡El loco y el atrevido sois vos!, respondió el doctor Extrafeliz, santiguándose; de esas cosas no se habla en mi presencia. ¿De dónde saca esos modos de decir un infelizote como vos? —¿No sabe vuesa merced, respondió don Quijote por su escudero, que el amor aguza el ingenio e inspira términos elevados y dulces? Las aves gorjean con más terneza y melodía cuando están apasionadas; los animales mugen o balan con suavidad embelesante: ¿qué mucho que mi escudero se sobrepuje a sí mismo cuando discurre acerca de esa pasión divina? Sancho, Sancho, hablas de amor como León Hebreo: quien te oyera estas descripciones y menos refranes, te juzgara trovador, y no de los de por ahí, sino de los más tiernos y melifluos».

Capítulo L. Que muestra hasta dónde podían llegar y llegaron el atrevimiento y la locura de don Quijote

A cierta distancia vio don Quijote una como iglesia que se venía acercando lentamente, en medio de una nube de polvo. Despaviló la vista y aguzó el oído, inquiriendo hacia dónde podía sonar la música de Anfión que así descuajaba los edificios y los obligaba a venir tras ella. Tuvo el caballero por bien averiguado que era cosa de aventura, o principio y elementos de una de las más famosas que pudieran sucederle; y así, montó sobre su caballo, tomó su buena lanza, salió al camino, y se es tuvo a esperar que llegase aquella máquina, con ánimo de embestirla, si fuese una legión de diablos salida del infierno con casa y todo. —Muda el lobo los dientes y no las mientes, dijo Sancho al ver a su amo a punto de batalla. ¿No sea cosa que otros batanes?... Y no digo más, sino paz duradera y suceda lo que Dios quiera». Habíase acercado el promontorio movible: la gente de juicio no vio en él ni todo el grupo, sino un lento pacífico elefante que venía cubierto con una caparazón enorme, siguiéndole sus dueños, los cuales traían además dos osos tan católicos que se dejaran matar primero que hacer perjuicio ni a una mariposa. Es una compañía de ganapanes, medio artistas, que se van por esos mundos haciendo ver en aldeas y ventas su buen elefante, a cuyo espectáculo añaden las habilidades de los osos, maestros en el pésamedello, el colorín colorado y las gambetas, que los bailan como unos gerifaltes. No traen mono, por parecerles personaje de mala representación para unos como ellos, que pasándose de titiriteros habían venido a rayar en cómicos o histriones. Los osos y el elefante no son todo; sus dueños tienen también su papel: armando un tablado sobre la marcha, representan por su parte sainetes y entremeses que ellos califican de comedias y aun de tragedias. El tuáutem y primer accionista se llama tío Peluca, o maestro Peluca, indistintamente: hombre de buen parecer por el un lado, si bien por el otro no le falta sino el ojo; razón por la que; quizá con algún fundamento, sus amigos le llaman por cariño y antonomasia el Tuerto, sin que él dé muestras de sentirse. Viene entre ellos un hombre de nueve pies de altura, con el espesor y el ancho correspondientes, cuyo objeto es hacer juego con el elefante; asturiano que pone en la sociedad su corpulencia, y tiene derecho a los gananciales por un igual con los demás socios, sino es el tío Peluca, quien, como director de la empresa, toma para sí el tercio del producto libre. Después de ese hombrón, el tercero en la jerarquía es un homúnculo, de una vara de estatura, a quien se le podía clavar en la pared con un alfiler de a cuarto. Estos dos marchantes compiten y rivalizan, cuándo en lances amatorios, cuándo en hechos de armas, cuándo en cantares de gesta, con sacudimiento y bizarría tales el braguillas, que no hay otra cosa para el villanaje que les suele servir de espectadores. Este exiguo personaje se llama Pepe Cuajo, frisa con los cincuenta años, y tiene unas barbejas que comunican suma ridiculez a su persona. Por el genio, Pepe Cuajo es el mismo diablo: gestudo, fruncido, gritón. Sus aparceros le aguantan por las utilidades que dejan su figura y su buen desempeño en el teatro, donde es cosa de morir de risa verle hacer papeles de enamorado y valiente. A este negocio concurre a las mil maravillas una moza fehuela, pero vivaracha, quien, huida de sus padres desde niña, se había criado en poder de esa gente truhanesca y vagabunda. Llámase Munchira la gentil pieza, y por refinamiento de cariño, sus compañeros le dicen Munchirita, mientras que el grandazo de más allá es conocido con el nombre de Pedro Topo. Hombre éste de buena pasta y mejor índole, a quien se puede perjudicar, pero no ofender, porque en ello va mucho peligro. La compañía es bien surtida y hace buenos cuartos en haz y paz de nuestra santa madre Iglesia.

No se le ocultó a don Quijote qué era lo que allí venía; mas no por eso desistió de su empeño; antes tuvo a fortuna el encontrar con enemigo tan digno de él, habiendo resuelto llamarse el Caballero del Elefante cuando le hubiese vencido, a semejanza de otros que ya tomaron los de Caballero del Cisne, del Unicornio, de la Serpiente, del Basilisco, y otros no menos famosos. —¡Arre! Buen hombre, gritó el maestro Peluca, deje pasar la bestezuela, que es moro de paz». Don Quijote hizo su primer embestida, sin más fruto que verse apartar suavemente por el bondadoso o desdeñoso animal. «¡Qué diablo de ladrón es éste!, dijo el maestro Peluca, al ver que don Quijote volvía a la carga, ¡Quieto, Chilintomo, quieto!». Volvió a separarlo con mansedumbre el generoso bruto, y seguía su acompasado, lento paso, poniendo en tierra cada minuto cuatro arrobas de pies, sin dársele un comino de las arremetidas de don Quijote. Redobló su furia el caballero, juntó sus fuerzas, se encomendó a su señora Dulcinea del Toboso, y a espuela batida Rocinante se vino a estrellar, baja la lanza, contra la impasible mole. A las voces de su dueño: «¡Dale, Chilintomo!», borneó la trompa Chilintomo en forma de parábola, y dio tal chincharrazo, que caballo y caballero fueron a dar sin sentido a doce pasos. Siguió adelante la comitiva mientras Sancho Panza se tiraba, dando gritos desesperados, sobre su amo. Mas vio que don Quijote se meneaba, y aun le oyó decir en voz balbuciente:

>No me pesa la mi muerte,
>Porque yo morir tenía;
>Pésame de vos, señora,
>Que perdéis mi compañía.

«Vuesa merced no está muerto, le gritó Sancho al oído; si a mí no me cree, aquí está Rocinante que no me dejará mentir». Habíase, en efecto, enarmonado el pobre rocín, y se dejaba estar dolorido, pensativo, caídas las orejas, con señales de haberle llegado al alma el golpe. Don Quijote no quería estar ileso por nada de este mundo; con tal de verse malferido en buena guerra, se hubiera dejado morir sin argumento. Figurándose que la batalla había sido terrible y que estaba cosido a lanzazos, iba recorriendo en su memoria las aventuras de los mejores caballeros, según cuadraban con su situación, y decía:

> Desque allí hubieron llegado
> Van el cuerpo a desarmare:
> Quince lanzadas tenía;
> Cada cual era mortale.

Pensaba don Quijote que el suyo era caso de muerte, y bien por real enfervorizamiento, bien porque el delirio le pareciese convenir a su situación, mirando suavemente a su escudero, siguió diciendo:

«Ya se parte el pajecico, Ya se parte, ya se va».

—No me parto ni me voy, señor don Quijote: amigo viejo, tocino y vino añejo. El que me busca en la prosperidad y me niega en el infortunio o el peligro, abrenuncio: firmado lo doy que ése tiene un depósito de estiércol en el pecho. Aquí estoy yo, señor: fíese de este corazón, empuñe esta mano que sabe alargarse al afligido más prontamente que al dichoso. —Como pudieras, Sancho, respondió don Quijote, proporcionarme un bocado del bálsamo que sabes, vieras a tu señor alzarse cuan alto es, con todos sus huesos en sus coyunturas». Sancho corrió hacia los criados con un graciosísimo portante, y como los hallase entendiendo en alforjas y maletas, les pidió un jarro de vino para salvar la vida a un cristiano. Habíanse partido los señores, sin hacer caso del caballero andante caído y molido, propasándose el doctor Mostaza hasta el extremo de gritarle: «¡Así te quise ver, infame!». Los criados, que sin duda valían más que los amos, le dieron de buena voluntad a Sancho lo que pedía, y éste, provisto de su elixir, volvió para su señor. Don Quijote, tomando a dos manos el jarro, se lo echó al coleto, de tan buena gana, que a los cuatro sorbos no dejó gota en el recipiente. Por cierto que no pudo montar a cuatro tirones, ni a ocho montara si su criado no hubiera acudido a darle impulso y vuelo. Cuando se vio a horcajadas, pensó que de un salto se había puesto sobre su buen caballo, y bizarreándose en él, apretó las espuelas, con ánimo de hacerle dar algunos escarceos. Al verle de tan de buen año, le dijo su escudero: «Coscorrón de cañaheja duele poco y mucho suena, señor don Quijote. Desigual fue la batalla, pero no tan recia como la que nos dieron los yangüeses. —No digas eso, respondió don Quijote, sino que ahora no me han roto en la boca la ampolla del bálsamo prodigioso. Si en la batalla a que aludes hubiera yo podido aprovecharme de la bebida encantada, me vieras entonces tan entero y animoso como ahora. Monta, Sancho, y sígueme; hoy es cuando nos va a suceder aquello de que ha de resultar, para mí el ganar la corona imperial, para ti el posesionarte de tu condado. Si lo tuvieres por mejor, serás terrateniente de mis más pingües comarcas, como te obligues a hacer pleito homenaje a mi corona, y pondremos a Sanchica de menina de la emperatriz. Si el imperio que yo gane está situado en el Asia, serás el primer nabab de todo el continente; a menos que no gustares más bien de tomar mis flotas a tu cargo en la laguna Meótide o mar de Zabache, con el título de almirante. —Sea de mi colocación lo que fuere, repuso el escudero, lo cierto es, señor don Quijote, que al enfermo que es de vida, el agua le es medicina. Quien viera a vuesa merced ahora ha poco tan caído de salud, y quien le ve sobre su alfaina repartiendo coronas y haciendo almirantes, no acabara de maravillarse del vaivén de la fortuna. Vengan esas flotas y sigamos, que temo no haya lugar para todos en la venta. —Haces mal en temer eso, amigo Sancho: ora en venta, ora en castillo, a gloria tendrán todos, grandes y pequeños, el correrse, estrecharse, apretarse y exprimirse para hacernos plaza».

Cuando esto decían, iban ya de camino caballero y escudero, paso entre paso; ni don Quijote estaba para espolear tan a menudo a Rocinante, ni Rocinante para salir de su genio. «¿De qué alfaina hablabas hace poco?, preguntó don Quijote a su criado. —¡Pesia mí!, ¿de qué alfaina? De la que monta vuesa merced, este paño de lágrimas, nuestro buen Rocinante. —¿Y por qué le llamaste alfaina? —Porque así he oído a vuesa merced llamar a los caballos de primera clase. —¡Quia!, dijo don Quijote; ¿soy yo de los que hablan disparates? Habrasme quizás oído decir al fana. —Vuesa merced, repuso el escudero, se detiene en una brizna y tropieza en una tilde; ¿qué va de lo uno a lo otro? —Lo que va de macho a hembra, volvió a decir don Quijote; lo que va de Sancho a Sancha: alfana es la yegua corpulenta, briosa, superior, y ésta nunca puede ser caballo. Si no me crees, ahí está la del moro Muzaraque, la cual era como una iglesia. ¿Y la del rey Gradaso no era un yeguón desmedido, sobre la cual tenía el moro que subir por escalera?

Gradasso havea l'alfana la più bella
E la miglior che mai portasse sella,

como lo puedes ver en las historias caballerescas. Habla con atildadura, Sancho, o te doy carta desaforada y te levanto la facultad de usar de la palabra en mi presencia. —Déjeme vuesa merced expresarme a mi sabor, replicó Sancho, y oirá sentencias y cosas que se le graben para siempre en la memoria. Me tienen por asno; pues métanme el dedo en la boca. Aldeana es la gallina y cómela el de Sevilla. —Si a tu sabor te dejara yo hablar, Sancho intrincado, Sancho escabroso, ¿qué fuera de la lengua castellana? Habla jerigonza, habla aljamía, habla germanía; pero confiesa a lo menos que eres gitano, morisco o galeote: católico viejo habla español rancio. Uno que se está educando para conde y va camino de la monarquía ha de medir la boca en el comer, la lengua en el hablar, y haberse con mucho tiento en sus maneras y discursos. ¿Piensas que la justedad de las ideas no requiere ternura en las expresiones, y que el pensar bien no ha de venir junto con el bien decir en los que aspiran a levantarse sobre el vulgo? Dime otra vez alfaina, y veremos si no revoco la determinación que tengo de elevarte a de donde veas como pollos a tus contemporáneos». Cide Hamete no quiere acordarse de la réplica de Sancho, y dice tan solo que los aventureros llegaron a la venta, henchida ya de gente por ser las seis de la tarde, hora en que todo el mundo acude a la posada. Traía don Quijote desencajado el juicio, revueltos los sesos más que de costumbre; y así la venta del Moro fue para él castillo, por castillo la tuvo, vio el atalaya sobre los adarves, y aun oyó el son de la trompeta con que anunciaban la llegada de un caballero de alta guisa.

Capítulo LI. Que trata de cosas del bachiller Sansón Carrasco

Cuenta la historia que vencido por don Quijote el bachiller Sansón Carrasco, bajo el nombre de el Caballero de los Espejos, se volvió a su lugar con dos costillas hundidas, más que medianamente mohíno y azorado. Púsose sin pérdida de tiempo en manos del algebrista, con ánimo de volver en demanda del loco, así por salirse con la suya, como por dar algún desfogue a la venganza de su pecho. Tres días se dejó estar de encierro sin que persona lo entendiese, si no eran su familia y el maestro, a quienes rogó por el secreto, no fuese que su honra viniese en diminución. Dueña debía de haber en la casa, cuando la hora menos pensada cata allí el cura y el barbero, sujetos a quienes no hubiera querido ver si le pagasen; ni era para menos el juramento que por sus barbas y el hábito de San Pedro había hecho de provocará don Quijote, vencerle y traerle bajo condiciones tales que en dos años no diese paso de caballería. Una vez sorprendido en el escondite, confesó de plano su infortunio, alegando, para justificarse, que todo había sido por culpa de su caballo. «Mas no les pese de esta ocurrencia a vuesas mercedes: así pienso darme por vencido como renunciar a las órdenes. Yo juro por quien soy, o no soy nadie, traer amarrado al viejo o morir en la demanda. —¿De esa manera, respondió el cura, los huesos de vuesa merced han sacado de la batalla alguna cosa? —¿Y cómo si han sacado?, replicó el bachiller; la sumidura de a cuatro dedos que se me encuentra en la costilla, ¿es o no del bachiller Sansón Carrasco? ¡Miefé, señor compadre, nunca yo pensara que con tal ímpetu y furia acometiera don Quijote, que de una embestida diera conmigo en el suelo! Si los encantadores no me acorren y amparan en ese duro trance, a la hora esta vuesa merced estuviera haciendo mis exequias. A nada menos procedía el vencedor que a segarme la gola, cuando me vio supino y sin movimiento. —¿En qué forma acudieron esos buenos encantadores, señor bachiller?, preguntó maese Nicolás. —En forma de decir a la imaginación de don Quijote que ellos me habían transmutado de Caballero de los Espejos en bachiller Sansón Carrasco por defraudarle la gloria del triunfo. ¿Y creerán vuesas mercedes que ese bobalicón de Sancho Panza era el empeñado en darme el trampazo, urgiendo a su amo por que me envasase la espada, a efecto de que se viese si verdaderamente era yo el bachiller, o un enemigo disfrazado con mi pellejo? —¡Dios le perdone!, exclamó el cura. Así vuesa merced se vio entre la espada y la pared. —No había remedio, contestó el bachiller: o juraba yo ir a presentarme a la señora Dulcinea y derribarme a sus pies, o entregaba el alma al diablo. Tengan vuesas mercedes por sin duda que el loco me mata si no prometo cumplir sus órdenes al pie de la letra. —¿Hace vuesa merced punto de conciencia el cumplirlas?, preguntó maese Nicolás: por lo menos es cierto que el señor bachiller no se quedará con la sumidura que dice. —Si fuera un rasguño de ningún mérito, no me quedara tampoco, respondió el bachiller. Ayúdenme vuesas mercedes con un caballo de más confianza que el mío, porque esta pécora salió plantándose en lo mejor y me expuso a la impetuosidad de don Quijote. —Tenga vuesa merced presente el no matar a nuestro pobre hidalgo, dijo el cura, y váyase en mi tordillo. —Tanto como quitarle la vida, no, respondió el bachiller; pero será difícil que me desentienda del todo de mis costas. Cuando menos le he de traer a la cola de mi caballo. —Válgase del modo, repuso el cura: nada ganamos con traerle de por fuerza. Todo ha de oler a caballería andante en la expedición, o nada hemos hecho. —Yo procuraré, replicó el bachiller, dar a mis cosas cierto aire y sabor andantescos; mas se decir a vuesas mercedes que, si no salgo bien por esta vía, haré mi gusto a sangre y fuego. —¿No vaya otra vez por lana, señor bachiller?, insinuó maese Nicolás. —Si vuesa merced se queda, respondió Carrasco, no habrá allí quien me trasquile. Por lana voy, lana traeré: el trasquilado será don Quijote, y aun vuesa merced, señor barbero, y con sus propias tijeras, si quiere darme soga».

Delicadísimo estaba el bachiller después de su fracaso; y aunque socarrón y maleante él mismo, no aguantaba pulgas de rapistas, y menos en tratándose de valor, por donde hacía agua, como joven y vanaglorioso. Medio se cortó el barbero, y dijo: «Vuesa merced toma mis intenciones en mala parte; ni fue mi ánimo lastimalle, suscitando vergüenza en su pecho con la memoria de su desgracia. Si aquello dije, fue a modo de advertencia saludable: no sería por demás el que vuesa merced se precaviese contra una segunda vencida, que tal vez don Quijote llevaría por el extremo. —Yo sé lo que me conviene, respondió el bachiller: los efectos dirán si soy hombre de dejarme vencer dos veces por un loco». Interpuso el cura su autoridad para que la contienda no siguiese adelante, y suavizado el bachiller, fue convenido entre todos que éste saldría en busca de don Quijote, más bien montado, tan pronto como sus costillas se restaurasen. Al cabo de tres semanas, sintiéndose del todo bueno, acudió a su buen tordillo, y armado de armas ofensivas y defensivas, tomó el camino una madrugada, cierto de dar con don Quijote antes de mucho, guiado por el ruido de las locuras del caballero andante. Hallábase en la venta del Moro cuando acertaron a caer allí la compañía de histriones y los señores de la vista de ojos. No podían menos en la venta que hablar de las cosas del caballero; por donde el bachiller vino en conocimiento de su próxima aparición. Los mozos, que en ese punto llegaban, dijeron que había montado ya, si bien no llegaría tan pronto, según la moribundez con que venían, tanto el jinete como la cabalgadura. Tuvo tiempo el bachiller para concertar con el ventero lo que se debía hacer, empezando por suavizarle con una buena porción de unto de México. El ventero tomó por suya la facienda, y prometió haberse de tal modo, que el bachiller saliese con su empeño. Retrájose éste a su cuarto, donde sin más ni más se caló unas narices de que venía provisto, ni tan desaforadas como las de Tomé Cecial, ni tan por el estilo regular que viniesen a parecer naturales. Lo cierto es que eran tan bien hechas, y el demonio del bachiller sabía acomodárselas tan bien, que si las tuviera uno en la mano, dudara todavía de su naturaleza. Una peluca, además, y unas barbas muy desemejantes de las suyas propias, y quedó tan otro, que no le conociera el papa, ni todos los cardenales juntos, si para solo examinarle se reunieran en consistorio secreto. Paramentado de este modo, salió el truhán, y se puso a medir el corredor a largos pasos, a vista y paciencia de los huéspedes. Nadie le reconoció, con ser que mucho le miraron todos; antes se estuvieron admirados de aquel inglés tan desenvuelto, por no decir insolente, que así rompía por medio de ellos, sin tener cuenta con persona.

Capítulo LII. De la llegada de don Quijote al castillo del señor de Montugtusa

Entraron por fin don Quijote y Sancho Panza, a quienes se vino el ventero con demostraciones de grande humildad, diciendo ser el alcaide de la fortaleza. «El señor del castillo me tiene mandado acoger y obsequiar a los caballeros de pro, hasta cuando él en persona sale a recibirlos. —¿Quién es el castellano, señor alcaide, si sois servido?, preguntó don Quijote. —El castellano, señor, es el barón de Montugtusa. Su mujer, la bella Sebondoya, habita el castillo con su señor y marido. Vuesa merced se apee, que yo le muestre luego el ala del palacio donde se ha de alojar con su comitiva. —Mi comitiva no pasa de mi escudero, señor alcaide: con una cámara estaré servido, sin que vuesa merced se tome la pensión de desocupar todo un costado del alcázar. No soy de los que se andan a la flor del berro, trayendo consigo mangas de lacayos, provisiones de gusto y enseres de todo linaje. Los andantes nos vamos libres de todo lo que huele a conforto y molicie;

nuestro descanso es la fatiga, el hambre nuestra hartura. Soy contento de que el señor del castillo esté presente, junto con la castellana, quien debe de ser una de las más apuestas y principales de estos señoríos. —Tenemos en el castillo, repuso el ventero, a un famoso caballero llamado don Quijote de la Mancha, cuyo sentir es igual en un todo al de vuesa merced respecto de la bella Sebondoya. —Eso es hablar de fantasía, señor alcaide, respondió escamado don Quijote: ¿un famoso caballero llamado don Quijote de la Mancha? —A fuerza de súplicas, dijo el ventero, se ha conseguido que permanezca dos días más en el castillo: de tal modo se prendaron de él los castellanos al punto que le vieron, principalmente la castellana, que dieran los dos ojos de la cara por que se quedase del todo a vivir con ellos. La bella Sebondoya se ha hecho traición a sí misma, podemos decir, por la timidez y el rubor con que le mira a furto de su esposo. Y no se me vaya la boca; ni soy dueña amiga de chismes que no desaprovecha ocasión de sacar a la calle las flaquezas de su señora. De qué bebedizos amatorios, de qué vistazos hechizados se vale el tal caballero para cortar el ombligo a las hermosas, no lo podría yo decir; lo cierto del caso es que, no solamente la sin par Sebondoya, sino también sus damas de honor, sus doncellas y hasta las fregonas del castillo están a punto de cruzarse la cara a navajazos por el huésped».

Don Quijote había echado pie a tierra, lo mismo que Sancho Panza, y rostro a rostro con el ventero, dilucidaba una materia tan sutil y trascendental como el haber tomado su nombre algún embaidor, a fin de aprovecharse de su fama y los honores a ella correspondientes; si no era más bien que el sabio su enemigo andaba urdiendo una trama para causarle nuevos sinsabores llevado de la envidia. Como hombre que poseía el don de acierto, no quiso el manchego dar así, de primera instancia, un solemne mentís al falso don Quijote y al verdadero alcaide; y contentándose con hacerle a éste algunas significativas interrogaciones, dejó para tiempo más oportuno el quitarle la máscara al audaz embustero, y arrancarle un nombre que le era tan ajeno por las grandes cosas y las perfectas caballerías que significaba. «¿Dígame vuesa merced, señor alcaide, ¿ese caballero se contenta con llamarse don Quijote de la Mancha, o trae algún anexo derivado de sus hechos de armas o de sus tribulaciones? —La primera vez que vino, respondió el alcaide, se llamaba "el Caballero de la Triste Figura"; mas ha tenido a bien dar de mano a este como resumen de desdichas, y ahora, con mejor fortuna, se llama «el Caballero de los Leones», por haber, en cierta ocasión, hecho rostro a media docena de estas fieras, vencídolas y matádolas a todas; sin parar en esto, sino en pelarlas y desollarlas, con ánimo de vestirse de sus pieles, como dicen que hacía un cierto Aljibes. —Alcides, señor alcaide», corrigió don Quijote. Metió Sancho su pala, y dijo: «Testigo yo: mi amo se puso con esos animales; que me parta un rayo si miento. Pero, lo digo como católico, hasta ahora no le he visto cubierto de esas pieles. —¿Qué se os alcanza de estas cosas, amigo entrometido?, respondió don Quijote; ¿quiere su villana señoría dar por resueltas materias intrincadas, en las cuales yo mismo tengo mis dudas, y no me atrevería a decir esto es así o asá, porque andan metidos en ellas más de un sabio encantador? ¿De dónde sabes, escuderillo zascandil, que estos que te parecen jubón de camuza y gregüescos de velludo no sean en realidad casacones imperiales y calzacalzones de cuero de león, debajo de los cuales anda el caballero que, si no ha vencido todavía, puede vencer a más de cuatro de esas furibundas alimañas? ¿Viste si los temí? ¿Te consta si los provoqué? ¿Sabes si rehuyeron la pelea y me lamieron los pies en señal de vasallaje? Si recogen el guante, me combato con ellos; si me combato, los venzo; si los venzo, les corto la cabeza. ¿Pues qué mucho que me vista de la piel de los leones a quienes provoqué, vencí y corté la cabeza? —Todo puede ser, dijo el ventero: sígame vuesa merced, que ya con viene aposentarle y darle tiempo para el afeite de su persona».

Adelantó el ventero, y don Quijote, llegándose a Sancho, le dijo pasito: «Oye, bestia, ¿no caes en la cuenta de que aquí hay gato encerrado y de que nos conviene mucha habilidad hasta cuando entre la espada? ¿No ves cómo damos aquí con un don Quijote, a quien será preciso despanzurrar, en pena de su atrevimiento y bellaquería? Mientras llega el instante de dar patas arriba con el impostor, yo no soy nadie, ¿entiendes? Guárdame el secreto, que yo voy a guardar el incógnito; y veremos en lo que paran estas cosas». Pasó adelante el caballero, y encontrando al bachiller Sansón Carrasco, que con gran entono se estaba paseando en los corredores, le hizo una venia señorial, como a persona de su gremio, siendo así que entre caballeros la cortesía no deja de reinar ni en medio de las armas. Señalole su cuarto el alcaide, y le dijo que no sería imposible tuviese en él un compañero de su propia calidad; porque estando, como estaba, la venta llena de gente, fuerza sería acomodar dos o tres individuos en un mismo aposento. «¿Cómo es eso de venta?, preguntó don Quijote. —Digo, castillo, señor caballero. No por serlo, y de los principales, sobra espacio, cuando como ahora aciertan los andantes a llegar por docenas. ¿No oyó vuesa merced el son de las campanas y bocinas cuando el atalaya le hubo columbrado? —Sí, oí, repuso don Quijote. Merced me haréis, señor alcaide, en dar orden como se mire por este mi buen caballo, que harto merece la hospitalidad del señor de Montugtusa. —Y por el que no le va en zaga, dijo Sancho: Dios sabe si yo diera mi rucio por toda una dehesa de potros andaluces. —Se les mantendrá con manjar blanco», respondió el ventero. Y se mandó mudar la buena pieza, mientras don Quijote y su escudero tomaban posesión de su cuarto.

Capítulo LIII. De cómo salió el maestro Peluca en la representación de su comedia

Se había ya lavado y aderezado don Quijote, cuando el alcaide del castillo se presentó a convidarle a la representación de la comedia que iba a dar, dijo, una de las primeras compañías teatrales de España. Aceptó de mil amores don Quijote, y salió par a par del bachiller Sansón Carrasco y su escudero Sancho Panza. El teatro estaba armado, y de tales proporciones, que las tragedias de Sófocles se pudieran ofrecer allí. Corrido el telón, se vio la escena de Lanzarote del Lago y la reina Ginebra en el dichoso conflicto que perdió para siempre a la tierna Francisca de Rímini. El doctor Casimiro Extradibaús no lo pudo sufrir, y poniéndose de pies requirió al cielo que lanzase sus rayos sobre esa venta maldita, y dijo que solo en tierra de moros podían verse cosas semejantes. «Sentaos, buen hombre, respondió el bachiller Sansón Carrasco, y mirad que nada tienen de malo estos amenos lances de dos enamorados. Pensad como gustéis, vosotros los hombres de las tinieblas; yo tengo placer en estas donosas y suaves ocurrencias». Don Quijote de la Mancha se levantó a su vez y dijo: «Lanzarote, desde luego, fue buen caballero y gentil enamorado; y la reina Ginebra, una de las más famosas señoras de la caballería; mas no echo yo de ver la necesidad de sacar a la calle sus flaquezas, en perjuicio, no solamente de su propio decoro, sino también de la honestidad pública. —Deje vuesa merced a estos curiales; repuso el bachiller, que se vayan a contar sus dieces, y gocemos nosotros del espectáculo que nos ofrecen estos hábiles artistas. ¿Qué hay allí, en suma, sin o un suave desfloramiento de los labios, y qué tiene de reprensible el que un mancebo apasionado coja como al descuido un poco de crema de felicidad, sin daño de tercero? —¡Para tales actores, tales espectadores!, dijo en voz alta el doctor Casimiro Extradibaús. —Mirad donde os ponéis, amigo picapleitos, respondió el bachiller: no estamos aquí para dejarnos reprender y jorobar por quisquis de vuestra ralea. —¡Vamos, señores!, gritó el tío Peluca en el escenario; ¿sigue o no adelante la representación? ¿O son vuesas mercedes quienes dan la comedia? —En el repertorio de vuesas mercedes habrá, me parece, dijo don Quijote, piezas que, sin perturbar a algunos espectadores, nos sirvan de entretenimiento a todos. Los trances más gratos de la vida suelen ser aquellos a los cuales el misterio comunica interés: las pasiones más dulces son las que se desenvuelven honestamente, y los placeres más delicados los que gozamos sin perder el respeto a la sociedad humana. Si es verdad que para que la inocencia nos proporcione alguna dicha ha de ser maliciosa, es asimismo cierto que la malicia sin delicadeza viene a servicio y descaro. Lanzarote pudo haber cogido la flor de los labios de la reina Ginebra, ¿mas qué necesidad tenemos de remedar a la faz del mundo lo que ese caballero hizo sin más testigos que Dios y su conciencia? La reina Ginebra, por otra parte, no perdió con ese desliz el derecho a la protección de los andantes; y aun por eso me opongo al pregón ofensivo que quieren dar estos histriones, previniéndoles que, si mi voz no es suficiente, entrará aquí mi espada. —¡Con mil diablos!, gritó de nuevo el tío Peluca, ¡déjese hablar a mis personajes! ¿Vuelvo a preguntar si son vuesas mercedes o nosotros quienes damos la comedia? —Por las razones que alega vuesa merced, dijo el bachiller Sansón Carrasco a don Quijote, convengo en que se cambie la pieza; mas de ningún modo influido por los ululatos de este cabeza torcida que tiene cara de hacer mucho más de lo que le saca de madre. —¿Qué pieza quieren vuesas mercedes?, preguntó el director del teatro. Como ella sea de las mías, yo haré el gusto de todos».

El doctor Mostaza, en quien la rectitud de ideas de don Quijote y la elevación de los sentimientos de su ánimo no hacían sino infundir más y más odio, alzó la voz y dijo: «Donde estoy yo no manda nadie: la comedia de Lanzarote se ha de representar, y no otra. Vuesa merced no quiere la de la reina Ginebra, añadió dirigiéndose a don Quijote; yo la quiero. Anden esos señores cómicos; si no, por Dios vivo que me han de ver enojado. —Veamos, respondió don Quijote, ¿cómo se toma vuecelencia para que prevalezca su voluntad?». El doctor Mostaza, haciendo de tripas corazón, con energía facticia tras la cual estaba resollando el miedo, soltó una desvergüenza de a folio. Se le fue encima don Quijote, y asiéndole por las orejas con entrambas manos, le sacudió de modo que si no acuden el ventero y el bachiller se las arranca de cuajo. Libre el pobre Mostaza de ese vestiglo, se escabulló como pudo, y restablecida la paz, el maestro Peluca dijo: «¿Gustarían vuesas mercedes de la escena de la sin par Oriana cuando está encerrada en el castillo de Miraflores? —¿Por qué está encerrada?, preguntó el bachiller. —Como don Amadís de Gaula, respondió el tío Peluca, es tan llorón, un día se pone a llorar a los pies de su dama; y tantas echa, que el corazón de la señora se reblandece; y así, medio loca y medio muerta, sin saber lo que hace, hace lo que no debe. El llorón de Amadís sigue llorando, y la sin par Oriana, como queda enunciado, se encierra, porque le ha sucedido lo que la obliga a estar encerrada. —Yo sé lo que le ha sucedido, dijo don Quijote. Si en algo tiene el maestro Peluca la integridad de sus barbas, guárdese de tocarme a un pelo a la memoria de esa dama. Así sufriré se aluda a ese triste acontecimiento, como que se me ponga la mano en la cara. Si no hay en su repertorio sino farsas y comedias ofensivas a las señoras y los caballeros andantes, desbarátese esta máquina o teatro, y váyanse noramala los histriones menguados que no aciertan a satisfacer a ninguna persona. —Sin agravio de nadie, volvió a decir el director, voy a dar a vuesas mercedes tal pieza que han de quedar saboreándose con ella más de un año». Cayó el telón, y después de un intervalo de quince minutos, alzado de nuevo, se vio a Pepe Cuajo en ademán de pasearse airado y taciturno delante de una dama que estaba allí cabizbaja. «¡Ha venido!, dijo de repente. —¿Quién ha de venir, señor? ¿Para qué ha de venir nadie en vuestra ausencia? Algún enemigo de vuestro sosiego y mi felicidad os perturba el ánimo con falsos avisos, con perversas insinuaciones.

—¡Ha venido!, repitió el terrible Cuajo, y volviendo a su aspecto sombrío, dijo: ¡Dulcinea, vas a morir! —¿Qué es eso de Dulcinea?, preguntó el bachiller Sansón Carrasco: ¿quién es el atrevido que va a matar a Dulcinea? ¿Matar a Dulcinea en mi presencia? ¿No pasarán por la punta de mi lanza veinte, treinta y aun cuarenta de estos desalmados, antes que me toquen a la orla del vestido a esa señora? —A nadie le incumbe ni atañe la defensa de Dulcinea, dijo a su vez don Quijote, sino al caballero que la sirve: tanto sufriré yo que estos farsantes maten a Dulcinea, como que ningún caballero de contrabando la tome bajo su amparo y custodia. —¡Por la Virgen Santísima!, gritó el maestro Peluca, dejen que ada cual haga la figura que le pertenece y no me interrumpan a cada paso la representación. ¿Cuándo quieren vuesas mercedes que concluyamos, si no me dejan principiar? —Es cabalmente lo que quiero, respondió el bachiller, que no se principie a matar a Dulcinea, y menos que se acabe de matarla. Pero ¿quién será el que principie semejante desaguisado y cuándo se acabará tal superchería en las barbas del caballero que la sirve? —¡A Dulcinea no le sirve sino un caballero, y ése soy yo!, dijo don Quijote. Por un mismo camino se habrán de ir los que quieren matarla como los que tratan de defenderla por derecho propio». Aquí intervino el ventero y dijo: «Señores, éstas no son cosas de veras, sino ficciones agradables y embustes curiosos con que esta gente se ha propuesto divertirnos. La vida de esa señora está en salvo; y a sí, vuelvan vuesas mercedes a la tranquilidad del espíritu y el silencio que ha menester la representación. —Si no son cosas de veras, peor aún, respondió don Quijote: el bellaco que ha hecho a Dulcinea un cargo sin fundamento, pagará su avilantez y alevosía».

El pobre tío Peluca estaba ya fuera de sí. Por concluir cuanto antes su comedia, le dio un corte más allá de la mitad; y asomándose a la orilla de las tablas uno de los personajes, dijo:

«¡Miefé, señor caballero!,
Ella diga quien le agrada;
Y de aquel sea adamada
Aunque yo la amé primero».

—Esta Dulcinea no debe de ser la mía, dijo a su vez el bachiller Sansón Carrasco, supuesto que anda en tales pasos. —Ni la mía tampoco, respondió don Quijote; pero basta que se llame Dulcinea para que yo castigue rigurosamente el menor agravio irrogado a su persona. En cuanto a lo demás, para que sepamos a cuál ha de pertenecer la dama, conviene averigüemos cuál es el de su preferencia, el grande o el chico; ni permitiré yo que sea entregada contra su voluntad al que no es de su gusto, y menos que pase a manos de nadie sino por la puerta de la Iglesia. —Vuesa merced hace bien, dijo Sancho, rompiendo un silencio que no podía ya sobrellevar; si se unen, que sea como católicos; y no vengamos con que el galán se fue, y conque la niña se quedó, y no así como quiera, sino encerrada, porque le ha su cedido lo que la obliga a estar encerrada, como dijo el otro. Obispo por obispo, séalo Domingo; y hacientes y consentientes pena por igual. A mí tan feo me parece el grande como el chico; y todavía, en caso de no poder más, primero ese bestión desmedido que ese chisgarabís. Cásense, cásense; ellos se mueren por ella, ella los quiere bien: pues manos a la obra. —¡Que no te hayas muerto ahora ha cuarenta años, demonio!», exclamó don Quijote: y como siguiese tronando y relampagueando con grandísimo enojo: «Vamos, dijo tío Peluca, con este loco no hemos de hacer nada. Desbarátese este tablado, y a dormir, para que podamos madrugar. —No es loco, sino tonto, respondió don Quijote; pero no tiene mal corazón. Prosigan vuesas mercedes, que la pieza no puede ser más interesante». El bachiller Sansón, a quien más divertía esta comedia que la del teatro, se puso de pies y dijo: «Dígame el tuáutem o director de la farándula, ¿cuál es el loco a quien ha querido aludir? ¿Loco, en presencia de caballeros andantes que pueden castigar su demasía? Filipo, Antígono, Sertorio, Aníbal fueron tuertos como vos, don bellaco probado; pero esto no os ha de librar de la furia de mi ánimo y la fuerza de mi brazo». Tío Peluca era de suyo amigo de la paz y concordia; pero cuando le andaban por las barbas daba pruebas clásicas de atrevimiento. Soltó, pues, una carretilla de desvergüenzas tales, que tanto el verdadero como el falso don Quijote se le iban encima, cuando el mal hablado farsante puso pies en polvorosa, y el ventero intervino diciendo que, como alcaide de la fortaleza, a él le correspondía la represión de esos atrevidos y él sabría poner las cosas en orden.

Capítulo LIV. De lo que sucedió entre las cuatro paredes del aposento de los huéspedes

Porfió tenazmente don Quijote por írseles encima a los farsantes; pero hubo al fin de ceder a las razones del bachiller, quien le seguía diciendo: «La cuchilla, señor caballero, empleada por Aquiles en Héctor, por Eneas en Turno, por Bernardo del Carpio en Roldán, ¿quiere vuesa merced emplear en gente cautiva y desdichada? —Roldán era encantado, respondió don Quijote, y no podía ser herido sino por la planta del pie izquierdo; no pudo, por consiguiente, Bernardo del Carpio emplear en él su espada. Como le mató en Roncesvalles fue apretándole en sus brazos hasta hacerle echar el corazón por la boca. —Esas son quisquillas, replicó el bachiller: hilvanar y coser y hacer randas, todo es dar puntadas. Lo que hace a mi propósito es manifestar a vuesa merced cuán fuera de los usos caballerescos estaría el tomarse un andante de los más famosos con un pobre esguízaro que acierta a lo más a llamarse tío Peluca. La espada... ¿sabe vuesa merced lo que es la espada? Con ella enderezamos tuertos, castigamos sinrazones, levantamos caídos, remediamos desdichas, desfacemos agravios. —Sancho tiene la culpa, repuso don Quijote, que no está pronto a hacer suyos estos lances. La verdad de la verdad, señor caballero, es que Tizona y Colada no beben sangre de villanos. —¿Tizona y Colada ha dicho vuesa merced?, preguntó el bachiller; ¿en dónde paran esas famosas armas? —Cuando Rui Díaz, respondió don Quijote, las hubo quitado a los infantes de Carrión, por el desaguisado que éstos hicieron a sus esposas, las regaló a Félix Muñoz y Martín Antolines, el burgalés de pro, sus amigos y conmilitones. Desde este punto pierdo yo de vista esas espadas: deben de hallarse ahora en la Armería Real, o en otro depósito de curiosidades antiguas. —Yo sé de otra espada, volvió a decir el bachiller, que irá a reunirse con Tizona y Colada. Acuéstese vuesa merced y huélguese esta noche: mañana es otro día, y puede ser que conozca el arma que le digo». Riose don Quijote, y ganó una de las tarimas que rodeaban el aposento. El bachiller Sansón no tenía sueño; don Quijote estaba lejos de dormir, y solamente Sancho Panza estaba ya soñando con las bodas de Camacho, circuido de doradas nubes. Las doradas nubes eran los quesos amontonados en columnas; las roscas de Utrera puestas allí cual gloriosas coronas; las gallinas, los pollos y capones asados y aderezados, de los cuales él podía espumar tres o cuatro a modo de advertencia preparatoria.

    Estaba el buen Sancho rebulléndose y zambulléndose, como queda dicho, en esa gloria celestial, cuando un viejo a quien el ventero había también alojado en ese cuarto, empezó a estornudar con tal brío, que a Sancho Panza mismo, con ser quien era, le sacó de su sueño y sus casillas: en vez del sacramental Ave, María santísima, echó Panza una maldición y un pésete, que hicieron estremecerse al viejo estornudante, quien, recobrándose, dijo: «¿Así saluda vuesa merced a sus hermanos, y de este modo se aprovecha de la ocasión de alabar a la Virgen? —La Virgen no ha menester los estornudos de vuesa merced para ser alabada, respondió Sancho. —¿Y quién le ha dicho a vuesa merced, replicó el viejo, que el estornudar es malo? —Ahora entro yo, dijo el bachiller Sansón: el estornudar es bueno y muy bueno. ¿Por qué piensa el buen Sancho que invocamos el nombre de María en este caso, sino porque esa es gestión sumamente buena, que tiene olor y resabio de cosa celestial? Pues sepa, si no lo sabe, que el estornudo, según Aristóteles, indica plena salud en la cabeza, la parte más noble del cuerpo humano, y armonía en sus órganos, de suerte que el pensamiento surge en ella y se dilata en ondas sublimes. Saludar al que estornuda es como darle el parabién de tan gran favor de la Providencia, cual es el tener ideas prontas, cabales y abundantes. —Puede el Estagirita, respondió don Quijote, apartándose de aquel dictamen, tener mucha razón; lo que hay de cierto en el caso es que los hombres debían morir la primera vez que estornudasen; ley de la naturaleza que se cumplió rigurosamente los tiempos patriarcales. Nuestro padre Jacob, en la segunda lucha que tuvo con Dios, consiguió que ley tan dura para la especie humana fuese revocada. En memoria de este triunfo, los hombres acostumbraron a saludarse cuando estornudaban. —Luego no hay por qué se reprenda al que estornuda, dijo el viejo desconocido, puesto que el estornudar es cosa inocente. —¿No sostendrá vuesa merced, respondió don Quijote, que todas las cosas inocentes pueden pasar? Casos hay en que conviene suprimir hasta la tos. Lo que es simplemente estornudar, puede vuesa merced ahora; ni hemos de ir a causarle una apoplejía, estorbándole ese descargue necesario de los vapores cerebrales. Mi escudero tendrá cuenta con ceñirse a la costumbre y responder «Ave, María», en vez del reniego con que nos ha obsequiado.

—¡Oh, señor!, exclamó el bachiller, yo no sería capaz de desmandarme ni en presencia de un recién nacido; y sé decir a vuesas mercedes que la de un animal mismo me corta y embarga, en cierto modo, para cosas que requieren soledad absoluta. Abomino a esos hombres osados que no respetan en los demás sus propios fueros, y obran como sucios e impúdicos, cuando piensan que están obrando con loable franqueza y desparpajo. El asco es indicio de vergüenza; la timidez revela honestidad; la atildadura del cuerpo se da la mano con la pulcritud del alma. ¿Qué dicen vuesas mercedes de la matrona romana que se desvestía hasta lo vivo en presencia de su siervo, con decir que en ése la esclavitud había matado el alma? La impudicicia va aquí a un paso con el atrevimiento: esa tal merecía que su esclavo le hiciera ver cuán hombre era a despecho de la servidumbre. —Eso se hubiera querido la pazpuerca, respondió Sancho; ¿por qué piensa vuesa merced que lo hacía? —Que esa dama no fue la diosa del pudor, dijo don Quijote, ya se deja conocer; ¿mas por dónde vienes a descubrir en ella un propósito depravado? Di que ese descoco fue obra maestra de soberbia, y no columbres allí una treta de la deshonestidad. La esclavitud mata el alma, estoy con esa antigua; y encarezco el punto afirmando que la sepulta en el cieno. —No vayan vuesas mercedes a pensar, dijo el hombre del estornudo, que soy tan libre en las otras cosas como en el estornudar: yo sé cuándo y dónde pago sus tributos a la naturaleza». El bachiller Sansón volvió a tomar la palabra y dijo: «Yo, señores, soy de los que vierten lágrimas en la mesa, cual otro Isidoro Alejandrino, al considerar que la parte noble del hombre, el destello divino que le anima, esta substancia impalpable e invisible, no puede existir en nosotros sino mediante las necesidades y funciones terreras de la carne. ¿Qué será respecto de los hechos que, sobre ser materiales y poco decentes, son también vergonzosos? La urbanidad es madre de la estimación: no es dable apreciar ni querer al que se vuelve repulsivo por la desenvoltura y la descortesía. Hemos de pensar, sentir y obrar con delicadeza; delicadeza, noble voz que significa sensibilidad, rubor, decencia, cosas indispensables para que merezcamos y alcancemos el aprecio y cariño de nuestros semejantes».

Capítulo LV. Donde se da a conocer el desconocido y cuenta su lamentable aventura

«¿El dormir es material y vergonzoso, señor caballero?, preguntó Sancho. —Vergonzoso, de ninguna manera, respondió el bachiller, puesto que no traslimitemos los términos señalados por la naturaleza; material, no estoy a un paso de creerlo. El sueño es una operación mixta en la cual tienen parte el alma y el cuerpo, o por mejor decir, un acto en el cual uno y otro se despojan de sus atributos. El sueño es negación hermosa, ausencia llena de felicidad, si me comprendéis, amigo. —¿Luego puedo dormir esta noche?, volvió Sancho a preguntar. —Esta y las siguientes. Dormid los que no tenéis amores que os atormenten ni cavilaciones que os desvelen. —¿Podría vuesa merced decirme, añadió el bachiller dirigiéndose al huésped desconocido, quién es vuesa merced, de dónde viene, adónde va y cuáles son los sucesos principales de su vida? Holgaría yo de entretener el tiempo con una sabrosa narración, de esas con que los pasajeros amenos suelen hacer dormir a los tontos y velar a los discretos. —Las cosas de mi vida, señor, respondió el huésped, son inenarrables; tanto hay en ella de triste y desdichado». Don Quijote apoyó al bachiller, diciendo: «Nárrelas vuesa merced, con todo; y aún puede ser que del contarlas aquí se derive el remedio de su cuita. —Pues yo, señores, me llamo don Pascual Osorio, de la Castilla por mi madre. —Antes de pasar adelante, dijo el bachiller, dígame el señor don Pascual Osorio de la Castilla por su madre, si es o no hidalgo de devengar quinientos reales: lo debe de ser, supuesto que tiene el don. —Cuando era pobre, señor, respondió don Pascual Osorio, yo no era nada; y lo fuí hasta muy entrado en edad, de lo que estoy lejos de alabarme. Pero un día me vino Dios a ver, y desde entonces mi vida empezó a ser tan holgada como hasta entonces había sido estrecha. Don Pascual siempre me habían llamado mis conocidos; amigos no tiene el pobre. Han de saber vuesas mercedes que esto de la pobreza agua hasta las buenas aptitudes, por mucho que la Escritura hable bien de ella y muestre protegerla. Vuesas mercedes no sean pobres a ningún precio. Los bienes de fortuna me ennoblecieron, me rejuvenecieron, me conciliaron hasta gallardía. No solamente decían todos, sino también pensaban, que yo era hombre de altas prendas. Me casé con una niña de diez y ocho años. —¿Y a vuesa merced cuántos le corrían hasta ese fausto acontecimiento?, preguntó el bachiller. —Frisaba yo en los sesenta y cuatro, señor: mas fuera de la peluca y un cierto ahoguío, no daba indicios de vejez; ¡qué, si me llevaba calle y media de un tirón, y me tenía como un cernícalo sobre un caballo! —Él sesenta y cuatro, repitió el bachiller, ella diez y ocho; buen surtido. ¿Lo pasaron de perlas, esto se cae por su peso? —Vivíamos, señor, tan sin género de pesadumbres, que éramos del todo felices. Activa, hacendosa, nada soberbia: ella a peinarse, ella a vestirse, ella en persona a todo. —*Mulier diligens corona est viro suo*, dijo el bachiller. Don Pascual Osorio prosiguió: «No dejaba traslucir sino un defectillo, es a saber, tal cual apego al dinero. Sé decir a vuesas mercedes que sus socaliñas eran mi embeleso: su amor nunca más vivo; ella nunca más seductora que cuando sus intenciones iban encaminadas a beneficiarme; hubiera yo querido ser mina de oro para darle gusto.

—Mucho fas el dinero et mucho es de amar,
Al torpe face bueno et heme de prestar,

dijo el bachiller. Vuesa merced no tenía qué pedirle a la fortuna. —No me hubiera trocado con un cardenal, señor mío de mi alma. Era otra cosa el ver esas mejillas encendidas, esos ojos rasgados, negros, esa cabellera crespa y esponjada que le bañaba los hombros. Y me llamaba hermoso, ¡qué muchacha!

—Sea un home nescio et feo hasta el orror,
Los dineros le fasen hermoso y sabidor,

volvió a decir el bachiller. ¿Y qué tal de pasadía? —El mundo era para mí el bien supremo, respondió el viejo; todo placer, todo felicidad.

—Si tovieres dineros habrás consolación:
Do son muchos dineros es mucha bendición.

¿No hubo desabrimiento entre vuesas mercedes, amargura chica ni grande, mientras el señor de la Castilla tuvo llena la bolsa? —Me respetaba, señor, y me quería mi mujer como si yo hubiera sido el papa.

> —Yo vi en corte de Roma done es la Sanctidat,
> Que todos al dinero fascen grant homildat;
> Grant honra le fascían con grant solenidat;
> Todos a él se homillaban como a la Magestat,

respondió el bachiller. ¿Nada de celos? —¿Celos, señor? Me adoraba la chiquilla.

> —Si le dio bebedizo o algún adamar,
> Mucho aína lo supo de su seso sacar.

¿Nada de hijos? —Este es el punto de mi desventura, señor. El cielo oyó mis ruegos: ¡qué decir, cuando una noche me anuncia ella que se siente madre! —Vuesa merced quiere darme a entender que estaba preñada, dijo el bachiller. —Y ahora digo a vuesa merced, repuso don Pascual, que llegó el día del alumbramiento y me nació un muchacho como un ángel. —Si no me equivoco, parió la señora, replicó el bachiller. Ahora bien, señor don Pascual Osorio de la Castilla por su madre, ¿qué hay en esto de triste ni desventurado? —Todo cuanto hay es triste y desventurado, dijo don Pascual. Quince días hubieron apenas transcurrido, cuando la madre verdadera de aquel bellaquín cargó con él, interviniendo la justicia. El embarazo, fingido; el parto, simulado; el niño, supuesto: ¡qué golpe, señor! —Bonita era la niña, dijo Sansón. ¿Ella sola había urdido la maraña? —Obra fue de una dueña, respondió don Pascual. Este mismo demonio de vieja había traído poco antes a casa ciertas joyas de grandísimo precio, que yo no quise ni ver; mas la muchacha porfió que yo las había de ver, aun cuando no las compráramos, y esa mera curiosidad me costó un ojo de la cara.

> —Señora, dis, compradme aquestos almajares:
> Dijo la dueña: Plazme, desque me los mostrares,

tornó a decir el socarrón del bachiller. Se acomodaba de prendas para caso necesario». Don Quijote se había dejado estar callado, con las orejas tan largas, durante esta relación: echando de ver a la luz de un candil una olla en un andamio, le pasó por la cabeza una extraña locura, y levantándose en camisa, tomó a cuatro dedos su contenido y se embarró cara, pescuezo, pecho, arcas y aun la parte posterior de las orejas. «Esto más tiene de bueno el ungüento de Hipermea, dijo, que preserva de todo insulto y no da paso al acero, donde el bálsamo de Fierabrás no sirve sino para cerrar las heridas. Ahora estoy cierto de no recibir ninguna, por esforzado y mañero que sea el enemigo con quien me combata». Diciendo esto, se volvió a su cama, en la que se tiró con gran crujir de tablas y huesos. El bachiller Sansón y don Pascual Osorio estaban asombrados, y aunque el primero conociese bien a don Quijote, se admiró mucho de este extremo de locura. Vio, oyó y calló; y después de algún silencio, dijo al señor de la Castilla: «Su madre verdadera cargó con aquel jabato; ¿de la muy leal esposa de vuesa merced, qué fue? —Aún no se había desenredado la trama, respondió don Pascual, cuando ya no había quien diese noticia de ella. Uno de esos descomulgados que tienen echada el alma atrás... Vuesa merced me comprende.

   —Darte han dados plomados, perderás tus dineros;
   Al tomar vienen prestos, a la lid tardineros,

respondió el bachiller. Juro por la Santa Biblia y los setenta traductores, haceros vengado, siguiendo, persiguiendo, matando, volviendo a matar y escarmentando al malandrín que tal sinrazón ha hecho a tan honradas barbas cual muestra ser el señor de la Castilla. Sabed que soy don Quijote de la Mancha, cuyo asunto es acorrer a los necesitados, castigar a los desaforados, enderezar los tuertos y poner en orden el mundo. Para autenticar, en cierto modo, mi juramento, llamo y pongo de testigo a mi dulce amiga la sin par Dulcinea del Toboso». Admirado estaba don Pascual Osorio oyendo las resonantes cláusulas del falso don Quijote, promesas de más ruido que solidez, cuando el verdadero alzó la voz y dijo: «Miente por la mitad de la barba el hideputa que dice ser don Quijote de la Mancha. —¿Luego es vuesa merced, respondió el bachiller, el atrevido que anda por esos mundos llamándose don Quijote de la Mancha, en menoscabo de mi fortuna y para mengua de mi fama? Ya sé que ese cobarde caballero huyó de unos leoncitos y tuvo miedo a unos batancitos: ¡y esto llamándose don Quijote! Pues el juramento que hice en pro del señor don Pascual de la Castilla por su madre, lo convierto en mi propio beneficio y en contra del atrevido que osa tomar mi nombre y sustentarme barba a barba que él es el verdadero don Quijote de la Mancha». ¡Oh, santo cielo y cómo le crujieron los huesos a nuestro buen don Quijote y le temblaron los músculos, de pura indignación y coraje! Llamó de felón, follón y mal nacido al usurpador de su personalidad, y le retó a singular batalla. Concertáronse los dos aventureros en combatirse al día siguiente en uno de los patios del castillo, pusieron por condición de la batalla que el vencedor sería el verdadero don Quijote, y el vencido, despojado de ese famoso nombre, iría a meterse fraile.

Capítulo LVI. De la nunca vista ni oída batalla que de poder a poder se dieron el genuino y el falso don Quijote

Tío Peluca y sus aparceros no veían la hora de alejarse de loco tan peligroso; diéronse, por lo mismo, un madrugón, que cuando quería amanecer, ya ellos andaban a buen trecho de la venta. Ni era posible aguantar a la larga las cosas de don Quijote, hombre que de las piedras sacaba agua de caballería. Los togados y el escribano, por su parte, hubieran perdido una oreja por no verse cara a cara con tan formidable enderezador de tuertos, y en confuso montón con los histriones y los osos se fueron de pie quebrado. Avínoles bien el haber cogido la alborada, porque don Quijote amaneció ese día más loco que nunca, y Dios solamente sabe en qué laberintos y pendencias los hubiera metido. Vistiose el caballero, salió armado de punta en blanco, *undique munitus*, y llamó a la liza a su atrevido homónimo; pero éste se cerró en que no pelearía ni con el arcángel San Miguel, antes de haberse fortalecido con una buena refección; para lo cual mandó venir al alcaide del castillo, y le ordenó dispusiese un almuerzo como para Lúculo. «Desde luego, señor alcaide, vuesa merced será servido de abrir la comida con unos melones tajados en forma de media Luna, encendidos como un ascua. —Los melones, señor, respondió el ventero, son también agestados en estos territorios, que tienen color de azafrán.[15] La venta es una como capellanía, entre los artículos de cuya fundación consta el de que se han de dar a los pasajeros los mejores melones del mundo. —Soy contento de ese artículo de la capellanía, dijo el bachiller. No me parecerían mal unos melocotones que estuviesen echando gotas de almíbar, de puro maduros, y unas ciruelas negras y cristalinas como una hija de la Etiopía. Cuanto a las peras, me contentaré con las mejores bergamotas de sus huertos, señor alcaide. —¿Crudas o cocidas?, preguntó el alcaide. —De uno y otro modo, respondió el bachiller, si es verdad que en la variedad está el deleite. Ahora, pues, hablando de los guisos, dispondrá vuesa merced se nos sirvan currucas migadas a una por barba. Gusto yo de comer aves, no solamente sabrosas cuando muertas, sino también bonitas cuando vivas. Mire vuesa merced cómo acuden a nuestras comarcas esos lindos pajarillos al rayar la primavera, y retozones y alegres se aposentan en jardines, alamedas y cañaverales, animándolo todo con su inquietud ruidosa e inocente. Currucas, pues, señor alcaide, curruquitas. —Las cojo en tal abundancia, respondió el alcaide, que tengo hasta para los arrieros. —¿Eso hay?, replicó el bachiller: guárdese mucho vuesa merced de infestar mis manteles con semejante pájaro, y ponga en su lugar papafigo o ficédula. Esta avecita se alimenta de uvas e higos maduros, de suerte que su cuerpo es una grasa de admirable suavidad y ligereza; la poesía, digamos así, de los convites, por no decir la poesía del estómago. Cuide vuesa merced asimismo de que no nos falten la alondra ni el hortelano, y mucho menos el pitirrojo. Tan enamorado como bello, este pajarito es por su desgracia la cosa más agradable del mundo, y paga con la vida la pena de sus buenas cualidades. Tiene la virtud de ser madrugador más que todas las avecitas menores; y así vuesa merced le oye en el jaral antes que rompa la aurora, y le está oyendo todavía al cerrar la noche. —A falta de pitirrojo, respondió el ventero, vuesas mercedes serán servidos de contentarse con un jabato, que mis empleados lo aliñan como para la casa real; y donde no, ahí está el carnero, que en siendo gordo, no hay para con él currucas ni curruquitas. —No venga vuesa merced a embastecernos con esas carnes ordinarias, replicó el bachiller; pitirrojo ha de ser, o prendo fuego al castillo. —Eso será, dijo el ventero; ni somos aquí tan para

---

15 En tiempo de don Quijote, la comida se abría con frutas. (N. del A.)

poco que no tengamos una varilla de virtudes. —*Vírgula divina*, respondió el bachiller. ¿Piensa vuesa merced regalarnos con un banquete de Escotillo? Sepa el señor alcaide que mi antojo y necesidad no son de viento, sino de substancias reales, y que no es mi ánimo comer hoy a lo fantástico, sino muy a lo verdadero. —Se hará lo que se pueda, dijo el alcaide. ¿Cuáles han de serlos postres? —Gusto poco de lo dulce, y paso sin postres las más de las veces. Apadróneme vuesa merced los vinos de sus bodegas, que es lo que importa».

A Sancho Panza le crecía el ojo al oír este festín. «Los postres, dijo, yo no los paso; si algo me gusta y me conviene a la salud, son los dulces». Don Quijote entró aquí y dijo: «Pide cosas raras y admirables, Sancho, bocadillos regios y pastitas de los dioses; el señor alcaide no desea otra cosa que servirte. Cuando hayas sacado la tripa de mal año, sal un poco a tomar el aire y mira cómo preparas las monturas; que una vez concluida la batalla, nos partimos. Señor caballero, añadió dirigiéndose al bachiller, le cumple a vuesa merced vacar al empeño en que se ha puesto; y así le requiero y cito para la estacada, donde le serán servidas piezas no tan agradables como las que ha almorzado de memoria. —A la eternidad, respondió el bachiller, le importa poco una hora más o menos de la vida de vuesa merced. Ponga vuesa merced que yo hubiese hecho mi desayuno, y téngase por muerto, siempre que se me presente su persona saneada, subsanada, lisa y pasadera en buen combate. —¿Qué hay en mi persona que dificulte la batalla?, preguntó don Quijote. —Hay que vuesa merced ha contravenido a las reglas de la caballería, haciéndose invulnerable con esa enjundia cabalística que llama ungüento de Hipermea. Los estatutos de las órdenes caballerescas dicen que el caballero no se ha de valer de sortilegios, amuletos, hechicerías, ni encantos que emboten las armas enemigas, y declaran caso de menos valer el presentarse con el prestigio de bálsamos, bebedizos, filtros, ungüentos y más porquerías de que se sirven los malos caballeros. Destruya vuesa merced la virtud del óleo mágico con que se ungió y pulimentó anoche, y en condiciones iguales, de persona a persona, a pie o a caballo, aquí estoy para que midamos nuestras armas».

Dio el bachiller en la cabeza del clavo. Hallándose don Quijote más que nadie al corriente de las leyes andantescas, vio que su adversario estaba en lo justo, y cuando se hubo lamentado media hora de su mala fortuna, le vi no la marea de la cólera, y tronó y echó rayos, de modo de causar espanto. Don Quijote de la Mancha, propenso a las más nobles corazonadas e incapaz de bastardía, hubiera muerto primero que cometer un fraude. «Desventurado andante, le dijo el bachiller, la desesperación es afecto no menos doloroso que reprensible. Tal es el deseo que tengo de pelear con vuesa merced, que yo mismo voy a levantar el entredicho que tan fuera de sí le ha puesto. Si vuesa merced posee el ungüento de Hipermea, sepa que a mí me protege la sabia Linigobria, hija del soldán del Cairo, enemiga mortal de la dicha Hipermea; la cual Linigobria ha ideado una receta que desvirtúa y anula del todo el ungüento desotra hábil mágica. —¿Cuál es esa receta?, preguntó don Quijote. Más tardará vuesa merced en dármela que yo en ponerla en ejecución. —Es muy sencilla, respondió el bachiller: toma vuesa merced un baño frío en ayunas, al tiempo que su escudero, al lado de vuesa merced, está repitiendo la oración de Santa Apolonia. Cuando vuesa merced está tiritando, se cambian los frenos: su escudero es quien toma el baño, y vuesa merced quien repite la oración. Vuelto por este medio a su vulnerabilidad primitiva, no habrá inconveniente para que hagamos la batalla». No sabe el historiador qué género de elocuencia sirvió a don Quijote para persuadir a Sancho, ni con qué ofertas nuevas le ganó la voluntad; el hecho es que, habiéndole tomado aparte, le puso blando y condescendiente de manera que mientras el bachiller almorzaba como Dios quería, ellos se retiraron a un abrevadero tras la casa, y la receta de Linigobria tuvo su cumplimiento. Cuando don Quijote de la Mancha dejó de estar impedido, el bachiller Sansón Carrasco salió como buen caballero, indagando por el señor del castillo, quien debería hacer de juez de la batalla. El alcaide respondió que el castellano andaba a caza de jabalíes por la sierra con sus monteros, y que, en su ausencia, el hacía de persona principal; que en orden al rey de armas y los farautes, no faltarían hidalgos de pro que se encargasen de esas figuras, pudiendo, en último caso, tocar él mismo a zafarrancho. «*Navis expeditio*, repuso el bachiller; *praeparatio ad pugnam*. Pues manos a la obra, y rogad por el alma de este buen caballero».

    El corral de la venta fue señalado para la liza, donde a poco se vieron frente a frente los dos caballeros, a pie, sin testigos, a no ser el alcaide, don

Pascual Osorio de la Castilla y Sancho Panza. ¡Y quién podrá decir buenamente los tajos, reveses, mandobles y pasadas con que esos dos paladines hicieron resonar los montes! Le faltan palabras al historiador para referir lance por lance la batalla; y dice solo que don Quijote, el genuino don Quijote, se vio a pique de perderla; y que en tan terrible conflicto se encomendó a la señora de sus pensamientos, y con fuerzas redobladas dio golpes tales que hubiera hecho temblar a Sacripante. Mala estrella debía de ser la de Sansón Carrasco, pues resbalándose en lo mejor, dio un gentil batacazo, y allí su enemigo a cortarle la cabeza. Cubrióse le el corazón a don Quijote al hallar otra vez en el caído al propio bachiller Sansón, a quien ya había vencido en vano, y llena el alma de amargura, dijo a su escudero: «Tan desdichado soy que he de perder con buenas cartas. ¿Qué barba, ¡oh Sancho!, qué narices son esas caídas allí a un lado?». El bachiller, que había visto las orejas del lobo, estaba haciendo de muerto con mucha gracia. En esta sazón acudió la ventera llamando de mal cristianos y desalmados a los que así consentían en que dos hombres se quitaran la vida, y amenazando con dar a la Santa Hermandad aviso de la muerte que se había hecho en la venta. Llegose al vencido, y tomándole un brazo, lo dejó caer, no sin que el difunto le hiciese del ojo. Siguió clamoreando la ventera y dijo al vencedor que se retrajese al vuelo en alguna montaña, si no quería ser aprehendido por los oficiales de la justicia. «Le he muerto en buena guerra», respondió don Quijote, y salió al patio, lleno de majestad y poderío. Alzose el bachiller con mucha flema, diciendo: «Ahora puede el diablo cargar con este loco una y mil veces, que ya lo he sido yo demasiado en andarme tras él, por darle el juicio que a mí mismo me falta. Mal hayan el cura y el barbero que en semejante obra me han puesto, aprobando mi necedad e impulsándome por esta vía». Luego se retrajo en el cuarto de la ventera, hasta cuando le fuese dable tomar su caballo y largarse a su casa, de donde era su ánimo no volver a salir un punto, aunque le comiesen los perros a don Quijote. Sancho Panza, que todo lo había estado viendo, tenía el alma parada. Salió en busca de su amo; pero se guardó muy bien de poner en su conocimiento lo que acababa de ver, porque don Quijote no volviese a las andadas. El juez de la batalla declaró buena la victoria, y dijo que la muerte había sido según todas las reglas andantescas. Mas cayendo sin advertirlo en su papel de ventero, pidió que a la cantidad justa se le añadiesen algunos cuartos para los alfileres de su mujer. Pagó don Quijote como rey, y seguido de su criado, salió de la venta, sin detenerse a averiguar con el ventero cómo éste había perdido de la noche a la mañana su condición de alcaide del castillo.

Capítulo LVII. De las razones que mediaron entre don Quijote y su criado, hasta cuando al primero se le ofreció hacer una aventura muy ridícula de dos notables sucesos antiguos
La historia presenta aquí una laguna, pues no dice por donde anduvieron ni lo que hicieron los dos héroes durante los quince días transcurridos desde su salida de la venta del Moro hasta cuando una tarde se asomaban por las goteras de una ciudad insigne del Guadalquivir. «¿Vuesa merced cree en conciencia, decía Sancho como venían asomándose por una ondulación del camino, que el caballero a quien mató en el castillo del señor de Montugtusa no resucitará jamás? —El día del juicio, respondió don Quijote. El que se muere, se muere del todo y muy de veras: es lo único en que los hombres usan de buena fe. ¿Qué es lo que te mueve a hacerme esa pregunta? —Muéveme, señor, el haber visto yo con estos ojos, que se han de volver tierra, levantarse el bachiller bonitamente, sacudirse el polvo y desaparecer, cuando vuesa merced hubo salido al patio. —Mejor te ayude Dios, amigo Sancho Panza, dijo don Quijote. —Se levantó, señor, y se fue, diciendo que si al loco de vuesa merced le cargaba el diablo mil veces, a él nada se le daría. —¿Qué hay de reparable, replicó don Quijote, en que ese caballero hubiese desaparecido? ¿No le viste que le protegía la sabia Linigobria, hija del soldán del Cairo, la cual habrá cargado con el por un medio maravilloso, a ver si le era posible volverle a la vida? A ser tú para juzgar de éstas cosas, lo que remueve tu socarronería te diera asunto a la admiración, y no anduvieras poniéndome dudas acerca de un hecho pasado en autoridad de cosa juzgada, no apelada y consentida, nada más que por no perder la oportunidad de mostrarte irrespetuoso y bellaco». Sancho Panza se medio resintió al ver que con tanta dureza se le trataba por uno que no era caso de inquisición, y como intentando hacer pucheritos, respondió en voz un tanto sobreaguada: «Yo digo lo que veo, señor don Quijote, sin ánimo de pedir albricias ni hallazgo. Mas el perro flaco todo es pulgas: si digo algo,

miento; si no digo nada, soy un asno: como tragamallas; bebo, borracho. Y tírese por estos derrumbaderos, y rompa estas marañas, y cierre con esos gigantes, y mate esos leones, y pele esos yangüeses. Dormirá vuesa merced, señor Panza, comerá, beberá, cuando el obispo sea chantre. Pues ni de la flor de marzo, ni de la mujer sin empacho, señor, ni del amo sin conciencia. —¿Despeñarte llamas, replicó don Quijote, el ir por estos floridos campos?, ¿romper marañas el deslizarte por esta blanda superficie? Sábete que nos hallamos en la Bética, donde los antiguos pusieron los Campos Elíseos, y que los que te parecen derrumbaderos son verdes campiñas, y los que juzgas matorrales salvajes son grupos de flores y plantas civilizadas y cultas. Ahora vas a ver si tomo por una áspera sierra, donde no comamos sino tueras, cúrcuma, nebrina y otras cosas amargas, para que pagues el vicio de quejarte. Sancho hizo cuanto pudo por desembravecer a su amo, pues de su cólera sacaba menos que de sus promesas. «Tome vuesa merced mi palabra, dijo, de ser el más callado y agradecido de cuanto Sancho Panza hay en el mundo, y disponga dé mí y de mi rucio como de cosa propia».

En tanto que don Quijote iba dando esta fraterna a su escudero, se le desencapotaban los ojos, y concluyó por obligarle en términos del todo bondadosos a pedirle merced. «Por ahora, respondió Sancho, me contentaría con unos doscientos reales de contado, dejando el reino para después. —¿De dónde diablos quieres que te los dé?, replicó don Quijote: álzate con lo que tienes en tu poder, y si llegan a cincuenta, buena pro te hagan. —Mi padre es Dios, dijo Sancho: si llegan a quince, diga vuesa merced que no le pedimos favor al rey. ¿Cómo han de ser cincuenta, desdichado de mí, cuando el zanguango del ventero nos extorsionó más de veinte? —Un tantico de paciencia, hermano Sancho Panza, respondió don Quijote, y habrá para hacer muchos ingratos. Esto es en tanto grado verdad, que ahora mismo van a ser coronados tus deseos con la hazaña que toda entera dedico a tu engrandecimiento». Sin más preámbulos ni disposiciones bélicas, se disparó por una costanilla, diciendo: «*¡Dominus cum fortibus!*», y embistió con un redil de ovejas, que él tuvo por plaza fuerte, y aun vio los guerreros que sobre las murallas le estaban desafiando y tirando sobre él con sacres y falconetes. Sin rendir el ánimo a las amenazas de tan fieros enemigos, y esforzándose por hacer caracolear a su caballo al pie de las murallas, empezó a decir en alta voz: «E por ende riéptolos a todos, tan bien al grande como al chico, e al muerto como al vivo, e ansi al nascido como al que es por nascer. E riepto las aguas que bebieren, que corrieren por los ríos; e riéptoles el pan, e riéptoles el vino». Echó luego pie a tierra, y con el ronzal de su caballo le ató a la cola un borreguito muerto que a dicha estaba fuera del aprisco; montó de nuevo y se puso a dar vueltas alrededor del corralejo, hasta cuando la mala voluntad de Rocinante y las voces de Sancho le detuvieron en actitud de héroe victorioso. Del reto de don Diego Ordóñez de Lara a los habitantes de Zamora, y la acción de Aquiles, a quien vemos arrastrar el cadáver de Héctor alrededor de Troya, formó don Quijote una de las aventuras que más satisfecho le dejaron y más le acreditaron de loco para con su escudero Sancho Panza.

Sin más averiguación siguió adelante don Quijote, y Sancho, andando tras él, dijo: «Recapacite vuesa merced antes de acometer empresas, señor don Quijote: los que le ven hacer estas locuras pueden creer que no está en sus cinco sentidos, y vuesa merced ha oído el piorverbio que dice: Vivir, obrar bien, que Dios es Dios. —Miedo a payo que reza, contestó don Quijote: ¡qué harías si te vieses en el asalto de Lubania! Si tanto sabes de refranes como de piorverbios, habrás oído a tu vez el que dice: Al que de miedo se muere, de cagajones le hacen la sepultura. Piorverbio dijiste: ¡ah, bendito!, ¿cuándo será que yo te eche el bautismo de la lengua castellana? En orden al punto principal, no andes siempre tan sobre aviso, que venga tu prudencia aparecer temor. Prometo a ley de caballero poner fin a nuestras a venturas con dos o tres que serán de las más famosas. Habilitado así, me presentaré a la sin par Dulcinea en demanda del premio de mis hazañas. Cuida, Sancho, de no interrumpir la primera entrevista que yo tenga con esa señora. Te hago esta advertencia, porque tú sueles ser muy indiscreto. —Vuesa merced me dispense, respondió Sancho; no pienso renunciar mi parte de esa entrevista. —Eso será tan a solas, replicó don Quijote, tan de mí a ella, que hisopearé su camarín, no esté allí algún espíritu entrometido y envidioso. —Vuesa merced hisopeará cuanto quiera, volvió Sancho a decir; yo he de entrar. —Pasaré por el sentimiento de darte con las puertas en la cara. —Me bastará una rendija para seguir adelante, dijo el escudero. —¡Pues te pondré taragallo, y veremos cómo entras!, respondió don Quijote con naciente cólera. —Pero no será por incomodar a vuesa merced, tornó Sancho a decir, sino por hacerle una consulta respecto del asunto que me han reducido a la memoria las ovejas que acaba de vencer vuesa merced. Hace dos años tengo un rebañito, y llévame judas si pasan de nueve cabezas. —Eso debe de provenir, respondió don Quijote, de que la oveja es unípara; y no dando sino una cría en cada parto, su multiplicación va muy a pausas. No sucede lo propio con los animales que producen lechigadas de cinco, siete y has ta nueve cachorros, cual sucede con la marrana. Si mal no me acuerdo, la de la Eneida tiene quince. —¿Qué es unípara, señor?, preguntó Sancho. —Unípara, buen Sancho, es la que no da sino una cría, la cual, en ciertas especies, te lo digo de paso, suele admitir un nombre diminutivo fuera de las reglas comunes. La del gamo, verbigracia, se llama gamezno; la del lobo, lobezno; la del pavo, pavezno, y hasta la del perro se puede llamar perrezno. —¿A esta cuenta, replicó Sancho, la del burro será burrezno, la del puerco, puerquezno, y la de la yegua, yegüezno? —Bien puede ser, dijo don Quijote; así como la del Sancho será sanchezno, y la del Panza, pancezno. Achispado es vuesa merced, señor escudero. ¿No insinué, truhán, que eso no sucedía sino con algunas especies? ¿Pues cómo vienes a generalizar el principio y sentarlo por regla sin excepción? La cría de la yegua no puede ser yegüezno en ningún caso, ni la de la vaca vaquezno, o me desquicias y revuelves todo el sistema gramatical, nada más que por ejercitar la tontería y poner en juego la malicia. Para que quedes del todo instruido, has de saber que la que pare dos se llama bípara, lo que sucede más con la mujer que con los cuadrúpedos, entre los cuales no suele haber sino uníparas o multíparas. —¿Y la que pare tres?, preguntó Sancho. —Esa será trípara, respondió don Quijote. —¿Y las que paren cuatro, cinco, siete, señor? —Llevas las cosas tan por los extremos, que das en la necedad o en la bellaquería. Pues sabe de una vez que la que pare ciento será centípara, y la que pare mil, milípara; así como el que lleva doce palos de un rato a otro será docípalo, según lo puedes ver por tus ojos y sentir por tus costillas. —No es eso, señor don Quijote, volvió Sancho a decir, sino que mi rebaño no tiene morrueco. A veces me inclino a pensar que mis ovejas no son bíparas ni tríparas a esa causa. —Bellaco eres como sandio, respondió don Quijote; si no tenías morrueco, bien sabías por qué no multiplicaban tus ovejas».

No habían andado media hora cuando a la entrada de una aldehuela se detuvieron ante un grupo de gente que entre curiosa y aterrada parecía estar contemplando un espectáculo extraordinario. Eran dos cuerpos humanos colgados en sendas horcas, vestidos hasta la cintura y de allí para arriba desnudos. El uno de esos miserables ha recibido algunos golpes en la cabeza antes que le ahorcasen: de las narices a la boca, enredados en los bigotes, le sirven de ornamento dos cuajarones de sangraza podrida; cárdenos los labios, están prevaleciendo por una hinchazón monstruosa: la lengua ancha, ennegrecida, sale y se cuelga sobre la quijada, mientras los ojos, en ademán de saltar, semejando papas tiernas en su amortiguada amarillez. El ejecutor le esquiló laidamente a este reo: aquí y allí tijeretazos que dejan ver el blanco de la testa; acá y allá mechones de pelo sucio. Don Quijote estuvo mirando una buena pieza los dos cuerpos, y dijo: «¿Qué delitos los han traído a estos desdichados al caso en que los vemos? —Libelo y difamación, respondió uno de los circunstantes. Dos veces condenados, dos veces perdonados por su majestad, volvieron a las andadas con más fuerza, y el rey mandó acomodarles con los ciento de costumbre y ahorcarlos en seguida. —Este, señor, dijo otro de los mirones, fue un poetastro para quien no había cosa respetable ni en el santasantórum. Hombres, mujeres, niños, oculto en sus letrinas, a todos les echa sus rociadas de lo que no se puede nombrar. Cofrade de Monipodio, son de su competencia los untos de miera en la casa y la clavazón de sambenitos. Una vez descubierto, niega su crimen; aún no bien le perdonan, vuelve al libelo. Con esto de particular, que no hay hombre inicuo o infame que no merezca sus laudatorias. Virtudes, él no sufre: pundonor en el varón, recato en la mujer, desvalimiento en el niño, campo son de sus proezas. Fin merecido el del perverso; nadie le llora».

El otro cadáver manifiesta una flacura lamentable: las costillas, sobresalientes, por poco no resuenan como las de un esqueleto; la cabeza, calva; las orejas, largas, secas, transparentes; la barba, dura, erizada; los ojos, chiquitos; el cuello, todo cuerdas. Uno y otro de estos malhechores han recibido algunas docenas de azotes primero que se les suspendiese en la picota, según las huellas moradas, casi negras, que se cruzan a lo ancho de sus espaldas. «Este, señor, volvió a decir el mismo que ya había dado señas del otro malhechor, fue un viejo devoto lleno de hipocresía y perversidad.

Metido en la iglesia de día y de noche, confiesa y comulga, y piensa que con esto descuenta infamias y picardías. Su oficio fue ganar la vida con la difamación pagada. Por algún dinero, poco dinero, dinerillo, él se encarga de publicar toda clase de mentiras, injurias y calumnias; y piensa que con oír misa y ayunar no deja de ser buen cristiano. Y no se contenta con su oficio, su trabajo personal, sino que ha fundado una comunidad o cofradía que él dirige o gobierna, sirviendo de centro al mundo de maldades e infamias que son el comercio de su establecimiento.

—Ellos lo han querido, repuso don Quijote, el rey lo ha dispuesto, Dios les haya perdonado. A Él quedad, honrada gente, y válgaos el ejemplar». Con estas palabras se alejó el andante, seguido de su buen escudero Sancho Panza, a quien la sorpresa o la falta de coyuntura hizo guardar silencio, para gran maravilla de su historiador o coronista.

Capítulo LVIII. Capítulo de los menos parecidos a los de Cide Hamete Benengeli

No a mucho andar llegaron a unos escombros donde el musgo, cabellera de las ruinas, está sobresaliendo entre hierbas silvestres y plantas espinosas. Don Quijote de la Mancha y su escudero, atadas a un árbol sus caballerías, se habían metido entre esas difuntas piedras, hasta que dieron con una elipse anchurosa, que manifestaba haber sido teatro de gladiadores ahora ha dos mil años. Apoyado en su lanza don Quijote, dejó venir a la memoria los sucesos de las edades pasadas, y dijo a su escudero: «Estas, sin duda, son las ruinas de Itálica. Aquí, en este sepulcro olvidado, nacieron tres señores de la tierra: Trajano, el vencedor de los Partos; Adriano, el príncipe curioso que quiso remedar en Italia las grandes cosas de la Grecia; y Teodosio, emperador de los buenos y grandes. Este circo donde nos hallamos sirvió de arena a los atletas, y no poca sangre ha bebido la tierra que están hollando nuestras plantas. —¿Quiénes eran atletas, señor?, preguntó Sancho. —Algo se ha de conceder a tu ignorancia, respondió don Quijote: atletas eran unos hombres fuertes que luchaban en presencia del emperador y el pueblo, hasta cuando uno de los dos campeones perdiera la vida. La pelea no se hacía con armas, sino a puño cerrado; de modo que se fracasaban el pecho y desbarataban la cabeza. —¿Entre cristianos sucedía eso?, preguntó Sancho; ¿y qué era de la Santa Hermandad? —¿Qué Santa Hermandad, cuando te he dicho que esas eran fiestas públicas? ¿Querrías que los gendarmes le hubieran echado mano al coleto al emperador? —Pesia mí, replicó Sancho, si el emperador mismo hacía eso, ¿a quién se queja? —¡El emperador no se queja a nadie, malandrín! Tú eres capaz de enturbiar el más claro entendimiento: mucho me temo que si yo tratara contigo un año más, acabara por ser tan menguado como tú. Un tonto me deprava, me pervierte la inteligencia: en plática, disquisición u oposición, él lleva el gran partido de su pesadez y su porfía. No me pongas más dificultades, y mira el socavón formado por esas grandes piedras: ¿quién dice que no habrá sido allí el templo de Júpiter o el de todos los dioses? —Si vuesa merced me da licencia, volvió Sancho a decir, le he de poner una dificultad: ¿cuántos dioses había antiguamente? —Habíalos en gran número, pero se fueron. El que hoy reina es tan alto, ancho, profundo; tan grande en todas direcciones, que llena cielo, espacio, tierra, y no hay lugar para otros. Ahora contempla estos peldaños carcomidos, vestigios de graderías donde el pueblo se sentaba a deleitarse viendo correr la sangre de sus semejantes. ¡Cuántas damas principales y cuántos señores, cuánta flor y nata de la nobleza y cuánto vulgo ruin, cuántas gentes de todo linaje acudieron a este recinto y aplaudieron los golpes de los gladiadores, llenando de horrible animación estos ahora desiertos campos! Todos yacen, grandes y pequeños, ricos y pobres, amontonados unos sobre otros en los senos profundos de la eternidad, sin amarse ni aborrecerse, sin estrecharse ni molestarse, quietos y callados para siempre. En el mundo gritan los mortales y levantan un ruidoso torbellino; allá, al fin del tiempo y de la vida no se hace sino dormir, buen Sancho, y sueño largo, intenso, imperturbable, sin quimeras ni pesadillas, sin anhélito ni convulsiones. Se duerme de una pieza, de siglo a siglo, en medio de tal silencio, que no se oyen ni los pasos de los que van llegando, porque todos llegan sin ruido: los monarcas sin alabarderos y maceros, sin postillones ni trompetas; los príncipes sin comitivas de parciales ni aduladores; los ricos sin boato, los sabios sin sabiduría, los valientes sin valor, los héroes sin hazañas, los jóvenes sin juventud, las bellas sin belleza. Está en los umbrales de la otra vida un comisario invisible que todo lo secuestra en provecho del olvido. Bienes de fortuna, títulos, veneras y condecoraciones;

poder, orgullo, vanidades, allí son consumidos por un fuego oculto, sin que de esos combustibles queden ni cenizas. La muerte nos mide a todos por un mismo rasero, nos mete debajo de la tierra y nos olvida en esa prisión universal. Aquí suelen quedar resonando los nombres de esos que se llaman héroes, conquistadores, genios; a la eternidad no llega el retintín de la fama. Las ciudades mueren como los hombres, las naciones como las ciudades: para la muerte, lo mismo es emperador que mendigo, aldea que metrópoli de un reino».

Aquí se detiene el historiador para advertir de nuevo que nadie tenga por cosa extraña este modo de expresarse en un loco; pues, como se ha dicho más de una ocasión, no lo era don Quijote sino en lo concerniente a la caballería, mostrándose, por el contrario, cuerdo y hasta sabio en lo que no tocaba a su negro tema. «¿Según esto, dijo Sancho, nuestras aldeas han de desaparecer también con todas sus casas y sus habitantes? —¿Qué duda cabe en eso?, respondió don Quijote. —Se me hace cosa dura, replicó Sancho, el considerar que dentro de cincuenta años no hemos de vivir ni yo, ni mi mujer, ni mi hija, y que hasta mi pueblo habrá desaparecido del haz de la tierra. —Aflíjate la consideración, dijo don Quijote, de que dentro de cien años no vivirá ninguno de los hombres que hoy pueblan el globo, y no el temor personal de que dentro de cincuenta habrás perecido con tu mujer y tu hija. ¿Cuántos serán los que han muerto desde nuestro padre Adán hasta nuestros días? Hazme, Sancho, este cálculo curioso que no he visto en ninguna parte. —Desde nuestro padre Adán, respondió Sancho, habrán muerto hasta unos quinientos. —Unos quinientos Sanchos Panzas, puede ser, replicó don Quijote; y el mundo aún no se ve libre de ellos. ¿Qué sandez me tendrás guardada para mañana? ¿Ni lo grande de la escena, ni lo triste del paraje, ni los recuerdos que este lugar despierta en la memoria te harán proponer una idea sensata? Di lo que quieras; mas yo he de impedir que se difunda error tan craso como el pensar que desde nuestros primeros padres hasta hoy no hubiesen muerto sino quinientas personas. ¿Los que se van recién nacidos; los que sucumben al año climatérico; los que no vencen los peligros de la pubertad; las víctimas del hambre y la peste; los que caen en el campo de batalla; los que se rinden a los sinsabores, congojas y miserias; todos estos, me parece, compondrán algo más que quinientos honrados difuntos? ¿Y cuántos se llevan las innumerables cohortes de enfermedades que nos tienen como sitiados de día y de noche? Desde que existe el género humano han desaparecido tantos hombres cuantos han de desaparecer hasta cuando el globo terrestre desocupe el espacio. Fenicios, babilonios, filisteos, todos se han desvanecido como sombras. Medos, persas, tirios se han disipado como vapor de agua. Griegos, romanos, judíos, nadie existe. Y nuestros padres mismos, ¿dónde están? ¿Los godos, los visigodos, los vándalos? Si se alzaran del sepulcro cuantos son los hombres que han vivido, y se vinieran hacia ti a darte la desmentida, ¿en qué pararas tú? Mira esa muchedumbre inmensa cómo surge de los abismos y se aproxima a nosotros llenando montes y valles; oye ese tropel profundo de los que en confusas legiones adelantan a decirte en tu cara que mientes cuando afirmas que desde el principio del hombre no han muerto sino quinientos individuos. —Haga vuesa merced que se dispersen y no lleguen, respondió Sancho, fingiendo una inquietud que realmente no sentía; sin necesidad de esa desmentida, creo y confieso que han muerto hasta hoy más personas que pelos tengo en la barba. —Déjalos llegar, repuso don Quijote, y verás lo que no has visto, y conocerás a los que no has conocido. Largo fuera el contar los pueblos y naciones que ya no viven. ¿Pues las ciudades? Babilonia; Tebas la de las cien puertas, Menfis, Amatonte, Gerra, y otras tan opulentas como célebres. Los arqueólogos rastrean hoy los lugares donde fueron, o un montón de piedras indica el sitio donde se levantó cada una de esas magníficas moradas de los hombres. ¿Qué mucho si de Itálica no quedan sino estos vestigios trabajados por el tiempo, que desaparecerán a su vez? De Sagunto sobra menos, y nadie sabe dónde fue Numancia. Nuestros descendientes harán las mismas reflexiones, de aquí a dos o tres mil años, cuando en su melancolía contemplen los vestigios de las ciudades hoy vivas y robustas. Aquí fue Zaragoza, dirán unos; aquí fue Gades, dirán otros. ¿Oyes cómo la corneja rompe este silencio con su grito fatídico? Es el habitante de las ruinas, triste como la muerte. Vámonos, Sancho; el corazón se me está llenando de una tristeza que no es la mía. —Cuanto y más que ya oscurece, respondió Sancho, y añadió: ¿No puede el rey levantar y reedificar esta ciudad, y poblarla de nuevo como estaba antes?

> —El pueblo destruido, los muros trastornados
> Nunca jamás non fueron fechos nin restaurados,

respondió don Quijote con Gonzalo de Berceo, y salió de los escombros en busca de su caballo.

Capítulo LIX. Que trata de la última aventura que le sucedió a nuestro buen caballero don Quijote

Aquí se le ocurrió de nuevo a Sancho Panza tentar el vado para su eterna pretensión de irse a su casa de buenas con su amo; y como hallase no tan mal templada la guitarra, salió del medio rebozo y dijo: «¿Si diésemos por concluidas nuestras aventuras, señor, y tornásemos a nuestro pueblo a vivir como hombres de bien y buenos cristianos? Harto hemos hecho por la fama; convendría ya que mirásemos un tanto por la felicidad doméstica. —¿Por no dar la última mano a la obra, respondió don Quijote, serías capaz de quedarte sin tu reino? ¿Ahora que todo está hecho quieres que nos volvamos a vivir como unos guardamateriales, o como poetas compungidos que pasan la vida mirando a las estrellas? —¿Es cosa mala ser poeta?, preguntó Sancho. —No digo eso; lo que digo es que es malo ser de los insignificantes e inútiles; de esos majaderos que no sirven ni a Dios ni al diablo. Mas ojalá que la poesía no faltara de ninguna de las profesiones, como no falta de la caballería andante. Tristán de Leonís, no solamente se regalaba con hacer trovas muy puestas en orden, sino también era gran tañedor de arpa. Tañendo y cantando infundió en el corazón de la reina Iseo el amor al cual sucumbieron uno y otro. Don Duardos, don Belianís de Grecia, don Olivante de Laura, el príncipe Rosicler eran unos gerifaltes para esto de recuestar en verso a las damas. ¿Y Florambel de Lucea no puso a la princesita Griselinda a deshacerse por él, sin más que tocar su laúd «con tanta gracia y dolor», que las señoras que le estaban oyendo se pusieron a llorar de enternecidas y apasionadas? Gofre Ricel, trovador provenzal, se dejó morir de amor por la condesa de Trípoli, y se murió cantando su cuita. ¿Pues Nuño Vero?

> Nuño Vero, Nuño Vero,

> Buen caballero probado,
> Hinquedes la lanza en tierra
> Y arrendedes el caballo.

Este caballero tan probado hincaba la lanza en tierra, arrendaba el caballo, y eran cosa de oír las entonaciones amorosas de su laúd y las trovas con que gemía al pie de las ventanas de su dulce amiga. Una amable necesidad nos pone muchas veces en el artículo de sacrificar a las Musas, como cuando en un castillo alguna enamorada princesa nos canta por la noche en el jardín sus gratos dolores. ¿Qué harías tú en semejante caso? —Si me sé acordar, respondió el escudero, en un cumpleaños de mi hija Marisancha hice unos versos de poner con pórlogo en libro. —Con pórlogo, biografía del autor y muchas laudatorias, amigo Sancho Panza, según el estilo del día. Por desdichado que seas, admiradores no te han de faltar. Aún puedes hacer otra cosa, y es un cambio de biografías con un compadre tuyo, como ya lo hemos visto: el hace la tuya, tú haces la de él, y nada se quedan vuesas mercedes a deber en las cucamonas. Insinuaste poco ha que en cierta ocasión habías hecho versos; ¿no me has confesado que no sabías ni leer ni escribir? —No los escribí con pluma, señor; no hice sino afilarlos en la memoria, de modo que cuando llegase la oportunidad saliesen sin pisarse entre ellos y en buena formación. —¿Y qué tales?, preguntó don Quijote. —Como si los hubiera hecho adrede, respondió Sancho; silbaditos y melosos. ¿No es el modo de hacerlos ir contando en los dedos y dándose de calabazadas? —Así trabajan los tontos, respondió don Quijote; y sudan, y pierden el sueño, y amanecen con unas ojeras que da lástima. —Con ojeras yo no amanezco, replicó Sancho; pero así los compuse. —Mal año para ti y para todos los que poetizan como tú. Apolo viene por sus pasos, y no se le arrastra como al degolladero. Aun cuando algunos tengan facilidad para metrificar, y aun cuando el vulgo necio los llame poetas, no lo son. La poesía no está fuera del hombre; está dentro de él mismo: inteligencia y sensibilidad, excitadas divinamente por los genios de la belleza y el amor, esto es poesía. El ingenio, cosa muy diferente del genio, puede llegar a mucho, es verdad: los aritméticos tienen ingenio; ingenio árido, sin jugo bienhechor, que no paladeamos sino con trabajo y disgusto. La poesía es húmeda, olorosa; está manando de una fuente viva; en sus ondas se rejuvenecen y embellecen los hijos de las Musas. Poesía es la perfección del alma: elevación de pensamientos, profundidad de sensaciones, delicadeza de palabras; luz, fuego, música interior, esto es poesía. Hay quienes a esfuerzos de su mediana inteligencia, pujando toda la noche, metrifican mal que bien; ésos serán máquinas de hacer versos. —Según esto, dijo Sancho, ¿yo soy máquina de hacer versos? —¿Haslos compuesto en gran número? —Hasta unos seis. —¿Pues qué diablo de máquina has de ser? Si te callas, Sancho, te concedo más numen poético que a Juan de Mena; ni es tiempo de oír sandeces tuyas, pues aventura tenemos».

Habiendo cruzado la aldea de Santi Ponce, oyeron en una casita el rasgar de una guitarra, junto con la voz más tuna que jácaro ha levantado en ningún tiempo. Era una jira o festín campestre en que unos buenos frailes de San Francisco se estaban holgando con media docena de muchachas alegres de Sevilla. Detuvo don Quijote su caballo a veinte pasos de la francachela, y después de contemplarlos en silencio y como admirado durante cinco minutos, sin decir palabra arremetió con ellos a todo el correr de Rocinante. Sorprendidos los frailes, no tuvieron tiempo de ponerse en guardia ni de ver lo que les pasaba, y echaron a huir por esos trigos arremangándose los hábitos al tiempo que se ponían en cobro. Aquel con quien topó la lanza de don Quijote, cayó en tierra, asustado más que herido; y como el caballero se aprestase a cortarle la cabeza, se puso en pie con indecible agilidad. Don Quijote le ofreció la vida como hiciese juramento de ir a presentarse a la sin par Dulcinea; mas como al buen religioso le pareció contra la conciencia jurar falso, pues no había él de ir a presentarse a Dulcinea chica ni grande, se negó a lo que su vencedor mandaba, declarando que antes de jurar tal cosa perdería mil veces la vida. «Pues ahora os vendréis conmigo, dijo don Quijote, y yo sabré para qué penitencia os guardo». Mandole en seguida montarse a las ancas de Rocinante, cosa en la cual tampoco vino el fraile. Ciego de cólera nuestro caballero, le amenazó, lanza en ristre, con pasarle de parte a parte si no obedecía al punto. Cogido de un miedo cerval, se alzó el habitillo el padre, y buenamente se acomodó en las ancas con su gorro a la turca y el cogote al aire. Cuando Sancho Panza hubo caído en la cuenta de que no era batalla de peligro, había echado pie a tierra y dedicádose sin reparo a una canasta de bizcocho y un frasco de aguardiente, y los estuvo acariciando hasta cuando su señor le mandó montar a caballo; orden que fue obedecida sin el menor refrán, observación ni pregunta, cosa rara en uno como Sancho. «¿Qué te parece, dijo don Quijote andando ya, que hagamos de este sarraceno? —No veo, respondió Sancho, por dónde este buen francisco venga a ser sarraceno. Lo que debiéramos hacer fuera entregarlo a su comunidad, y allá su perlado le infrinja el castigo merecido por estas borracherías. —Ya te dejaste decir infrinja; otro despropósito, replicó don Quijote. Lo que quisiste decir fue imponga; pues el verbo infligir mismo ha caducado en nuestra lengua. Ha de haber mucha oportunidad y elegancia en un anacronismo para que pueda pasar; sírvate de regla esta observación, y no digas perlado, sino prelado. —Yo no entiendo de arnaconismos, dijo Sancho, ni sé de verbos sino que el Verbo divino se encarnó en las purísimas entrañas de María por obra, y gracia del Espíritu Santo. —Eso no hay quien lo quite, respondió don Quijote. En lo de llevar, como dices, a este religioso a su convento, no me parece mal; aunque su perlado le mandará, por castigo, de visitador a una provincia. Tú vas a ver lo que hago». Como en esta sazón llegaban al monasterio que se levanta a poco trecho de Sevilla, ni por Dios ni por el diablo se hubiera mostrado allí el fraile en postura semejante. Echadas bien sus cuentas, saltó en un pronto del caballo, y entre los árboles y los laberintos de aquel vasto edificio desapareció como una visión, dejando pasmado a don Quijote.

Capítulo LX. Donde el historiador da fin a su atrevido empeño, no de hombrearse con el inmortal Cervantes, ni de imitarle siquiera, sino de suplir, con profundo respeto, lo que a él se le fue por alto

Por la primera vez en el curso de las aventuras, no quiso don Quijote seguir adelante; ni Sancho Panza viniera en ello, siendo él uno que no gustaba de andar de noche, ni de pasar un día sin dos comidas por lo menos. Como casi en todos los monasterios sitos en el campo, en éste se da posada al caminante, cuando la tarde o la lluvia le obliga a llamar a sus puertas. Había cuarto de forasteros y un hermano destinado a cumplir los deberes de la hospitalidad. Apeose Sancho y dio sus aldabazos en la puerta, de orden de su señor; a cuyos golpes acudió el portero, un buen lego rezongador y dormilón. «¿Quién me viene a romper la puerta a medianoche?, dijo desde adentro. —¡Yo soy, hermano! Abra vuesa reverenda, y sabrá cosas que le han de admirar. —¿Quién es yo? Fray Aniceto me tiene mandado no abrir a nadie que no de su nombre. —¿Será también preciso dar la edad y el seso?, replicó Sancho. Pues sepa su reverenda que soy Sancho Panza, del género masculino, cuarenta y cinco años, poco más o menos, y por oficio, escudero de don Quijote de la Mancha. —Seso es una cosa y sexo otra muy diferente, dijo don Quijote. Pregúntale a ese buen padre si fray Aniceto le tiene también mandado tenernos cinco horas retoñando en la humedad antes de abrirnos. —¡No dije seso, sino sexo, hermano portero!, gritó Sancho: con este pasaporte, ya puede vuesa reverenda darnos entrada». Abrió el lego, con gran crujir de llaves y cerrojos: dejando sus bestias al cuidado de un mozo que allí vino, caballero y escudero se internaron en el caserón, conducidos por un donado que los llevó al aposento de huéspedes. Allí fueron servidos con mucha caridad y amor, si bien de manjares sencillos, según costumbre de las comunidades religiosas. «Vuesa merced dispense, dijo el hospedero a don Quijote, la regla nos prohíbe el vino; y por ser viernes, ni carne hemos podido presentarle. —No es necesaria, respondió don Quijote. Si vuesas paternidades se abstienen por observancia, el caballero andante prescinde de todo regalo en virtud de su profesión y su temperamento. Buenas son todas las cosas, y mejores mientras más naturales, como sean limpias. Vuesa paternidad ha hecho todo con hacer lo que ha podido.

—Favor de vuesa merced», dijo el fraile, y despidiéndose en latín, *Pacen relinquo vobis*, desapareció por esos claustros. Había fallecido el día anterior uno de esos que se llaman padres graves, fraile octogenario, la historia viva y el respeto del convento. Los dobles eran continuos por el mismo caso, y ese triste campaneo en el silencio del campo y la oscura soledad del anchuroso edificio hubieran infundido melancolía en el corazón más ajeno al afecto de la muerte. Don Quijote sintió una como tristeza funeraria; y no pudiendo ocuparse en obras más ruidosas, le pasó por la cabeza hacer su testamento y tenerlo prevenido para el trance inevitable. Este buen hidalgo experimentaba a menudo grandes conmociones interiores de piedad; aun cuando hubiese muerto loco, no habría olvidado las prácticas de los católicos, siendo, como era, muy adicto a la religión de sus mayores. «¿Qué te parece, Sancho, dijo, si ahora que todo nos está hablando de la tumba, hiciese yo mi testamento, para asegurar este negocio? En tanto que tú duermes, podré fijar por escrito mis disposiciones; y a efecto de imitar al Cid Rui Díaz, explayaré mi voluntad en verso, según te lo insinué mucho antes de ahora. —¿Qué muerte dice vuesa merced, señor don Quijote, respondió Sancho, cuando hay todavía en vuesa merced vida para un emperador? Pero es también cierto que del pie a la mano la lía el más sano; y así no me parece diligencia excusada ese buen testamento, como se me deje dormir y no se olvide al escudero en la obrita. —Es cosa mía, repuso don Quijote; figurarás en tu lugar según tus merecimientos». Acostándose Sancho Panza, entró de lleno en materia, porque sin preámbulos ni pórlogos le cogió por la mitad al sueño, con tal gana, que si don Quijote le hubiera dado de patadas en ese instante, él no se hubiera despertado. Sudó poco el hidalgo en su piadosa tarea, como quien tenía buena disposición intelectual y un cierto despejo en sus locuras; de donde resultaba que sus obras eran fáciles y pergeñadas. Cuando tocaban a maitines, y los frailes, calada la capilla, iban saliendo con lento paso de sus celdas, se llegó don Quijote a su escudero, y le hizo sentarse, quiera o no quiera, para que le oyese. Perezoso y desmelenado cedió el buen hombre a las impertinencias de su amo, por no encenderle de ira y hacer se apalear en la cama. Entre dormido y despierto fue el oyente del testador, bostezando de modo que dejaba ver la campanilla. «Tú sabes, dijo don Quijote, que el Cid Rui Díaz... ¡Deja de bostezar, camueso! A nadie le comunico mis ideas para hacerle dormir. —Barba pone mesa, que no pierna tiesa, respondió Sancho, despertándose del todo, como uno que sabía que de la cólera al palo no había mucha distancia en don Quijote. Prosiga vuesa merced, ya tengo media vara de oreja tendida. —Tú sabes que el Cid Rui Díaz puso esta cláusula en su testamento:

> Ítem: mando que no alquilen
> Plañideras que me lloren:
> Bastan las de mi Jimena,
> Sin que otras lágrimas compre.

Pues por aquí yo digo:

> Ítem: mando no dispongan
> Que me lloren plañideras:
> Al llanto ajeno renuncio,
> Si me llora Dulcinea.

Y para mayor abundamiento añado:

> Rocío serán sus lágrimas
> Que mis lauros humedezcan:
> Las compradas poco valen,
> Yo ambiciono las sinceras.
> Del amor el pecho es nido,
> El dolor en él se sienta:
> La que ama, la que padece,
> Desde el corazón las echa.
> Y las que surgen a impulsos
> Desa celestial dolencia,
> Alivian a quien las vierte,
> A quien las causa consuelan.
> Para un amante es muy grato
> Que su adorada padezca,
> Si su amable pesadumbre
> Esperanza, dicha encierran.
> Esas lágrimas que inundan
> A la que en mí se desvela,
> Para mí son un trofeo,
> Me subyugan y me alegran.
> Las hay empero que nunca
> Las congojas aligeran:
> El amor llorando crece,
> Llorando el amor se aumenta.
> Llorar a tanto por lágrima,

Eso es vender la conciencia:
Ni se compran ni se venden
Nuestras afecciones tiernas.
¿Para las cosas del alma
Precio alguno hay en la tierra?
Llorar de amor es muy dulce:
Llore, llore Dulcinea.

Ítem: mando que mis armas
En mi tumba se suspendan;
Ni ella tenga otros adornos
Que mi coraza y mis grebas,
Coronas para la virgen,
La lira para el poeta,
Para los sabios el libro,
—Cada cual tiene su emblema.
En vida y en muerte al héroe
Su espada le representa:
La mía cuélguese al árbol
Que mi sepulcro sombrea.
En las edades venturas
Dirán con respeto al verla:
Esta fue una muy gloriosa;
Nadie a tocarla se atreva.

La mano que la empuñaba
La meneó con destreza:
Al oprimido, al inerme
Socorrer era su tema.
¡Qué invencible caballero
El señor que la maneja!
Pura bondad con el bueno,
Con el malo cosa horrenda.
Al postrado le levanta,

Allí su tuerto endereza.
Si un soberbio da en sus manos,
Le castiga la soberbia.
A su sombra puesta en salvo
La viüda se contempla:
Huerfanillo, ése es tu padre;
Ése es tu hermano, doncella.
Mi capacete, mi yelmo,
Mis brazales, mi babera,
Mis manoplas, mi loriga
Pónganse dentro la reja.
Y si la gloria me prende
Una lámpara perpetua,
Arderá junto a la llama
Que de mis armas se eleva.

Ítem: mando que construyan
Una pirámide egregia
Do repose mi caballo
Para su memoria eterna.
Esto es si no se le erige
Una ciudad estupenda,
Como ya hizo para el suyo
El gran capitán de Grecia.
Legado honroso y amable
Que obliga a los que me heredan:
Si mucho pedir es esto,
Hágase lo que se pueda.
Pero en menos no consiento
Que en oro su imagen bella
Se labre, y en un museo
Con grande honor se le tenga.
Si se llamó Bucefalia
La ciudad de aquella pieza,

La ciudad de Rocinante
Se llamará Rocinecia.
Y como van peregrinos
Los turcos hacia la Meca,
Seguirán los caballeros
De Rocinante la estrella.
Mi caballo, ¡mi caballo!,
Mucho el dejarte me pesa;
Pero no puedo llevarte
Do la eternidad me lleva.

Siempre con bien me has sacado
De la batalla sangrienta:
Sobre ti nunca he temido
Tomar sobre mi una empresa.
Humilde para tu dueño,
Alto y soberbio en la guerra,
En el andar ¡qué constancia!,
En el comer ¡qué modestia!
La triste menuda grama
Te bastaba en la floresta,
Y aun menos si sucedía
Que durmiéramos en venta.
Como animal, todo esfuerzo;
Como amigo, a toda prueba:
Lealtad y simpatía,
Gratitud y consecuencia.
Tomad, hombres, el ejemplo
Desta incomparable bestia:
Grandes sed, pero sufridos;
Sacad fuerzas de flaqueza.

Ítem: mando que los quintos
El completo de mi hacienda

A Sancho Panza se entreguen
Por premio de su asistencia.
Los salarios son aparte,
En los quintos eso no entra;
El precio de su trabajo
A nadie se le descuenta.
Escudero decidido
Como pocos en la tierra:
Si yo con hambre, él con hambre;
Si yo peleo, él pelea.
En el vaivén de la noble
Profesión caballeresca,
Siempre a mi lado mostrando
Virilidad y firmeza.
Necesidades, fatigas,
Manta, palos y refriegas,
En la impavidez de su alma
Cualquier trabajo se quiebra.
Comer, si quiere la suerte;
Dormir, si tiempo nos queda;
En este sinfín de angustias
Mi escudero ni una queja
Escudero, ¡mi escudero!,
Para ti no hay recompensa;
Según lo que tú mereces
No hay cosa que no merezcas.
Hecho el desfalco del quinto,
Esa manda satisfecha,
A mi sobrina le toca
Lo restante de mi hacienda».

Se le fueron las lágrimas a Sancho Panza a las últimas cláusulas, y no halló términos con qué manifestar su agradecimiento a su señor. Como hubiese aclarado del todo, caballero y escudero salieron a misa, ya de buenos cristianos, ya por no escandalizar con partirse sin olla. En el ínterin se les metió en el cuarto un fraile husmeador, que así de vana y baja curiosidad, como de malicia, todo lo inquiría y requería por si algo sacaba en su provecho, siendo como era el más ruin y mal intencionado, no solamente de esa, sino de todas las comunidades. Era este fraile el hermano José Modesto. Embaidor y socarrón, cuando no tenía entre manos una picardía, no le faltaba una burla que hacer a sus hermanos y superiores. Con esconder el brazo desde luego, y con negar si era descubierto y jurar por Dios Nuestro Señor, todo estaba hecho para él. Arrugado, amarillo, sus ojos triangulares y vidriosos no miran jamás en línea recta. Malo como feo, este santo hombre no carece de ingenio, y se aprovecha de él cuanto puede en daño de sus semejantes. Entró, como queda dicho, el hermano José Modesto al cuarto de don Quijote, vio un papel sobre la mesa, lo leyó, y tras una sonrisa diaboluna por entre la cual comparecían las teclas de piano viejo que le sirven de dientes, después de un rato de meditación, agregó de muy buena letra al testamento de don Quijote la cláusula siguiente:

> Ítem más: si con el tiempo
> A ser andante viniera
> Alguno de mi prosapia
> Que de la nada aún no llega,
> Mando que para escudero
> A Sancho Panza se atenga,
> Porque a lo fiel, a lo honrado
> Añade éste la experiencia.
> Y en alcanzando el imperio
> Que al buen andante le espera,
> Hágale conde o gran maestre:
> Así don Quijote premia.

Libros a la carta

A la carta es un servicio especializado para
  empresas,
  librerías,
  bibliotecas,
  editoriales
  y centros de enseñanza;
y permite confeccionar libros que, por su formato y concepción, sirven a los propósitos más específicos de estas instituciones.

Las empresas nos encargan ediciones personalizadas para marketing editorial o para regalos institucionales. Y los interesados solicitan, a título personal, ediciones antiguas, o no disponibles en el mercado; y las acompañan con notas y comentarios críticos.

Las ediciones tienen como apoyo un libro de estilo con todo tipo de referencias sobre los criterios de tratamiento tipográfico aplicados a nuestros libros que puede ser consultado en Linkgua-ediciones.com.

Linkgua edita por encargo diferentes versiones de una misma obra con distintos tratamientos ortotipográficos (actualizaciones de carácter divulgativo de un clásico, o versiones estrictamente fieles a la edición original de referencia).

Este servicio de ediciones a la carta le permitirá, si usted se dedica a la enseñanza, tener una forma de hacer pública su interpretación de un texto y, sobre una versión digitalizada «base», usted podrá introducir interpretaciones del texto fuente. Es un tópico que los profesores denuncien en clase los desmanes de una edición, o vayan comentando errores de interpretación de un texto y esta es una solución útil a esa necesidad del mundo académico.

Asimismo publicamos de manera sistemática, en un mismo catálogo, tesis doctorales y actas de congresos académicos, que son distribuidas a través de nuestra Web.

El servicio de «libros a la carta» funciona de dos formas.

1. Tenemos un fondo de libros digitalizados que usted puede personalizar en tiradas de al menos cinco ejemplares. Estas personalizaciones pueden ser de todo tipo: añadir notas de clase para uso de un grupo de estudiantes,

introducir logos corporativos para uso con fines de marketing empresarial, etc. etc.

2. Buscamos libros descatalogados de otras editoriales y los reeditamos en tiradas cortas a petición de un cliente.

www.ingramcontent.com/pod-product-compliance
Lightning Source LLC
Chambersburg PA
CBHW030423300426
44112CB00009B/831